"十四五"规划精品系列教材
互联网＋创新型系列

会计学基础

主编 刘 毅 袁 威 张翠红

KUAIJIXUE JICHU

天津大学出版社
TIANJIN UNIVERSITY PRESS

图书在版编目（CIP）数据

会计学基础 / 刘毅，袁威，张翠红主编. -- 天津：
天津大学出版社，2022.5
“十四五”规划精品系列教材. 互联网 + 创新型系列
ISBN 978-7-5618-7168-3

Ⅰ. ①会… Ⅱ. ①刘… ②袁… ③张… Ⅲ. ①会计学
—高等职业教育—教材 Ⅳ. ① F230

中国版本图书馆 CIP 数据核字 (2022) 第 078012 号

出版发行 天津大学出版社
地　　址 天津市卫津路 92 号天津大学内（邮编：300072）
电　　话 发行部：022-27403647 邮购部：022-27402742
网　　址 publish.tju.edu.cn
印　　刷 北京盛通印刷股份有限公司
经　　销 全国各地新华书店
开　　本 210mm × 285mm
印　　张 21.5
字　　数 660 千字
版　　次 2022 年 5 月第 1 版
印　　次 2022 年 5 月第 1 次
定　　价 59.80 元

编委会成员

主　编　刘　毅　袁　威　张翠红
副主编　郝海霞　肖春联

前言

会计工作是经济管理的重要基础工作，搞经济核算，改善经营管理，提高经济效益，都离不开会计。在数字经济时代已经来到的今天，以大数据、人工智能、移动互联、云计算、区块链等为代表的信息技术正颠覆性地改变着会计学科的发展方向。在此背景下，基于对我国最新《企业会计准则》及其应用指南深入研究，并结合国家最新发布的财税制度相关内容，秉承“深入浅出，联系实际”的编写思想，我们编写了本教材。

本教材文字浅显易懂，理论以必需够用为度；内容经过精选和提炼，引进了新知识、新技能、新财经制度、会计法规等；面向专业宽，不仅能适用于会计专业，而且能适用于经济、管理等非会计专业，为学习专业会计和有关管理课程提供必要的理论基础和专业技能；注意培养学生的创新能力，适应职业岗位（群）职业技能的要求；强调理论联系实际，着重培养学生分析问题、解决问题的能力。特别是在内容设计上，既满足教学需求的同时，又重点兼顾初级会计师资格考试的要求。本书可作为普通本科院校、高职高专等院校经济与管理类专业基础会计课程的教材以及会计继续教育培训的自学读物。本教材共分为十一章。第一章会计概述，第二章会计要素与会计等式，第三章会计账户与复式记账法，第四章制造业企业主要经济业务的核算，第五章会计凭证，第六章会计账簿，第七章财产清查，第八章财务会计报告，第九章财务处理程序，第十章会计工作组织，第十一章会计软件应用基础。

本教材由刘毅担任第一主编，负责统稿和审定。袁威、张翠红分别担任第二、三主编，郝海霞、肖春联担任副主编。在编写过程中，参考了大量的会计学教材与相关著述，在此向原作者深表谢忱。由于时间仓促，编者水平有限，书中难免存在不足之处，恳请读者批评指正。

我国社会主义市场经济正处在一个飞速发展的阶段，会计法规与行业准则尚在发展变化与进一步完善之中，因此，本书只是基于当前国内外环境与可获得的文献资源对会计基本理论与方法体系所作的一种总结与阐述。衷心希望本书的出版可以满足广大读者对会计学基础知识的需求，亦衷心感谢天津大学出版社对本书出版发行给予的支持。由于作者业务水平所限、编写时间比较仓促，尽管作者已经付出了最大的努力，但书中难免出现疏漏甚至错误之处，敬请读者批评指正。

编 者

2022 年 2 月

CONTENTS

05. 第五章 会计凭证 /141

06. 第六章 会计账簿 /165

07. 第七章 财产清查 /195

08. 第八章 财务会计报告 /219

CONTENTS

PART.01

第一章

会计概述

能力目标

专业能力

了解会计的产生与发展，认识“四柱结算法”“龙门账”和“四脚账”

理解会计的概念、基本特点、会计职能和会计对象

明确会计目标、会计假设和会计核算基础

了解会计信息质量要求、会计方法的组成和会计核算方法体系

社会能力

能说出会计与社会发展的关系

能说出会计工作与会计目标的关系

能说出不同的会计核算基础对盈亏计算产生的影响

能说出会计核算的一般流程

方法能力

能梳理出会计发展的主要过程

能讲解制造业企业资金运动的过程

第一节 识别会计

一、会计的概念

（一）会计的产生及发展

会计，作为人类管理经济的一项重要活动，是适应社会生产的发展和经济管理的需要而产生和发展的。据专家考证，人类早在原始社会末期就出现了“结绳记事”“刻契记事”等极为简单的记录、计算行为。此后，随着社会生产的发展，剩余产品的大量出现，人们在进行生产活动的同时，开始关注自己的所得与所费，并对生产耗费、生产成果进行观察、计量、记录和比较，这是会计产生的基本动因。

我国西周时期出现了“会计”一词。“会”和“计”都有计量和记录的含义，两者可以通用。后来，我国清代哲学家、数学家焦循在《孟子正义》一书中将“会”和“计”的含义解释为：“零星算之为计，总合算之为会。”同时在西周时期还设有专门从事王朝会计工作的官职，有“司书”“司会”。“司书”是记账的，主要对财务收支进行登记；“司会”是进行监管的，掌管王朝财务收支，利用书契往来和丈量版图的副本来考核王朝大小官吏管理地方的情况和他们经手的财务收支。于是，古代会计产生了。这一阶段的会计只是对财务收支进行实物数量的记录和计算，会计方法主要是单式记账法（对经济活动过程的收入和支出只做单方面记录的简单会计方法）。

13 世纪初，地中海沿岸某些城市的商业和手工业发展很快，出现了资本主义生产的最初萌芽。发达的商品经济，特别是地中海沿岸某些城市中十分活跃的商业（包括海上贸易）和银钱兑换业，都迫切要求从簿记中获得有关经济往来和经营成果的重要信息。生产力的发展也促使了会计的变革和发展。复式记账开始在意大利的佛罗伦萨（复式簿记的萌芽阶段）、热那亚（复式簿记的改良阶段）、威尼斯（复式簿记的完备阶段）等城市产生。1494 年，意大利著名数学家卢卡·巴其阿勒（Luca Pacioli）（也译为卢卡·帕乔利）在《算术、几何、比与比例概要》（又称《数学大全》）一书的“簿记论”部分，全面系统地介绍了威尼斯的复式记账法，并从理论上给予了论证。复式记账法的产生和“簿记论”的问世，具有划时代的意义，标志着近代会计的开始。这一阶段的会计作为独立的管理职能从生产职能中分离出来，会计核算方法大多采用复式记账法，开始形成一套完整的财务会计核算方法。

20 世纪 50 年代后，随着社会生产力的不断发展，特别是商品经济的发展，市场竞争的激烈，对会计管理工作提出了更高的要求，同时也推动着会计不断发展，这使会计的内容、形式、方法和技术都产生了巨大的进步，会计的概念与会计的原始含义有着显著的不同。为满足内部管理对会计信息的要求，管理会计逐渐与传统会计相分离，并形成一个与财务会计相对独立的领域。管理会计的出现，是近代会计发展成为现代会计的重要标志，会计成为一门应用性学科，形成财务会计和管理会计两大分支。会计作为一种商业语言，其重要性为世人瞩目，这充分说明，经济越发展，会计越重要。

（二）会计的概念

现阶段会计的概念可以表述为：会计是以货币为主要计量单位，采用专门的方法，对特定主体的经济活动进行全面、综合、连续、系统的核算和监督的一项经济管理工作，是经济管理的重要组成部分。

在中外会计界，由于人们对会计的本质有不同的认识，对会计的定义也不尽相同，出现过“信息系统论”“管理活动论”“管理工具论”“既是管理活动又是信息系统”等多种提法。

（三）会计的特征

1. 会计以货币为主要计量单位

在实际工作中，通常使用三种计量单位来计量经济活动，即劳动计量单位、实物计量单位和货币计量单位。其中，劳动计量单位是以时间（如小时）为单位计算劳动消耗量；实物计量单位是以财产物资的实物数量（如米、千克、升等）作为计量单位。但劳动计量单位和实物计量单位都具有片面性，只能用来量度某一类或几类事项，而企业经济业务的多样性决定了只有采用货币计量才便于将活劳动和不同质的物化劳动消耗进行衡量比较，才能按统一的表现形式来综合计算各种不同的经济活动，以获取经济管理上所需要的各种综合信息资料。当然，会计是以货币计量为主，但并不排斥实物计量和劳动计量，必要时，还借助于它们作为辅助记录（明细账、备查账），以便使经济活动得到更全面的反映，便于考核和控制。

2. 会计拥有一系列专门方法

会计方法是用来核算和监督会计内容、实现会计目标的手段。会计方法包括会计核算方法、会计监督方法、会计分析方法等，其中会计核算方法是最基本的方法。

3. 会计具有核算和监督两种基本职能

会计的职能是会计在经济管理过程中所具有的内在功能，主要表现在对经济活动进行会计核算和实施会计监督。

4. 会计的本质是一种以价值形式进行的经济管理活动

一个单位的管理主要是人、财、物的管理。对财的管理就是财务会计管理，主要是利用资金手段，对一个单位的经济活动进行价值管理。人和物的管理最终要通过财务会计管理来实施。

5. 会计是一个经济信息系统

会计是一个旨在提高企业和各单位活动的经济效益，加强经济管理而建立的以提供财务信息为主的经济信息系统。

二、会计的基本职能

会计的职能是由会计的本质决定的，而会计的本质是一项经济管理活动，这就决定了会计具有两大基本职能，即进行会计核算和实施会计监督。

（一）会计核算职能

会计核算职能也称会计反映职能，是会计最基本的职能。它是指会计以货币为主要计量单位，对特定主体的经济活动进行确认、计量、记录和报告，为有关各方提供正确、系统、完整的会计信息。其中确认是解决定性问题，以判断发生的经济活动是否属于会计核算的内容；计量是解决定量问题，在会计确认基础上确定具体金额；记录是指对特定主体的经济活动采用一定的记账方法，在账簿中进行记载的过程；报告是指在确认、计量和记录的基础上，对特定主体的财务状况、经营成果和现金流量情况，以财务报告的形式提供给会计信息使用者。

会计核算的特点：

（1）会计核算主要是利用货币计量单位对经济活动的数量方面进行核算；

（2）会计核算主要是对已经发生的经济活动进行事中、事后的核算，同时也为预测未来提供信息；

（3）会计核算具有完整性、连续性和系统性。

我国《会计法》规定，下列经济业务事项，应当办理会计手续，进行会计核算：

（1）款项（库存现金、银行存款、其他货币资金）和有价证券（股票、债券等）的收付；

（2）财物（财产物资，如：原材料、库存商品、固定资产等）的收发、增减和使用；

（3）债权债务的发生和结算；

（4）资本、基金的增减；

（5）收入、支出、费用、成本的计算；

（6）财务成果的计算和处理（利润的计算、所得税的计算和缴纳、利润分配或亏损的弥补等）；

（7）需要办理会计手续、进行会计核算的其他事项。

（二）会计监督职能

会计监督职能也称会计控制职能，是指以一定的标准和要求，利用会计所提供的信息对特定主体经济活动的合法性、合理性等进行监督审查，以达到预期的目的。合法性审查是指保证各项经济业务符合国家有关法律法规，遵守财经纪律，杜绝违法乱纪行为；合理性审查是指检查各项财务收支是否符合特定主体的财务收支计划，是否有利于预算目标的实现，是否有奢侈浪费行为，是否违背内部控制制度要求。

会计监督的特点：

（1）会计监督主要是利用会计核算所提供的各种价值指标进行货币监督；

（2）会计监督是在会计反映各项经济活动的同时进行的，包括事前、事中和事后监督。

会计监督贯穿于经济活动的全过程，分为事前监督、事中监督和事后监督。事前监督是指参与各项计划和费用预算的编制，审查未来经济活动的可行性、合理性、合法性，对未来经济活动加以指导；事中监督是指对正在发生的经济活动，根据取得的资料，检查有无偏差或失误，对于发现的问题提出建议，促使相关部门及时采取措施，调整经济活动；事后监督是指对已经发生和完成的经济活动的合法性、合理性和效益性进行审查、分析、考核和评价。

我国《会计法》和《会计基础工作规范》的规定如下。

（1）各单位的会计机构、会计人员对本单位的经济活动进行会计监督。

监督的依据是：

①财经法律、法规、规章；

②会计法律、法规和国家统一会计制度；

③各省、自治区、直辖市财政厅（局）和国务院业务主管部门根据《会计法》和国家统一会计制度制定的具体实施办法或补充规定；

④各单位根据《会计法》和国家统一会计制度制定的单位内部会计管理制度；

⑤各单位内部的预算、财务计划、经济计划、业务计划。

（2）各单位必须依照法律和国家有关规定接受财政、审计、税务等机关的监督，如实提供会计资料以及有关情况，不得拒绝、隐匿、谎报。

（3）按照法律规定应当委托注册会计师进行审计的单位，应当委托注册会计师进行审计，如实提供会计资料以及有关情况，不得拒绝、隐匿、谎报；不得示意注册会计师出具不当的审计报告。

（三）会计核算职能与会计监督职能的关系

会计核算和会计监督两项会计基本职能是相辅相成、辩证统一的关系。对经济活动进行会计核算的过程，也是实行会计监督的过程。会计核算是会计监督的基础，没有会计核算提供的各种信息，监督就失去了依据；而会计监督又是会计核算质量的保障，没有监督，就难以保证核算所提供信息的真实性、可靠性。

随着经济的发展，社会经济关系的日益复杂和管理理论的不断深化，会计所发挥的作用日益重要，其职能也在不断丰富和发展之中。目前会计从两项基本职能中还派生出会计预测、会计决策、会计预算、会计分析、会计考核等职能。这些职能从不同侧面进一步强化了会计在经济管理中的职能作用。

三、会计学科与会计职业

会计经过长期的发展，已经形成了内容完整的学科体系与范围广泛的职业体系。

（一）会计学科

会计学科也称会计学，是人们对会计实践进行科学总结而形成的知识体系，是一门研究会计理论、会计方法的经济管理学科。目前，我国会计学科体系的主要课程有“基础会计”“财务会计”“成本会计”“财务管理”“管理会计”“审计”“会计电算化”等。对于会计学科的分支，可以从不同的角度进行划分。

1. 按会计所服务的领域划分

1）企业会计（又称营利组织会计）

企业会计是以企业为会计主体的会计，以资产、负债、所有者权益、收入、费用、利润为会计要素，通过核算提供一个营利组织的财务状况、经营成果与现金流量等有关的会计信息。

2）非企业会计（又称非营利组织会计）

非企业会计是以非营利组织为会计主体的会计。非营利组织主要包括政府机关、学校、医院、科研机构、社会团体、基金会和慈善机构等。具体内容如下。

（1）财政总预算会计。财政总预算会计是各级政府财政部门反映和监督政府预算执行和财政周转金等各项财政性资金活动的专业会计。

（2）行政事业单位会计。行政事业单位会计是各级行政、事业单位以货币为计量单位，对单位各项经济业务和活动进行全面、系统、连续的核算和监督的专业会计。

（3）民间非营利组织会计。民间非营利组织会计是社会团体、基金会、民办非企业单位以及寺院、宫观、清真寺、教堂等民间非营利组织以货币为计量单位，对本单位各项经济业务和活动进行全面、系统、连续的核算和监督的专业会计。

（4）基金会计。基金会计以基金作为独立的会计主体进行确认、计量和披露。目前，我国的基金会计主要有社会保险基金会计、住房公积金会计、新型农村合作医疗基金会计、新型农村合作养老保险基金会计等。特别注意的是，基金的会计核算与基金经办机构自身各项经济业务和事项的会计核算应当分别进行。

2. 按会计信息的使用者划分

1）财务会计（外部会计）——对外报告会计信息

财务会计（外部会计）是以会计信息（财务状况、经营成果、现金流量等）的外部使用者为主要服务对象，运用复式簿记系统的专门方法，以公认或法定的会计准则为依据，对企业的生产经营过程进行核算和监督，旨在为所有者、债权人及其他利益相关者提供会计信息的对外报告会计。

2）管理会计（内部会计）——对内报告会计信息

管理会计（内部会计）是以会计信息的内部使用者为主要服务对象，以企业内部各个责任单位为会计主体，通过对会计信息的深加工和再利用，实现对企业的经济活动进行预测、决策、规划、控制、评价与考核，旨在为企业管理者提供内部经营管理和经营决策所需的会计信息的对内报告会计。

（二）会计职业

会计职业是指会计的专业工作领域。会计职业是随着社会经济的发展而发展的，社会经济发展的水平越高，会计工作的内容越丰富，会计工作的领域也就越宽广。

在国外，会计职业存在着私人会计师（服务于特定企业或组织的会计师）、注册会计师（以收取服务费的形式向客户提供审计、管理咨询等服务的会计师）和政府会计师（为各级政府提供会计服务的会计师）三种类型。

我国的会计职业与国外相类似，会计人员可以在某一公司、企业或组织从事会计工作，也可以在政府的财政部门、税务部门以及国有资产、银行、保险等监管机构从事会计工作。我国的注册会计师也是一种重要的会计职业，注册会计师及其所在的会计师事务所通过收取服务费的形式为企业或组织提供审计业务与管理咨询服务。此外，会计职业还包括会计教学与会计研究工作。

在我国，从事会计工作的人员应当具备从事会计工作所需要的专业能力，从事注册会计师职业的人员必须取得注册会计师资格。

第二节 会计基本假设

一、会计基本假设含义

会计基本假设（又称会计核算基本前提）是企业会计确认、计量和报告的前提，是对会计核算所处时间、空间环境等所作的合理设定。

二、会计基本假设内容

会计基本假设包括会计主体、持续经营、会计分期和货币计量。

（一）会计主体

会计主体又称会计实体、会计个体，是指会计人员所核算和监督的特定单位或组织，是企业会计确认、计量和报告的空间范围。为了向财务报告使用者反映企业财务状况、经营成果和现金流量，提供对其决策有用的信息，会计核算和财务报告的编制应当集中反映特定对象的活动，并将其与其他经济实体区别开来，才能实现财务报告的目标。

在会计主体假设下，企业应当对其本身发生的交易或者事项进行会计确认、计量和报告，反映企业本身所从事的各项生产经营活动。明确界定会计主体是开展会计确认、计量和报告工作的重要前提。

其一，明确会计主体，才能划定会计所要处理的各项交易或事项的范围。在会计工作中，会计人员只能核算和监督影响企业本身经济利益的各项交易或事项，那些不影响企业本身经济利益的各项交易或事项则不能加以确认、计量和报告。会计工作中通常讲的资产、负债的确认，收入的实现，费用的发生等，都是针对特定会计主体而言的。会计主体明确了会计人员应当把握的立场，解决了为谁核算的问题。（必须分清企业自身的经济活动与其他单位的经济活动）

其二，明确会计主体，才能将会计主体的交易或者事项与会计主体所有者的交易或者事项以及其他会计主体的交易或者事项区分开来。例如，企业所有者的经济交易或者事项是属于企业所有者主体所发生的，不应纳入企业会计核算的范围，如不能将股东或职工个人的收入作为本企业的收入核算。但是企业所有者投入到企业的资本或者企业向所有者分配的利润，则属于企业主体所发生的交易或者事项，应当纳入企业会计核算的范围。（必须分清企业的经济活动与企业所有者和职工个人的经济活动）

会计主体不同于法律主体。一般来说，法律主体必然是一个会计主体。例如，一个企业作为一个法律主体，应当建立财务会计系统，独立反映其财务状况、经营成果和现金流量。但是，会计主体不一定是法律主体。例如，就企业集团而言，一个母公司拥有若干子公司，母、子公司虽然是不同的法律主体，但是母公司对子公司拥有控制权，为了全面反映企业集团的财务状况、经营成果和现金流量，有必要将企业集团作为一个会计主体，编制合并财务报表，在这种情况下，尽管企业集团不属于法律主体，但它却是会计主体。再如，由企业管理的证券投资基金、企业年金基金等，尽管不属于法律主体，但属于会计主体，应当对每项基金进行会计确认、计量和报告。也就是说，会计主体，可以是独立法人（如母公司、子公司），也可以是非法人（如合伙经营活动）；可以是一个企业，也可以是企业内部的某一单位或企业中的一个特定部分（如企业的分公司、企业设立的事业部、销售部）；可以是单一企业，也可以是由几个企业集团组成的企业集团。

（二）持续经营

持续经营也称连续经营，是指会计主体在可以预见的未来，会按当前的规模和状态继续经营下去，不会停业，也不会大规模削减业务。在持续经营前提下，会计确认、计量和报告应当以企业持续、正常的生产经营活动为前提，即会计主体将不会面临破产清算。持续经营进一步明确了会计主体能存在多久，为会计核算确定了时间范围。

企业是否持续经营，在会计原则、会计方法的选择上有很大差别。明确持续经营这个基本假设，就意味着会计主体将按照既定用途使用资产，按照既定的合约条件清偿债务，会计人员就可以在此基础上选择会计原则和会计方法。例如，如果判断企业会持续经营，就可以假定企业的固定资产会在生产经营过程中长期发挥作用，固定资产就可以根据历史成本进行记录，并采用恰当的折旧方法，将历史成本分摊到各个会计期间或有关产品的成本中。如果判断企业不会持续经营，固定资产就不应采用历史成本进行记录并按期计提折旧，只能按清算当时的价值估价。如果没有这一前提，负债则要按照资产变现后的实际负担能力来清偿。

企业会计准则体系是以企业持续经营为前提加以制定和规范的，涵盖了从企业成立到清算（包括破产）的整个期间的交易或者事项的会计处理。如果一个企业在不能持续经营时还假定企业能够持续经营，并仍按持续经营基本假设选择会计确认、计量和报告原则与方法，就不能客观地反映企业的财务状况、经营成果和现金流量，会误导会计信息使用者的经济决策。

当然，持续经营只是一个假设，任何企业在经营过程中，都存在破产清算不能持续经营的风险。企业一旦进入清算，就应当按清算会计处理。

（三）会计分期

会计分期也称为会计期间，是指将一个企业持续经营的生产经营活动划分为一个个连续的、长短相同的期间。会计分期的目的，在于通过会计期间的划分，将持续经营的生产经营活动划分成连续、相等的期间，据以结算盈亏，按期编报财务报告，从而及时向财务报告使用者提供有关企业财务状况、经营成果和现金流量的信息。

根据持续经营假设，一个企业将按当前的规模和状态持续经营下去。但是，无论是企业的生产经营决策还是投资者、债权人等的决策都需要及时的信息，都需要将企业持续的生产经营活动划分为一个个连续的、长短相同的期间，分期确认、计量和报告企业的财务状况、经营成果和现金流量。

会计分期是持续经营的一个必要补充，为会计核算做出了时间规定。明确会计分期假设意义重大，由于会计分期，才产生了当期与以前期间、以后期间的差别，才使不同类型的会计主体有了记账的基准，从而形成了权责发生制和收付实现制两种不同的会计核算基础，进而又出现了预收、预付、应收、应付、折旧、摊销等会计处理方法。

在会计分期假设下，企业应当划分会计期间，分期结算账目和编制财务会计报告。会计期间通常分为年度和中期。我国的会计年度自公历每年的1月1日起至12月31日止。会计中期，是指短于一个完整的会计年度的报告期间，包括半年度、季度、月度，均按公历起讫日期确定。

（四）货币计量

货币计量，是指会计主体在财务会计确认、计量和报告时以货币计量，反映会计主体的生产经营活动。

在会计的确认、计量和报告过程中之所以选择货币为基础进行计量，是由货币的本身属性决定的。货币是商品的一般等价物，是衡量一般商品价值的共同尺度，具有价值尺度、流通手段、贮藏手段和支付手段等特点。其他计量单位，如重量、长度、容积、台、件等，只能从一个侧面反映企业的生产经营情况，无法在量上进行汇总和比较，不便于会计计量和经营管理。只有选择货币尺度进行计量，才能充分反映企业的生产经营情况，所以，《企业会计准则》规定，企业会计确认、计量和报告应当以货币作为计量单位。

在有些情况下，统一采用货币计量也有缺陷，某些影响企业财务状况和经营成果的因素，如企业经营战略、研发能力、市场竞争力等，往往难以用货币来计量，但这些信息对于使用者决策来讲也很重要，为此，企业可以在财务报告中补充披露有关非财务信息来弥补上述缺陷。

我国《企业会计准则》规定，会计核算以人民币作为记账本位币。业务收支以人民币以外的货币为主的企业，可以采用一种货币作为记账本位币，但编制财务会计报告应当折算为人民币。在境外设立的中国企业向国内有关方面编送财务会计报告时，应当折算为人民币反映。

案例分析与问题讨论

某会计师事务所是由张某、李某合伙创建的，该会计师事务所20××年6月发生了下列经济业务，并由会计做了相应的处理。

1.6月10日，张某从事务所出纳处拿了380元现金给自己的孩子购买玩具，会计将380元记为事务所的办公费支出，理由是：张某是事务所的合伙人，事务所的钱也有张某的一部分。

2.6月15日，会计将6月1日至15日的收入、费用汇总后计算出半个月的利润，并编制了财务报表。

3.6月20日，事务所收到某外资企业支付的业务咨询费2 000美元，会计没有将其折算为人民币反映，而直接记到美元账户中。

要求：根据上述资料，分析该事务所的会计在处理这些经济业务时是否完全正确，若有错误，违背了哪些会计假设？

答案提示：

该事务所的会计人员在处理经济业务时的做法不完全正确，主要表现在以下方面。

1. 张某从事务所取钱用于私人开支，不属于事务所的业务，不能作为事务所的办公费支出。会计人员违背了会计主体假设。

2. 6 月 15 日，编制 6 月 1 日至 15 日的财务报表是临时性的。我国会计分期假设规定的会计期间为年度、季度和月份。

3. 我国规定企业应以人民币作为记账本位币。但企业如果业务收支以外币为主，可以选择某种外币作为记账本位币。而该事务所直接将 2 000 美元记账，需看其究竟以何种货币作为记账本位币。

第三节 会计信息质量要求

会计作为经济管理的重要组成部分，其目的是为管理部门提供真实可靠的信息，促使人们比较得失，权衡利弊，讲求经济效益。因此，提高经济效益既是管理的目标，也是会计的目标。

会计信息是指企业通过财务报表和其他应当在财务报告中披露的相关信息和资料等形式向投资者、债权人、政府及其有关部门、社会公众、企业经营者等揭示单位财务状况、经营成果和现金流量等信息。

会计信息质量的高低是评价会计工作成败的标准。会计信息质量要求是对企业财务会计报告中所提供会计信息质量的基本要求，是使财务会计报告中所提供会计信息对投资者等使用者决策有用应具备的基本特征，根据我国会计准则的规定，它包括可靠性、相关性、可理解性、可比性、实质重于形式、重要性、谨慎性和及时性等八项。其中，可靠性、相关性、可理解性和可比性是会计信息的首要质量要求，是企业财务报告中所提供会计信息应具备的基本质量特征；实质重于形式、重要性、谨慎性和及时性是会计信息的次级质量要求，是对可靠性、相关性、可理解性和可比性等首要质量要求的补充和完善，尤其是在对某些特殊交易或者事项进行处理时，需要根据这些质量要求来把握其会计处理原则，另外，及时性还是会计信息相关性和可靠性的制约因素，企业需要在相关性和可靠性之间寻求一种平衡，以确定信息及时披露的时间。

一、可靠性

可靠性（又称真实性）要求企业应当以实际发生的交易或者事项为依据进行确认、计量和报告，如实反映符合确认和计量要求的各项会计要素及其他相关信息，保证会计信息真实可靠、内容完整。

可靠性是会计信息最重要的质量要求。如果财务报告所提供的会计信息是不可靠的，就会给会计信息使用者的决策产生误导甚至损失。为了贯彻可靠性要求，企业应当做到：

（1）以实际发生的交易或者事项为依据进行确认、计量，将符合会计要素定义及其确认条件的资产、负债、所有者权益、收入、费用和利润等如实反映在财务报表中。不得根据虚构的、没有发生的或者尚未发生的交易或者事项进行确认、计量和报告。

（2）在符合重要性和成本效益原则的前提下，保证会计信息的完整性，其中包括应当编报的报表及其附注内容等应当保持完整，不能随意遗漏或者减少应予披露的信息，与使用者决策相关的有用信息都应当充分披露。

二、相关性

相关性要求企业提供的会计信息应当与投资者等财务报告使用者的经济决策需要相关，有助于投资者等财务报告使用者对企业过去、现在或者未来的情况作出评价或者预测。

会计信息是否有用，是否具有价值，关键是看其与使用者的决策需要是否相关，是否有助于决策或者提高决策水平。相关的会计信息应当能够有助于使用者评价企业过去的决策，证实或者修正过去的有关预测，因而具有反馈价值。相关的会计信息还应当具有预测价值，有助于使用者根据财务报告所提供的会计信息预测企业未来的财务状况、经营成果和现金流量。

会计信息质量的相关性要求，需要企业在确认、计量和报告会计信息的过程中，充分考虑使用者的决策模式和信息需要。

但是，相关性是以可靠性为基础的，两者之间并不矛盾，不应将两者对立起来。也就是说，会计信息在可靠性前提下，尽可能地做到相关性，以满足投资者等财务报告使用者的决策需要。

三、可理解性

可理解性（又称明晰性）要求企业提供的会计信息应当清晰明了，便于投资者等财务报告使用者理解和使用。

企业编制财务报告、提供会计信息的目的在于使用，而要使使用者有效使用会计信息，应当能让其了解会计信息的内涵，弄懂会计信息的内容，这就要求财务报告所提供的会计信息应当清晰明了，易于理解。只有这样，才能提高会计信息的有用性，实现财务报告的目标，满足向投资者等财务报告使用者提供决策有用信息的要求。

会计信息毕竟是一种专业性较强的信息产品，在强调会计信息的可理解性要求的同时，还应假定使用者具有一定的有关企业经营活动和会计方面的知识，并且愿意付出努力去研究这些信息。对于某些复杂的信息，如交易本身较为复杂或者会计处理较为复杂，但其与使用者的经济决策相关，企业就应当在财务报告中予以充分披露。

四、可比性

可比性要求企业提供的会计信息应当相互可比。这主要包括两层含义。

（一）同一企业不同时期可比（纵向可比）

为了便于投资者等财务报告使用者了解企业财务状况、经营成果和现金流量的变化趋势，比较企业在不同时期的财务报告信息，全面、客观地评价过去、预测未来，从而做出决策，会计信息质量的可比性要求同一企业不同时期发生的相同或者相似的交易或者事项，应当采用一致的会计政策，不得随意变更。但是，满足会计信息可比性要求，并非表明企业不得变更会计政策，如果按照规定或者在会计政策变更后可以提供更可靠、更相关的会计信息，可以变更会计政策。有关会计政策变更的情况，应当在附注中予以说明。例如，企业固定资产的折旧方法和折旧年限，按照国家有关规定执行，且折旧年限一经确定，不得随意变更，就是体现了可比性要求。

（二）不同企业相同会计期间可比（横向可比）

为了便于投资者等财务报告使用者评价不同企业的财务状况、经营成果和现金流量及其变动情况，会计信息质量的可比性要求不同企业同一会计期间发生的相同或者相似的交易或者事项，应当采用规定的会计政策，确保会计信息口径一致、相互可比，以使不同企业按照一致的确认、计量和报告要求提供有关会计信息。

五、实质重于形式

实质重于形式要求企业应当按照交易或者事项的经济实质进行会计确认、计量和报告，不仅仅以交易或者事项的法律形式为依据。

企业发生的交易或事项在多数情况下其经济实质和法律形式是一致的，但在有些情况下也会出现不一致。例如，以融资租赁方式租入的资产，虽然从法律形式来讲企业并不拥有其所有权，但是由于租赁合同中规定的租赁期较长，接近于该资产的使用寿命，在租赁期内承租企业有权支配资产并从中受益，且租赁期结束时承租企业有优先购买该资产的选择权，因此，从其经济实质来看，企业能够控制融资租入资产所创造的未来经济利益，在会计确认、计量和报告上就应当将以融资租赁方式租入的资产视为企业的资产，列入企业的资产负债表。又如，企业按照销售合同销售商品但又签订了售后回购协议，虽然从法律形式上看实现了收入，但如果企业没有将商品所有权上的主要风险和报酬转移给购货方，没有满足收入确认的各项条件，即使签订了商品销售合同或者已将商品交付给购货方，也不应当确认销售收入。

六、重要性

重要性要求企业提供的会计信息应当反映与企业财务状况、经营成果和现金流量有关的所有重要交易或者事项。

在实务中，如果财务报告中提供的会计信息的省略或者错报会影响投资者等使用者据此做出的决策，该信息就具有重要性。重要性的应用需要依赖职业判断，企业应当根据其所处环境和实际情况，从项目的性质和金额大小两方面加以判断。对重要会计事项，必须按照规定的会计方法和程序进行处理，并在财务报告中充分、准确地披露；对于次要的会计事项，在不影响会计信息真实性和不至于误导财务报告使用者做出正确判断的前提下，可适当简化处理。例如，我国上市公司要求对外提供季度财务报告，考虑到季度财务报告披露的时间较短，从成本效益原则考虑，季度财务报告没有必要像年度财务报告那样披露详细的附注信息，就体现了会计信息质量的重要性要求。

七、谨慎性

谨慎性（又称稳健性）要求企业对交易或者事项进行会计确认、计量和报告时应当保持应有的谨慎，不应高估资产或者收益、低估负债或者费用。

在市场经济环境下，企业的生产经营活动面临着许多风险和不确定性，如应收款项的可收回性、固定资产的使用寿命、无形资产的使用寿命、售出存货可能发生的退货或者返修等。会计信息质量的谨慎性要求，需要企业在面临不确定性因素的情况下做出职业判断时，应当保持应有的谨慎，充分估计到各种风险和损失，既不高估资产或者收益，也不低估负债或者费用。例如，要求企业对售出商品所提供的产品质量保证确认一项预计负债、对可能发生的资产减值损失计提资产减值准备等，就体现了会计信息质量的谨慎性要求。

谨慎性的应用也不允许企业设置秘密准备，如果企业故意低估资产或者收入，或者故意高估负债或者费用，将不符合会计信息的可靠性和相关性要求，损害会计信息质量，扭曲企业实际的财务状况和经营成果，从而对使用者的决策产生误导，这是会计准则所不允许的。

八、及时性

及时性要求企业对于已经发生的交易或者事项，应当及时进行确认、计量和报告，不得提前或者延后。

会计信息的价值在于帮助所有者或者其他方面做出经济决策，具有时效性。即使是可靠的、相关的会计信息，如果不及时提供，就失去了时效性，对于使用者的效用就大大降低，甚至不再具有实际意义。

在会计确认、计量和报告过程中贯彻及时性，主要体现在以下三个方面：

（1）要求及时收集会计信息，即在经济交易或者事项发生后，及时收集整理各种原始单据或者凭证；

（2）要求及时处理会计信息，即按照会计准则的规定，及时对经济交易或者事项进行确认或者计量，并编制财务报告；

（3）要求及时传递会计信息，即按照国家规定的有关时限，及时地将编制的财务报告传递给财务报告使用者，便于其及时使用和决策。

在实务中，为了及时提供会计信息，可能需要在有关交易或者事项的信息全部获得之前即进行会计处理，这样就满足了会计信息的及时性要求，但可能会影响会计信息的可靠性；反之，如果企业等到与交易或者事项有关的全部信息获得之后再进行会计处理，这样的信息披露可能会由于时效性问题，对于投资者等财务报告使用者决策的有用性大大降低。这就需要在及时性和可靠性之间作相应权衡，以最好地满足投资者等财务报告使用者的经济决策需要为判断标准。

第四节 会计确认基础及会计确认要求

会计确认基础也称为会计核算基础或会计记账基础，是指会计以什么为标准来确认、计量和报告企业的收入和费用。其目的是为了更加真实、公允地反映企业某一特定日期的财务状况和某一特定期间的经营成果。

会计核算基础主要有两种：权责发生制和收付实现制。我国会计准则规定，企业会计的确认、计量和报告应当以权责发生制为基础。

一、权责发生制

权责发生制又称应计制、应收应付制，是以权利或责任的发生与否为标准来确认收入和费用。权责发生制要求，凡是当期已经实现的收入和已经发生或应当负担的费用，无论款项是否收付，都应当作为当期的收入和费用，计入利润表；凡是不属于当期的收入和费用，即使款项已在当期收付，也不应当作为当期的收入和费用。

在实务中，企业交易或者事项的发生时间与相关货币收支时间有时并不完全一致。例如，款项已经收到，但销售并未实现；或者款项已经支付，但并不是为本期生产经营活动而发生的。为了更加真实、公允地反映特定会计期间的财务状况和经营成果，基本准则明确规定，企业在会计确认、计量和报告中应当以权责发生制为基础。

优点：可以正确反映各个会计期间所实现的收入和为实现收入所应负担的费用，从而可以把各期的收入与其相关的费用、成本相配合，加以比较，正确确定各期的财务成果。因而产生了应收、应付、预收、预付等一系列会计处理方法。

缺点：会计处理烦琐。因为企业不可能在日常的会计工作中对每项业务都按权责发生制来记录，因而就需要在期末按权责发生制的要求进行账项调整。

二、收付实现制

收付实现制又称现金制、现金收付制、实收实付制，是与权责发生制相对应的一种会计基础，它是以收到或支付的现金作为标准，来记录收入的实现或费用的发生。收付实现制要求，凡是当期已经收到的收入和已经支付的费用，不管其是否应归属本期，都应当作为本期的收入和费用；凡是本期未收到的收入和未支付的费用，即使应归属本期的收入和费用，也不应当作为当期的收入和费用。

目前，我国政府会计由预算会计和财务会计构成。预算会计实行收付实现制，国务院另有规定的，从其规定；财务会计实行权责发生制。特别说明的是，我国企业对外提供的主要会计报表之一——

现金流量表，其编制基础是收付实现制，即按照权责发生制进行日常处理的会计记录，在期末再将权责发生制调整为收付实现制并进行现金流量表的编制。

优点：会计记录直观，便于根据账簿记录来量入为出；会计处理简便，不需要以账簿记录进行期末账项调整。

缺点：不符合配比原则的要求，不能正确计算各期损益。

案例分析与问题讨论

甲公司今年 4 月份销售产品一批给 A 公司，价格 100 000 元，商品已经发出，销售已实现，货款未收。根据合同规定，A 公司在今年 8 月份一次付清了货款。甲公司又于 5 月份以银行存款 10 000 元支付了租入设备 6 月份和 7 月份的租金。

请回答：分别采用权责发生制和收付实现制，甲公司如何确认收入和费用？

第五节 会计核算方法

会计方法是为了发挥会计职能，实现会计目标而采取的技术手段，它是从会计实践中总结出来的。会计方法包括会计核算方法、会计检查方法和会计分析方法。基础会计主要涉及会计核算方法。

会计核算方法是指对会计主体发生的经济业务进行连续、系统、完整的记录、计算、汇总和报告所运用的方法。会计核算方法一般包括设置账户、复式记账、填制和审核会计凭证、登记账簿、成本计算、财产清查和编制会计报表等七种专门方法。

一、设置账户

设置账户是对会计对象的具体内容进行分类核算和监督的一种专门方法。会计对象的具体内容是多种多样的，为了对会计对象的具体内容进行系统核算和监督，就要根据它们的经济内容，并考虑经济管理的要求，对它们进行科学的分类。会计科目就是根据会计对象的具体内容和经济管理的要求进行分类核算的项目；账户是根据会计科目开设的，具有一定的格式和结构，用来分类连续记录各项经济业务，反映资金运动变化情况和结果的一种工具。设置账户是进行会计核算的前提。

二、复式记账

复式记账是指对企业发生的每笔经济业务都要在两个或两个以上的账户中相互联系地记录的

一种方法。在经济活动中，每一项经济业务的发生都会引起至少两个项目发生增减变动，因此只有通过复式记账，才能完整清晰地反映出资金运动的来龙去脉。复式记账是会计核算方法体系的核心。

三、填制和审核会计凭证

会计凭证是记录经济业务，明确经济责任的书面证明，是登记账簿的依据。企业发生的经济业务都应取得或填制原始凭证，经审核无误后由会计人员填制记账凭证，作为登记账簿的依据。通过会计凭证的填制与审核，可以为经济管理提供真实可靠的会计信息。

四、登记账簿

账簿是用来全面、连续、系统地记录各项经济业务的簿籍，是保存会计信息的重要工具。登记账簿就是以会计凭证为依据，将发生的经济业务序时分类记入有关账簿。通过登记账簿，可以将会计凭证中的零散记录进行归类整理，形成连续、系统、完整的会计核算资料，为编制会计报表提供直接的依据。

五、成本计算

成本计算是指将生产经营中发生的各项费用，按照不同的成本计算对象进行归集，从而计算出各对象的总成本和单位成本的方法。通过成本计算，可以确定材料的采购成本、产品的生产成本和产品的销售成本，可以了解企业实际成本的高低，考核成本计划的完成情况，并据以确定企业的盈亏。

六、财产清查

财产清查是指通过对货币资金、实物资产和往来款项的盘点或核对，来确定其实存数，并查明账存数与实存数是否相符的一种专门方法。为了保证财产物资的安全完整，挖掘财产物资的潜力，维护财经纪律，各单位必须定期或不定期地对各项财产物资进行盘点核对，以便发现问题，查明原因，明确责任，并调整账簿记录，以达到账实相符的目的。

七、编制会计报表

会计报表是根据会计账簿记录和有关资料，按照规定的报表格式，总括反映单位某一特定日期财务状况以及某一会计期间的经营成果和现金流量情况的报告文件。编制会计报表是对日常核算资料的总结，就是将账簿记录的内容定期地加以分类整理和汇总，从而产生一套完整的指标体系，以便总括了解一个单位在一定时期内的经济活动和财务收支情况及其结果。

在实际运用中，上述各种会计核算方法相互配合、相互衔接，形成一个完整的会计核算方法体系。其中，复式记账是会计核算方法体系的核心，而填制和审核会计凭证、登记账簿、编制会计报表是会计核算工作的三大环节，构成一个单位的会计循环。

本章小结

【基本内容小结】本章主要讲述了会计的概念、职能等基本概念，阐述了会计的基本假设和会计确认基础以及会计信息质量要求，讲述了会计核算的基本方法以及会计学科与会计职业等。

【本章重点和难点】本章重点是会计的基本特征、会计的基本职能、会计假设、会计确认基础，本章难点是会计信息质量要求。

复习与思考

1. 简述会计的概念、基本特点。
2. 简述会计的基本职能。
3. 会计的基本假设有哪些？

课程实践

一、单项选择题

1. 根据史料记载，我国“会计”一词起源于（　　）。

A. 夏　　B. 商　　C. 西周　　D. 东周

2. 会计的基本职能是（　　）。

A. 核算和监督　　B. 预测和决策　　C. 监督和分析　　D. 反映和核算

3. 各单位内部监督的主体是（　　）。

A. 单位负责人　　B. 会计机构和会计人员　　C. 会计机构和业务人员　　D. 经济活动

4. 工业企业经营资金循环过程是（　　）。

A. 生产资金→储备资金→商品资金→货币资金→生产资金

B. 储备资金→货币资金→商品资金→生产资金→储备资金

C. 商品资金→储备资金→生产资金→货币资金→商品资金

D. 货币资金→储备资金→生产资金→商品资金→货币资金

5. 下列各项中，不属于工业企业资金循环与周转阶段的是（　　）。

A. 供应过程　　B. 生产过程　　C. 销售过程　　D. 分配过程

6. 会计的本质是（　　）。

A. 一种经济管理手段　　B. 一种以价值形式进行的经济管理工作

C. 一种货币资金管理工作　　D. 以货币为主要计量单位

7. 要求企业应当以实际发生的交易或者事项为依据进行确认、计量和报告的会计信息质量要求是（　　）。

A. 可靠性　　B. 重要性　　C. 相关性　　D. 可比性

8. 凡是当期已经实现的收入和已经发生或应当负担的费用，无论款项是否收付，都应当作为当期的收入和费用，计入利润表；凡是不属于当期的收入和费用，即使款项已在当期收付，也不应当作为当期的收入和费用。这一会计基础称为（　　）。

A. 现金制　　B. 权责发生制　　C. 实收实付制　　D. 收付实现制

9. 通过对货币资金、实物资产和往来款项的盘点或核对，来确定其实存数，并查明账存数与实存数是否相符的一种专门方法是（　　）。

A. 审核会计凭证　　B. 成本计算　　C. 登记账簿　　D. 财产清查

10. 处于会计核算方法体系核心的是（　　）。

A. 复式记账　　B. 填制和审核会计凭证

C. 登记账簿　　D. 编制会计报表

二、多项选择题

1. 会计核算是指以货币为主要计量单位，对特定主体的经济活动进行（　　）。

A. 确认　　B. 计量　　C. 记录　　D. 报告

2. 特定主体的资金运动通常包括（　　）等过程。

A. 资金循环　　B. 资金投入　　C. 资金运用　　D. 资金退出

3. 会计基本假设是对会计核算所处时间、空间环境等所作的合理设定，一般包括（　　）。

A. 会计主体　　B. 持续经营　　C. 会计分期　　D. 货币计量

4. 下列属于会计信息首要质量要求的是（　　）。

A. 可靠性　　B. 重要性　　C. 可理解性　　D. 可比性

5. 生产费用包括（　　）。

A. 直接材料费　　B. 直接人工费　　C. 制造费用　　D. 管理费用

6. 期间费用包括（　　）。

A. 销售费用　　B. 管理费用　　C. 财务费用　　D. 制造费用

7. 下列构成会计核算工作三大环节的是（　　）。

A. 填制和审核会计凭证　　B. 登记账簿

C. 财产清查　　D. 编制会计报表

三、判断题

1. 凡是特定主体发生的经济活动都是会计核算和监督的内容，也就是会计的对象。（　　）

2. 会计监督是对特定主体经济活动的合法性、合理性等进行监督审查，包括事前监督、事中监督和事后监督。（　　）

3. 会计主体不同于法律主体。一般来说会计主体必然是一个法律主体，法律主体不一定是会计主体。（　　）

4. 我国基本准则明确规定，企业在会计确认、计量和报告中可以以权责发生制为基础，也可以以收付实现制为基础。（　　）

5. 重要性要求企业提供的会计信息应当反映与企业财务状况、经营成果和现金流量有关的所有重要交易或者事项。（　　）

第一章 会计概述 课程实践题参考答案

一、单项选择题

1. C　2. A　3. B　4. D　5. D　6. B　7. A　8. B　9. D　10. A

二、多项选择题

1. ABCD　2. BCD　3. ABCD　4. ACD　5. ABC　6. ABC　7. ABD

三、判断题

1. ×　2. √　3. ×　4. ×　5. √

PART.02

02

第二章

会计要素与会计等式

能力目标

专业能力

掌握会计要素的概念、分类和基本特征

明确会计要素之间的内在联系及其表达方式

熟悉经济业务发生后所引起的资金运动的类型

理解经济业务发生对会计等式的影响

社会能力

能正确划分会计要素，并指出会计对象与会计要素之间的关系

能说出会计等式在会计核算工作中的意义

方法能力

能说出会计要素的一般内容

能描述会计基本等式

能梳理出不同类型的经济业务对会计等式的影响及其变化规律

第一节 识别会计对象

一、会计对象含义

会计的对象是指会计核算和监督的内容。前已述及，会计是以货币为主要计量单位，对特定主体的经济活动进行核算和监督，因此，凡是特定主体能够以货币表现的经济活动都是会计核算和监督的内容，也就是会计的对象。以货币表现的经济活动通常又称为价值运动或资金运动。

二、会计对象内容

资金是指一个单位所拥有库存现金、银行存款，厂房、机器设备以及材料、产成品等各项财产物资的货币化表现。特定主体的资金运动通常包括资金投入、资金运用和资金退出等过程，由于各单位（企业、事业单位和行政单位）的性质不同，经济活动的内容不同，资金运动各有其特点，而制造企业（又称工业企业）的资金运动最具代表性。下面以制造企业为例，说明企业会计对象的具体内容。

制造企业是从事产品生产和销售的营利性经济组织，其资金运动表现为资金的投入、资金的运用（资金的循环与周转）以及资金的退出三个过程。

（一）资金的投入

企业的资金投入包括企业接受投资者投入的资金和向债主借入的资金两部分，前者称为企业的所有者权益，后者称为企业的负债。资金投入是单位取得资金的过程，是资金运动的起点。资金不仅具有数量，而且具有一定形态。投入企业的资金形成企业的各种资产，包括库存现金、银行存款、原材料、库存商品、机器设备等。一个企业的资金既表现为所有者权益和负债两大来源途径，又表现为资产这一种存在形式，亦即一个企业的资金总额等于其所有者权益与负债之和，也等于资产价值总额。

（二）资金的运用

企业的资金运用是指资金投入企业后在供、产、销过程中的不断循环与周转。一般从货币资金开始，依次经历储备资金、生产资金、成品资金，最后又回到货币形态，这一过程称为资金循环。资金循环周而复始地进行，称为资金周转。

资金在企业内部的循环和周转主要包括以下三个过程。

1. 供应过程

在供应过程中，企业要购买原材料等劳动对象，发生材料费、运输费、装卸费等材料采购成本，与供货方发生货款结算关系，表现为货币资金转化为储备资金。同时，因建造厂房和购买机器设备等，也有一部分资金转化为固定资金。

2. 生产过程

在生产过程中，劳动者借助于劳动手段将劳动对象加工成特定的产品，发生材料消耗的材料费、固定资产磨损的折旧费、生产工人劳动耗费的人工费等，构成产品使用价值与价值的统一体，同时，还将发生企业与工人之间的工资结算关系、与有关单位之间的劳务结算关系等，表现为储备资金、货币资金、固定资金转化为生产资金和成品资金。

3. 销售过程

在销售过程中，企业出售产品，发生有关销售费用、收回货款、交纳税金等业务活动，并同购货单位发生货款结算关系、同税务机关发生税务结算关系等。企业获得的销售收入扣除各项费用后的利润，还要提取盈余公积并向所有者分配利润，表现为成品资金转化为货币资金。

（三）资金的退出

资金的退出包括偿还各项债务、上交各项税金、向所有者分配利润等，这部分资金便离开本企业，退出本企业的资金循环与周转。

上述资金运动的三个阶段是相互支撑、相互制约的统一体。没有资金的投入，就不会有资金的循环和周转；没有资金的循环和周转，就不会有债务的偿还、税金的上交和利润的分配等；没有这类资金的退出，就不会有新一轮的资金投入，企业也就不会有进一步的发展。

第二节 划分会计要素

一、会计要素含义

会计要素是对会计对象的基本分类。会计对象的第一层次是资金运动，第二层次是会计要素，第三层次是会计科目。

二、会计要素内容

我国《企业会计准则》将会计要素按照其性质分为资产、负债、所有者权益、收入、费用和利润六大类，其中，资产、负债和所有者权益要素侧重于反映企业的财务状况，收入、费用和利润要素侧重于反映企业的经营成果。

（一）资产

资产是指企业过去的交易或者事项形成的、由企业拥有或者控制的、预期会给企业带来经济利益的资源。根据资产的定义，资产具有以下特征。

1. 资产是由企业过去的交易或事项形成的

资产应当由企业过去的交易或事项形成，过去的交易或事项包括购买、生产、建造行为或者其他交易或事项。也就是说，只有过去的交易或事项才能产生资产，企业预期在未来发生的交易或者事项不形成资产。例如，企业有购买某项资产的意愿或者计划，但购买行为尚未发生，因此企业不能将其确认为资产。

资产包括各种财产、债权和其他权利。资产通常按其流动性或者变现能力，分为流动资产和非流动资产。流动资产是指预计在一个正常营业周期中变现（转化为库存现金）、出售或耗用（消耗使用），或者主要为交易目的而持有，或者预计在资产负债表日起一年内（含一年）变现的资产以及自资产负债表日起一年内交换其他资产或清偿负债的能力不受限制的现金或现金等价物（通常包括三个月内到期的债券投资等）。流动资产主要包括货币资金、交易性金融资产、应收票据、应收账款、预付款项、应收利息、应收股利、其他应收款、存货等。非流动资产是指流动资产以外的资产，主要包括长期股权投资、固定资产、在建工程、无形资产等。

2. 资产应为企业拥有或者控制的资源

资产作为一项资源，应当由企业拥有或者控制，具体是指企业享有某项资源的所有权，或者虽然不享有某项资源的所有权，但该资源能被企业所控制。

享有资产的所有权，通常表明企业能够排他性地从资产中获得经济利益。通常在判断资产是否存在时，所有权是考虑的首要因素。在有些情况下，资产虽然不为企业所拥有，即企业并不享有其所有权，但企业控制了这些资产，同样表明企业能够从资产中获得经济利益，符合资产的定义，如企业以融资租赁方式租入的固定资产。

案例分析与问题讨论

下列各项中，企业能够确认为资产的有（　　）。

A. 经营租出的设备　　B. 经营租入的设备

C. 委托代销的商品　　D. 融资租入的设备

3. 资产预期会给企业带来经济利益

资产预期会给企业带来经济利益是指资产直接或者间接导致现金和现金等价物流入企业的潜力。这种潜力可以来自企业日常的生产经营活动，也可以是来自企业非日常的生产经营活动；带来的经济利益可以是现金或者现金等价物的形式，也可以是能转化为现金或者现金等价物的形式，或者是可以减少现金或者现金等价物流出的形式。

资产预期能为企业带来经济利益是资产的重要特征。如果某一资产预期不能给企业带来经济利益，那就不能将其确认为企业的资产。前期已经确认为资产的项目，如果不能再为企业带来经济利益，也不能再确认为企业的资产。

（二）负债

负债也称债权人权益，是指企业过去的交易或者事项形成的，预期会导致经济利益流出企业的现时义务。根据负债的定义，负债具有以下特征。

1. 负债是企业承担的现时义务

负债必须是企业承担的现时义务，这是负债的一个基本特征。其中，现时义务是指企业在现行条件下已承担的义务。未来发生的交易或者事项形成的义务，不属于现时义务，不应当确认为负债。

这里所指的义务可以是法定义务，也可以是推定义务。法定义务是指具有约束力的合同或者法律法规规定的义务，通常必须依法执行。例如，企业购买材料形成应付账款，企业向银行贷入款项形成借款，企业按照税法规定应当缴纳的税款等，均属于企业承担的法定义务，需依法予以清偿。推定义务是指根据企业多年来的习惯做法、公开的承诺或者公开宣布的政策而导致企业将承担的责任，这些责任也使有关各方形成了企业将履行义务解脱责任的合理预期。例如，某企业多年来制定有一项销售政策，对于售出的商品提供一定期限内的售后保修服务，预期将为售出商品提供的保修服务就属于推定义务，应当将其确认为一项负债。

2. 负债预期会导致经济利益流出企业

负债预期会导致经济利益流出企业也是负债的一个本质特征，只有企业在履行义务时会导致经济利益流出企业的，才符合负债的定义。企业在履行现时义务清偿负债时，导致经济利益流出企业的形式多种多样，例如用现金偿还或以实物资产形式偿还；以提供劳务形式偿还；以部分转移资产、部分提供劳务形式偿还；将负债转为资本等。

3. 负债是由企业过去的交易或者事项形成的

只有过去的交易或者事项才形成负债，企业在未来发生的承诺、签订的合同等交易或事项，不形成负债。

负债通常按其偿付期限的长短，分为流动负债和非流动负债。流动负债是指预计在一个正常营业周期中清偿，或者主要为交易目的而持有，或者自资产负债表日起一年内（含一年）到期应予以清偿，或者企业无权自主地将清偿推迟至资产负债表日后一年以上的负债。流动负债主要包括短期借款、应付票据、应付账款、预收款项、应付职工薪酬、应交税费、应付利息、应付股利、其他应付款等。非流动负债是指流动负债以外的负债，主要包括长期借款、应付债券、长期应付款等。

（三）所有者权益

所有者权益也称净资产，是指企业资产扣除负债后，由所有者享有的剩余权益。公司的所有者权益又称为股东权益。

所有者权益的来源包括所有者投入的资本、直接计入所有者权益的利得和损失、留存收益等三部分。

（1）所有者投入的资本，是指所有者投入企业的资本部分，它既包括构成企业注册资本或者股本部分的金额，也包括投入资本超过注册资本或股本部分的金额，即资本溢价或股本溢价。

（2）直接计入所有者权益的利得和损失，是指不应计入当期损益，但会导致所有者权益发生增减变动，与所有者投入资本或者向所有者分配利润无关的利得或损失。

利得是指由企业非日常活动所形成的、会导致所有者权益增加的、与所有者投入资本无关的经济利益的流入，包括直接计入所有者权益的利得和直接计入当期利润的利得。

损失是指由企业非日常活动所发生的、会导致所有者权益减少的、与向所有者分配利润无关的经济利益的流出，包括直接计入所有者权益的损失和直接计入当期利润的损失。

（3）留存收益，是企业历年实现的净利润留存于企业的部分，主要包括累计计提的盈余公积和未分配利润。

所有者权益通常由实收资本（或股本）、资本公积、盈余公积和未分配利润构成。它具有以下特征：

（1）除非发生减资、清算或分派现金股利，企业不需要偿还所有者权益；

（2）企业清算时，只有在清偿所有的负债后，所有者权益才返还给所有者；

（3）所有者凭借所有者权益能够参与企业利润的分配。

（四）收入

收入是指企业在日常活动中形成的、会导致所有者权益增加的、与所有者投入资本无关的经济利益的总流入。根据收入的定义，收入具有以下特征。

1. 收入是企业在日常活动中形成的

日常活动是指企业为完成其经营目标所从事的经常性活动以及与之相关的活动。例如，工业企业制造并销售产品、商品流通企业销售商品、保险公司签发保单、咨询公司提供咨询服务、软件企业为客户开发软件、安装公司提供安装服务、商业银行对外贷款等，均属于企业的日常活动。明确界定日常活动是为了将收入与利得相区分。例如，工业企业出售厂房一栋，所获得的经济利益流入，属于企业非日常活动，不能确认为收入，应当计入利得。

2. 收入会导致所有者权益的增加

与收入相关的经济利益的流入应当会导致所有者权益的增加，不会导致所有者权益增加的经济利益的流入不符合收入的定义，不应确认为收入。例如，企业向银行借入款项，尽管也导致了企业经济利益的流入，但该流入并不导致所有者权益的增加，反而使企业承担了一项现时义务，因此不能将其确认为收入，而应当确认为负债。

3. 收入是与所有者投入资本无关的经济利益的总流入

由于收入是经济利益的总流入而不是净流入，所以企业取得收入时一定能够导致所有者权益增加。企业经济利益的流入有时是所有者投入资本的增加所导致的，所有者投入资本的增加不应当确认为收入，应将其直接确认为所有者权益。另外，收入只包括本企业经济利益的流入，并不包括本企业为第三方或客户代收的款项。

案例分析与问题讨论

下列各项收到的款项中，属于收入要素的有（　　）。

A. 出租无形资产使用权收到的租金　　B. 销售商品收取的增值税

C. 出售原材料收到的价款　　D. 出售无形资产所有权收到的价款

收入按企业从事日常活动的性质不同，分为销售商品收入、提供劳务收入和让渡资产使用权收入；按企业经营业务的主次（重要性）不同，分为主营业务收入和其他业务收入。

（五）费用

费用是指企业在日常活动中发生的、会导致所有者权益减少的、与向所有者分配利润无关的经济利益的总流出。根据费用的定义，费用具有以下特征。

1. 费用是企业在日常活动中形成的

费用必须是企业在其日常活动中形成的，这些日常活动的界定与收入定义中涉及的日常活动的界定相一致。将费用界定为日常活动所形成的，目的是为了将其与损失相区分，企业非日常活动所形成的经济利益的流出不能确定为费用，而应当计入损失。例如，支付罚款、对外捐赠等不是费用。

2. 费用会导致所有者权益的减少

与费用相关的经济利益的流出应当会导致所有者权益的减少，不会导致所有者权益减少的经济利益的流出不符合费用的定义，不应确认为费用。

3. 费用是与向所有者分配利润无关的经济利益的总流出

费用的发生应当会导致经济利益的流出，从而导致资产的减少或负债的增加（最终也会导致资产的减少）。其表现形式包括现金或者现金等价物的流出，存货、固定资产、无形资产等的流出或者消耗。鉴于企业向所有者分配利润也会导致经济利益的流出，而该经济利益的流出属于所有者权益的抵减项目，不应确认为费用。

以工业企业为例，一定时期的费用通常按经济用途不同，分为生产费用（计入成本的费用）和期间费用（计入损益的费用）两部分。生产费用是指为生产一定种类和数量的产品而发生的各种资金耗费，由直接材料、直接人工和制造费用构成。期间费用（又称经营管理费用）是指不计入产品成本而需在发生时直接计入当期损益的费用，包括销售费用、管理费用和财务费用。

（六）利润

利润是指企业在一定会计期间的经营成果。通常情况下，如果企业实现了利润，表明企业的所有者权益将增加，反之，如果企业发生了亏损，表明企业的所有者权益将减少。利润往往是评价企业管理层业绩的一项重要指标，也是投资者等财务报告使用者进行决策时的重要参考。

利润包括收入减去费用后的净额、直接计入当期利润的利得和损失等。其中收入减去费用后的净额反映的是企业日常活动的经营业绩，直接计入当期利润的利得和损失反映的是企业非日常活动的业绩。企业应当严格区分收入和利得、费用和损失之间的区别，以便更全面地反映企业的经营业绩。

利润按其来源及确定程序，可以分为营业利润、利润总额和净利润三部分。

以上六大会计要素中，资产、负债和所有者权益要素是资金运动在某一时点处于相对静止状态时的表现，即资金的存在形式（占用形态）为资产，资金的来源途径为负债和所有者权益，因而，资产、负债和所有者权益称为资金运动的静态表现形式，即静态三要素，亦称财务状况三要素；而收入、费用和利润要素是资金运动在一定时期处于运动状态时的表现，即资金运动表现为收入的获得、费用的发生和利润的形成。所以，收入、费用和利润要素称为资金运动的动态表现形式，即动态三要素，亦称为经营成果三要素。

三、会计要素的计量属性

会计计量是为了将符合确认条件的会计要素登记入账并列报于财务报表而确定其金额的过程。企业应当按照规定的会计计量属性进行计量，确定相关金额。计量属性是指所予计量的某一要素的特性，如桌子的长度、铁矿的重量、楼房的面积等。从会计角度，计量属性反映的是会计要素金额的确定基础，主要包括历史成本、重置成本、可变现净值、现值和公允价值等。

（一）历史成本

历史成本，又称为实际成本，就是取得或制造某项财产物资时所实际支付的现金或现金等价物。在历史成本计量下，资产按照其购置时支付的现金或者现金等价物的金额，或者按照购置资产时所付出的对价的公允价值计量。负债按照其因承担现时义务而实际收到的款项或者资产的金额，或者承担现时义务的合同金额，或者按照日常活动中为偿还负债预期需要支付的现金或者现金等价物的金额计量。

例如，某公司 5 月份购入一台设备自用，取得时实际支付的价款为 200 万元（不考虑其他税费）。在历史成本下，该设备的入账价值为 200 万元。

（二）重置成本

重置成本又称现行成本，是指按照当前市场条件，重新取得同样一项资产所需支付的现金或现金等价物金额。在重置成本计量下，资产按照现在购买相同或者相似资产所需支付的现金或者现金等价物的金额计量。负债按照现在偿付该项债务所需支付的现金或者现金等价物的金额计量。在实务中，重置成本多应用于盘盈固定资产的计量等。

（三）可变现净值

可变现净值，是指在正常生产经营过程中，以资产预计售价减去进一步加工成本和预计销售费用以及相关税费后的净值。在可变现净值计量下，资产按照其正常对外销售所能收到现金或者现金等价物的金额扣减该资产至完工时估计将要发生的成本、估计的销售费用以及相关税费后的金额计量。可变现净值通常应用于存货资产减值情况下的后续计量。

例如，某公司库存商品的账面价值为 100 万元。该批商品按当前市场的售价为 95 万元，估计销售过程中发生的销售费用及相关税费为 5 万元，则该批商品的可变现价值为 95-5=90 万元。

（四）现值

现值是指对某一资产的未来现金流量以恰当的折现率进行折现后的价值，是考虑货币时间价值的一种计量属性。在现值计量下，资产按照预计从其持续使用和最终处置中所产生的未来净现金流入量的折现金额计量。负债按照预计期限内需要偿还的未来净现金流出量的折现金额计量。现值通常用于非流动资产可收回金额和以摊余成本计量的金融资产价值的确定等。例如，在确定固定资产、无形资产等可收回金额时，通常需要计算资产预计未来现金流量的现值；对于持有至到期投资、贷款等以摊余成本计量的金融资产，通常需要使用实际利率法将这些资产在预期存续期间或适用的更短期间内的未来现金流量折现，再通过相应的调整确定其摊余成本。

例如，判断今年 9 月 18 日的 1 000 元的现金流量和明年 9 月 18 日的 1 000 元的现金流量的差别，就需要通过现值计量。

（五）公允价值

在公允价值计量下，资产和负债按照市场参与者在计量日发生的有序交易中，出售资产所能收到或者转移负债所需支付的价格计量。公允价值主要应用于交易性金融资产、可供出售金融资产的计量等。

在各种会计要素计量属性中，历史成本通常反映的是资产或者负债过去的价值，而重置成本、可变现净值、现值以及公允价值通常反映的是资产或者负债的现时成本或者现时价值，是与历史成本相对应的计量属性。基本准则规定，企业在对会计要素进行计量时，一般应当采用历史成本，采用重置成本、可变现净值、现值、公允价值计量的，应当保证所确定的会计要素金额能够取得并可靠计量。

第三节　建立会计等式

会计等式是指运用数学方法来描述会计要素之间数量关系的一种表达方式，通常也被称为会计恒等式、会计方程式或会计平衡公式。会计等式是客观存在的必然现象，是资金运动规律的基本表现，它不仅揭示了会计要素之间的关系，也是设置会计科目、复式记账、试算平衡和编制会计报表的理论基础。从实质上看，会计等式揭示了会计主体的产权关系、基本财务状况和经营成果。会计等式可以从静态与动态两个方面来认识。

一、静态会计等式（又称基本会计等式）

企业从事生产经营活动，必须首先取得一定的资产，这些资产总是对应于一定的要求权。会计等式是会计各要素之间存在的数额上必然相等的关系式，是企业拥有的资产等于拥有的权益总和，它是企业财务状况的基本表达形式，是各种会计核算方法的理论基础，用公式表示为

$$资产＝权益$$

资产等于权益，是因为资产和权益实际上是企业所拥有的经济资源在同一时点上表现的不同形式。它一方面反映企业拥有的全部资产，表明资产在企业存在、分布的形态；它另一方面反映对这些资产的要求权，表明了资源取得和形成的渠道。资产来源于权益，资产与权益必然相等。假如，你想创业，开设一家超市，你投入了现金、房屋等，在这里，现金、房屋等构成了超市的资产，而你作为超市的老板，或者叫业主，对这些资产享有权利。你投入多少资产，就享有多少权益。所以，资产和权益总是相等的。

现代企业的资产是资本的对应物。资本来源于两个方面：一是债权人对企业的投资，即债务资本，由企业定期偿还；二是业主对企业的投资，即权益资本，除企业停止经营外，不需要企业偿还。所以，权益又分为债权人权益（负债）和所有者权益（股东权益、业主权益）。于是，静态会计等式又可写为：

资产＝债权人权益＋所有者权益

资产这一方，意味着企业拥有的资源；权益这一方，则意味着由谁提供了这些资源。有一定数额的资产，就必然有一定数额的权益；反之，有一定数额的权益，也必然有一定数额的资产。资产和权益是相互依存的，没有权益，企业不可能拥有资产；同样，没有资产，权益也绝不可能存在。从数量上看，一个企业所拥有的资产总额必然等于权益总额。

因此，静态会计等式又可表述为：

资产＝负债＋所有者权益

此等式反映了资产、负债和所有者权益三个会计要素之间的内在数量关系，是基本的会计等式。由于它反映了企业在某一时日（期初或期末）的财务状况，故又称之为静态会计等式或财务状况会计等式。

对上述会计等式，我们必须要理解、也要牢记的是：任一时点，企业的所有资产，无论其处于何种占用形态（如库存现金、银行存款、固定资产等等），它都必须有相应的来源，或者是借入的，或者是所有者投入的，或者是经营过程所赚取的。换言之，企业所有资产都必定有相应的来源，这样，“资产＝负债＋所有者权益”这一等式，在任何情况下，其左右双方的平衡关系，都不会被破坏。

案例分析与问题讨论

某公司20××年11月1日有关账户余额如表2-1所示。

表2-1 某公司账户余额表 （单位：元）

资 产	金 额	负债及所有者权益	金 额
库存现金	1 000	短期借款	112 000
银行存款	38 600	应付账款	133 600
应收账款	12 000	应交税费	88 000

续表

资 产	金 额	负债及所有者权益	金 额
原材料	106 000	实收资本	330 000
生产成本	142 000		
其他应收款	4 000		
固定资产	360 000		
合 计	663 600	合 计	663 600

要求：根据该公司在这一时点上的财务状况回答：该公司拥有哪些资产？这些资产的来源（即权益）表现为哪些方面？资产总额是否等于权益总额？

二、动态会计等式

企业经营的目的是为了获得盈利，在投入经营后的每一会计期间，企业一方面要获取收入，同时，也必然要发生相应的费用，根据权责发生制和配比原则的要求，可以正确计算出当期实现的利润。这就形成了收入、费用和利润的数量平衡关系：

收入－费用＝利润

这一等式反映了企业在某一会计期间的经营动态情况，故又称为动态会计等式或经营成果会计等式。它是设计和编制利润表的理论基础。

企业经营资金的运动是一个整体，资产、负债、所有者权益、收入、费用和利润六大会计要素之间也存在密切的联系：

（1）“资产＝负债＋所有者权益”这一会计基本等式既是企业经营资金运动的起点，又是企业经营资金运动的终点。

（2）资产、负债、所有者权益、收入、费用和利润六个要素各具特定含义，但又相互关联。

（3）在企业生产经营活动过程中，收入、费用和利润最终会影响资产、负债和所有者权益。

从产权关系上看，企业实现的利润应归属于投资者，使所有者权益增加，相应的资产也会增加；反之，企业发生亏损，也只能由所有者承担，将使所有者在企业中的权益减少，资产也会相应减少。由此可见，上述静态和动态会计等式之间的关系又可转化为：

资产＋费用＝负债＋所有者权益＋收入

资产＝负债＋所有者权益＋（收入－费用）　（会计等式的扩展）

＝负债＋所有者权益＋利润　（会计期间的会计等式）

利润通过分配后，又转化为所有者权益，上述等式又还原为：

资产 = 负债 + 所有者权益　　　　（会计期末的会计等式）

由于此平衡公式反映了资产的归属关系，又是设置会计科目、复式记账和编制会计报表的基本理论依据，故称之为基本会计等式。

总之，企业各项要素之间所体现的会计等式具有一定的恒等性，这既是资金运动规律的基本表现，也可以通过企业发生的会计事项予以证明。

三、经济业务与会计等式的关系

在会计上，将企业在生产经营过程中发生的、能够引起会计要素增减变动并能以货币计量的事项，通常称为经济业务，也叫会计事项、经济交易。

经济业务按是否与企业外部有关，分为外部经济业务和内部经济业务两大类。外部经济业务是指企业在对外经济往来中与其他单位发生的各种经济利益交换，如销售和购买产品、向银行借款等。内部经济业务是指发生在会计主体内部的具有经济影响的各类事件，如企业向职工发放工资、报销差旅费等。

一个企业的经济业务虽然复杂多样、千差万别，而且，任何经济业务的发生都会影响会计等式，但绝不改变会计等式的恒等关系。因为，任何一笔经济业务要么引起会计等式左端或者右端内部某一会计要素的增加、另一会计要素的减少（即，同类性质会计要素肯定一增一减）；要么引起会计等式左右两端会计要素同时等额增加或者同时等额减少。换言之，任何经济业务的影响都是双重的，这种双重影响在会计等式中会相互抵消。

经济业务对会计等式的影响，概括起来有以下 4 种基本类型（注：负债和所有者权益同属于权益类性质），如图 2-1 所示。

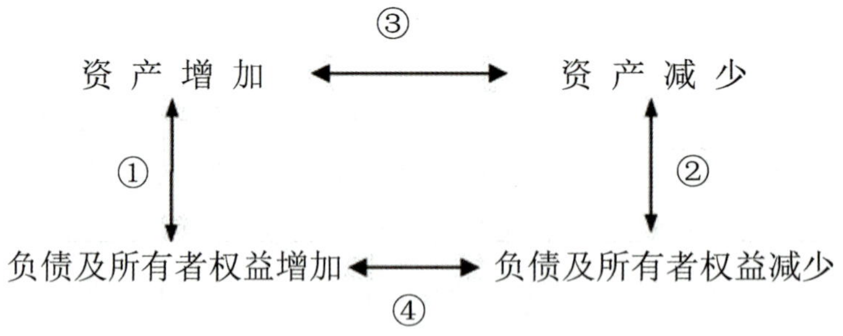

图 2-1　经济业务对会计等式产生影响的 4 种类型

①资产方与负债及所有者权益方同时等额增加，双方总额相等。

②资产方与负债及所有者权益方同时等额减少，双方总额相等。

③资产方内部项目有增有减，增减金额相等，双方总额不变。

④负债及所有者权益方内部项目有增有减，增减金额相等，双方总额不变。

下面对上述 4 种基本类型举例说明：

假设某企业 20×× 年 11 月 30 日的资产、负债及所有者权益的简要情况如表 2-2 所示。

表 2-2　资产负债表（简表）

20×× 年 11 月 30 日　　　　单位：元

资产	金 额	负债及所有者权益	金 额
库存现金	2 000	短期借款	872 000
银行存款	420 000	应付票据	42 000
应收账款	100 000	应付账款	50 000
原材料	200 000	实收资本	536 000
库存商品	250 000		
固定资产	528 000		
资产总计	1 500 000	负债及所有者权益总计	1 500 000

上表中资产总额和负债及所有者权益总额分别为 1 500 000 元，双方金额相等。随着经济业务的发生，会计要素的有关项目会相应发生变化，但无论怎样变化，双方的总额总是相等的。

1. 资产和负债及所有者权益双方同时等额增加

例 2–1　向供货单位购入原材料 60 000 元，货款暂欠。

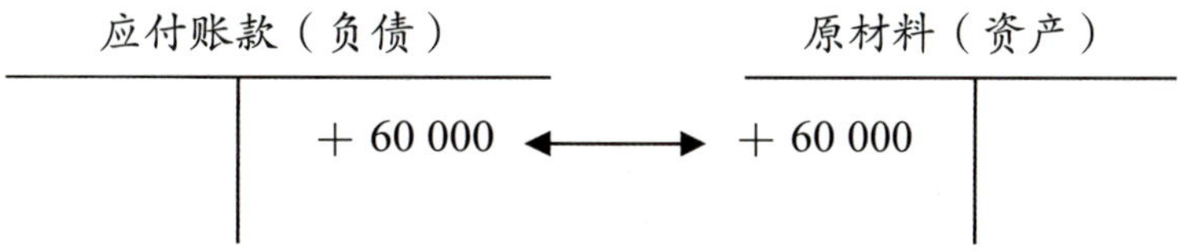

2. 资产和负债及所有者权益双方同时等额减少

例 2–2　以银行存款归还应付账款 218 000 元。

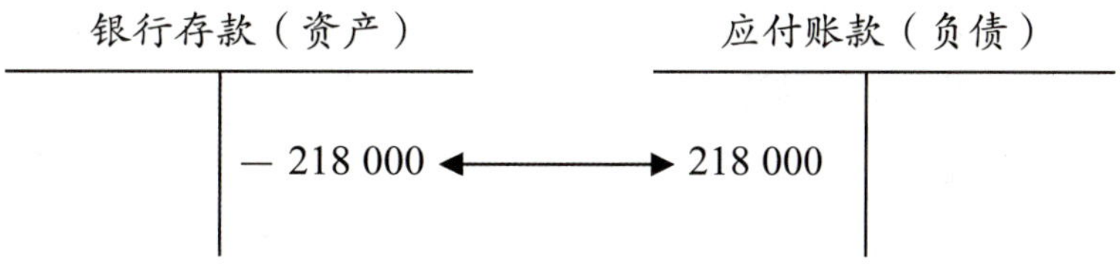

3. 资产方内部有增有减，增减的金额相等

例 2–3　从银行提取 30 000 元现金备用。

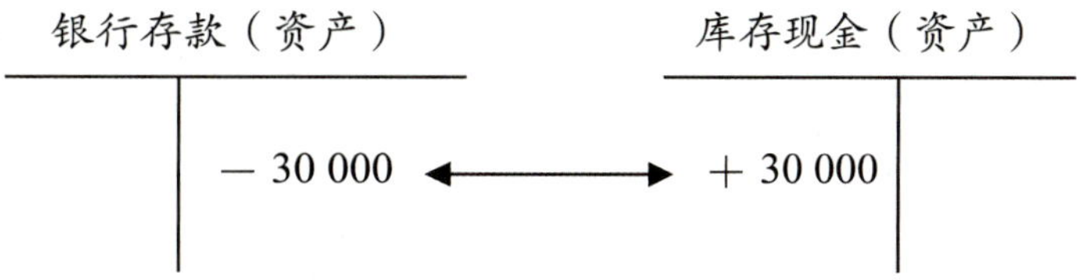

4. 负债及所有者权益方内部有增有减，增减的金额相等

例 2–4 从银行借入短期借款 42 000 元，偿还应付给某供货单位的应付票据 42 000 元。

短期借款（负债）　　　　应付票据（负债）

| + 42 000 ←——→ | − 42 000 |

上述 4 笔经济业务所引起的资产和负债及所有者权益的变动情况如表 2-3 所示。

表 2-3 资产和负债及所有者权益变动表　　（单位：元）

资 产	期初金额	增减金额	期末金额	负债及所有者权益	期初金额	增减金额	期末金额
库存现金	2 000	③+ 30 000	32 000	短期借款	872 000	②− 218 000	696 000
						④+ 42 000	
银行存款	420 000	②− 218 000 ③− 30 000	172 000	应付票据	42 000	④− 42 000	-0-
应收账款	100 000		100 000	应付账款	50 000	①+ 60 000	110 000
原 材 料	200 000	①+ 60 000	260 000	实收资本	536 000		536 000
库存商品	250 000		250 000				
固定资产	528 000		528 000				
总 计	1 500 000	− 158 000	1 342 000	总 计	1 500 000	− 158 000	1 342 000

综上所述，我们可以得出如下结论。

第一，企业任何经济业务的发生，无论引起会计要素发生怎样的增减变动，均不会破坏会计等式的平衡关系，即会计等式具有恒等性。本例期初的资产总额和负债及所有者权益总额分别为 1 500 000 元，双方金额相等；期末的资产总额和负债及所有者权益总额分别为 1 342 000 元，双方金额仍然相等。

第二，有些经济业务的发生，不会破坏会计等式的平衡关系，但企业的资产总额和权益总额会发生增减变动。例 2-1、例 2-2 列举的经济业务即是。例 2-1 导致资产与权益同时增加 60 000 元，例 2-2 导致资产与权益同时减少 218 000 元。

第三，有些经济业务的发生，不会破坏会计等式的平衡关系，企业的资产总额和权益总额也保持不变。例 2-3、例 2-4 列举的经济业务即是，只是资产内部或权益内部结构发生改变。

案例分析与问题讨论

1. 资料：假设甲公司期初的资产总额和权益总额（负债＋所有者权益）均为 1 000 万元，当期发生下列经济业务：

（1）甲公司将盈余公积 20 万元转为本公司的资本；

（2）甲公司收到丁公司归还的欠款 50 万元，款项存入银行；

（3）甲公司接受投资者投入现金 100 万元，存入银行；

（4）甲公司用银行存款购入固定资产，价款 50 万元。

2. 要求：逐项说明上述经济业务对甲公司资产总额与权益总额是否有影响，如有影响，说明影响的方向和金额。

答案提示：

（1）将盈余公积 20 万元转为本公司的资本，导致公司所有者权益内部增减变动，因此是权益内部增减变动，对权益总额不产生影响。

（2）收到丁公司归还以前期间销售原材料发生的欠款 50 万元，款项已存入银行，导致资产内部增减变动，对资产总额不产生影响。

（3）接受投资者投入现金 100 万元，存入银行，导致企业资产总额和权益总额同时增加，增加金额是 100 万元。

（4）用银行存款购入固定资产，价款 50 万元，导致资产内部增减变动，对资产总额不产生影响。

会计要素增减变动 4 种基本类型还可以进一步细分为 9 种情况。

（1）一项资产增加，另一项资产减少。

（2）一项负债增加，另一项负债减少。

（3）一项所有者权益增加，另一项所有者权益减少。

（4）一项资产增加，一项负债增加。

（5）一项资产增加，一项所有者权益增加。

（6）一项资产减少，一项负债减少。

（7）一项资产减少，一项所有者权益减少。

（8）一项负债减少，一项所有者权益增加。

（9）一项负债增加，一项所有者权益减少。

上述 9 种变化情况可用表 2-4 表示如下。

表 2-4 经济业务变化对会计等式影响的 9 种情况

序号	资 产	= 负 债	+所有者权益
1	资产+ 资产−	=	
2		= 负债+ 负债−	
3		=	所有者权益+ 所有者权益−
4	资产+	= 负债+	
5	资产+	=	所有者权益+
6	资产−	= 负债−	
7	资产−	=	所有者权益−
8		= 负债−	所有者权益+
9		= 负债+	所有者权益−

注：+ 表示增加，− 表示减少。

例 2–5 现举例说明。

1. 从银行提取现金：一项资产增加，另一项资产减少。
2. 将应付票据转为应付账款：一项负债增加，另一项负债减少。
3. 用盈余公积金转作资本：一项所有者权益增加，另一项所有者权益减少。
4. 从银行借入长期借款：一项资产增加，一项负债增加。
5. 收到所有者投入固定资产：一项资产增加，一项所有者权益增加。
6. 用银行存款支付前欠 A 单位货款：一项资产减少，一项负债减少。
7. 经批准，用银行存款归还所有者本金：一项资产减少，一项所有者权益减少。
8. 将长期借款转为投入资本：一项负债减少，一项所有者权益增加。
9. 用盈余公积金弥补职工福利费：一项负债增加，一项所有者权益减少。

上述例题中 9 种变化类型可用表 2-5 表示如下。

表 2-5 经济业务变化对会计等式影响的 9 种情况举例

会计要素变动情况	变 动 项 目		
	资 产	负 债	所有者权益
1. 一项资产增加，另一项资产减少	库存现金 +银行存款 −		
2. 一项负债增加，另一项负债减少		应付票据 −应付账款 +	
3. 一项所有者权益增加，另一项所有者权益减少			实收资本+盈余公积−
4. 一项资产增加，一项负债增加	银行存款 +	长期借款 +	
5. 一项资产增加，一项所有者权益增加	固定资产 +		实收资本+
6. 一项资产减少，一项负债减少	银行存款 −	应付账款 −	
7. 一项资产减少，一项所有者权益减少	银行存款 −		实收资本−
8. 一项负债减少，一项所有者权益增加		长期借款 −	实收资本+
9. 一项负债增加，一项所有者权益减少		应付职工薪酬 +	盈余公积−

上述例子说明，任何经济业务发生，都不会破坏资产与负债及所有者权益的平衡关系。由于这一平衡原理揭示了企业会计要素之间的规律性联系，因而它是设置会计科目、复式记账和编制会计报表的理论依据。反过来讲，按照这一平衡原理建立的各种会计核算方法，可以清楚地反映资产与负债及所有者权益各个会计要素之间的规律性联系，可以为经济管理提供各种会计信息。

实务操作

（一）资料：光明公司 20×× 年 12 月发生的经济业务如下。

1. 职工张某出公差，预借差旅费 1 000 元，出纳人员以现金支付。
2. 购入材料一批，金额为 5 000 元，材料已验收入库，货款尚未支付。
3. 职工张某报销差旅费 940 元，收回现金 60 元。
4. 出纳人员向银行提取现金 3 000 元备用。
5. 以现金发放本月工资 300 000 元。
6. 购买设备一台，买价为 80 000 元，款项已通过银行存款支付。
7. 向银行申请 3 个月临时借款 200 000 元，借款已划入企业银行存款账户。
8. 收到某公司的投资款 300 000 元，存入银行。

（二）要求：根据以上经济业务逐笔分析经济业务对会计等式的影响。

本章小结

【基本内容小结】本章主要讲述了会计对象与会计要素的概念与分类，会计等式及经济业务对会计等式的影响等内容。会计等式是由会计要素所组成的，反映了会计要素之间的平衡关系，会计等式的经济内容和数量上的等量关系是资金平衡的理论依据。

【本章重点和难点】本章重点是会计对象与会计要素的概念、内容，难点是会计等式及经济业务对会计等式影响的理解。

复习与思考

1. 会计的对象是什么？简述工业企业资金运动的内容。
2. 什么是会计要素？我国企业会计准则确定的会计要素包括哪些？
3. 什么是会计等式？会计等式有哪些形式？

课 程 实 践

一、单项选择题

1. 负债是指企业过去的交易或者事项形成的，预期会导致经济利益流出企业的（　　）。
A. 过去义务　B. 现时义务　C. 未来义务　D. 法定义务
2. 下列不属于流动资产的是（　　）。
A. 库存现金　B. 交易性金融资产　C. 固定资产　D. 预付款项
3. 所有者权益的构成不包括（　　）。
A. 实收资本　B. 资本公积　C. 留存收益　D. 已分配利润
4. 下列侧重反映企业财务状况的会计要素是（　　）。
A. 收入　B. 所有者权益　C. 费用　D. 利润
5. 我国基本准则规定，企业在对会计要素进行计量时，一般应当采用（　　）。
A. 可变现净值　B. 现值　C. 公允价值　D. 历史成本

二、多项选择题

1. 下列会计要素中侧重于反映企业经营成果的是（　　）。
A. 收入　B. 费用　C. 利润　D. 所有者权益
2. 下列会计要素中侧重于反映企业财务状况的是（　　）。
A. 资产　B. 负债　C. 利润　D. 所有者权益
3. 下列属于流动资产项目的是（　　）。
A. 库存现金　B. 存货　C. 应收账款　D. 预付款项
4. 下列属于流动负债项目的是（　　）。
A. 应付账款　B. 预收款项　C. 应付票据　D. 应付利息
5. 根据资产的定义，资产应具有的特征为（　　）。
A. 预期会给企业带来经济利益　B. 应为企业拥有或者控制的资源
C. 是由企业过去的交易或事项形成的　D. 必须是投资人投入的
6. 下列各项属于资金退出的是（　　）。
A. 偿还债务　B. 上缴税费　C. 提取盈余公积　D. 向投资者分配利润
7. 企业在取得收入时可能会影响到的会计要素是（　　）。
A. 资产　B. 负债　C. 所有者权益　D. 费用
8. 下列属于会计计量属性的是（　　）。
A. 历史成本　B. 可变现净值　C. 现值　D. 公允价值
9. 在下列经济业务中，不影响资产总额发生变化的有（　　）。
A. 用银行存款购入原材料　B. 向供货单位赊购商品
C. 从银行提取现金　D. 用银行存款归还应付账款

三、判断题

1. 资产是指企业过去的交易或者事项形成的、由企业拥有或者控制的经济资源。（　）

2. 负债是指企业过去的交易或者事项形成的、预期会导致经济利益流出企业的法定义务。（　）

3. 收入是企业在日常活动中形成的，日常活动是指企业为完成其经营目标所从事的经常性活动。（　）

4. 收入要素包括主营业务收入、其他业务收入和营业外收入。（　）

5. 费用是企业所发生的各项支出和损失。（　）

6. 利得包括直接计入所有者权益的利得和直接计入当期利润的利得。（　）

7. 企业在对会计要素进行计量时，一般应当采用历史成本，采用重置成本、可变现净值、现值、公允价值计量的，应当保证所确定的会计要素金额能够取得并可靠计量。（　）

第二章　会计要素与会计等式 课程实践题参考答案

一、单项选择题

1. B　2. C　3. D　4. B　5. D

二、多项选择题

1. ABC　2. ABD　3. ABCD　4. ABCD　5. ABC　6. ABD　7. ABC　8. ABCD　9. AC

三、判断题

1. ×　2. ×　3. ×　4. ×　5. ×　6. √　7. √

PART.03

第三章

会计账户与复式记账法

能力目标

专业能力

理解会计科目的概念

明确会计科目的设置要求

了解会计科目的分类和编号

理解会计科目和会计账户的关系

熟悉会计账户的基本结构和金额要素

理解复式记账法的概念

掌握借贷记账法的概念和内容

社会能力

能分析和判断简单的社会经济业务内容

能明确试算平衡在会计核算工作中的重要作用

方法能力

能根据经济业务设置会计科目，并运用借贷记账法开设账户

能编制简单经济业务的会计分录

能根据账户记录信息进行试算平衡

第一节 设置会计科目

一、会计科目的概念和意义

（一）会计科目的概念

会计要素将会计对象分为六大类，而这种分类仍显得过于粗略笼统。为了全面、系统地反映和监督各项会计要素的增减变动情况，分门别类地为经济管理提供会计核算资料，更好地满足各有关方面对会计信息的需要，就必须对会计要素作进一步的分类，设置会计科目。确定会计科目是正确组织会计核算的一个重要条件。

会计科目简称科目，是对会计要素的具体内容进行分类核算的项目。也就是按照经济内容对各项会计要素所作的具体分类，是对会计对象进行的第三层次的划分。例如，为了反映和监督各项资产的增减变动，设置了“库存现金”“银行存款”“应收账款”“原材料”“库存商品”“固定资产”“无形资产”等科目；为了反映和监督负债与所有者权益的增减变动，设置了“短期借款”“应付账款”“应交税费”“长期借款”和“实收资本”“资本公积”“盈余公积”等科目。

（二）设置会计科目的意义

设置会计科目是复式记账和编制记账凭证的基础，为成本计算与财产清查提供了前提条件，为编制会计报表提供了方便。

二、会计科目设置的原则

会计科目作为反映会计要素的构成及其变化情况，是会计信息记录、生成、归类、传输的重要手段，在其设置过程中应努力做到科学、合理、适用，并遵循以下原则：

（一）合法性原则

为了保证会计信息的可比性，会计科目的设置应当和企业会计准则的要求相一致，以保证不同企业对外提供的会计信息的可比性。

（二）相关性原则

相关性是指所设置的会计科目应当为提供有关各方所需要的会计信息服务，满足对外报告与对内管理的要求。即会计科目的设置既要满足企业内部管理的需要，又要满足外部信息使用者的需要。

（三）实用性原则（统一性与灵活性相结合原则）

鉴于不同企业、不同业务的特点不同，对会计科目的设置应有所区别，为此，企业在不违反会计准则中确认、计量和报告规定的前提下，可以根据本单位的实际情况自行增设、分拆、合并会计科目，对于不存在的交易或事项，可以不设相关会计科目。

除此之外，设置会计科目还应注意科目要保持相对稳定，简明实用，科目名称与其核算内容相一致，做到含义准确、通俗易懂。

三、会计科目的分类

（一）按其所归属的会计要素的分类

会计科目按其所归属的会计要素不同，分为资产类、负债类、共同类、所有者权益类、成本类、损益类 6 大类，每一类可按一定的标准再分为各个具体科目。我国《企业会计准则—应用指南》提供了会计科目设置的指引，现将企业常用的会计科目列示如表 3-1 所示。

表 3-1　企业常用会计科目表（简表）

序号	编号	会计科目名称	序号	编号	会计科目名称
		一、资产类	29	1605	工程物资
1	1001	库存现金	30	1606	固定资产清理
2	1002	银行存款	31	1701	无形资产
3	1012	其他货币资金	32	1702	累计摊销
4	1101	交易性金融资产	33	1703	无形资产减值准备
5	1121	应收票据	34	1711	商誉
6	1122	应收账款	35	1801	长期待摊费用
7	1123	预付账款	36	1901	待处理财产损溢
8	1131	应收股利			二、负债类
9	1132	应收利息	37	2001	短期借款
10	1221	其他应收款	38	2101	交易性金融负债
11	1231	坏账准备	39	2201	应付票据
12	1401	材料采购	40	2202	应付账款
13	1402	在途物资	41	2203	预收账款
14	1403	原材料	42	2211	应付职工薪酬
15	1404	材料成本差异	43	2221	应交税费
16	1405	库存商品	44	2231	应付利息
17	1406	发出商品	45	2232	应付股利
18	1407	商品进销差价	46	2241	其他应付款
19	1408	委托加工物资	47	2501	长期借款
20	1411	周转材料	48	2502	应付债券
21	1471	存货跌价准备	49	2701	长期应付款
22	1511	长期股权投资			三、共同类（略）
23	1512	长期股权投资减值准备			四、所有者权益类
24	1531	长期应收款	50	4001	实收资本
25	1601	固定资产	51	4002	资本公积
26	1602	累计折旧	52	4101	盈余公积
27	1603	固定资产减值准备	53	4103	本年利润
28	1604	在建工程	54	4104	利润分配

续表

序号	编号	会计科目名称	序号	编号	会计科目名称
		五、成本类	63	6401	主营业务成本
55	5001	生产成本	64	6402	其他业务成本
56	5101	制造费用	65	6403	税金及附加
57	5201	劳务成本	66	6601	销售费用
58	5301	研发支出	67	6602	管理费用
		六、损益类	68	6603	财务费用
59	6001	主营业务收入	69	6701	资产减值损失
60	6051	其他业务收入	70	6711	营业外支出
61	6111	投资收益	71	6801	所得税费用
62	6301	营业外收入			

（二）按其所提供信息的详细程度及其统驭关系不同分类

会计科目按其所提供信息的详细程度及其统驭关系不同，分为总分类科目和明细分类科目。

（1）总分类科目亦称总账科目或一级科目，它是对会计要素的具体内容进行总括分类、提供总括信息的会计科目。例如，表 3-1 中所列科目均为总分类科目。

（2）明细分类科目亦称明细科目，是对总分类科目作进一步分类、提供更详细更具体会计信息的科目。如果某一总分类科目所属的明细分类科目较多，可以对明细分类科目进一步分设二级科目（又称子目）或三级科目（又称细目）。

二级科目是介于总分类科目与明细分类科目之间的科目，它提供的核算指标要比总分类科目详细，但又比明细分类科目概括。

下面以某装饰公司的原材料科目为例说明总分类科目与其明细分类科目之间的关系，见表 3-2。

表 3-2 某装饰公司原材料总分类科目与其明细分类科目之间的关系

总分类科目（一级科目）	明细分类科目	
	二级科目（子目）	三级科目（细目）
原材料	原料及主要材料	木材
		石蜡
		地板胶
	外购半成品	木纹纸
		耐磨纸
		防潮纸

总分类科目能够控制所属的各个明细分类科目，明细分类科目能够对总分类科目起具体说明作用，两者之间具有统驭与被统驭的关系。

在学习过程中，原材料总分类科目与其明细分类科目之间的关系通常采用如下形式书写：

原材料——原料及主要材料（木材）

原材料——原料及主要材料（石材）

原材料——原料及主要材料（地板胶）
原材料——外购半成品（木纹纸）
原材料——外购半成品（耐磨纸）
原材料——外购半成品（防潮纸）

四、会计科目的编号

为了便于编制会计凭证、登记账簿、查阅账目和加快会计信息化进程，有必要综合考虑各会计科目的经济内容、性质、类别及其详细程度等相关因素，对会计科目进行科学合理的编号。我国企业会计准则确定的会计科目采用如下方法进行编号：

1. 根据科目的内容与性质，对资产类、负债类、共同类、所有者权益类、成本类、损益类科目分别以数字 1，2，3，4，5，6 为对应起点进行编号。凡是资产类会计科目，其编号起点均为 1；以此类推，负债类会计科目编号起点均为 2，共同类会计科目编号起点均为 3，所有者权益类会计科目编号起点均为 4，成本类会计科目编号起点均为 5，损益类会计科目编号起点均为 6。

2. 对总分类会计科目采用四位数编号方法。第一位数表示总分类科目所属的大类类别，第二位数表示总分类科目所属的小类类别，第三、第四位数则表示总分类科目在相应类别中所处的具体顺序。例如，“库存现金”科目的编号为“1001”，其中第一位“1”表示会计科目大类为资产类，第二位“0”表示在资产类中的小类为货币资金类，第三、第四位“01”表示在货币资金小类中为第 1 个序号的会计科目。

第二节 开设会计账户

一、会计账户的概念

会计科目是对会计要素的具体内容进行分类的项目，为会计分类核算提供前提基础，但会计科目只是一种分类项目，没有一定格式和结构，不能把发生的经济业务连续、系统、完整地记录下来，为此，还必须根据设置的会计科目开设相应的会计账户。

会计账户简称账户，是根据会计科目开设的，具有一定的格式和结构，用于分类反映会计要素增减变动情况及其结果的载体。设置账户是会计核算的重要方法之一。

二、会计账户的分类

（一）按其所归属的会计要素分类

会计账户按其所归属的会计要素不同，分为资产类、负债类、共同类、所有者权益类、成本类、损益类等 6 类账户。这种分类，有利于通过账户体现会计对象，明确会计核算与控制的内容，揭示会计要素的本质。

一是资产类账户。

资产类账户是用来反映和监督企业各项资产的增减变动及其结存情况的账户。按其流动性不同，又可分为以下 2 类：

1. 反映流动资产的账户，如“库存现金”“银行存款”“应收账款”“原材料”“库存商品”等账户。

2. 反映非流动资产的账户，如“长期股权投资”“固定资产”“累计折旧”“在建工程”“无形资产”“长期待摊费用”等账户。

二是负债类账户。

负债类账户是用来反映和监督企业各项负债的增减变动及其结存情况的账户。按其流动性不同，又可分为以下 2 类：

1. 反映流动负债的账户，如“短期借款”“应付票据”“应付账款”“应付职工薪酬”“应付利息”“应交税费”等账户。

2. 反映非流动负债的账户，如“长期借款”“应付债券”“长期应付款”账户等。

三是共同类账户（略）。

四是所有者权益类账户。

所有者权益类账户是用来反映和监督企业所有者权益的增减变动及其结存情况的账户。如“实收资本”“资本公积”“盈余公积”“本年利润”“利润分配”等账户。

五是成本类账户。

成本类账户是用来反映和监督企业生产费用，计算产品、劳务成本的账户。如“生产成本”“制造费用”“劳务成本”“研发支出”等账户。

六是损益类账户。

损益类账户是用来反映和监督应直接计入当期损益的各项收入和费用的账户。按性质和内容的不同，又可分为以下 2 类：

1. 反映收入、利得类的账户，如“主营业务收入”“其他业务收入”“投资收益”“营业外收入”等账户。

2. 反映费用、损失类的账户，如“主营业务成本”“税金及附加”“其他业务成本”“销售费用”“管理费用”“财务费用”“营业外支出”“所得税费用”等账户。

（二）按其所提供信息的详细程度及其统驭关系分类

会计账户按其所提供信息的详细程度及其统驭关系不同，分为总分类账户和明细分类账户。这种分类在实务中非常重要，任何单位均需按照有关规定并结合自身管理的需要开设相应的总分类账户及其所属的明细分类账户。

1. 总分类账户简称总账账户或总账、一级账户，是根据总分类科目设置的，用以对会计要素具体内容进行总括分类核算的账户。

2. 明细分类账户简称明细账户或明细账，是根据明细分类科目设置的，用以对会计要素具体内容进行明细分类核算的账户。

总分类账户所提供的经济指标，是明细分类账户资料的综合，对所属明细分类账户起着统驭、控制的作用；明细分类账户所提供详细、具体的资料，是对有关总分类账户的细分，起着辅助和补充说明的作用。总分类账户与所属明细分类账户在金额上必然相等。

（三）按其用途和结构分类

会计账户按用途和结构进行分类，是在账户按经济内容分类的基础上，对用途和结构基本相同的账户进行的适当归类。

账户的用途是指开设和运用账户的目的，即通过账户记录能提供什么核算指标。

账户的结构是指在账户中如何登记经济业务，怎样取得所需要的各种核算指标，即增加、减少怎样进行登记，余额在哪一方，表示什么内容。

账户按用途和结构分类，可以明确各个账户不同的使用方法和各个账户的具体作用。例如，“固定资产”账户与“累计折旧”账户，两者反映的经济内容虽然同为企业的固定资产，但“固定资产”账户专门用于反映固定资产的初始入账价值（原始价值），“累计折旧”账户则专门用于反映固定资产在使用过程中因磨损而减少的价值，两者不仅用途不同，而且结构完全相反。

会计账户按其用途和结构可以分盘存账户、结算账户（债权账户、债务账户、债权债务账户）、资本账户（又称所有者投资账户）、跨期摊提账户（又称跨期摊配账户、跨期摊销账户。代表账户“长期待摊费用”）、调整账户[抵减（备抵）调整账户、附加调整账户、抵减附加调整账户]、集合分配账户（代表账户为“制造费用”）、成本计算账户、集合汇转账户（包括收入集合汇转账户、费用集合汇转账户）、财务成果账户（代表账户为“本年利润”）、计价对比账户（代表账户为“材料采购”）、暂记账户（又称临时过渡性账户。代表账户“待处理财产损溢”）。

案例分析与问题讨论

某企业为了核算向购货方预收的购货订金，专门开设了“预收账款”账户。20×× 年 12 月 31 日，“预收账款”总分类账户贷方余额为 60 万元。其所属的三个明细分类账户分别有借方余额 10 万元、借方余额 20 万元和贷方余额 90 万元。

要求：该企业 20×× 年年末债权、债务分别是多少？

（四）按与会计报表的关系分类

会计账户按与会计报表的关系分类，可将账户分为资产负债表账户、利润表账户和制造成本表账户。

资产负债表是根据资产类账户、负债类账户、所有者权益类账户的期末余额直接填列或分析计算填列的。在会计上，把资产类账户、负债类账户、所有者权益类账户称为资产负债表账户。又因为资产类账户、负债类账户、所有者权益类账户的期末余额通常有余额，所以，资产类账户、负债类账户、所有者权益类账户又称为实账户。

利润表是根据损益类账户的本期发生额直接或分析计算填列的。在会计上，把损益类账户称为利润表账户。又因为损益类账户的期末余额通常无余额，所以，损益类账户又称为虚账户。

制造成本表是根据成本类账户（生产成本、制造费用）编制的。在会计上，把成本类账户（生产成本、制造费用）称为制造成本表账户。

三、会计账户的基本结构和内容

（一）账户的结构

账户的结构是指账户的格式，是用来记录各项经济业务所引起的资金变动情况及其结果的。由于各项经济业务引起的资金变动尽管纷繁复杂，但从数量上看，不外乎是增加和减少两种情况。因此，账户的基本结构也相应地划分为左方、右方，一方用来登记增加，一方用来登记减少。至于哪一方登记增加，哪一方登记减少，取决于所记录经济业务和账户的性质以及所采用的记账方法。

（二）账户的金额要素及其关系

账户的金额要素是指账户中的增加发生额、减少发生额和余额。其中，登记本期增加的金额，称为本期增加发生额；登记本期减少的金额，称为本期减少发生额；增减相抵后的差额，称为余额，余额按表示的时间不同，分为期初余额和期末余额，期初余额和期末余额是相对于一定的会计期间而言的，本会计期间的期末余额即为下一会计期间的期初余额，期初余额和期末余额均与增加额在同一方向。账户的4个金额要素之间的数量关系如下：

期末余额＝期初余额＋本期增加发生额－本期减少发生额

实务操作

某企业20××年1月有关账户的资料如表3-3所示。

表3-3 某企业的有关账户

单位：元

账户名称	期初余额	本期增加发生额	本期减少发生额	期末余额
银行存款	（ ）	400 000	300 000	220 000
短期借款	50 000	（ ）	60 000	35 000
固定资产	250 000	80 000	（ ）	310 000
应付账款	（ ）	45 000	41 000	5 000
累计折旧	7 000	21 000	0	（ ）
实收资本	（ ）	150 000	0	462 000

要求：根据以上资料计算每个账户的未知数额并填入表中。

四、账户的基本内容

一般来说，账户的基本内容包括：

1. 账户的名称（即会计科目）；
2. 记录经济业务的日期；
3. 所依据记账凭证的种类和编号；
4. 经济业务摘要（简要说明）；
5. 增加金额、减少金额和余额（包括期初余额和期末余额）。

在借贷记账法下，账户的左方一律称为“借方”，其右方一律称为“贷方”。账户的期初、期末余额一般与记录增加额方向一致。账户基本内容的一般结构如表 3-4 所示。

表 3-4　账户名称（会计科目）

××年		凭证字号	摘　要	左方（借方）	右方（贷方）	左或右（借或贷）	余额
月	日						

在会计教学和会计研究中，为了说明上的方便，可将上述账户的一般结构简化为“T”字形，称为“T”字形账户或“丁”字形账户，如表 3-5。

表 3-5　“T”字形账户名称

左方（借方）	右方（贷方）

对于左方（借方）登记增加额的账户，其结构可简化为如表 3-6。

表 3-6　账户名称

左方（借方）	右方（贷方）
期初余额	
本期增加发生额	本期减少发生额
期末余额	

对于右方（贷方）登记增加额的账户，其结构可简化为如表 3-7。

表 3-7　账户名称

左方（借方）	右方（贷方）
	期初余额
本期减少发生额	本期增加发生额
	期末余额

五、会计科目与会计账户的联系和区别

会计科目与会计账户是两个不同的概念，它们之间既有联系又有区别。

两者的联系：会计科目与账户都是对会计对象具体内容的项目分类，两者口径一致，性质相同，会计科目是账户的名称，也是设置账户的依据，账户是会计科目的具体运用。没有会计科目，账户便失去了设置依据；没有账户，会计科目就无法发挥作用。

两者的区别：第一，会计科目仅仅是账户的名称，仅说明反映的经济内容是什么，不存在结构；而账户不仅说明反映的经济内容是什么，而且具有一定的格式和结构，能够记录经济业务引起的资金增减变化情况和结余情况。第二，会计科目主要为设置账户、编制会计凭证所运用；而账户则主要为建立会计账簿、编制财务报告所运用。第三，会计账户的内容包含会计科目的所有内容。设置会计账户是会计核算方法的组成部分，而会计科目不是会计核算方法的组成部分。

在会计实务中，人们通常将账户和会计科目以同义词对待，将其相互通用并不严加区别。

案例分析与问题讨论

华园公司于20××年1月1日投资创办了星星俱乐部。截至1月5日，该俱乐部共发生四笔经济业务，经入账后，各账户的余额如下：

1. 库存现金（增加）　2 000元
2. 银行存款（增加）　98 000元
3. 周转材料（增加）　150 000元
4. 实收资本（增加）　250 000元
5. 原材料（增加）　70 000元
6. 应付账款（增加）　70 000元

请说出上述四笔经济业务的基本内容（注：各笔经济业务内容要能够合理解释，入账后的结果必须产生题目所列示的各账户余额。）

答案提示：

该公司的实收资本250 000元，分别收到库存现金2 000元、银行存款98 000元、周转材料150 000元；该公司购买原材料70 000元，货款未付。

第三节 识别复式记账法

一、复式记账法的概念

（一）记账方法的概念

记账方法，是根据一定的原理、记账符号、账户设置、记账规则、试算平衡等，采用一定计量单位，利用文字和数字在账簿中记录经济业务的一种专门方法。简言之，记账方法是指在账户中登记经济业务的方法。作为记账方法，一般应包括记账符号、账户设置、记账规则、试算平衡四个相互联系的内容。

（二）记账方法种类

记账方法按记录方式不同可分为单式记账法和复式记账法。

1. 单式记账法

单式记账法，是对每笔交易、事项只在一个账户中登记，反映经济业务的一个方面，而与此相联系的另一个方面则不予反映的记账方法。它是会计最早采用的一种记账方法。通常的做法是：对现金增减变化设置账户进行记录，对人欠、欠人等往来账项只作非正规的备忘登记，对于其他项目则不予记录。例如，买主以现金 500 元买粮食，买主仅记录现金减少 500 元，至于为什么减少、买了什么，并不予以记录。如果买主是赊购的 500 元粮食，则买主只记录欠人 500 元。

其特点主要有：

（1）账户设置不完整，没有完整的账户体系。一般只设有欠人（应付账款）、人欠（应收账款）以及现金（库存现金、银行存款）账户，其他账户都不设置。

（2）单式记账法，不是所有的经济业务都反映，仅反映一部分经济业务。因为账户设置不全，无法反映企业经济业务全貌。

（3）单式记账法能反映的经济业务往往只反映一个方面。例如，以现金支付费用，只反映库存现金减少（只反映一个方面），不反映费用增加，因为没有设置“费用”账户。

（4）采用单式记账法，所反映的经济业务的会计记录不可能进行总体试算平衡。一是它不是对所有经济业务都反映，二是反映少数经济业务，且只反映其一个方面，每笔经济业务的记录不是都能平衡。

单式记账法记录的是一种“流水账”。它只能在商品经济不发达、规模小、经济业务十分简单或者没有会计人员的小单位采用。这种方法在 15 世纪中叶被复式记账法取而代之。

2. 复式记账法

复式记账法，是以资产与权益的平衡关系作为记账基础，对每笔交易、事项用相同的金额，同时在两个或两个以上相互联系的账户中登记的记账方法。如用现金支付费用，采用复式记账法，则应以相等的金额，一方面在“库存现金”账户中记录现金的付出业务，另一方面在有关费用账户中登记费用增加业务。

复式记账法要求每一会计要素项目都分别设置账户，每一会计要素项目的变化都应当在所涉及的账户中全面地、相互联系地记录下来。

下面，我们来分析 4 笔经济业务。

（1）用现金 200 元，支付公司办公费。

（2）出售产品一批，价款 500 元，收到现金 300 元，其余 200 元，购买人暂欠。

（3）收到购买人 200 元欠款。

（4）生产产品领用材料 1 000 元。

单式记账法与复式记账法的比较如表 3-8 所示

表 3-8 单式记账法与复式记账法的比较

经济业务	单式记账法	复式记账法
（1）	只记录库存现金账户减少 200 元	库存现金账户记录减少 200 元，同时，管理费用账户记录增加 200 元
（2）	库存现金账户记录增加 300 元，人欠增加 200 元，作备忘记录	库存现金账户记录增加 300 元，应收账款账户记录增加 200 元，同时，主营业务收入账户记录增加 500 元
（3）	只记录库存现金账户增加 200 元，人欠减少 200 元，作备忘记录	库存现金账户记录增加 200 元，同时，应收账款账户记录减少 200 元
（4）	不做记录	生产成本账户记录增加 1 000 元，原材料账户记录减少 1 000 元

对比表明：单式记账法记录简单，但账户设置不完整，不能对经济业务作全面完整的反映，是一种比较简单、不完整的记账方法。它在选择单方面记账时，重点考虑的是库存现金、银行存款以及债权债务方面发生的经济业务。因此，一般只设置“库存现金”“银行存款”“应收账款”“应付账款”等账户，而没有一套完整的账户体系，账户之间也形成不了相互对应关系，所以不能全面、系统地反映经济业务的来龙去脉，也不便于检查账户记录的正确性。与单式记账法相比，复式记账法优越性明显。

根据记账符号、账户设置、记账规则和试算平衡的不同，复式记账法可分为借贷记账法、收付记账法和增减记账法。

借贷记账法是国际上通用的一种记账方法，以“借”和“贷”作为记账符号。以“有借必有贷，借贷必相等”，作为记账规则。

收付记账法是在我国传统的收付记账法的基础上发展起来的复式记账方法，以“收”和“付”作为记账符号，表示资金、费用和收益的增减变动。以“同收同付，有收有付”，作为记账规则。其中，资金收付记账法曾在我国行政事业单位会计中使用过；现金（库存现金）收付记账法曾在我国金融单位会计中使用过；财产（钱物）收付记账法曾在我国农业会计中使用过。

增减记账法是20世纪60年代我国商业系统在改革记账方法时设计提出的一种记账方法，以“增”和“减”作为记账符号。以“同类账户，有增有减”，“异类账户，同增同减”作为记账规则。

二、复式记账法的优点

在前面讲述会计等式的平衡原理时，阐述了任何经济业务的发生都会引起基本会计要素（资产、负债和所有者权益）中有关项目的增减变动，但却不会破坏等式（资产 = 负债 + 所有者权益）两边基本会计要素的平衡关系。这一平衡原理，不仅为设置会计科目和账户提供了基础，也是复式记账法建立的理论依据。

为了对会计对象的具体内容进行分类核算，根据会计科目开设了一系列的账户。依据会计等式的平衡原理，当经济业务发生时，就以相等的金额，在相互关联的两个或两个以上账户中进行记录，这种双重记录的方法就是复式记账法。由此可见，复式记账法体现了会计等式的平衡原理，是依据会计等式建立的一种记账方法。

与单式记账法比，复式记账法的优点有以下几点。

（1）复式记账法，设置了完整的账户体系。复式记账法作为一种科学的记账方法，不仅要对每笔经济业务进行全面的反映，而且要对单位所发生的全部经济业务都要进行记录。因此，就必须设置一整套账户，用以反映各种各样的经济业务。我国 2006 年 2 月 15 日颁布的企业会计准则，将会计科目分为资产类、负债类、所有者权益类、共同类、成本类、损益类共 6 大类，涵盖了各类企业的交易或事项。

（2）复式记账法，如实地、相互联系地对单位每一笔经济业务都进行了反映和记录。由于复式记账具有完整的账户体系，因此能够全面地反映单位的每一笔经济业务，从而把各单位的每一元资金都置于会计的严密监督之下。

（3）由于对每一项经济业务，都在两个或两个以上相互关联的账户中进行记录。这样，在将全部经济业务都相互联系地记入各有关账户中以后，通过账户记录不仅可以清晰地反映每一项经济业务的来龙去脉，而且，通过全部经济业务的记录还能够全面、系统地了解经济活动的全过程和结果。这是复式记账的基本特点。

（4）由于每项经济业务发生后，都以相等的金额在有关账户中进行记录，因而可据以进行试算平衡，以检查账户记录是否正确。这一点是上述三个方面的必然结果。因为，所有经济业务都在各个账户中进行了反映，每一笔经济业务又能平衡，所以，一定时期全部经济业务必然能进行全面的综合计算。

目前，我国企业和行政、事业单位采用的记账方法都是借贷记账法。这是因为借贷记账法经过数百年的实践，已被全世界各国公认为是一种科学的记账方法而被广泛采用。另外，从实务角度看，企业间或国与国之间记账方法不统一，会给企业间横向经济交往带来诸多不便；不同行业、企业记账方法如果不统一，必然会加大跨行业的公司和企业集团会计工作的难度，使经济活动和经营成果不能及时、准确地反映。因此，统一全国各个行业和行政事业单位的记账方法，对会计核算工作的规范和更好地发挥会计的作用具有重要意义。

复式记账的产生和应用，是记账方法划时代的进步，它推动了现代会计方法体系的形成，被称为“会计科学史上的伟大建筑”。

应当指出的是，记账方法并不只限于单式记账法和复式记账法两类。随着社会经济和会计理论的发展，人们对记账方法的探索和研究也一定会有所进展。目前在会计理论界已有三式记账法和其他记账方法之说，但这些方法在会计实务中尚未得到普遍认同与采用。

案例分析与问题讨论

张某和李某拥有一个面包房。他们都没有接受过会计教育。但他们认为只要在记录中采用复式记账的方法就不会出现错误了，于是自己设计了一个用来记录交易的系统，自认为很有效。下面列示的是本月所发生的一些交易：

1. 收到客户一份订单，当面包发出后将收到 1 000 元。
2. 与供应商签订一份合同，采购 600 元的原材料。
3. 将面包发运给客户并收到 1 000 元。
4. 收到供应商发来的原材料并支付 600 元现金。
5. 用现金支付银行 400 元的利息。
6. 赊购 6 000 元的设备。

张某和李某对以上业务进行了记录，如表 3-9 所示。

表 3-9 业务交易记录表　　单位：元

资 产 =	负债＋所有者权益	＋（收入－费用）
1. 收到客户一份订单　＋1 000		收入　＋1 000
2. 与供应商签订合同　＋600		支出　-600
3. 将面包发运给客户　-1 000 库存现金　＋1 000		
4. 收到采购的原材料　＋600	应付账款　-600	
5. 支付利息　-400		利息支出　＋400
6. 赊购设备	应付账款　＋6 000	设备支出　-6 000

要求：

1. 向他们解释他们对记录交易的错误理解。
2. 改正他们在记录过程中的错误。

案例分析参考答案：

会计核算应该采用复式记账法，这种理解是不错的。但复式记账法并不是像张某和李某想象的那样。作为企业来说，确认收入、费用、资产和负债应该采用权责发生制原则。而他们的记录违背了这些原则与方法。

1. 对于收到商品订单，经济业务还未发生，不应确认收入，也不能作为资产增加。

2. 与供应商签订合同，经济业务也未发生，不应作为资产的增加，也不能确认费用。

3. 将面包发给客户并收到现金，应该确认收入，同时增加资产价值，即记录收入增加 1 000 元，库存现金增加 1 000 元。

4. 收到供应商发来的原材料并支付现金，应该是现金减少和原材料增加，即一项资产增加，另一项资产减少，不涉及负债。

5. 用现金支付银行利息的做法是对的。

6. 赊购设备 6 000 元，应付账款增加没有错，但设备应作为资产，而不能作为费用处理。（如表 3-10 所示）

表 3-10 更正后的业务交易记录表 单位：元

经济业务	资 产＝	负债＋所有者权益	＋（收入－费用）
3. 将面包发运给客户	库存现金 ＋ 1 000		收入 ＋ 1 000
4. 收到采购的原材料	原材料 ＋ 600 库存现金 -600		
5. 支付利息	库存现金 -400		费用 ＋ 400
6. 赊购设备	固定资产 ＋ 6 000	应付账款 ＋ 6 000	
合 计	6 600	6 000	600

第四节 运用借贷记账法

借贷记账法是世界各国普遍采用的复式记账法，其理论依据是“资产＝负债＋所有者权益”这一会计方程式所包含的经济内容和数学恒等关系。借贷记账法的基本内容包括记账符号、账户设置、记账规则和试算平衡方法。

一、借贷记账法的概念

借贷记账法，是以“借”“贷”作为记账符号，按照“有借必有贷，借贷必相等”的记账规则，对发生的每一笔经济业务所引起的会计要素的变化，都在两个或两个以上的账户中以相等的金额全面地、相互联系地进行登记的一种复式记账方法。

借贷记账法起源于意大利，经历了佛罗伦萨簿记法（记账对象仅限于记录债权、债务）、热那亚簿记法（记账对象除记录债权、债务外，扩大到商品、现金）和威尼斯簿记法（记账对象除记录债权、债务、商品、现金外，还设立了“损益”和“资本”账户）三个发展阶段，复式簿记从萌芽到比较完备，历时 300 年左右，大约到 15 世纪形成了比较完善的复式记账法。

1494 年，意大利著名数学家卢卡·巴其阿勒（Luca Pacioli）（也译为卢卡·帕乔利）在威尼斯黄金出版社出版了著作《算术、几何、比与比例概要》（又称《数学大全》）。在书中的“簿记论”部分，卢卡·巴其阿勒运用数学原理详述了复式簿记的原理和运用方法，后在全世界各国广为流传，为会计科学的建立和发展奠定了坚实的理论基础。

20 世纪初，我国政府派蔡锡勇、谢霖、孟森等会计学者赴日留学，学习日本的借贷记账法，借贷记账法由此传入我国。1905 年，蔡锡勇的《连环账谱》由湖北官书局出版面世，成为我国第一部较为系统阐述借贷复式簿记的专著。我国运用借贷记账法始于 1908 年创办的大清银行。1930 年国民政府各部颁发推行借贷簿记法的统一办法。从此，借贷记账法逐渐成为我国工商界、银行界习惯运用的记账方法之一。我国 1992 年 11 月 30 日颁布的《企业会计准则》规定，自 1993 年 7 月 1 日起，我国所有企业均采用借贷记账法。2006 年 2 月 15 日，我国重新颁布的《企业会计准则》第十一条规定：企业应当采用借贷记账法记账。这一规定又一次予以确认。

二、借贷记账法的基本内容

（一）理论依据

借贷记账法以“资产 = 负债＋所有者权益”作为理论依据。这样，根据会计等式可以判断对每一项经济业务如何记账，即分析经济业务引起的资产、负债、所有者权益等要素及其具体项目的变动情况，并分别设置账户记录变动情况和结果。同时，根据会计等式还能检查账户记录的正确性。

（二）借贷记账法的记账符号

记账符号，是用来确定发生的经济业务应当记入账户的特定部位或方向的标志。而账户分为左右两个方向，所以借贷记账法以“借”“贷”为记账符号，以“借方”“贷方”来表示账户的左方、右方。只有规定了记账符号，才能保证账户记录有条不紊、不错不乱，保证会计恒等式的平衡关系。

由于借贷记账法起源于资本主义萌芽时期的意大利，当时以经营货币资金的借入（相当于现在的吸收存款业务）和贷出（相当于现在的贷款业务）为主要业务的借贷资本家（相当于现在的银行）应运而生。借贷资本家在经营货币的借入与贷出时把从债权人借入的款项（收进来的存款）记在“贷方（贷主）”（Credit，简写为 Cr）的名下，表示自身债务（应付款、欠人）的增加；把向债务人贷出的款项（放出去的贷款），记在“借方（借主）”（Debit，简写为 De）的名下，表示自身债权（应收款、人欠）的增加。“借”“贷”两字最初的含义就是由此而来的，仅限于经济业务发生所涉及的货币资金的增减。

随着商品经济的发展，借贷记账法被推广应用到各行各业时，所要记录的业务活动内容日渐丰富，非借贷行业也开始使用“借”“贷”两字来说明其财产物资、成本费用和经营成果的增减变动情况，这样，“借”“贷”两字就失去了原有的含义，逐渐演变为一种纯粹的记账符号。仅仅表示记入账户的方向，与“借”“贷”原来的含义没有关系。

借方和贷方分别归集了不同会计要素项目增加和减少的数据，代表着会计要素的增减变化及其结果。“借”“贷”两字作为记账符号，哪一个表示增加、哪一个表示减少，要根据账户的经济性质来决定。

借贷记账法下，作为记账符号的“借”“贷”两字具有两层含义。

第一，表示资金的增减。借和贷本身不等于增或减，即不能理解为借表示增加，贷表示减少或者贷表示增加，借表示减少。只有当其与具体类型的账户相结合以后，才可以表示增加或减少。如对资产类账户来说，借表示增加，贷表示减少；对负债类账户而言，正好相反，贷表示增加，借表示减少。“借”“贷”所表示的增减含义，可归纳如表 3-11 所示。

表 3-11　“借”“贷”所表示的增减含义

借方	账户类别	贷方
+	资产、成本类	−
+	费用、损失类	−
−	负债类	+
−	所有者权益类	+
−	收入、利得类	+

第二，表示记账的方向和余额的方向。“借”表示账户的左方，“贷”表示账户的右方；“借”“贷”作为记账符号还表示账户余额的方向，通常资产、负债和所有者权益类账户期末都会有余额。其中，资产类账户的正常余额在借方，负债、所有者权益账户的正常余额在贷方。

（三）借贷记账法的账户结构

在借贷记账法下，账户的基本结构分为借方（左方）和贷方（右方），账户的期初、期末余额一般与记录增加额方向一致。以下区别不同性质的账户分别说明。

1. 资产类、成本类账户的结构

由于在会计基本等式中，资产列在等式的左边，人们依照传统习惯，在账户结构上做出规定：资产因在基本等式的左边，则资产账户的借方（左方）登记其增加数，贷方（右方）登记其减少数，余额（期初、期末余额）在账户的借方。成本类账户的结构与资产类账户结构相同。根据会计分期假设，会计记录是分期进行的，账户在记录本期业务之前应先记入期初余额（即上期的期末余额），然后记录本期资产和成本增加数（记借方）和本期资产和成本减少数（记贷方）。在某一会计期间记入借方的数额合计称为本期借方发生额，记入贷方的数额合计称为本期贷方发生额。根据每个账户的期初余额、本期借方发生额、本期贷方发生额即可计算出期末余额。本期的期末余额转入下期，即为下期的期初余额。用公式表示如下：

$$\begin{matrix}\text{资产类、成本类}\\\text{账户期末借方余额}\end{matrix}=\begin{matrix}\text{借方期}\\\text{初余额}\end{matrix}+\begin{matrix}\text{本期借方}\\\text{发生额}\end{matrix}-\begin{matrix}\text{本期贷方}\\\text{发生额}\end{matrix}$$

资产类、成本类账户的“T”形结构如表 3-12 所示。

表 3-12 资产类、成本类账户的“T”形结构

借方		账户名称（资产类、成本类）	贷方
期初余额	×××		
本期增加额	×××	本期减少额	×××
	×××		×××
本期增加发生额合计	×××	本期减少发生额合计	×××
期末余额	×××		

但是，如果存在调整账户的情况下，资产类账户的结构会发生变化。

调整账户是账户按用途和结构分类的一种。它是用来对特定账户的余额进行调整，以使该特定账户调整后的余额具有一定经济含义并能满足管理需要的账户。被调整账户用来记录、反映原始数额；调整账户用来记录、反映对原始数额的调整数。将被调整账户与账户相加或相减，可以求得管理所需的数额。

调整账户按调整方式的不同可分为抵减（备抵）调整账户、附加调整账户和抵减（备抵）附加调整账户三类。三类调整账户的区别见表 3-13。

表 3-13 抵减（备抵）账户、附加账户和抵减（备抵）附加账户的区别

类 别	抵减（备抵）账户	附加账户	抵减（备抵）附加账户
作用	用来抵减被调整账户余额	用来增加被调整账户余额	既可用来抵减，又可用来增加被调整账户的余额
特点	与被调整账户的性质相同，但结构相反	与被调整账户的性质相同，且结构也相同	与被调整账户的性质相同，结构既可相同（附加调整），也可相反（抵减调整）
调整方式	被调整账户实际余额＝被调整账户余额－抵减（备抵）调整账户余额	被调整账户实际余额＝被调整账户余额＋附加调整账户余额	被调整账户实际余额＝被调整账户余额 ± 抵减（备抵）附加调整账户余额
典型账户	累计折旧、固定资产减值准备、累计摊销、无形资产减值准备、坏账准备	材料成本差异（超支差）	材料成本差异（超支差）→附加 材料成本差异（节约差）→抵减

案例分析与问题讨论

问题一：

某企业 20×× 年“固定资产”账户期末借方余额为 1 000 000 元，“累计折旧”账户期末贷方余额为 600 000 元，

要求：1. 计算该企业固定资产的净值。

2. 说明两个账户之间的关系。

问题二：

某老师在讲了调整账户以后，让大家说说对调整账户的认识。

甲同学说，被调整账户与调整账户在反映经济内容上的关系是：附加调整账户与被调整账户反映的经济内容相同，如“材料成本差异（超支差）”账户与“原材料”账户。抵减（备抵）调整账户与被调整账户反映的经济内容不相同，如“累计折旧”账户与“固定资产”账户。

乙同学说，抵减（备抵）调整账户与被调整账户结构相反，因此它们不属同一性质的账户。如“应收账款”是资产类账户，其抵减调整账户“坏账准备”是负债类账户。

要求：请判断上述两位同学的说法正确吗？并说明理由。

答案提示：

问题一：

1. 该企业固定资产的净值为 400 000 元。

2. “固定资产”账户为被调整账户，“累计折旧”账户为调整账户。

问题二：

1. 调整账户与被调整账户反映的经济内容相同，而用途及结构则不同。

2. 被调整账户记录着会计要素的原始数额，而调整账户却记录着同一会计要素的差额。调整账户不能脱离被调整账户而独立存在。

3. 调整账户对被调整账户的调整方式是附加（相加）还是抵减（相减），则主要取决于被调整账户与调整账户的余额是在同一方向还是反方向，若在同一方，则是附加（相加）调整方式，若在相反方，则是抵减（相减）调整方式。“应收账款”与“坏账准备”均是资产类账户。

2. 负债及所有者权益类账户的结构

负债与所有者权益统称为权益，在性质上与资产相反，因此账户结构与资产类账户亦相反。贷方记录增加额，借方记录减少额，期初、期末余额一般在贷方。用公式表示如下：

$$\text{负债及所有者权益类账户期末贷方余额} = \text{贷方期初余额} + \text{本期贷方发生额} - \text{本期借方发生额}$$

负债及所有者权益类账户的“T”形结构如表 3-14 所示。

表 3-14 负债及所有者权益类账户的“T”形结构如

借方	账户名称（负债及所有者权益类）		贷方
		期初余额	×××
本期减少额	×××	本期增加额	×××
	×××		×××
本期减少发生额合计	×××	本期增加发生额合计	×××
		期末余额	×××

3. 共同类账户结构

共同类账户，又称双重性账户、两重性账户，是指既可以用来核算资产、费用（成本），又可以用来核算负债、所有者权益和收入的账户。这类账户或者只有借方余额，或者只有贷方余额，但不可能同时出现借方余额和贷方余额。根据双重性质期末余额的方向，可以确定账户的性质。如果余额在借方，就是资产类账户；如果余额在贷方，就是负债或所有者权益类账户。例如，“应收账款”和“预收账款”可以合为一个账户，如果余额在借方，就是资产账户，如果余额在贷方，就是负债账户。类似的账户还有“应付账款”与“预付账款”。

设置共同类账户，可以减少账户数量，使账务处理简便灵活。其“T”形结构如表 3-15 所示。

表 3-15 共同类账户的“T”形结构

借方	账户名称（共同类）		贷方
期初余额	×××	期初余额	×××
本期增加额（本期减少或转出额）	×××	本期减少或转出额（本期增加额）	×××
	×××		×××
本期增加发生额合计（本期减少发生额合计）	×××	本期减少发生额合计（本期增加发生额合计）	×××
期末余额	××× 或“0”	期末余额	××× 或“0”

4. 损益类账户

为便于理解账户结构，我们把损益类账户分为收入、利得类账户和费用、损失类账户两大类。

（1）收入、利得类账户

我们知道，收入最终导致所有者权益增加，因而，从性质上讲收入、利得类账户与所有者权益是同性质的，因此收入、利得类账户的结构与所有者权益类账户基本相同，即贷方记增加额，借方记减少或转出额，但无期末余额，因为期末时须全额转出，以便与相配比的费用支出相抵，以计算当期损益（经营成果）。其“T”形结构如表 3-16 所示。

表 3-16 收入、利得类账户的"T"形结构

借方	账户名称（收入、利得类）		贷方
本期减少额或转出额	×××	本期增加额	×××
	×××		×××
本期发生额合计	×××	本期发生额合计	×××

（2）费用、损失类账户

同样道理，费用最终导致所有者权益减少，因而，费用、损失类账户也是所有者权益的抵减因素，因此，其结构与所有者权益类账户结构相反，而与资产、成本类账户结构基本相同，即借方记录增加额，贷方记录减少额或转出额，但期末无余额，因为期末要将其全额转出，以便与收益相抵，计算当期损益（经营成果）。其"T"形结构如表 3-17 所示。

表 3-17 费用、损失类账户的"T"形结构

借方	账户名称（费用、损失类）		贷方
本期增加额	×××	本期减少额或转出额	×××
	×××		×××
本期发生额合计	×××	本期发生额合计	×××

实务操作

1. 资料：某企业 20×× 年 1 月有关账户的资料如表表 3-18 所示。

表 3-18 某企业的有关账户资料

单位：元

账户名称	期初余额	借方发生额	贷方发生额	期末余额
银行存款	（ ）	400 000	300 000	220 000
短期借款	50 000	60 000	（ ）	35 000
固定资产	250 000	80 000	（ ）	310 000
应付账款	（ ）	41 000	45 000	5 000
累计折旧	7 000	0	21 000	（ ）
实收资本	（ ）	0	150 000	462 000

2. 要求：根据以上资料计算每个账户的未知数额并填入表中。

（四）借贷记账法的记账规则

1. 记账规则的内容

记账规则是指运用一定的记账方法对每笔经济业务进行登记时所遵循的规律和原则。记账规则是记账的依据，也是对账的依据。

借贷记账法的记账规则可概括为“有借必有贷，借贷必相等”，也称为借贷平衡原理。其具体解释为：在借贷记账法下，对发生的每一笔经济业务在记入一个账户借方的同时，必然记入另一个（或几个）账户的贷方；反之，在记入一个账户贷方的同时，必然记入另一个（或几个）账户的借方。而且，记入借方账户的金额与记入贷方账户的金额必然相等。

会计恒等式表明，任何时点上，会计主体的全部资产和其相应的来源存在恒等关系，并且，这一恒等关系不会因为交易或事项的发生而打破。也就是说，任何一笔交易或事项，都不会破坏会计恒等式的平衡关系。从简单的数量关系对比来看，任何交易或事项如果不会打破会计等式的平衡关系，必定符合下列 4 种方式中的一种：

（1）等式双方同时增加一个等量；

（2）等式双方同时减少一个等量；

（3）等式左方一增一减一个等量；

（4）等式右方一增一减一个等量。

对相应的经济业务进行推导可以得出这样几条规则：

第一，任何一笔交易或事项的发生，都必然会同时导致至少 2 个账户发生变化。或者说，交易或事项发生后，应同时至少在 2 个账户中相互联系地进行记录。这也是复式簿记方法的内在要求。

第二，所记入的账户可以是等式同一方向，也可以是不同方向。但每一笔交易或事项发生后，必须要至少记入一个账户的借方和另一个账户的贷方。如果某项交易或事项同时涉及三个以上的账户时，至少要在一个账户的借方和一个账户的贷方进行登记（可以一个借方、多个贷方，或一个贷方、多个借方，尽可能少用或不用多个借方、多个贷方，以避免破坏账户之间的对应关系）。总之，有借必有贷。

第三，所记入两个账户的金额，借方和贷方必须相等。本期发生的全部交易或事项在进行正常的处理后，记入所有账户借方的发生额合计，应当等于记入所有账户贷方的发生额合计。亦即：借贷必相等。

如果把上列三条记账规则用最简洁的语言表述，就是：“有借必有贷，借贷必相等”。

下面根据借贷记账法下的记账符号和账户结构，以某企业发生的经济业务为例进行说明。

例 3–1 企业收到某单位的投资 40 000 元，存入企业银行存款户。

对这项经济业务，要记入“银行存款”账户的借方，同时记入“实收资本”账户的贷方，记入两个账户的金额相等。（如表 3-19 所示）

表 3-19 实收资本与银行存款

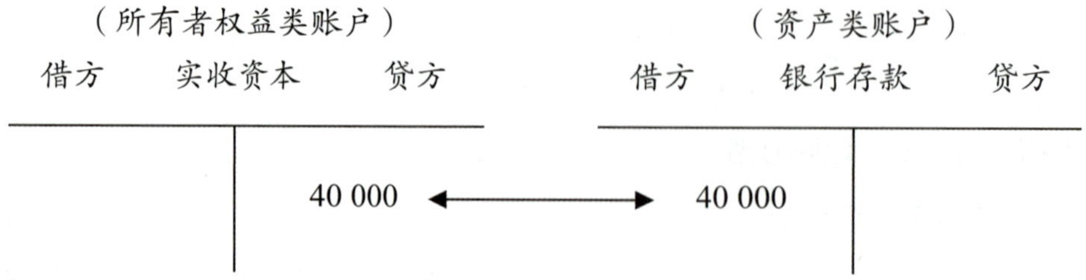

例 3–2 企业将现金 20 000 元存入企业银行存款户。

这项经济业务，涉及两个资产类账户的变化，应该记入“银行存款”账户的借方，“库存现金”账户的贷方，记入双方账户的金额相等。（如表 3-20 所示）

表 3-20　库存现金与银行存款

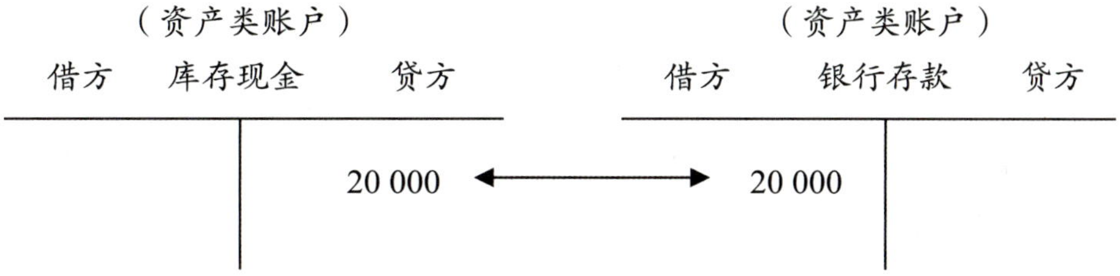

例 3–3 企业以银行存款偿还应付采购原材料的货款 1 800 元，归还其他应付款项 200 元。

这项经济业务涉及三个账户，在记入“银行存款”账户贷方的同时，记入“应付账款”和“其他应付款”两个账户的借方。记入贷方的金额与记入两个账户借方的金额之和相等。（如表 3-21 所示）

表 3-21　银行存款与应付账款

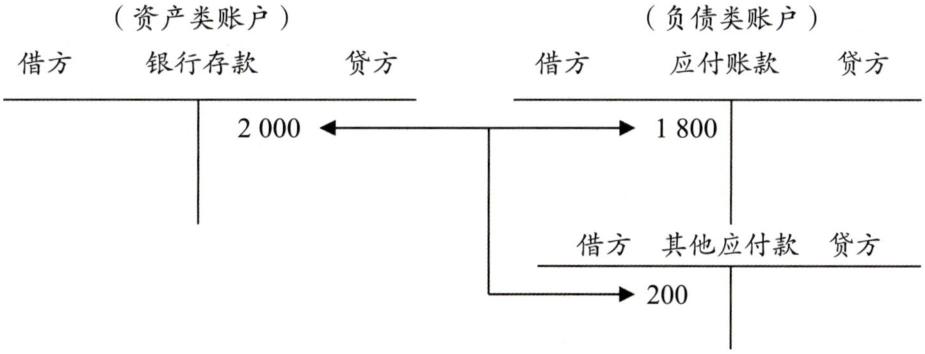

例 3–4 企业开出商业承兑汇票，面值 6 000 元，以汇票抵付欠外单位其他款项。这项经济业务引起一项负债增加，一项负债减少，在记入“其他应付款”账户借方的同时，记入“应付票据”账户的贷方，记入两个账户的金额相等。（如表 3-22 所示）

表 3-22　应付票据与其他应付款

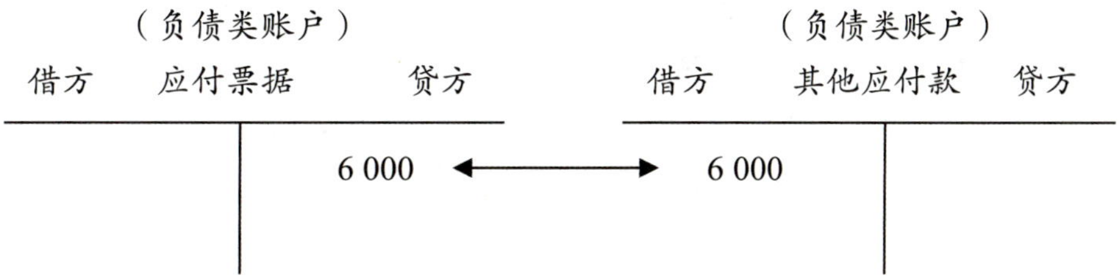

通过上述举例，可以总结出：引起资产、权益 4 种类型的变化都符合“有借必有贷、借贷必相等”的记账规律，如图 3-2 所示。

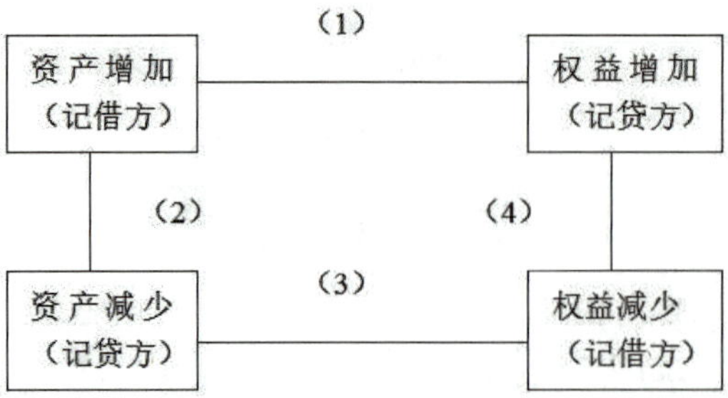

图 3-2 4 种类型的经济业务的记账规律

2. 记账规则的应用

(1) 账户对应关系和对应账户

采用借贷记账法对每笔经济业务进行会计处理时，都要在 2 个或 2 个以上账户的借方和贷方相互联系地进行反映，这样就会使有关账户在客观上形成一种应借应贷的相互关系，账户之间形成的这种应借、应贷的关系，称为账户对应关系。存在对应关系的账户称为对应账户。

通过这种对应关系，可以了解经济业务的来龙去脉，说明经济业务发生各种变化的因果关系。例如，开出现金支票 6 000 元，归还短期借款 3 500 元和前欠供货单位账款 2 500 元。这笔经济业务要在“短期借款”账户和“应付账款”账户的借方分别记入 3 500 元和 2 500 元；同时，在“银行存款”账户的贷方记入 6 000 元。这样，“短期借款”和“应付账款”账户就同“银行存款”账户存在着应借应贷的关系，即“短期借款”“应付账款”账户成为“银行存款”账户的对应账户；反之亦然。通过账户对应关系可了解经济业务的内容，判断账务处理的正确性。又如该例，“银行存款”账户贷方减少 6 000 元，联系其对应账户“短期借款”和“应付账款”账户借方减少，就可知道该经济业务的内容是用银行存款 6 000 元结算了对外债务。但是，同时处于借方的“短期借款”账户和“应付账款”账户之间没有因果关系，不能称为对应账户。

(2) 会计分录

在会计实务中，通常用编制会计分录的方式将根据记账符号和账户结构分析结果简明扼要地记录下来。

①会计分录的概念。会计分录，简称分录，是指按复式记账原理要求，确定每笔经济业务应登记的账户、记账方向和应记金额的一种记录。每笔会计分录都必须包括三个要素：账户（会计科目）名称、记账方向（借方、贷方）和变动金额。

在实际工作中，会计人员为了保证账户记录的正确性，明确账户的对应关系，在把发生的各项经济业务记入账户之前，应先根据经济业务的内容，在记账凭证中指明应记入的账户名称、账户金额和方向，即编制会计分录。及时、准确地编制会计分录，可以保证账户记录的准确性，并便于日后查考。

②会计分录的分类。会计分录按其反映经济业务事项的复杂程度（涉及账户的多少），可以分为简单会计分录和复合会计分录两种。

简单会计分录，是一个账户借方与另一个账户贷方相对应的分录；复合会计分录是一个或几个账户的借方与另外几个或一个账户的贷方相对应的分录。即“一借多贷”“一贷多借”“多借多贷”。

一个复合会计分录可分解为几个简单会计分录，但不得把互不相关的几个简单会计分录合并为一笔多借多贷的会计分录。

③会计分录的书写格式。在实际工作中，会计分录是根据各项经济业务的原始凭证进行编制的，通常是在专用格式的记账凭证上编制。

简单会计分录的书写格式如下：

借：××× 科目　　金额

　　贷：××× 科目　　金额

复合会计分录的一般书写格式为：

借：××× 科目　　金额

　　贷：××× 科目　　金额

　　　　××× 科目　　金额

或：借：××× 科目　　金额

　　　　××× 科目　　金额

　　　　贷：××× 科目　　金额

或：借：××× 科目　　金额

　　　　××× 科目　　金额

　　　　贷：××× 科目　　金额

　　　　　　××× 科目　　金额

其书写要求归纳为：上借下贷，即借方在上，贷方在下；借贷分行书写，贷方记账符号、科目、金额都要比借方退后一格，表明借方在左，贷方在右；同行文字与金额数字应适当错开位置。复合会计分录的借方或贷方的文字和金额数字必须分别对齐，对于多个借方（或贷方）科目，只需写第一个会计科目的“借”或“贷”，然后将相同的方向的会计科目对齐即可。

④会计分录的编制步骤。在编制会计分录时，通常应当按照以下步骤逐步进行：

首先是“找账户（会计科目）”，即对所要处理的交易或事项，判断其究竟引起了哪些账户产生了变化；

其次是“定性质”，即判断这些账户的性质，看它们各属于什么会计要素，位于会计等式的左方还是右方；

第三是“定增减”，即确定这些账户受影响的方向，看是增加还是减少；

第四是“定符号”，即根据这些账户的性质和其增减方向，确定究竟是借方还是贷方；

最后是“写分录”，即根据会计分录的格式要求，编制完整的会计分录。

下面仍以例 3-6 至例 3-9 的经济业务为例，说明会计分录的编制

①企业收到某单位的投资 40 000 元，存入企业银行存款户。

会计分录编制步骤：

第一步“找账户（会计科目）”，本例涉及“银行存款”、“实收资本”两个账户；

第二步“定性质”，“银行存款”（资产类账户）、“实收资本”（所有者权益类账户）；

第三步“定增减”，“银行存款”（资产增加）、“实收资本”（所有者权益增加）；

第四步“定符号”，“银行存款”（资产增加记入“借方”）、“实收资本”（所有者权益增加记入“贷方”）；

第五步“写分录”：

借：银行存款　　40 000

　　贷：实收资本　　40 000

②企业将现金 20 000 元存入企业银行存款户。

借：银行存款　　20 000

　　贷：库存现金　　20 000

③企业以银行存款偿还应付采购原材料的货款 1 800 元，归还其他应付款项 200 元。

借：应付账款　　1 800

　　其他应付款　200

　　贷：银行存款　　2 000

④企业开出商业承兑汇票，面值 6 000 元，以汇票抵付欠外单位其他款项。

借：其他应付款　　6 000

　　贷：应付票据　　6 000

实务操作

（一）资料：某公司 20×× 年 1 月发生经济业务如下（增值税暂不考虑）。

1. 职工张某出公差，预借差旅费 10 000 元，出纳员以现金支付。
2. 购入材料一批，金额 50 000 元，材料已验收入库，货款尚未支付。
3. 职工张某报销差旅费 9 400 元，收回现金 600 元。
4. 出纳员向银行提取现金 5 000 元备用。
5. 以现金发放本月工资 300 000 元。
6. 购买设备一台，买价 80 000 元，款项已通过银行存款支付。
7. 向银行申请三个月临时借款 200 000 元，借款已划入企业银行存款账户。
8. 收到某公司的投资款 300 000 元，存入银行。

（二）要求：根据以上经济业务编制会计分录。

（五）借贷记账法的试算平衡

试算平衡，是根据记账规则和会计恒等式来检查验证日常账户记录是否正确、完整的一种方法。借贷记账法对全部经济业务记录的试算，是一种借贷直接平衡法。它包括两个内容：发生额试算平衡和余额试算平衡。

1. 发生额试算平衡法

发生额平衡，是指一定时期全部账户借方发生额合计等于该时期内全部账户贷方发生额合计。这是由“有借必有贷，借贷必相等”的记账规则决定的。因为对于某一会计期间内发生的每一项经济业务，在记入一个账户借方（或贷方）的同时必然记入另一个或几个账户的贷方（或借方），而且金额相等。所以其结果必然是各账户的借方发生额合计等于各账户的贷方发生额合计，用公式可表示如下：

全部账户借方发生额合计 = 全部账户贷方发生额合计

2. 余额试算平衡法

余额平衡，是指任一会计期末全部账户借方余额合计等于该期末全部账户贷方余额合计。这是由会计恒等式“资产 = 负债＋所有者权益”决定的。因为资产类账户余额在借方，负债及所有者权益类账户的余额在贷方，所以，由会计恒等式可直接得到以下的余额试算平衡公式：

全部总分类账户借方期初余额合计 = 全部总分类账户贷方期初余额合计

全部总分类账户借方期末余额合计 = 全部总分类账户贷方期末余额合计

在实际工作中，企业会计人员一般按下列步骤进行试算平衡：第一步，期末把全部账户应记录的经济业务登记入账，并计算出各账户本期借方发生额、本期贷方发生额和期末余额；第二步，编制总分类账户试算平衡表。

试算平衡表的格式分两种：一种是将本期发生额和期末余额试算平衡分别列表编制，如表 3-23、表 3-24。

表 3-23 总分类账户余额试算平衡表

年 月 单位：元

会计科目	借方余额	贷方余额

表 3-24 总分类账户本期发生额试算平衡表

年 月 单位：元

会计科目	借方发生额	贷方发生额

另一种是将本期发生额和期末余额合并在一张表上进行试算平衡（即六栏式平衡）。如表 3-25。

表 3-25 总分类账户本期发生额及期末余额试算平衡表（常用格式）

年 月 单位：元

会计科目	期初余额		本期发生额		期末余额	
	借方	贷方	借方	贷方	借方	贷方
合计						

应当指出，试算平衡只是通过借贷金额是否平衡来检查账户记录是否正确。如果借贷不平衡，可以肯定账户的记录或计算有错误，应进一步查明原因，予以更正。如果试算平衡，一般来说，记账正确，但不能绝对肯定记账没有错误。因为，有些记录错误并不影响借贷双方的平衡关系，因而这些账户记录的错误很难在试算平衡中发现。这些错误包括：

①借贷双方发生同等金额的记录错误，即多记或少记，且金额一致；

②全部漏记或重记同一经济业务；

③账户记录发生借贷方向的错误，即应借应贷科目相互颠倒；

④用错有关账户名称，而方向无误；

⑤记录某账户的错误金额一多一少恰好相互抵销。

例 3–5 练习试算平衡表的编制

1. 某公司 20 × × 年 3 月 1 日总分类账户的月初余额如表 3-26 所示。根据表 3-26 中资料开设“T”形账户，登记账户的期初余额（第一步，开设总账，登记期初余额）。

表 3-26 期初余额表

单位：元

资产类账户	期初余额	负债及所有者权益类账户	期初余额
库存现金	25 000	短期借款	300 000
银行存款	500 000	长期借款	375 000
应收账款	400 000	应付账款	250 000
原材料	350 000	实收资本	1 500 000
库存商品	650 000	资本公积	450 000
固定资产	1 100 000	盈余公积	400 000
无形资产	250 000		
资产总计	3 275 000	负债及所有者权益总计	3 275 000

2. 该公司本月份发生下列经济业务（增值税暂不考虑）：

（1）3 月 1 日，接银行通知收到原购货单位所欠货款 300 000 元；

（2）3 月 5 日，向东方工公司购进原材料 500 000 元，验收入库，货款未付（假设该公司原材料按实际成本核算）；

（3）3 月 6 日，收回 K 公司所欠货款 100 000 元存入银行；

（4）3 月 10 日，用银行存款归还所欠供应单位货款 250 000 元；

（5）3 月 15 日，用银行存款归还短期借款 100 000 元；

（6）3 月 20 日，生产产品领用材料 600 000 元；

（7）3 月 25 日，公司决定用盈余公积金转增资本 250 000 元；

（8）3 月 26 日，用银行存款支付本月生产车间水电费 50 000 元。

根据上述经济业务编制会计分录如下：（第二步，编制会计分录，实际工作中是通过编制记账凭证来完成的）。

（1）借：银行存款　　300 000
　　　贷：应收账款　　300 000
（2）借：原材料　　500 000
　　　贷：应付账款　　500 000
（3）借：银行存款　　100 000
　　　贷：应收账款　　100 000
（4）借：应付账款　　250 000
　　　贷：银行存款　　250 000
（5）借：短期借款　　100 000
　　　贷：银行存款　　100 000
（6）借：生产成本　　600 000
　　　贷：原材料　　600 000
（7）借：盈余公积　　250 000
　　　贷：实收资本　　250 000
（8）借：制造费用　　50 000
　　　贷：银行存款　　50 000

3. 根据以上会计分录过账、结账。即将 3 月份发生的经济业务记入有关账户并计算出各账户的本期借方发生额、本期贷方发生额和期末余额，（第三步，过账、结账）。（如表 3-27 至表 3-39 所示）

表 3-27 库存现金借贷

借方　　库存现金	贷方
期初余额 25 000	
本期发生额	本期发生额
期末余额 25 000	

表 3-28 银行存款借贷

借方　　银行存款	贷方
期初余额 500 000	
（1）300 000	（4）250 000
（3）100 000	（5）100 000
	（8）50 000
本期发生额 400 000	本期发生额 400 000
期末余额 500 000	

表 3-29 应收账款借贷

借方　　应收账款	贷方
期初余额 400 000	
	（1）300 000
	（3）100 000
本期发生额	本期发生额 400 000
期末余额 0	

表 3-30 原材料借贷

借方　　原材料	贷方
期初余额 350 000	
（2）500 000	（6）600 000
本期发生额 500 000	本期发生额 600 000
期末余额 250 000	

表 3-31 制造费用借贷

制造费用

借方	贷方
（8） 50 000	
本期发生额 50 000	本期发生额
期末余额 50 000	

表 3-32 生成成本借贷

生产成本

借方	贷方
期初余额	
（6） 600 000	
本期发生额 600 000	本期发生额
期末余额 600 000	

表 3-33 库存商品借贷

库存商品

借方	贷方
期初余额 650 000	
本期发生额	本期发生额
期末余额 650 000	

表 3-34 固定资产借贷

固定资产

借方	贷方
期初余额 1 100 000	
本期发生额	本期发生额
期末余额 1 100 000	

表 3-35 无形资产借贷

无形资产

借方	贷方
期初余额 250 000	
本期发生额	本期发生额
期末余额 250 000	

表 3-36 短期借款借贷

短期借款

借方	贷方
	期初余额 300 000
（5） 100 000	
本期发生额 100 000	本期发生额
	期末余额 200 000

长期借款

借方	贷方
	期初余额 375 000
本期发生额	本期发生额
	期末余额 375 000

实收资本

借方	贷方
	期初余额 1 500 000
	（7） 250 000
本期发生额	本期发生额 250 000
	期末余额 1 750 000

表 3-37 资本公积借贷

资本公积

借方	贷方
	期初余额 450 000
本期发生额	本期发生额
	期末余额 450 000

表 3-38 盈余公积借贷

盈余公积

借方	贷方
	期初余额 400 000
（7） 250 000	
本期发生额 250 000	本期发生额
	期末余额 150 000

表 3-39 应付账款借贷

应付账款

借方	贷方
	期初余额 250 000
（4） 250 000	（2） 500 000
本期发生额 250 000	本期发生额 500 000
	期末余额 500 000

4. 根据账户记录进行试算平衡，编制该公司 20×× 年 3 月份试算平衡表（第四步，进行试算平衡）。试算平衡表采用六栏式。如表 3-40 所示。

表 3-40 某公司总分类账户本期发生额及余额试算平衡表

20×× 年 3 月 31 日　　单位：元

账户名称	期初余额		本期发生额		期末余额	
	借方	贷方	借方	贷方	借方	贷方
库存现金	25 000				25 000	
银行存款	500 000		400 000	400 000	500 000	
应收账款	400 000			400 000	0	
原材料	350 000		500 000	600 000	250 000	
库存商品	650 000				650 000	
生产成本			600 000		600 000	
制造费用			50 000		50 000	
固定资产	1 100 000				1 100 000	
无形资产	250 000				250 000	
短期借款		300 000	100 000			200 000
应付账款		250 000	250 000	500 000		500 000
长期借款		375 000				375 000
实收资本		1 500 000		250 000		1 750 000
资本公积		450 000				450 000
盈余公积		400 000	250 000			150 000
合　计	3 275 000	3 275 000	2 150 000	2 150 000	3 425 000	3 425 000

实务操作

（一）目的：练习借贷记账法下，编制会计分录，登记账户并编制试算平衡表。

（二）资料：某公司 20×× 年 11 月 1 日有关账户余额如表 3-41 所示。

表 3-41 某公司的账户余额

单位：元

资 产	金 额	负债及所有者权益	金 额
库存现金	1 000	短期借款	112 000
银行存款	38 600	应付账款	133 600
应收账款	12 000	应交税费	88 000
原材料	106 000	实收资本	330 000
生产成本	142 000		
其他应收款	4 000		
固定资产	360 000		
资产合计	663 600	负债及所有者权益合计	663 600

11 月份发生下列经济业务：

1. 3 日，接受国家投入的机器设备一套，总价值 400 000 元，已投入使用。

2.3 日，从银行取得短期借款 100 000 元，存入银行。

3.3 日，用现金购买办公用品 100 元。

4.6 日，购入材料 60 000 元，材料已验收入库，款未付。

5.9 日，用银行存款 20 000 元，归还短期借款。

6.11 日，开出转账支票一张，偿还上月所欠购货款 48 000 元。

7.12 日，接银行通知，收到上月销货款 10 000 元，已入账。

8.14 日，从银行提取现金 1 000 元。

9.16 日，采购员王某预借差旅费 1 200 元，以现金支付。

10.18 日，向银行借入短期借款 4 500 元，直接归还前欠购货款。

11.22 日，用银行存款 50 000 元缴纳税金。

12.24 日，生产产品领用材料 86 000 元。

13.30 日，将现金 200 元，送存银行。

（三）要求：

1. 根据上述资料编制会计分录；

2. 根据上述资料开设"T"形账户，登记期初余额，根据会计分录登记本期发生额，并结出每个账户发生额及期末余额；

3. 根据上述资料编制余额及发生额试算平衡表。试算平衡参考答案如表 3-42 所示。

表 3-42 总分类账户本期发生额及余额试算平衡表

20×× 年 11 月 30 日　　单位：元

账户名称	期初余额		本期发生额		期末余额	
	借方	贷方	借方	贷方	借方	贷方
库存现金	1 000		1 000	1 500	500	
银行存款	38 600		110 200	119 000	29 800	
应收账款	12 000			10 000	2 000	
原材料	106 000		60 000	86 000	80 000	
生产成本	142 000		86 000		228 000	
其他应收款	4 000		1 200		5 200	
固定资产	360 000		400 000		760 000	
短期借款		112 000	20 000	104 500		196 500
应付账款		133 600	52 500	60 000		141 100
应交税费		88 000	50 000			38 000
实收资本		330 000		400 000		730 000
管理费用			100		100	
合　计	663 600	663 600	781 000	781 000	1 105 600	1 105 600

第五节 平行登记总分类账户与明细分类账户

一、总分类账户与明细分类账户的关系

账户按照对经济业务内容反映的详细程度，可以划分为总分类账户和明细分类账户。总分类账户和明细分类账户是既有内在联系，又有区别的两类账户。

（一）总分类账户与明细分类账户的联系

在会计核算工作中，基于经营管理上的需要，在开设总分类账户的同时，还应在总分类账户下设若干个明细分类账户，在这个意义上讲总分类账户和明细分类账户有着密切的关系。

1. 反映的经济业务内容相同

如“原材料”账户；总分类账户与其所属的“甲材料”“乙材料”等明细分类账户都是用来反映原材料的收发及结存业务的；

2. 登账的原始依据相同

登记总分类账户与登记其所属明细分类账户的记账凭证或原始凭证是相同的。

3. 提供相互补充的核算资料，既总括又详细地说明同一事物

总分类账户对所属明细分类账户起着统驭、控制、综合的作用；明细分类账户是总分类账户的从属账户，是总分类账户的具体化，它对总分类账户起着辅助和补充说明的作用。

（二）总分类账户与明细分类账户的区别

1. 反映经济内容的详细程度不同

总分类账户反映总分类账户核算内容增减变化的总括情况，提供总括性资料；明细分类账户反映明细分类账户核算内容增减变化的详细情况，提供的是比较详细具体的指标。有些明细分类账户还可以提供实物数量指标和劳动数量指标。

明细分类账户应该根据重要性的原则，有粗有细。对重要的经济业务，特别是对于影响决策的业务内容应当分别核算、分项反映。有些业务内容，如“原材料”，不仅需要详细反映每种材料的详细情况，而且需要在总分类账户和明细分类账户之间分大类反映该项资金的变化及结存情况，也就是需要设置二级账户。再如“固定资产”账户，除设总分类账户和按固定资产名称设置明细分类账户以外，还需要按大类设置“经营用固定资产”“非经营用固定资产”“租出固定资产”“未使用固定资产”“融资租入固定资产”“土地”等二级账户。

2. 作用不同

总分类账户提供的经济指标，是明细分类账户资料的综合，对所属明细分类账户起着统驭、控制的作用；明细分类账户提供详细、具体的资料，是对有关总分类账户的细分，起着辅助和补充说明的作用。

总分类账户与明细分类账户之间的关系，实质上是一种控制与被控制的关系，故有时人们也将总分类账户称为控制账户或统驭账户，而将明细分类账户称为被控制账户或被统驭账户。

二、总分类账户与明细分类账户的平行登记

（一）总分类账户与明细分类账户平行登记的含义

总分类账户与明细分类账户尽管反映经济业务的详细程度不同，但二者核算的内容是相同的，因此总分类账户与明细分类账户采取平行登记的方法。

为了使总分类账户与其所属的明细分类账户相互之间能起到统驭与补充的作用，满足各单位经济管理对总括会计信息和详细会计信息的需要，确保核算资料的正确、完整，以及便于账户的核对，在总分类账户及其所属的明细分类账户之间进行记录，必须采用平行登记的方法。平行登记是企业内部牵制制度在会计核算上的具体运用。

平行登记，是指经济业务发生后，根据同一会计凭证，一方面登记有关总分类账户，另一方面登记该总分类账户所属各有关明细分类账户。

（二）总分类账户与明细分类账户的平行登记要点

总分类账户与明细分类账户平行登记的要点：

1. 登记的期间相同（同时登记）

对于同一笔经济业务，应当在同一会计期间内，一方面记入有关的总分类账户，另一方面记入该总分类账户所属的有关各明细分类账户。我国目前对外提供财务会计报告的最短会计期间是月度，因此，这里的同一会计期间，一般是指同一月份。在会计实务中，总分类账户因会计核算形式不同，一般是定期汇总登记，而明细分类账户一般是根据记账凭证或原始凭证于平时逐笔登记。

2. 登记的依据相同（同依据登记）

对于同一笔经济业务，会计人员应根据审核无误后的同一凭证，分别登记总分类账户和明细分类账户，以便相互核对与控制。应当注意，不能根据总分类账户登记所属的明细分类账户；也不能根据明细分类账户登记其总分类账户。

3. 登记的方向一致（方向一致）

这里所指的方向，是指所体现的变动方向。一般情况下，总分类账户及其所属明细分类账户都按借方、贷方和余额设专栏登记。这时，在总分类账户与其所属明细分类账户中的记账方向是相同的。也就是说，如果总分类账户记入借方，其所属的明细分类账户也应记入借方；反之亦然。

4. 登记的金额相同（金额相等）

总分类账户提供总括指标，明细分类账户提供总分类账户所反映内容的详细指标。所以，记入总分类账户的金额与记入其所属明细账户的金额相等。但这种金额相等只表明其数量相等而不一定都是借方发生额相等和贷方发生额相等的关系。总分类账户与明细账户这种在金额上必然相等的关系，称为勾稽关系在会计核算工作中，可以利用上述关系检查账簿记录的正确性。检查时，根据总分类账户与明细分类账户之间的数量关系，编制明细分类账户的本期发生额和余额明细表，同其相应的总分类账户本期发生额和余额相互核对，以检查总分类账户与其所属明细分类账户记录的正确性。

下面以资产类账户“应收账款”为例说明平行登记的方法：

例 3–6 某制造企业 1 月初“应收账款”账户的借方余额是 9 000 元，其中：应收 A 公司 3 000 元，应收 B 公司 6 000 元。

本月假设发生了下列经济业务：

（1）25 日，向 A 公司提供非工业性劳务，劳务费 4 000 元，尚未收到。

（2）29 日，收到 A 公司交来非工业性劳务费 5 000 元，收到 B 公司交来非工业性劳务费 2 000 元。

对以上经济业务编制会计分录如下：

（1）借：应收账款——A 公司　　4 000

　　　贷：其他业务收入　　4 000

（2）借：银行存款　　7 000

　　　贷：应收账款——A 公司　　5 000

　　　　　　　　——B 公司　　2 000

对以上经济业务进行平行登记，如表 3-43 至表 3- 所示。

表 3-43 “应收账款”总分类账户

账户名称：应收账款　　单位：元

年		凭证		摘　要	借方	贷方	借或贷	余额
月	日	字	号					
1	1			期初余额			借	9 000
	25	略	略	提供劳务	4 000		借	13 000
	29			收　款		7 000	借	6 000
	31			本期发生额及余额	4 000	7 000	借	6 000

表 3-44 “应收账款”明细分类账户

账户名称：A 公司　　单位：元

年		凭证		摘　要	借方	贷方	借或贷	余额
月	日	字	号					
1	1			期初余额			借	3 000
	25	略	略	提供劳务	4 000		借	7 000
	29			收　款		5 000	借	2 000
	31			本期发生额及余额	4 000	5 000	借	2 000

表 3-45 “应收账款”明细分类账户

账户名称：B 公司　　单位：元

年		凭证		摘　要	借方	贷方	借或贷	余额
月	日	字	号					
1	1			期初余额			借	6 000
	29	略	略	收　款		2 000	借	4 000
	31			本期发生额及余额		2 000	借	4 000

表 3-46 “应收账款”发生额及余额平衡表

单位：元

明细账户	期初余额		本期发生额		期末余额	
	借方	贷方	借方	贷方	借方	贷方
A 公司	3 000		4 000	5 000	2 000	
B 公司	6 000			2 000	4 000	
合计（总账）	9 000		4 000	7 000	6 000	

为了便于理解，也可将上述总分类账户与明细分类账户之间的平行登记情况，以“T”形账户的形式表示如表 3-47 至表 3-49 所示。

表 3-47 应收账款（总账）“T”形账户

借方	应收账款（总账）		贷方
期初余额	9 000		
（1）	4 000	（2）	7 000
本期发生额	4 000	本期发生额	7 000
期末余额	6 000		

表 3-48 应收账款—A 公司（明细账）“T”形账户

借方	应收账款—A 公司（明细账）		贷方
期初余额	3 000		
（1）	4 000	（2）	5 000
本期发生额	4 000	本期发生额	5 000
期末余额	2 000		

表 3-49 应收账款—B 公司（明细账）“T”形账户

借方	应收账款—B 公司（明细账）		贷方
期初余额	6 000		
		（2）	2 000
本期发生额		本期发生额	2 000
期末余额	4 000		

通过平行登记，“应收账款”总分类账户的期初、期末余额和本期借方、贷方发生额，均分别与其所属的两个明细分类账户的期初、期末余额和本期借方、贷方发生额的合计数相等。

总分类账户与明细分类账户本期发生额及期末余额平衡关系如下：

总分类账户期初借（或贷）方余额 = 所属明细分类账户期初借（或贷）方余额之和

总分类账户本期借（或贷）方发生额 = 所属明细分类账户本期借（或贷）方发生额之和

总分类账户期末借（或贷）方余额 = 所属明细分类账户期末借（或贷）方余额之和

通过这两种平衡关系的试算，可以查明总分类账户与明细分类账户平衡登记账是否正确、完整，如果发现不平衡，应立即查明原因予以更正。

实务操作

（一）目的：练习总分类账户与明细分类账户的平行登记

（二）资料：某公司20××年11月1日“应付账款”账户期初明细分类账户的余额如下：

华利公司　35 000元

光明公司　9 000元

长风公司　12 000元

合计　56 000元

该公司本月发生以下往来结算业务：

1. 以银行短期借款直接偿还前欠华利公司货款18 000元、光明公司货款6 000元。

2. 向下列单位购入原材料，材料已验收入库，货款尚未支付。

华利公司　16 000元

光明公司　30 000元

长风公司　20 000元

合计　66 000元

3. 以银行存款直接偿还前欠华利公司货款15 000元、光明公司货款25 000元以及长风公司货款18 000元。

（三）要求：

1. 根据上述资料编制会计分录。

2. 根据上述资料在“应付账款”总分类户及其所属的“华利公司”、“光明公司”和“长风公司”三个明细分类账户中进行平行登记。

参考答案：

1. 会计分录（略）

2. 平行登记相关数据（如表3-50所示）

表3-50　“应付账款”发生额及余额平衡表

单位：元

明细账户	期初余额		本期发生额		期末余额	
	借方	贷方	借方	贷方	借方	贷方
华利公司		35 000	33 000	16 000		18 000
光明公司		9 000	31 000	30 000		8 000
长风公司		12 000	18 000	20 000		14 000
合计（总账）		56 000	82 000	66 000		40 000

本章小结

【基本内容小结】本章主要讲述了会计科目与账户的概念与分类，会计科目的设置原则，账户的基本结构以及会计科目与账户的联系和区别，复式记账法概念及借贷记账法等内容。

单式记账法，是对每笔交易、事项只在一个账户中登记，反映经济业务的一个方面，而与此相联系的另一个方面则不予反映的记账方法。它是会计最早采用的一种记账方法。

复式记账法，是对每笔交易、事项用相同的金额，同时在两个或两个以上相互联系的账户中登记的记账方法。运用复式记账法登记的结果，一是可以了解每项经济业务的来龙去脉，并能完整、系统地反映经济活动的过程和结果；二是可据以进行试算平衡，检查账户记录的正确性。它是一种科学的记账方法。

借贷记账法，是以“借”、“贷”作为记账符号，按照“有借必有贷，借贷必相等”的记账规则，对发生的每一笔经济业务所引起的会计要素的变化，都在两个或两个以上的账户中，以相等的金额全面地、相互联系地进行登记的一种复式记账方法。

【本章的重点和难点】本章的重点是会计科目与账户的联系和区别，账户的基本结构，复式记账的原理。难点是会计分录的编制，借贷记账法的记账符号、记账规则以及账户结构和试算平衡。

复习与思考

1. 简述会计科目与账户的概念和分类。
2. 设置会计科目的原则有哪些？
3. 简述账户的基本结构、内容和金额要素。
4. 试述会计科目与账户的联系和区别。
5. 什么叫复式记账？复式记账的理论依据是什么？
6. 什么叫借贷记账法？借贷记账法记账符号的含义是怎样的？
7. 借贷记账法下各类账户的结构是怎样的？
8. 总分类账户与明细分类账户的平行登记的含义是什么？总分类账户与明细分类账户的平行登记要点有哪些？

课程实践

一、单项选择题

1. 会计科目按其所（　　）不同，分为资产类、负债类、共同类、所有者权益类、成本类、损益类六大类。

A. 归属的会计要素　　B. 会计对象

C. 提供核算指标的详细程度　　D. 用途和结构

2. 会计科目按（　　）不同，可分为总分类科目和明细分类科目。

A. 会计要素　　B. 会计对象

C. 提供核算指标的详细程度　　D. 用途和结构

3. 下列属于资产类科目的是（　　）。

A. 预收账款　　B. 预付账款

C. 资本公积　　D. 主营业务成本

4. 下列属于负债类科目的是（　　）。

A. 坏账准备　　B. 累计折旧

C. 预收账款　　D. 预付账款

5. 下列属于所有者权益类科目的是（　　）。

A. 交易性金融资产　　B. 应付职工薪酬

C. 本年利润　　D. 资产减值损失

6. 下列属于损益类科目的是（　　）。

A. 利润分配　　B. 应交税费

C. 制造费用　　D. 销售费用

7. 会计科目与账户之间的关系是（　　）。

A. 两者分类口径一致、性质相同　　B. 两者分类口径一致，性质不同

C. 两者分类口径不一致，性质相同　　D. 两者用途和结构相同

8. 若某账户本期期初余额为 4 000 元，本期增加发生额为 2 600 元，本期减少发生额为 3 200 元，则该账户本期期末余额为（　　）元。

A.3 000　　B.3 200

C.3 400　　D.3 600

9. 若某账户本期期初余额为 4 600 元，本期减少发生额为 600 元，本期期末余额为 4 700 元，则该账户本期增加发生额为（　　）元。

A.400　　B.500

C.600　　D.700

10. 为统一财务会计报告，增强会计信息的可比性，总分类科目一般由（　）统一制定。

A. 单位内部　　B. 主管部门

C. 地方财政　　D. 国务院财政部门

11. 账户是根据（　）开设的，用来连续、系统地记载各项经济业务的一种手段。

A. 会计凭证　　B. 会计科目

C. 会计对象　　D. 财务指标

12. 下列关于复式记账法说法中正确的是：（　）

A. 经济业务发生在二个账户中进行记录

B. 经济业务发生在两个或更多账户中进行记录

C. 经济业务发生在相互关联两个账户中进行记录

D. 经济业务发生在相互关联两个或两个以上账户中进行记录

13. 某所有者权益类账户期末余额为 6 000 元，本期借方发生额为 4 000 元，本期贷方发生额为 5 000 元，则期初余额为（　）元 .

A.5 000　　B.6 000

C.7 000　　D.4 000

14. 资产类账户的借方登记（　）

A. 资产的增加　　B. 资产的减少

C. 费用的转销　　D. 收入的增加

15. 负债类账户的贷方登记（　）

A. 费用的增加　　B. 负债的减少

C. 资产的减少　　D. 负债的增加

16. 一般说来，负债类账户期末余额是（　）

A. 在账户的借方　　B. 在账户的借方或贷方

C. 在账户的贷方　　D. 没有

17. 一般说来，所有者权益类账户期末余额是（　）

A. 在账户的借方　　B. 在账户的贷方

C. 在账户的借方或贷方　　D. 应与减少额同方向

18. 下列会计分录中，属于简单会计分录的是（　）

A. 一借多贷　　B. 一贷多借

C. 一借一贷　　D. 多借多贷

19. 对账户记录进行试算平衡所依据的基本原理是（　）

A. 记账规则　　B. 会计要素划分的类型

C. 发生经济业务的内容　　D. 账户结构

20. 一般说来，双重性质的账户期末余额是（　）

A. 在账户的借方　　B. 在账户的借方或贷方

C. 在账户的贷方　　D. 期初在借方，期末在贷方

21. 资产账户期末余额的计算公式是（ ）

A. 期末余额 = 期初借方余额 + 本期借方发生额 - 本期贷方发生额

B. 期末余额 = 期初贷方余额 + 本期贷方发生额 - 本期借方发生额

C. 期末余额 = 期初借方余额 + 本期借方发生额

D. 期末余额 = 期初贷方余额 + 本期贷方发生额

22. 下列错误中，影响全部账户借贷方发生额平衡的是（ ）

A. 某项经济业务未登记入账

B. 一项业务只登记借方金额，未登记贷方余额

C. 应借应贷账户中借贷方向记反

D. 借贷方同时多记了相等金额

23. 下列账户中，期末结转后没有余额的是（ ）

A. 资产类账户　　B. 负债类账户

C. 收入类账户　　D. 所有者权益类账户

24. 下列账户中，本期发生减少额登记在借方的是（ ）

A. 制造费用　　B. 销售费用

C. 应付利息　　D. 应收利息

25. 某企业在“原材料”总分类账户下开设了“甲材料”、“乙材料”和“丙材料”三个明细分类账户。本月“原材料”总分类账户的贷方发生额为 2 500 万元，“甲材料”明细分类账户贷方发生额为 850 万元，“乙材料”明细分类账户贷方发生额为 730 万元，则“丙材料”明细分类账户贷方发生额为（ ）万元。

A.2 620　　B.2 380

C.920　　D.4 080

26. 下列账户中，不具有对应关系的是（ ）

A.“库存现金”账户与“银行存款”账户

B.“固定资产”账户与“销售费用”账户

C.“本年利润”账户与“利润分配”账户

D.“主营业务收入”账户与“预收账款”账户

27. 通过试算平衡，全部账户借贷方发生额相等，说明账户记录（ ）

A. 绝对正确　　B. 不一定没有错误

C. 肯定有错误　　D. 不一定就有错误

28. 在借贷记账法中，账户的哪一方记增加数，哪一方记减少数，是由（ ）决定的。

A. 账户性质　　B. 账户结构

C. 记账规则　　D. 业务性质

29. 下列账户中，与负债类账户结构相同的是（ ）账户。

A. 所有者权益　　B. 资产

C. 费用　　D. 成本

30. 在借贷记账法下的发生额平衡是由（　　）决定的。

A. 账户的结构　　B. “资产 = 权益”

C. 平行登记要点　　D. 借贷记账法的记账规则

二、多项选择题

1. 会计科目按所归属的会计要素不同，一般分为（　　）等。

A. 资产类　　B. 所有者权益类

C. 成本类　　D. 损益类

2. 下列属于损益类科目的是（　　）。

A. 投资收益　　B. 待处理财产损溢

C. 主营业务成本　　D. 所得税费用

3. 设置会计科目应遵循的原则是（　　）。

A. 合法性原则　　B. 相关性原则

C. 实用性原则　　D. 效益性原则

4. 账户结构中哪一方登记增加额，哪一方登记减少额，取决于（　　）。

A. 所记录经济业务　　B. 账户的性质

C. 所采用的记账方法　　D. 账户的格式

5. 下列关于账户四个金额要素的关系表述正确的有（　　）。

A. 期末余额 = 期初余额＋本期增加发生额－本期减少发生额

B. 期末余额＋本期减少发生额 = 期初余额＋本期增加发生额

C. 期初余额＋本期减少发生额 = 期末余额＋本期增加发生额

D. 期末余额 = 期初余额＋本期减少发生额－本期增加发生额

6. 下列属于账户基本内容的是（　　）。

A. 账户的名称　　B. 记账凭证的种类和编号

C. 经济业务摘要　　D. 增加额、减少额及余额

7. 下列说法正确的是（　　）。

A. 会计科目就是账户的名称

B. 会计科目和账户反映的经济内容是相同的

C. 会计科目和账户的用途结构是相同的

D. 账户是用于分类反映会计要素增减变动情况及其结果的载体

8. 下列关于账户的说法正确的是（　　）。

A. 如果某账户在左方登记增加额，则在右方登记减少额

B. 某账户本期期末余额即为该账户下期的期初余额

C. 账户的余额方向一般与记录增加额的方向一致

D. 账户与会计科目的分类口径一致

9. 在借贷记账法下，账户的借方登记（　）

A. 资产的增加　　B. 负债的增加

C. 费用的增加　　D. 收入的增加

10. 在借贷记账法下，账户的贷方登记（　）

A. 资产的减少　　B. 负债的增加

C. 所有者权益的增加　　D. 收入的增加

11. 复式记账法的特点是（　）

A. 可以清楚地反映经济业务的来龙去脉

B. 可以系统、全面地反映经济业务的内容

C. 有利于简化登记账簿的工作

D. 便于核对账户记录的正确性

12. 单式记账法在选择单方面记账时，重点考虑的有（　）

A. 银行存款方面的经济业务　　B. 债权方面的经济业务

C. 债务方面的经济业务　　D. 现金方面的经济业务

13. 下列会计分录中，属于复合会计分录的有（　）

A. 两借两贷　　B. 一贷多借

C. 一借多贷　　D. 多借多贷

14. 编制会计分录时，必须考虑（　）

A. 经济业务发生导致会计要素的变动是增加还是减少

B. 登记哪些账户（会计科目）

C. 记入账户的借方还是贷方

D. 应借应贷账户的金额是否正确

15. 下列账户中，期末可能有贷方余额的有（　）

A. 管理费用　　B. 应付账款

C. 盈余公积　　D. 预收账款

16. 借贷记账法的试算平衡可以采用的方法有（　）

A. 全部账户借贷方发生额平衡　　B. 全部账户借贷方余额平衡

C. 会计要素平衡　　D. 账户借贷方发生额平衡

17. 下列有关账户期末余额计算公式中，正确的有（　）

A. 资产类账户期末余额 = 期初借方余额 + 本期借方发生额 - 本期贷方发生额

B. 负债类账户期末余额 = 期初贷方余额 + 本期贷方发生额 - 本期借方发生额

C. 成本类账户期末余额 = 期初借方余额 + 本期借方发生额

D. 所有者权益类账户期末余额 = 期初贷方余额 + 本期贷方发生额 - 本期借方发生额

18. 下列错误中，不能通过试算平衡发现的有（　）

A. 某项经济业务未登记入账　　B. 借贷双方同时多登记了相等的金额

C. 某项业务重复登记入账　　D. 应借应贷的账户中错记了借贷方向

19. 下列账户中，期末没有余额的是（　　）

A. 收入类账户　　B. 费用类账户

C. 资产类账户　　D. 负债类账户

20. 在下列账户中，属于损益类账户的是（　　）

A. 投资收益　　B. 所得税费用

C. 生产成本　　D. 管理费用

21. 下列用来进行试算平衡的公式中，正确的有（　　）

A. 资产账户借方发生额合计 = 负债账户贷方发生额合计

B. 全部账户借方发生额合计 = 全部账户贷方发生额合计

C. 全部账户借方余额合计 = 全部账户贷方余额合计

D. 每类账户借方发生额合计 = 每类账户贷方发生额合计

22. 构成会计分录的基本内容有（　　）

A. 应记账户（会计科目）的名称　　B. 应记账户的方向（借方、贷方）

C. 应记账户的金额　　D. 应记账户的人员

三、判断题

1. 会计科目与账户都是对会计对象具体内容的分类，两者的性质、格式和结构相同。（　　）

2. 会计科目按其反映的经济内容不同，可以分为总分类科目和明细分类科目。（　　）

3. 所有账户都是依据会计科目开设的。（　　）

4. 账户分为左右两方，左方用来登记会计要素的增加额，右方用来登记会计要素的减少额。（　　）

5. “预收账款”是资产类科目，“预付账款”是负债类科目。（　　）

6. 总账和明细账除用货币计量外，必要时均可采用实物计量。（　　）

7. “资产减值损失”属于资产类账户。（　　）

8. 期间费用不计入产品成本，直接计入当期损益。（　　）

9. 在借贷记账法下，账户的借方登记增加数，贷方登记减少数。（　　）

10. 会计主体假设解决了会计为谁服务的问题。（　　）

11. 会计科目与会计账户是无差别的，二者可以相互取代。（　　）

12. 借贷记账法下，各账户的性质是明显的，所有账户都是单性质的。（　　）

13. 会计核算方法是会计方法的基础。（　　）

14. “应收账款”和“应付账款”两个账户期末一定有余额。（　　）

15. 企业在不违反国家统一会计制度的前提下，可以根据实际情况自行增设、减少或合并某些会计科目。（　　）

16. “借方期末余额 = 借方期初余额十本期借方发生额一本期贷方发生额”这一公式适用于任何性质账户的结账。（　　）

17. 经济业务发生后禁止编制多借多贷会计分录。（　　）

18. 总账账户发生额及余额试算平衡表试算平衡后，是可以断定记账是正确的。（　　）

第三章会计账户与复式记账法 课程实践题参考答案

一、单项选择题

1. A　2. C　3. B　4. C　5. C　6. D　7. A　8. C　9. D　10. D　11. B　12. D　13. A　14. A　15. D　16. C　17. B　18. C　19. A　20. B　21. A　22. B　23. C　24. C　25. C　26. B　27. B　28. A　29. A　30. D

二、多项选择题

1. ABCD　2. ACD　3. ABC　4. ABC　5. AB　6. ABCD　7. ABD　8. ABCD　9. AC　10. ABCD　11. ABD　12. ABCD　13. ABCD　14. ABCD　15. BCD　16. AB　17. ABD　18. ABCD　19. AB　20. ABD　21. BC　22. ABC

三、判断题

1. ×　2. ×　3. √　4. ×　5. ×　6. ×　7. ×　8. √　9. ×　10. √　11. ×　12. ×　13. √　14. ×　15. √　16. ×　17. ×　18. ×

PART.04

04

第四章

制造业企业主要经济业务的核算

能力目标

专业能力

了解企业的概念、组织形式和制造业企业基本业务流程

理解实收资本和短期借款的概念、账户设置及其结构

了解固定资产的标准，明确固定资产成本的构成

明确材料采购成本的构成，掌握供应过程的核算

明确产品生产成本的构成，掌握生产过程的核算

明确产品销售成本的构成，掌握销售过程的核算

理解营业利润、利润总额和净利润的概念及利润分配的原则

掌握财务成果形成和分配过程的核算

社会能力

能认知不同种类的原始凭证所反映的经济内容

能根据不同的经济业务，开设并应用各种会计账户

能处理好与企业内外相关部门和人员的关系

方法能力

能计算外购材料的采购成本

能登记制造费用总账和生产成本明细账

能编制主营业务成本和其他业务成本计算表

能计算营业利润、利润总额和净利润

第一节 识别企业和制造业企业的基本业务流程

历史上最？早出现的企业是以手工作坊为萌芽的工业企业，？随后企业制度迅速扩展到其他领域，现代企业制度已经扩展到商业、建筑、金融、采掘、运输、邮电等各个领域，企业不仅要有相应的组织形式，而且要建立科学的会计工作组织，设置会计机构，配备一定数量的具备职业技能、遵守财经法规、讲求职业道德的会计人员。换句话说，企业是会计工作系统产生的前提，会计机构和会计人员是会计工作系统运行的必要条件，而会计法规是保证会计工作系统正常运行的必要的约束机制。

一、企业的概念

企业是以营利为目的，运用各种生产要素（土地、劳动、资本和企业家才能等），向社会提供商品或服务，实行自主经营、自负盈亏、独立核算的具有法人资格的经济组织。企业具有法人资格，法人是相对于自然人（如张三、李四等每一个具体的人）而言，具有独立财产并能独立承担民事责任的组织机构。

二、企业的作用

企业的作用主要表现在以下几个方面。

1. 企业是市场经济活动的主要参加者，市场经济活动的顺利进行离不开企业的生产和销售活动。

2. 企业是社会生产和流通的直接承担者，离开了企业，社会经济活动就会中断或停止。企业的生产和经营活动关系着整个社会经济的发展。

3. 企业是社会经济技术进步的主要力量。企业在竞争中不仅创造和实现社会财富，而且积极采用和研发先进技术和先进生产工具，这在客观上推动了整个社会经济技术的进步。

4. 企业效益的增长与国家的经济实力、人民的生活水平息息相关，单个企业效益？的增长可以在一定程度上带动地区经济的发展，而一个国家整体企业效益的增长则意味着国家经济的发展和人们生活水平的提高。

三、企业组织形式的类型

（一）按照财产的组织形式和所承担的法律责任划分

按照财产的组织形式和所承担的法律责任的不同，企业可分为个人独资企业、合伙制企业和公司制企业。

1. 个人独资企业

个人独资企业，即个人出资经营、归个人所有和控制、由个人承担经营风险和享有全部经营收益的企业。个人企业主往往同时就是企业的所有者和经营者，他可以单独做出经营决策。

个人独资企业的优点包括：企业的建立与解散程序简单，决策灵活，易于管理。其缺点包括：企业所有者对企业债务承担无限责任，即其个人的全部财产都在偿债范围之内；个人企业的筹集资金能力有限，不易扩大经营规模，难以规避市场风险。一般来说，零售业小商户和个体农场多采用个人企业形式。

2. 合伙制企业

合伙制企业，即依法设立的由各合伙人订立合伙协议，共同出资、合伙经营、共享收益、共担风险，并对合伙制企业债务承担无限连带责任的营利组织。

合伙制企业的合伙人不一定必须是自然人，也可以是企业。

合伙制企业的优点包括：相对个人企业来说，筹资比较容易，分工管理的效率较高。其缺点包括：每个合伙人对企业债务承担无限责任；只靠合伙人筹资，企业资金和规模有限；合伙人之间的契约关系也不稳定。一般来说，律师事务所和会计师事务所多采用合伙制企业形式。

3. 公司制企业

公司制企业是一种重要的现代企业组织形式，主要包括股份有限公司和有限责任公司两种类型。其中，股份有限公司是指由五人以上为发起人，股东无人数限制，全部资本分为等额股份，股东以其认购的股份为限对公司承担责任，公司以其全部财产对公司的债务承担责任的企业；有限责任公司是由两个以上五十个以下股东出资设立、股东以其认缴的出资额为限对公司承担责任，公司以其全部财产对公司的债务承担责任的企业。

有限责任公司的名称可以变更为股份有限公司，股份有限公司的名称也可以变更为有限责任公司，但都要按照新《公司法》的规定办理。

公司制企业的优点包括：可以通过发行股票和债券筹集大量资本；股东只承担有限责任，即股东以出资额为限对公司承担有限责任；公司雇用专业人员负责管理工作，所有权与管理权分离，有助于提高企业管理水平。公司制企业的缺点包括：股东利益与管理人员目标难以一致，经理层

人员可能为了自身利益去做一些不符合股东意志的事。一般来说，开采业、制造业和金融业企业多采用公司制企业形式。

（二）按照国民经济行业分类划分

按照国民经济行业分类的不同，企业可分为制造企业、商品流通企业和服务企业。

1. 制造企业

制造企业是指按照市场要求对制造资源（物料、能源、设备、工具、资金、技术、信息和人力等）进行合理分配和加工制造，最终转化为可供人们使用和利用的工业品与生活消费品的企业。

制造企业的范围很广泛，常见的制造企业有农副食品加工企业、食品制造企业，服装制造企业、家具制造企业、医药制造企业和化学纤维制造企业等。

2. 商品流通企业

商品流通企业是指独立于生产领域之外，专门从事商品流通活动的企业。商品流通企业可分为零售企业和批发企业两种。

商品流通企业的特点是相对于生产企业来说的，主要包括：①专门从事商品（生活资料和生产资料）经营和流通服务活动；②经营业务主要是购、销、运、存；③流通资金占用比例高；④商品的种类多；⑤消费者（含生产性用户）数量多。

3. 服务企业

服务企业是指为政府、事业单位、企业和居民提供各种服务的企业。服务企业不生产物质产品，而是为生产企业和流通企业提供资金、保险、技术、交通运输、仓储等服务，还为行政事业单位和居民提供生活、餐饮、娱乐、旅游等服务。

四、制造业企业的组织结构和基本业务流程

由于制造企业的经济业务较其他企业复杂，相应的会计核算比较全面，对阐述会计账户和借贷记账法的应用更为有利。所以，本章以制造企业的主要经济业务为例来说明借贷记账法的具体应用。

制造企业是按照市场经济的要求，面向市场，实行独立核算，自主经营、自负盈亏、自我积累、自我发展的商品生产者和市场竞争主体。其基本任务是为市场提供质优价廉的产品，满足市场需求。同时，做到降低成本，增加盈利，提高经济效益，为国家经济建设提供更多的税收支持。为此，正确组织生产经营过程核算，利用会计资料，加强企业管理，规范企业生产经营行为是完成上述任务的一个重要方面。

（一）企业设立时的主要经济业务

企业要保证生产经营过程的正常进行，需要有库存现金、银行存款、原材料、固定资产等资金（企业再生产过程中财产物资的货币表现就是资金），这些资金的来源主要由投资人、债权人提供。因此，在企业设立时的主要经济业务是资金筹集业务的核算。在设立时，通过投资者和债权人提供的货币资金、材料、无形资产、固定资产等确认为投资者权益（所有者权益的重要组成部分）和债权人权益（属于企业的负债），同时，应作为企业可以营运的各项资产加以确认。

（二）企业生产经营过程的主要经济业务

企业筹集到的资金，通过购建必需的固定资产（厂房、设备等）、购买原材料等生产产品，并将生产出来的产品通过销售转化为货币资金，形成销售收入，收入抵补各项费用后形成经营成果。经营成果如果表现为利润，应按规定进行分配；如果表现为亏损，则要应按规定的程序进行弥补。在购销过程中又可能形成各种债权、债务结算关系。

制造企业的生产经营过程实际上是以生产过程为中心，实现供应过程、生产过程和销售过程三者的统一。

从资金运动来讲，在供应（采购）过程（亦称生产储备过程），资金由货币形态转化为储备资金形态，其主要经济业务是：用货币资金购买原材料的业务，包括支付材料价款和税款、发生采购

费用、计算采购成本、材料验收入库、结转采购成本等。同时，企业在这一过程还必须准备劳动资料，即购建固定资产，所以，固定资产购建业务也是供应过程的基本业务。

在生产过程（即产品的形成阶段），企业的资金形态又发生了变化，储备资金和部分货币资金先转化为生产资金（在产品），再转化为成品资金（库存商品），其主要经济业务是：生产费用的发生、归集和分配，以及完工产品生产成本的计算与结转等。其中，生产费用的发生、归集和分配主要是指：材料费用的归集与分配、人工费用的归集与分配、制造费用的归集与分配。

在销售过程，成品资金转化为货币资金，其主要经济业务是：将产品销售出去，并办理货款的结算，按照配比原则确定产品的销售成本、销售费用和销售税金等。

会计核算不仅要如实反映企业生产经营过程中所发生的经济业务，还必须及时计算出一定时期内的财务成果，确定企业在该时期所实现的利润或亏损，并按国家规定进行分配。通过分配，一部分资金退出企业，一部分资金要重新投入生产周转。因此，正确计算财务成果并对财务成果进行分配，也是企业经营过程的业务内容。

企业除了要对主要经营过程中所发生的经济业务进行记录、核算外，还应对企业生产经营过程中经常发生的其他经济业务进行记录、核算，如对外投资、材料销售、固定资产出租、在非营业活动中产生的营业外收支净额等。

为了全面、连续、系统、综合地核算和监督上述经济业务，企业必须按照《企业会计准则》所规定的会计科目，相应地开设不同的账户，并运用借贷记账法，对发生的各项经济业务进行账务处理。

案例分析与问题讨论

资料：会计是一门应用性很强的专业。在踏入会计工作领域前，学生不仅需要培养专业素质和专业技能，还需要积累一定的实践经验。为了帮助学生认识企业，了解企业的基本业务流程，为今后进一步学习会计知识和岗位技能奠定基础，某高职院校安排会计专业的大一新生参观学习，张峰同学被安排到李四开的旅行社进行学习，王欢同学被安排到社区超市进行学习。参观学习后，两人发现，不管是旅行社还是超市，它们的会计核算都执行《小企业会计制度》，但他俩心中产生了类似的疑问，那就是，私人开的旅行社和社区超市属于企业的范畴吗？

分析与提示：

案例中李四开的旅行社及社区小超市都属于企业的范畴。企业是指以营利为目的，运用各种生产要素（土地、劳动、资本和企业家才能），向社会提供商品或服务，实行自主经营、自负盈亏、独立核算的具有法人资格的经济组织。李四开的旅行社以赚钱为目的，向社会提供旅游服务，属于服务企业。从财产的组织形式和承担的法律责任范围看，李四开的旅行社属于个人独资企业，他自主经营，雇佣多少人，投资多少钱，由他自己决定；赚钱了，交了税，收益由他分配；赔本了，欠债了，由他的全部个人资产来抵偿。同理，社区小超市也属于企业的范畴。

第二节 核算供应过程的经济业务

供应过程是为生产产品做准备的过程，为了进行产品生产，企业必须购建厂房、机器设备等劳动资料和进行材料采购，形成材料储备。因此，供应过程的两大核算内容是：购建固定资产的核算和材料采购的核算。

一、固定资产购入业务的核算

固定资产，是指同时具有下列特征的有形资产：

第一，为生产商品、提供劳务、出租或经营管理而持有的；

第二，使用寿命超过一个会计年度。

固定资产应当按照成本进行初始计量。这里的成本应包括企业为购建某项固定资产达到预定可使用状态前所发生的一切合理的必要支出。

企业取得固定资产的方式主要有外购、自行建造、投资者投入、非货币性资产交换取得、债务重组方式取得、企业合并取得、融资租赁取得等。取得方式不同，初始计量方法也不同。

本节只介绍固定资产一般购置业务的总分类核算。

（一）应设置的主要账户

1.“固定资产”账户

该账户属于资产类，用来核算企业持有的固定资产原价。其借方登记企业增加的固定资产的原价；贷方登记企业减少的固定资产的原价；期末借方余额，反映企业固定资产的原价。

2. “在建工程”账户

该账户属于资产类，用来核算企业基建、更新改造等在建工程发生的支出。其借方登记各项在建工程支出的增加；贷方登记完工工程转出的成本；期末借方余额，反映企业尚未达到预定可使用状态的在建工程的成本。

（二）固定资产购入业务的账务处理

1. 购入不需要安装的固定资产

企业外购固定资产的成本包括购买价款、相关税费、使固定资产达到预定可使用状态前所发生的可归属于该项固定资产的包装费、运输费、装卸费、保险费、安装费、场地整理费和专业人员服务费等。

例 4–1 企业以银行存款购入一台不需要安装的设备，设备买价 60 000 元，增值税 7 800 元，支付包装费 1 200 元。

计算固定资产成本：60 000 + 1 200 = 61 200 元

借：固定资产 61 200

　应交税费——应交增值税（进项税额） 7 800

　贷：银行存款 69 000

2. 购入需要安装的固定资产

由于从支付价款、设备运抵企业，到设备正式投入使用，尚需经过设备安装过程，并发生各种安装成本，其安装成本应先记入“在建工程”账户，待设备安装完成后，将设备的买价、支付的运输费连同设备安装成本，一并由“在建工程”账户转入“固定资产”账户。

例 4-2 企业以银行存款购入一台需安装的设备，设备买价为 50 000 元，增值税 6 500 元，支付运杂费 1 000 元。安装时，用银行存款支付安装费 1 500 元，领用原材料 1 000 元，该批原材料未计提存货跌价准备。

（1）设备运达企业，投入安装时：

借：在建工程 51 000

　应交税费——应交增值税（进项税额） 6 500

　贷：银行存款 57 500

（2）用银行存款支付安装费时：

借：在建工程 1 500

　贷：银行存款 1 500

（3）领用原材料时

借：在建工程 1 000

　贷：原材料 1 000

（4）设备安装完毕，投入使用，结转在建工程成本时：

计算固定资产成本：51 000 + 1 500 + 1 000 = 53 500 元

借：固定资产 53 500

　贷：在建工程 53 500

固定资产购入业务总分类核算示意图如下所示。

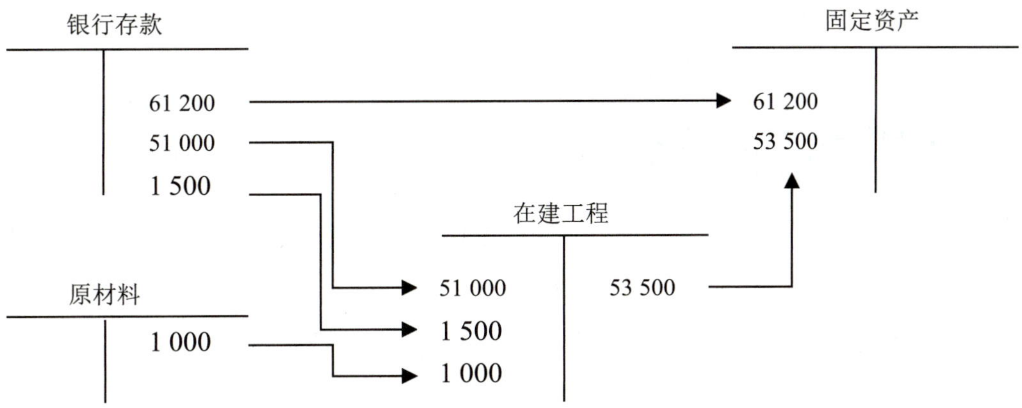

实务操作

（一）目的：练习固定资产购入业务的账务处理

（二）资料：南海公司为增值税一般纳税人，20×× 年 8 月发生如下经济业务：

1. 购入不需安装的设备一台，买价 20 000 元，增值税 2 600 元，包装费 1 200 元，运杂费 800 元，全部款项皆用银行存款支付。

2. 购入需安装的机器一台，买价 40 000 元，增值税 5 200 元，包装费 600 元，运杂费 400 元，全部款项皆用银行存款支付。在安装过程中耗用原材料 3 000 元，耗用人工 2 000 元。安装完毕，经验收合格交付使用，按安装工程的实际成本结转。

（三）要求：根据上述经济业务编制会计分录。

二、材料采购业务的核算

企业为保证生产经营的正常进行，必须采购和储备一定数量的材料物资，采购和储备不足，生产需要得不到满足；采购和储备过多，又会造成资金的积压。因此，材料的采购和储备一定要适当。

在材料采购过程中，一方面是企业从供应单位购进各种材料物资，另一方面是企业要支付材料的买价、税金和各种采购费用，包括运输费、装卸费、保险费和入库前的挑选整理费以及进口材料的关税等，并与材料供应单位及其他有关单位办理货款、增值税、运输费、装卸费、保险费等款项的结算。

企业购进的材料，经验收入库后即为可供生产领用的库存材料。材料的买价加上各种采购费用，就构成了材料的采购成本。

材料采购成本的具体构成：

①材料买价，指购入材料发票上列明的价款，但不包括按规定可以抵扣的增值税进项税额；

②运杂费（包括运输费、装卸费、保险费、包装、仓储等费用）；

③运输途中的合理损耗（是指定额内合理损耗）；

④入库前的挑选整理费用（包括挑选过程中的工资、损耗、下脚废料的价值等）；

⑤税费，指按规定应计入材料采购成本的各种税费（包括进口材料的关税）；

⑥其他费用。例如，大宗物资的市内运杂费等。

案例分析与问题讨论

1. K 公司为增值税一般纳税企业。本月购进原材料 200 公斤，货款为 6 000 元，增值税为 780 元；发生的保险费为 350 元，入库前的挑选整理费用为 130 元；验收入库时发现数量短缺 20 公斤，经查属于运输途中合理损耗。K 公司该批原材料实际单位成本为每公斤（　　）元。

A. 32.4　　B. 33.33　　C. 35.28　　D. 36

答案提示：D

原材料的采购总成本 = 6 000 + 350 + 130 = 6 480（元），原材料实际单位成本 = 6 480/180 = 36（元/公斤）

会计分录：

借：原材料　6 480

　　应交税费——应交增值税（进项税额）　780

　　贷：银行存款　7 260

2. 某企业为增值税一般纳税人，购入甲材料一批，增值税专用发票上标明的价款为 25 万元，增值税为 3.25 万元，另支付材料的保险费 2 万元、包装物押金 2 万元。该批材料的采购总成本为（　　）万元。

A. 27　B. 29　C. 29.25　D. 31.25

答案提示：A

甲材料的采购成本 = 25 + 2 = 27（万元）

会计分录：

借：原材料　27

　　应交税费——应交增值税（进项税额）　3.25

　　其他应收款　2

　　贷：银行存款　32.25

材料的日常收发及结存可以按实际成本核算，也可以按计划成本核算。

（一）材料采购按实际成本的核算

材料采用实际成本核算时，材料的收发及结存，无论是总分类核算还是明细分类核算，均按照实际成本计价。它适用于规模较小、材料品种简单、采购业务不多的企业。

1. 应设置的主要账户

（1）"在途物资"账户

该账户属于资产类，用来核算企业采用实际成本进行材料等物资的日常核算，企业已购入但尚未运抵企业，或虽已运抵企业但尚未验收入库的在途物资的实际采购成本。该账户借方登记企业购入的在途物资的实际成本；贷方登记验收入库在途物资的实际成本；期末余额在借方，反映企业在途材料等物资的采购成本。该账户可按供应单位和物资品种进行明细核算。

（2）"应交税费—应交增值税"账户

该账户属于负债类，用来核算企业增值税的应缴及缴纳情况。根据《中华人民共和国增值税暂行条例》的规定，凡在中华人民共和国境内销售货物或者提供加工、修理、修配劳务以及进口货物的单位和个人，为增值税纳税义务人。增值税的纳税人可以分为一般纳税人和小规模纳税人。对于增值税一般纳税人，应缴纳的增值税为销项税额减去进项税额之后的余额。纳税人购进货物或接受应税劳务而发生的进项税额记入该账户的借方；纳税人销售货物或提供应税劳务而发生的销项税额记入该账户的贷方；期末余额一般在贷方，表示应缴纳而未缴纳的增值税额。

一般纳税人应交增值税还应分别“进项税额”（借方）、“销项税额”（贷方）、“出口退税”（贷方）、“进项税额转出”（贷方）、“已交税金”（借方）等设置专栏。

需要说明的是，一般纳税人购入材料不能取得增值税专用发票的，发生的增值税计入材料成本，借记“在途物资”等科目，贷记“银行存款”等科目。

小规模纳税人不需要在“应交税费—应交增值税”明细账户中设置上述专栏。

（3）“原材料”账户

该账户属于资产类，用来核算企业库存各种材料的实际成本。该账户借方登记验收入库材料的实际成本；贷方登记发出材料的实际成本；期末余额在借方，反映企业库存材料的实际成本。该账户可按材料的保管地点（仓库）、材料的类别、品种和规格等进行明细核算。

除上述 3 个账户外，常见的还有“应付账款”、“应付票据”、“预付账款”、“库存现金”、“银行存款”等账户。

2. 材料采购按实际成本核算的账务处理

例 4–3 企业向 K 公司采购甲、乙两种材料，增值税专用发票中列示的情况如下：甲材料数量 100 吨，单价 1 500 元，总计 150 000 元；乙材料数量 120 吨，单价 2 000 元，总计 240 000 元；增值税 50 700 元，材料尚未验收入库，款项已用银行存款支付。

该项业务发票中列示的材料价款构成材料采购成本，应记入“在途物资”账户的借方；增值税额购货方作为进项税额支付给销货方 K 公司，应记入“应交税费 —— 应交增值税”账户的借方。

借：在途物资 —— 甲材料　　150 000

　　　　　　 —— 乙材料　　240 000

　　应交税费 —— 应交增值税（进项税额）　　50 700

　　贷：银行存款　　440 700

如果上述材料已验收入库，其他条件不变，则分录为：

借：原材料 —— 甲材料　　150 000

　　　　　 —— 乙材料　　240 000

　　应交税费 —— 应交增值税（进项税额）　　50 700

　　贷：银行存款　　440 700

例 4–4 企业用转账支票支付上例甲、乙材料运杂费 22 000 元。假设甲、乙材料运杂费按材料重量比例分配。

材料采购的运杂费，应记入材料采购成本，通过“在途物资”账户核算。由于该运杂费是为甲、乙材料共同发生的，属于共同性费用，所以应按材料重量在甲、乙两种材料之间进行分配。

$$\text{甲、乙材料运杂费分配率} = \frac{22\ 000}{100+120} = 100\text{（元／吨）}$$

甲材料应承担的运杂费 =100 × 100=10 000（元）

乙材料应承担的运杂费 =120 × 100=12 000（元）

会计分录为：

借：在途物资——甲材料　　10 000

　　　　　　——乙材料　　12 000

　贷：银行存款　　22 000

例 4–5 企业所购上述甲、乙材料已运抵企业并验收入库，计算并结转其实际采购成本。

由于材料验收入库，材料采购成本就应从“在途物资”账户转出，使实物转移和价值转移相结合，那么，就应记入“在途物资”账户的贷方；另外，材料入库，使原材料增加，因此，应同时记入“原材料”账户的借方。

甲、乙两种材料的实际采购成本的计算及会计分录如下：

甲材料的实际采购成本 =150 000（买价）+ 10 000（运杂费）= 160 000（元）

乙材料的实际采购成本 =240 000（买价）+ 12 000（运杂费）= 252 000（元）

借：原材料——甲材料　　160 000

　　　　——乙材料　　252 000

　贷：在途物资——甲材料　　160 000

　　　　　　——乙材料　　252 000

需要说明的是，在实际工作中，为了简化日常的核算工作，对平时验收入库的材料，一般于月末时再汇总结转其采购成本。

材料采购总分类核算示意图如下所示。

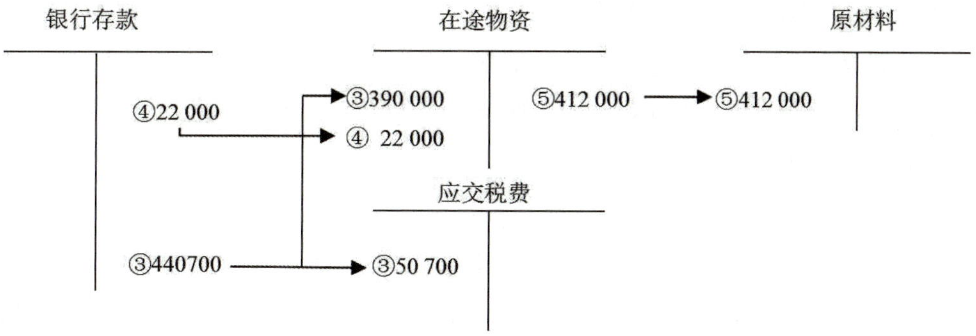

实务操作

（一）目的：练习材料采购业务按实际成本计价的核算

（二）资料：南方公司 20×× 年 2 月发生如下经济业务：

1. 从长地公司购入甲材料 12 000 千克，每千克 30 元；乙材料 8 800 千克，每千克 16 元；支付甲、乙材料运杂费 4 992 元，增值税进项税额 65 104 元。材料尚未验收入库，货款、运杂费及税金已用银行存款支付。运杂费按材料重量比例分配。

2. 从三原公司购入丙材料 4 800 千克，每千克 40 元，发生运杂费 2 400 元，增值税进项税额 24 960 元。款项采用商业汇票结算，企业开出并承兑 3 个月商业承兑汇票一张，材料尚在途中。

3. 以银行存款向新生公司预付购买乙材料货款 190 000 元。

4. 企业收到新生公司发运的乙材料，材料尚未验收入库。该批材料的买价 170 000 元，运杂费 1 200 元，增值税进项税额 22 100 元，除冲销原预付货款 190 000 元外，不足部分用银行存款补付。

5. 月末，甲、乙材料已验收入库，计算并结转甲、乙两种材料的实际采购成本。

（三）要求：根据上述经济业务编制会计分录。

答案提示：

甲材料的实际采购成本 = 360 000 + 2 880 = 362 880（元）

乙材料的实际采购成本 = 140 800 + 2 112 + 171 200 = 314 112（元）

（二）材料采购按计划成本的核算

材料采用计划成本核算时，材料的收发及结存，无论是总分类核算还是明细分类核算，均按照计划成本计价。它适用于材料品种繁多、收发业务较多并且计划成本资料较为健全、准确的企业。

1. 应设置的主要账户

（1）“原材料”账户

该账户属于资产类，用来核算企业库存各种材料的计划成本。该账户借方登记验收入库材料的计划成本；贷方登记发出材料的计划成本；期末余额在借方，反映企业库存材料的计划成本。

（2）“材料采购”账户

该账户属于资产类，用来核算企业采用计划成本进行材料等物资的日常核算而购入材料等物资的采购成本。该账户借方登记材料采购的实际成本，贷方登记入库材料的计划成本。借方大于贷方表示超支，从该账户贷方转入“材料成本差异” 账户的借方；贷方大于借方表示节约，从该账户借方转入“材料成本差异”账户的贷方；期末为借方余额，反映企业在途材料的采购成本。

（3）“材料成本差异”账户

该账户属于资产类，用来核算企业采用计划成本进行材料日常核算，企业各种材料的实际成本与计划成本的差异。借方登记验收入库材料的超支差异及发出材料应负担（分摊）的节约差异，贷方登记验收入库材料的节约差异及发出材料应负担（分摊）的超支差异。期末如为借方余额，反映企业库存材料的超支差异；如为贷方余额，反映企业库存材料的节约差异。

2. 材料采购按计划成本核算的账务处理

例 4–6 企业采用汇兑结算方式购入甲材料，专用发票上记载的货款为 200 000 元，增值税额 26 000 元，发票账单已收到，计划成本 180 000 元，材料尚未入库。

借：材料采购——甲材料　　200 000
　　应交税费——应交增值税（进项税额）　　26 000
　　贷：银行存款　　226 000

例 4–7 企业购入乙材料一批，专用发票上记载的货款为 300 000 元，增值税额 39 000 元。发票账单已收到，计划成本为 320 000 元，已验收入库，全部款项以银行存款支付。

①在计划成本下，企业购入的材料不论是否入库，都要先通过“材料采购”账户进行核算，以反映材料采购的实际成本。

借：材料采购——乙材料　　300 000
　　应交税费——应交增值税（进项税额）　　39 000
　　贷：银行存款　　339 000

②验收入库时，按计划成本

借：原材料——乙材料　　320 000
　　贷：材料采购——乙材料　　320 000

③计算并结转材料成本差异

实际成本 300 000 元小于计划成本 320 000 元为节约差异 20 000 元（300 000 − 320 000）

借：材料采购——乙材料　　20 000
　　贷：材料成本差异——乙材料　　20 000

上述②③两笔分录也可以编制成复合分录

借：原材料——乙材料　　320 000
　　贷：材料采购——乙材料　　300 000
　　　　材料成本差异——乙材料　　20 000

案例分析与问题讨论

某企业材料按计划成本核算。本月购进乙材料 100 公斤，用银行存款支付价款 505 万元、进项税额 65.65 万元，乙材料已验收入库，乙材料计划单价每公斤 5 万元。

要求：该批乙材料验收入库时，材料成本差异是超支差异还是节约差异？会计分录如何编制？

第三节 核算生产过程的经济业务

一、生产过程核算概述

生产过程是制造企业生产经营过程的第二阶段。产品的生产过程既是新产品的制造过程，又是生产耗费过程。生产过程的耗费，包括生产资料中的劳动手段（例如机器设备）和劳动对象（例如原材料）的耗费，以及劳动力等方面的耗费。这些耗费以货币表现称为生产费用，生产费用最终都要归集、分配到各种产品，形成各种产品的成本。

制造企业产品生产过程的经济业务一般有：

①原材料的领用消耗，投入生产，形成材料费用；

②生产工人及管理人员的劳动消耗，形成工资及福利费用；

③机器设备等固定资产的消耗，形成折旧费以及其他费用开支，如办公费、水电费、差旅费、保险费、劳保费、设计制图费等；

④结转完工产品生产成本等。

在只生产一种产品的企业，成本计算对象（生产费用承担的客体）只有一个，所发生的全部生产费用只要按成本项目（直接材料、直接人工、制造费用）进行归集，就形成了该产品的成本。在这种情况下，生产费用不存在分配的问题。但在生产多种产品的企业，由于成本计算对象有两个以上，所发生的生产费用，凡是能分清成本计算对象的，应当按照有关凭证直接计入该种产品的生产费用明细账或成本计算单中；凡是分不清成本计算对象的共同费用，应采用适当的分配方法在各受益对象之间进行分配。

本节关于生产过程的核算，主要以直接材料、直接人工和制造费用三个成本项目为主，简单地阐述产品生产过程的会计处理。产品成本计算的更多内容将在成本会计中进一步学习。

二、生产过程核算应设置的主要账户

为了正确计算产品成本，应设置的主要账户有“生产成本”“制造费用”“库存商品”“应付职工薪酬”“管理费用”“累计折旧”等。

（一）“生产成本”账户

该账户属于成本类，用来核算企业进行工业性生产发生的各项生产成本，包括生产各种产品（产成品、自制半成品等）、自制材料、自制工具、自制设备等。

借方登记应计入产品生产成本的各项直接费用和月末分配转入的制造费用；贷方登记企业已

经生产完成并验收入库的产成品成本。该账户的期末借方余额，反映企业尚未加工完成的在产品成本。

该账户可按基本生产成本和辅助生产成本进行明细核算。

（二）“制造费用”账户

该账户属于成本类，用来核算企业生产车间（部门）为生产产品和提供劳务而发生的各项间接费用。

借方登记发生的各项间接费用，如生产车间发生的机物料消耗、固定资产折旧、保险费、劳动保护费、设计制图费、生产（车间管理）用具的摊销费、管理人员薪酬、办公费、差旅费、水电费、季节性停工损失等费用；月末，将制造费用分配计入有关成本对象时，记入本账户的贷方；除季节性的生产性企业外，月末一般应无余额。

本账户可按不同的车间、部门和费用项目设置明细账户，按制造费用的项目内容设专栏进行明细核算。

（三）“库存商品”账户

该账户属于资产类，用来核算企业库存的各种产成品的实际成本。包括库存产成品、外购商品、存放在门市部准备出售的商品、发出展览的商品以及寄存在外的商品等。接收来料加工制造的代制品和为外单位加工修理的代修品，在制造和修理完成验收入库后，视同企业的产成品，也通过本账户核算。

其借方登记完工验收入库产品的实际成本；贷方登记发出产成品的实际成本；期末余额在借方，反映企业库存商品的实际成本。

本账户应按库存商品的种类、品种、规格设置明细账户。

（四）“应付职工薪酬”账户

该账户属于负债类，用来核算企业按规定应付给职工的各种薪酬。企业（外商）按规定从净利润中提取的职工奖励及福利基金，也在本账户核算。这里，工资包括了一切构成工资总额的部分，如奖金、津贴、补贴等。

其贷方登记已分配计入有关成本费用项目的职工薪酬的数额；借方登记实际发放职工薪酬的数额；期末如为贷方余额，反映企业应付未付的职工薪酬。

该账户可按“工资”“职工福利”“社会保险费”“住房公积金”“工会经费”“职工教育经费”“非货币性福利”“辞退福利”“股份支付”等进行明细核算。

（五）“管理费用”账户

该账户属于损益类账户中的费用类，用来核算企业为组织和管理生产经营所发生的管理费用，包括企业在筹建期间内发生的开办费、董事会和行政管理部门在企业的经营管理中发生的或者应由企业统一负担的公司经费（包括行政管理部门职工工资及福利费、物料消耗、低值易耗品摊销、办公费和差旅费等）、工会经费、董事会费（包括董事会成员津贴、会议费和差旅费等）、聘请中介机构费、咨询费（含顾问费）、诉讼费、业务招待费、技术转让费、研究费用、排污费等。

借方登记实际发生的管理费用；贷方登记期末结转到“本年利润”账户的数额；期末，应将本账户的余额转入“本年利润”科目，结转后本账户无余额。

本账户可按管理部门设置明细账户，按费用项目设专栏，以反映各部门、各项目管理费用发生情况。

（六）“累计折旧”账户

该账户属于资产类，它是固定资产的抵减（备抵）调整账户，用来核算企业固定资产由于使用磨损而减少的累计价值，即累计折旧数额。

该账户贷方记录提取的折旧数；借方记录由于出售、报废、毁损、对外投资等原因减少固定资产而应注销的已提折旧数；期末贷方余额，反映企业固定资产的累计折旧额。

该账户可按固定资产的类别或项目进行明细核算。

生产过程的核算，除了需要设置和运用以上一些账户外，还需要设置和运用一些其他账户。

三、生产过程核算的主要账务处理

（一）材料发出的账务处理

材料费用（包括消耗的原材料、主要材料和辅助材料等）应根据领料凭证按受益对象区分车间、部门和不同用途后进行相应的归集和分配。

1. 实际成本法下材料发出的账务处理

在实际成本核算方法下，企业材料发出可以采用的计价方法包括个别计价法、先进先出法、月末一次加权平均法和移动加权平均法等。

（1）个别计价法

个别计价法，亦称个别认定法、具体辨认法、分批实际法，其特征是注重所发出材料具体项目的实物流转与成本流转之间的联系，逐一辨认各批发出材料和期末材料所属的购进批别或生产批别，分别按其购入或生产时所确定的单位成本计算各批发出材料和期末材料的成本。即以每一种材料的实际成本作为计算发出材料成本和期末材料成本的依据。

对于不能替代使用的材料、为特定项目专门购入或制造的材料以及提供的劳务，通常采用个别计价法确定发出材料的成本。在实际工作中，越来越多的企业采用计算机信息系统进行会计处理，个别计价法可以广泛应用于发出材料的计价，并且个别计价法确定的材料成本最为准确。

（2）先进先出法

先进先出法是以先入库的材料先发出为假定前提，发出材料按库存材料中最先入库的那批材料的实际单位成本计价的一种方法。

采用这种方法计价，要求在材料明细账中逐笔登记每批入库材料的数量、单价和金额，以便发出材料时能按入库的先后顺序，确定发出材料的单价和金额。发出材料时，也要在明细账中逐笔登记发出材料的数量、单价和金额。此法有利于材料的日常管理，但工作量大，比较繁琐。

在物价持续上升时，期末材料成本接近于市价，而发出成本偏低，会高估企业当期利润和库存材料价值，反之，会低估企业材料价值和当期利润。

案例分析与问题讨论

1. 某企业采用先进先出法计算发出甲材料的成本，20×× 年 2 月 1 日，结存甲材料 200 公斤，每公斤实际成本 100 元；2 月 10 日购入甲材料 300 公斤，每公斤实际成本 110 元；2 月 15 日发出甲材料 400 公斤。2 月末，库存甲材料的实际成本为（　　）元。

A. 10 000　　B. 10 500　　C. 10 600　　D. 11 000

答案提示：D

剩余的甲材料的数量 = 300 －（400 － 200）= 100（公斤），剩余的甲原材料都是 2 月 10 日购入的，所以月末甲材料的实际成本 100×110 = 11 000（元）

2. 某企业采用先进先出法计算发出材料的成本。20×× 年 3 月 1 日结存乙材料 200 吨，每吨实际成本为 200 元；3 月 4 日和 3 月 17 日分别购进乙材料 300 吨和 400 吨，每吨实际成本分别为 180 元和 220 元；3 月 10 日和 3 月 27 分别发出乙材料 400 吨和 350 吨。乙材料月末账面余额为（　　）元。

A. 30 000　　B. 30 333　　C. 32 040　　D. 33 000

答案提示：D

3 月 10 日发出乙材料成本为 200 吨 ×200 + 200 吨 ×180 = 76 000（元）

3 月 27 日发出乙材料成本为 100 吨 ×180 + 250 吨 ×220 = 73 000（元）

则乙材料月末账面余额为（400 吨 － 250 吨）×220 = 33 000（元）

（3）月末一次加权平均法

月末一次加权平均法，是月末计算出全月材料加权平均单价，发出材料成本按加权平均单价计价的一种方法。

$$加权平均单价=\frac{月初结存材料实际成本+本月入库材料实际成本}{月初结存材料数量+本月入库材料数量}$$

本期发出材料实际成本 = 发出材料数量 × 加权平均单价

期末结存材料实际成本 = 期末结存材料数量 × 加权平均单价

采用这种方法计价，平时对于发出和结存的材料只需要在材料明细账中登记数量，有利于简化材料成本计算工作，但由于平时无法从账上提供发出和结存存货的单价及金额，因此不利于材料成本的日常管理与控制。

案例分析与问题讨论

某企业采用月末一次加权平均计算发出原材料的成本。20×× 年 2 月 1 日，甲材料结存 200 公斤，每公斤实际成本为 100 元；2 月 10 日购入甲材料 300 公斤，每公斤实际成本为 110 元；2 月 25 日发出甲材料 400 公斤。2 月末，甲材料的库存余额为（　　）元。

A. 10 000　　B. 10 500　　C. 10 600　　D. 11 000

答案提示：C　先计算全月一次加权平均单价 =（200×100 + 300×110）÷（200 + 300）= 106（元/公斤），再计算月末库存甲材料的数量 = 200 + 300 − 400 = 100（公斤），甲材料的库存余额 = 100×106 = 10 600（元）。

（4）移动加权平均法

移动加权平均法，是指以每次购进材料的成本加上原有库存材料的成本，除以每次购进材料数量与原有库存材料的数量之和，据以计算加权平均单位成本，以此为基础计算当月发出材料的成本和期末材料的成本的一种方法。

$$加权平均单价=\frac{原有库存材料实际成本+本次购入材料实际成本}{原有库存材料数量+本次购入材料数量}$$

本次发出材料实际成本 = 本次发出材料数量 × 本次发料前材料加权平均单价

期末结存材料实际成本 = 期末结存材料数量 × 本月月末材料加权平均单价

采用这种方法计价，有利于企业管理层及时了解材料的结存情况，但由于每次购进材料都要计算一次平均单位成本，计算工作量大。

案例分析与问题讨论

K 公司 5 月 1 日甲材料结存 300 公斤，单价 2 万元，5 月 6 日发出甲材料 100 公斤，5 月 10 日购进甲材料 200 公斤，单价 2.20 万元，5 月 15 日发出甲材料 200 公斤。企业采用移动加权平均法计算发出甲材料成本，则 5 月 15 日结存的甲材料成本为（　　）万元。

A. 400　　B. 416　　C. 420　　D. 440

答案提示：C

5 月 10 日甲材料的单位成本 =（300×2 − 100×2 + 200×2.2）/（300 − 100 + 200）= 2.1（元/公斤）；

5 月 15 日结存的甲材料成本 =（300 − 100 + 200 − 200）×2.1 = 420（万元）。

例 4–8 企业本月生产 A、B 两种产品，月末编制领料凭证汇总表。其中，A、B 产品分别领用甲材料 40 000 元和 52 000 元；车间一般耗用领用甲材料 1 600 元；厂部行政管理领用甲材料 2 000 元。

这项经济业务使得产品成本、制造费用、管理费用增加，应分别记入“生产成本”、“制造费用”、“管理费用”账户的借方；同时也使得库存材料价值减少，应记入“原材料”账户的贷方。会计分录为：

借：生产成本——A 产品——直接材料 40 000
——B 产品——直接材料 52 000
制造费用——材料费 1 600
管理费用——材料费 2 000
贷：原材料——甲材料 95 600

2. 计划成本法下材料发出的账务处理

月末，根据领料单等编制“发料凭证汇总表”，按计划成本和发出材料的用途，分别借记“生产成本”“制造费用”“销售费用”“管理费用”等账户，贷记“原材料”账户。同时，还须结转发出材料应负担的成本差异。公式为：

$$材料成本差异率=\frac{月初结存材料成本差异+本月收入材料成本差异}{月初结存材料计划成本+本月收入材料计划成本}$$

发出材料应负担的成本差异 = 发出材料的计划成本 × 材料成本差异率

例如：K 公司某月月初结存甲材料的计划成本为 1 000 000 元，成本差异为超支 30 740 元；当月入库甲材料的计划成本 3 200 000 元，成本差异为节约 200 000 元。

根据“发料凭证汇总表”的记录，某月甲材料的消耗（计划成本）为：基本生产车间领用 2 000 000 元，辅助生产车间领用 600 000 元，车间管理部门领用 250 000 元，企业行政管理部门领用 50 000 元。

会计分录如下：

①借：生产成本——基本生产成本 2 000 000
——辅助生产成本 600 000
制造费用 250 000
管理费用 50 000
贷：原材料——甲材料 2 900 000

②结转发出甲材料应分摊的成本差异

材料成本差异率 =（30 740−200 000）/（1 000 000+3 200 000）= −4.03%（节约差）

借：材料成本差异——A 材料 116 870
贷：生产成本——基本生产成本 80 600
——辅助生产成本 24 180
制造费用 10 075
管理费用 2 015

案例分析与问题讨论

1. 某企业对材料采用计划成本核算。20×× 年 12 月 1 日，结存材料的计划成本为 400 万元，材料成本差异贷方余额为 6 万元；本月入库材料的计划成本为 2 000 万元，材料成本差异借方发生额为 12 万元；本月发出材料的计划成本为 1 600 万元。该企业 20×× 年 12 月 31 日结存材料的实际成本为（　　）万元。

A. 798　　B. 800　　C. 802　　D. 1 604

答案提示：C

材料成本差异率 =（－6 + 12）/（400 + 2 000）= 0.25%；

20×× 年 12 月 31 日结存材料的实际成本 =（400 + 2 000 − 1 600）×（1 + 0.25%）= 802（万元）。

2. 某企业采用计划成本进行材料的日常核算。月初结存材料的计划成本为 80 万元，成本差异为超支 20 万元。当月购入材料一批，实际成本为 110 万元，计划成本为 120 万元。当月领用材料的计划成本为 100 万元，当月领用材料应负担的材料成本差异为（　　）万元。

A. 超支 5　　B. 节约 5　　C. 超支 15　　D. 节约 15

答案提示：A

当月的材料成本差异率 = [20 +（110 − 120）]/（80 + 120）×100% = 5%（超支）；

当月领用材料应负担的材料成本差异 = 100×5% = 5（万元）（超支）

（二）职工薪酬的账务处理

职工薪酬，是指企业为获得职工提供的服务或解除劳动关系而给予的各种形式的报酬或补偿。职工薪酬包括短期薪酬、离职后福利、辞退福利、其他长期职工福利。企业提供给职工配偶、子女、受赡养人、已故员工遗属及其他受益人等的福利，也属于职工薪酬。

其中短期薪酬包括：1. 职工工资、奖金、津贴和补贴；2. 职工福利费；3. 医疗保险费、工伤保险费和生育保险费等社会保险费；4. 住房公积金；5. 工会经费和职工教育经费；6. 短期带薪缺勤；7. 短期利润分享计划；8. 非货币性福利以及其他短期薪酬。

企业应当在职工为其提供服务的会计期间，根据职工提供服务的受益对象，将应确认的职工薪酬全部计入相关资产成本或当期费用，同时确认为应付职工薪酬负债。解除劳动关系补偿（简称“辞退福利”）除外。其中，生产工人的工资费用应作为“直接人工”成本项目，直接记入“生产成本”账户；制造车间管理人员工资费用，由于不易直接分清车间各产品应负担的数额，故应作为间接费用，记入“制造费用”账户，月末分配计入各产品成本；厂部行政管理人员工资费用，记入“管理费用”账户；销售人员薪酬记入“销售费用”等。

例 4–9 月末根据工资费用计算表，分配本月应付职工工资总额为 68 000 元。其中：A 产品生产工人工资 20 000 元，B 产品生产工人工资 30 000 元；车间管理人员工资 8 000 元；厂部管理人员工资 10 000 元。

这项经济业务，使得直接人工产品成本、制造费用、管理费用增加，应分别记入“生产成本”“制造费用”“管理费用”账户的借方；同时，使得“应付职工薪酬”负债项目增加，应记入“应付职工薪酬”账户的贷方。会计分录为：

借：生产成本 —— A 产品 —— 直接人工　　20 000
　　　　　　 —— B 产品 —— 直接人工　　30 000
　　制造费用 —— 工资费　　8 000
　　管理费用 —— 工资费　　10 000
　　贷：应付职工薪酬 —— 工资　　68 000

待实际发放工资时（由于现在绝大多数企业通过银行发放工资，即银行按照企业职工名册逐一开设活期储蓄存款账户，每月根据企业提供的每个职工的工资数额连同企业开具的支付工资的转账支票，将工资打入每个职工的存款账户内，职工持活期存款存折到银行支取工资款，所以职工薪酬很少有“提现”业务。），一方面记入“银行存款”账户的贷方，表明银行存款减少；另一方面记入“应付职工薪酬”账户的借方，表明应付职工薪酬也减少。会计分录为：

借：应付职工薪酬 —— 工资　　68 000
　　贷：银行存款　　68 000

例 4–10 企业本月发生福利费 9 520 元。其中：A 产品生产工人福利费 2 800 元，B 产品生产工人福利费 4 200 元；车间管理人员福利费 1 120 元；厂部管理人员福利费 1 400 元。

职工福利费，是企业为职工集体提供的福利，主要包括：职工医药费；职工的生活困难补助；职工及其供养直系亲属的死亡待遇；集体福利的补贴（职工浴室、理发室、洗衣房，哺乳室、托儿所等集体福利设施支出与收入相抵后的差额的补助，以及未设托儿所的托儿费补助和发给职工的修理费等。）；其他福利待遇：主要是指上下班交通补贴、计划生育补助、住院伙食费等方面的福利费开支。

借：生产成本 ——A 产品 —— 直接人工　　2 800
　　　　　　 ——B 产品 —— 直接人工　　4 200
　　制造费用 —— 福利费　　1 120
　　管理费用 —— 福利费
　　贷：应付职工薪酬 —— 职工福利　　9 520

（三）固定资产折旧的账务处理

1. 固定资产折旧概述

固定资产折旧是指在固定资产的使用寿命内，按确定的方法对应计折旧额进行的系统分摊。应计折旧额是指应当计提折旧的固定资产的原价扣除其预计净残值后的金额。已计提减值准备的固定资产，还应当扣除已计提的固定资产减值准备的累计金额。

影响折旧的因素主要有以下几个方面：

①固定资产原价；

②预计净残值；

③固定资产减值准备；

④固定资产的使用寿命。

除以下情况外，企业应对所有固定资产计提折旧：

①已提足折旧继续使用的固定资产；

②单独估价作为固定资产入账的土地。

在确定计提折旧的范围时，还应注意以下几点：

①固定资产应当按月计提折旧，当月增加的固定资产，当月不计提折旧，从下月起计提折旧；当月减少的固定资产，当月仍计提折旧，从下月起不计提折旧。

②固定资产提足折旧后，不论能否继续使用，均不再计提折旧；提前报废的固定资产，也不再补提折旧。所谓提足折旧，是指已经提足该项固定资产的应计折旧额。

③已达到预定可使用状态但尚未办理竣工决算的固定资产，应当按照估计价值确定其成本，并计提折旧；待办理竣工决算后，再按实际成本调整原来的暂估价值，但不需要调整原已计提的折旧额。

④处于更新改造过程停止使用的固定资产，不计提折旧。

⑤因大修理而停用的固定资产，应照提折旧。

2. 固定资产的折旧方法

折旧方法可以采用年限平均法、工作量法、双倍余额递减法、年数总和法等。折旧方法的选择应当遵循可比性原则，如需变更，应在会计报表附注中予以说明。

（1）年限平均法

年限平均法，也称直线法，是以固定资产预计使用年限为分摊标准，将固定资产应计提折旧总额均衡地分摊到各期的一种方法。其计算公式如下：

年折旧额 =（固定资产原价 - 预计净残值）/ 预计使用年限

年折旧率 =（1 - 预计净残值率）/ 预计使用年限 ×100%

或者：年折旧率 = 年折旧额 / 固定资产原价 ×100%

例如：某企业的厂房一幢，其原值为 2 400 000 元，预计使用年限 20 年，预计净残值率为 4%。则折旧率和折旧额计算如下：

年折旧额 =（2 400 000 - 2 400 000×4%）/20=115 200（元）

$$年折旧率 = \frac{1-4\%}{20} \times 100\% = 4.8\%$$

（2）工作量法

工作量法，是以固定资产预计可完成的工作量为分摊标准，根据各期实际完成的工作量（产量、行驶里程、工作小时、工作台班等）计算折旧额的一种方法。其计算公式如下：

单位工作量折旧额＝［固定资产原价 ×（1－预计净残值率）］/ 预计总工作量

某项固定资产月折旧额＝该项固定资产当月工作量 × 单位工作量折旧额

例如：某企业的一辆运货卡车的原价为 600 000 元，预计总行驶里程为 500 000 公里，预计报废时的净残值率为 5%，本月行驶 4 000 公里。

该辆汽车的月折旧额计算如下：

单位里程折旧额＝600 000×（1－5%）/ 500 000＝1.14（元 / 公里）

本月折旧额＝4 000×1.14＝4 560（元）

案例分析与问题讨论

甲公司 20×× 年 3 月份固定资产增减业务如下：

（1）购买一台设备供一车间使用，采用工作量法计提折旧。该设备原价 60 万元，预计总工作时数为 20 万小时，预计净残值为 5 万元。该设备 20×× 年 4 月份工作量为 4 000 小时。

（2）厂部新办公楼交付使用，采用平均年限法计提折旧。该办公楼原价 620 万元，预计使用年限 20 年，预计净残值 20 万元。

（3）公司总部的一辆轿车使用期满予以报废。该轿车原价 37 万元，预计使用年限 6 年，净残值 1 万元，采用年限平均法计提折旧。

假定 20×× 年 4 月份未发生固定资产增减业务，不考虑其他固定资产的折旧。

要求：计算甲公司 20×× 年 4 月份应计提的折旧额。

答案提示：

4 月份设备月折旧额＝（60－5）/20×0.4＝1.1（万元）

4 月份办公楼月折旧额＝（620－20）/20/12＝2.5（万元）

20×× 年 4 月份应计提固定资产折旧额＝1.1＋2.5＝3.6（万元）

（3）双倍余额递减法

双倍余额递减法是以不考虑固定资产净残值的直线法折旧率的两倍作为加速折旧率，乘以每期期初固定资产折余价值求得每期折旧的一种方法。计算公式如下：

年折旧率＝2÷ 固定资产预计使用年限 ×100%

年折旧额＝固定资产年初账面净值 × 年折旧率

为了保证在采用双倍余额递减法下，各期计提的折旧额合计数相等，企业一般应在固定资产使用寿命到期前两年内，将固定资产账面净值扣除预计净残值后的净值平均分摊。

将双倍余额递减法改用直线法的程序，通常称为转换。转换条件是：

$$\frac{\text{账面净值}-\text{预计净残值}}{\text{剩余使用年限}}>\text{该年按双倍余额递减法计算的折旧}$$

例如：企业有设备一台经批准采用加速折旧法计提折旧。该设备购置成本为 640 000 元，预计使用 5 年，预计净残值 20 000 元，采用双倍余额递减法计提折旧。企业编制折旧计算表如表 4-1

表 4-1　折旧计算表（双倍余额递减法）　　单位：元

年 次	年折旧率	折旧计算	当年折旧	累计折旧	账面净值
购置时					640 000
1	2 ÷ 5=40%	640 000 × 40%	256 000	256 000	384 000
2	40%	384 000 × 40%	153 600	409 600	230 400
3	40%	230 400 × 40%	92 160	501 760	138 240
4		（138 240 － 20 000）÷ 2	59 120	560 880	79 120
5		（138 240 － 20 000）÷ 2	59 120	620 000	20 000

（4）年数总和法

年数总和法是将固定资产的原值减去净残值后的净额乘以一个逐年递减的分数计算每年的折旧额，这个分数的分子代表固定资产尚可使用的年数，分母代表使用年数的逐年数字总和。计算公式如下：

$$\text{年折旧率}=\frac{\text{尚可使用年限}}{\text{预计使用年限的年数总和}}\times 100\%$$

$$\text{或者：年折旧率}=\frac{\text{预计使用年限}-\text{已使用年限}}{\text{预计使用年限}\times(1+\text{预计使用年限})\div 2}\times 100\%$$

$$\text{年折旧额}=(\text{固定资产原值}-\text{净残值})\times\text{年折旧率}$$

例如：企业有设备一台，购置成本为 640 000 元，预计使用年限为 5 年，预计净残值 20 000 元，采用年数总和法计提折旧。见表 4-2

表 4-2　折旧计算表（年数总和法）　　单位：元

年 次	年折旧率	折旧计算	当年折旧	累计折旧	账面净值
购置时					640 000
1	5/15	（640 000-20 000）× 5/15	206 667	206 667	433 333
2	4/15	（640 000-20 000）× 4/15	165 333	372 000	268 000
3	3/15	（640 000-20 000）× 3/15	124 000	496 000	144 000
4	2/15	（640 000-20 000）× 2/15	82 667	578 667	61 333
5	1/15	（640 000-20 000）× 1/15	41 333	620 000	20 000

3. 固定资产折旧的账务处理

在实际工作中，计提固定资产折旧是按照固定资产原始价值和核定的折旧率（按会计准则的要求，应选择采用分类折旧或个别折旧的方法。），按月计算折旧费用，并计入间接费用或期间费用。其中，生产车间固定资产折旧，记入“制造费用”账户；厂部行政管理部门和销售部门固定资产折旧，记入“管理费用”“销售费用”账户。

例 4–11 月末，企业提取固定资产折旧 15 200 元。其中，生产车间固定资产折旧 11 200 元；厂部固定资产折旧 4 000 元。

该项业务发生的折旧费，应分别记入“制造费用”和“管理费用”账户的借方。同时因固定资产累计折旧额增加，应记入“累计折旧”账户的贷方。会计分录为：

借：制造费用——折旧费　　11 200

　　管理费用——折旧费　　4 000

　　贷：累计折旧　　15 200

实务操作

某企业为增值税一般纳税人。20×× 年发生固定资产业务如下：

（1）1 月 20 日，企业管理部门购入一台不需安装的 A 设备，取得的增值税专用发票上注明的设备价款为 640 万元，增值税为 83.2 万元，另发生保险费等相关费用 8 万元，款项均以银行存款支付。

（2）A 设备经过调试后，于 1 月 22 日投入使用，预计使用 10 年，净残值为 35 万元，决定采用双倍余额递减法计提折旧。

（3）7 月 15 日，企业生产车间购入一台需要安装的 B 设备，取得的增值税专用发票上注明的设备价款为 700 万元，增值税为 91 万元，另发生保险费 10 万元，款项均以银行存款支付。

（4）8 月 19 日，将 B 设备投入安装，以银行存款支付安装费 3 万元。B 设备于 8 月 25 日达到预定使用状态，并投入使用。

（5）B 设备采用工作量法计提折旧，预计净残值为 35.65 万元，预计总工时为 5 万小时。9 月，B 设备实际使用工时为 720 小时。

假设除上述资料外，不考其他因素。要求：

（1）编制甲企业 20×× 年 1 月 20 日购入 A 设备的会计分录。

（2）计算甲企业 20×× 年 2 月 A 设备的折旧额并编制会计分录。

（3）编制甲企业 20×× 年 7 月 15 日购入 B 设备的会计分录。

（4）编制甲企业 20×× 年 8 月安装 B 设备及其投入使用的会计分录。

（5）计算甲企业 20×× 年 9 月 B 设备的折旧额并编制会计分录。

（答案中的金额单位用万元表示）

答案提示：

（1）20×× 年 1 月 20 日购入 A 设备的会计分录

借：固定资产 （640 + 8）648

应交税费——应交增值税（进项税额） 83.2

贷：银行存款 731.2

（2）20×× 年 2 月 A 设备的折旧额 = 648×2/10×1/12 = 10.8（万元）

借：管理费用 10.8

贷：累计折旧 10.8

（3）20×× 年 7 月 15 日购入 B 设备的会计分录

借：在建工程 （700 + 10）710

应交税费——应交增值税（进项税额） 91

贷：银行存款 801

（4）20×× 年 8 月安装 B 设备及其投入使用的会计分录

借：在建工程 3

贷：银行存款 3

借：固定资产 713

贷：在建工程 713

（5）20×× 年 9 月 B 设备的折旧额并编制会计分录。

（713 - 35.65）/5×（720/10 000）= 9.75（万元）

借：制造费用 9.75

贷：累计折旧 9.75

（四）其他费用的账务处理

在产品生产过程中，除了发生材料消耗费、人工费、固定资产折旧费外，还会发生其他诸如燃料动力费、固定资产修理费，车间办公费、生产车间发生的机物料消耗、水电费、保险费、劳动保护费、生产（车间管理）用具的摊销费用等。这些费用，有些可直接记入产品“生产成本”账户，如生产产品所耗用的燃料动力费；有些则不能直接记入，如车间办公费、修理费等。

例 4-12 企业本月用电情况如下：生产 A 产品直接耗用电费 1 500 元；生产 B 产品直接耗用电费 2 000 元；车间办公、照明用电 500 元；厂部办公、照明用电 800 元。月末用银行存款支付上述费用，同时支付购电进项增值税额 624 元。

生产产品耗用电费，应作为“直接材料”成本项目（企业也可单设“燃料与动力”成本项目）直接记入“生产成本”账户的借方；车间及厂部办公、照明用电应分别计入“制造费用”和“管理费用”账户的借方；购买电力应支付的进项增值税，记入“应交税费”账户的借方。会计分录为：

借：生产成本——A 产品——直接材料　　1 500
　　　　　　——B 产品——直接材料　　2 000
　　制造费用——水电费　　500
　　管理费用——水电费　　800
　　应交税费——应交增值税（进项税额）　　624
　　贷：银行存款　　5 424

例 4–13 本月实际发生生产车间固定资产大修理费 3 200 元，假设不考虑税费。

根据企业会计准则规定，固定资产修理费用，应当在发生时直接计入当期损益（管理费用或销售费用），不得采用预提或待摊方式处理。

上述会计分录为：

借：管理费用——修理费　　3 200
　　贷：银行存款　　3 200

（五）制造费用的归集与分配

制造费用即企业各生产单位为组织和管理生产而发生的各项间接费用。平时各项间接费用发生时，已在“制造费用”账户的借方进行了归集。期末时，应将平时归集的制造费用在各受益对象之间采用适当的标准进行分配，由各产品负担，构成产品成本的一部分。为此，应将由各产品成本负担的制造费用，从“制造费用”账户贷方转出，记入“生产成本”账户的借方。

制造费用的分配所选择的标准，应当与所分配的费用之间有较密切的关系，使分配的结果能体现受益原则，即受益大的产品多负担费用；反之，则少负担费用。制造费用分配标准有多种，常用的有：生产工人工时、生产工人工资、机器工时、直接原材料成本、直接总成本等。

例 4–14 月末，将本月发生的制造费用 22 420 元，按 A、B 产品生产工人工资（A 产品生产工人工资 20 000 元，B 产品生产工人工资 30 000 元）进行分配，计算过程如下：

$$制造费用分配率=\frac{22\ 420}{20\ 000+30\ 000}=0.4484$$

A 产品应负担的制造费用为：20 000 × 0. 448 4=8 968（元）

B 产品应负担的制造费用为：30 000 × 0. 448 4=13 452（元）

根据计算结果，A 产品应负担的制造费用记入 A 产品生产成本“制造费用”成本项目下；B 产品应负担的制造费用应记入 B 产品生产成本“制造费用”成本项目下。会计分录为：

借：生产成本——A 产品——制造费用　　8 968
　　　　　　——B 产品——制造费用　　13 452
　　贷：制造费用　　22 420

（六）完工产品成本的计算和结转

产品生产费用通过上述的归集和分配后，都已归集到了“生产成本”账户的借方，最后就可以将归集到某种产品的各项费用在本月完工产品和月末在产品之间进行分配，确定完工产品的成本。

在月末没有在产品的情况下，生产成本明细账内归集的费用总额就是完工产品的总成本。如果月末全部产品未完工，该种产品生产成本所归集的费用总额就是该种产品的在产品总成本。如果月末既有完工产品，又有在产品，这时生产成本明细账内归集的费用就要采用适当的方法在完工产品和在产品之间进行分配，然后才能计算出完工产品的总成本和单位成本。

例 4–15 假设本月 A、B 产品已全部加工完成，A 产品完工总成本为 73 268 元，完工数量为 100 件；B 产品完工产品总成本为 101 652 元，完工数量为 120 件。会计分录为：

借：库存商品——A 产品　　　　73 268

　　　　　　——B 产品　　　　101 652

　贷：生产成本——A 产品　　　　73 268

　　　　　　　——B 产品　　　　101 652

根据上述经济业务，生产过程总分类核算示意图如下所示。

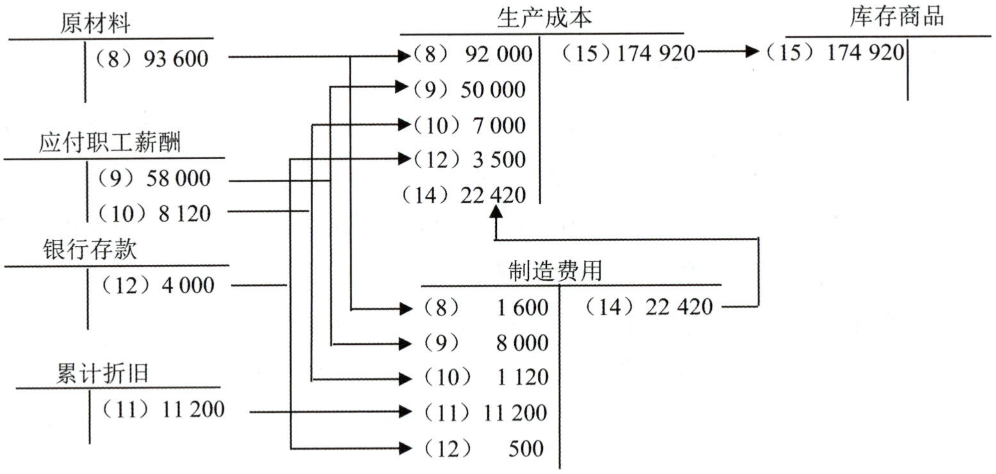

实务操作

（一）目的：练习生产过程主要经济业务的核算。

（二）资料：假设红卫公司 20×× 年 6 月份发生下列业务：

1. 仓库发出材料一批价值 80 000 元。其中，生产 A 产品耗用材料 30 000 元，生产 B 产品耗用材料 20 000 元，车间及管理部门分别耗用 15 000 元。

2. 经结算，本月应付职工工资为 11 000 元。其中，制造 A 产品生产工人工资 5 000 元，制造 B 产品生产工人工资 3 000 元，车间管理人员和技术人员工资 1 000 元，厂部行政管理人员工资 2 000 元。

3. 以银行存款支付生产 A 产品耗用电费 2 000 元，生产 B 产品耗用电费 1 800 元，车间管理部门耗用电费 500 元，厂部行政管理部门耗用电费 700 元，总计 5 000 元。

4. 月末，经计算本月应提固定资产折旧 10 000 元。其中，车间固定资产折旧 8 000 元，企业管理部门固定资产折旧 2 000 元。

5. 用现金支付厂内行政管理部门购买办公用品费 300 元，车间购买办公用品费 200 元。

6. 用银行存款支付业务招待费 1 200 元。

7. 王经理出差，预借差旅费 4 000 元，以现金支付。

8. 王经理报销差旅费 3 500 元，多余款交回。

9. 计算并结转本期制造费用（按 A、B 两产品的生产工人工资比例分配）。

10. 月末，本月投产的 A 产品 100 件、B 产品 100 件已全部制造完工并验收入库，计算结转其实际生产成本。

（三）要求：根据以上经济业务编制会计分录。

制造费用归集分配及 A、B 产品成本计算答案提示：

制造费用 = 15 000（1）+ 1 000（2）+ 500（3）+ 8 000（4）+ 200（5）= 24 700（元）

制造费用分配率 = 24 700/8 000 = 3.087 5

A 产品应负担的制造费用为：5 000 × 3.087 5 = 15 437.5（元）

B 产品应负担的制造费用为：3 000 × 3.087 5 = 9 262.5（元）

A 产品成本 = 30 000 + 5 000 + 2 000 + 15 437.5 = 52 437.5（元）

B 产品成本 = 20 000 + 3 000 + 1 800 + 9 262.5 = 34 062.5（元）

第四节 核算销售过程的经济业务

销售过程是企业生产经营过程的最后一个阶段，也是企业再生产过程的最后一个环节。制造企业在销售过程中，通过销售产品，按照销售价格收取产品价款，形成商品销售收入，使产品资金转化为货币资金，从而完成资金的一次循环。企业的各项支出也应从中得到补偿，使再生产得以持续不断地进行。在销售过程中结转的商品销售成本，以及发生的运输、包装、广告等销售费用，按照国家税法的规定计算交纳的各种税费等都应该从销售收入中得到补偿，补偿之后的差额即为企业销售商品的业务成果，即利润或亏损。企业除了发生销售商品等主营业务外，还可能发生一些其他业务，如销售材料、出租包装物等。

一、销售过程核算应设置的主要账户

在销售过程，企业应设置的主要账户有“主营业务收入”“主营业务成本”“税金及附加”“销售费用”“应收账款”等。

（一）“主营业务收入”账户

该账户属于损益类账户中的收入类，用来核算企业确认的销售商品、提供劳务等主营业务的收入。贷方登记企业实现的主营业务收入；借方登记本期发生的销售退回或销售折让，应冲减的主营业务收入和期末转入“本年利润”的主营业务收入净额；结转后期末应无余额。本账户可按主营业务的种类进行明细核算。

（二）“主营业务成本”账户

该账户属于损益类账户中的费用类，用来核算企业确认的销售商品、提供劳务等主营业务收入时应结转的成本。产品销售结转其生产成本时，记入本账户的借方；期末将已销产品成本结转“本年利润”时，记入本账户的贷方；结转后期末应无余额。本账户可按主营业务的种类进行明细核算。

（三）“税金及附加”账户

该账户属于损益类账户中的费用类，用来核算企业经营活动发生的消费税、城市维护建设税、资源税和教育费附加、房产税、车船使用税、土地使用税、印花税等相关税费。房地产开发企业缴纳的土地增值税在本账户核算。

企业按照规定计算出应负担的销售税金及附加，借记本账户；期末将“税金及附加”结转“本年利润”账户时，贷记本账户；结转后期末应无余额。

（四）“销售费用”账户

该账户属于损益类账户中的费用类，用来核算企业销售商品和材料、提供劳务的过程中发生的各种费用，包括保险费、包装费、展览费和广告费、商品维修费、预计产品质量保证损失、运输费、装卸费等以及为销售本企业商品而专设的销售机构（含销售网点、售后服务网点等）的职工薪酬、业务费、折旧费等经营费用。

企业发生的与专设销售机构相关的固定资产修理费用等后续支出，也在本账户核算。

本账户借方登记发生的销售费用；贷方登记期末结转“本年利润”账户的数额；结转后期末应无余额。本账户可按费用项目进行明细核算。

（五）“应收账款”账户

该账户属于资产类，用来核算企业因销售产品、材料、提供劳务等经营活动，应向购货单位或接受劳务单位收取的款项。本账户借方登记应收账款的发生数；贷方登记应收账款的收回数；期末借方余额，反映企业尚未收回的应收账款；期末如为贷方余额，反映企业预收的账款。本账户可按债务人进行明细核算。

二、销售过程核算的主要账务处理

（一）主营业务收入的账务处理

企业确认收入的方式应当反映其向客户转让商品的模式，收入的金额应当反映企业因转让这些商品而预期有权收取的对价金额。

取得商品控制权同时包括下列三项要素：

一是能力。即客户必须拥有现时权利，能够主导该商品的使用并从中获得几乎全部经济利益。

二是主导该商品的使用。客户有能力主导该商品的使用，是指客户有权使用该商品，或者能够允许或阻止其他方使用该商品。

三是能够获得几乎全部的经济利益。

根据我国《企业会计准则第 14 号——收入》规定，当企业与客户之间的合同满足下列条件时，企业应当在客户取得相关商品控制权时确认收入。

（1）合同各方已经批准该合同并承诺将履行各自义务。

（2）该合同明确了合同各方与所转让商品或提供劳务（以下简称“转让商品”）相关的权利和义务。

（3）该合同有明确的与所转让商品相关的支付条款。

（4）该合同具有商业实质，即履行该合同将改变企业未来现金流量的风险、时间分布或金额。

（5）企业因向客户转让商品而有权取得的对价很可能收回。

合同是指双方或多方之间订立有法律约束力的权利义务的协议，包括书面形式、口头形式以及其他可验证的形式，企业应当在履行了合同中的履约义务，即在客户取得相关商品控制权时确认收入。

例 4–16 企业本月向天井公司销售 A 产品 100 件，每件售价 1 000 元，计 100 000 元；B 产品 80 件，每件售价 1 200 元，计 96 000 元；增值税专用发票上列示销项增值税为 25 480 元。以上款项尚未收到。

由于货款尚未收到，所以应记入“应收账款”账户的借方；同时确认主营业务收入实现，记入“主营业务收入”账户的贷方；由于应收取的销项增值税额尚未交给国家，所以应记入“应交税费——应交增值税”账户的贷方。会计分录为：

借：应收账款——天井公司　　221 480

　贷：主营业务收入——A 产品　　100 000

　　　　　　　　　——B 产品　　96 000

　　应交税费——应交增值税（销项税额）　　25 480

企业销售货物或提供劳务产生的应收款项在确定入账价值时，一般需要考虑到商业折扣、现金折扣和销售折让等因素。

①商业折扣是指企业为了促进商品销售而在商品标价上给予的价格扣除。

商业折扣在销售时即已发生，企业销售商品涉及商业折扣的，应当按照扣除商业折扣后的金额确定销售商品收入金额。

例如：企业所销售的 A 产品在商品价目单上标明为每件 300 元。假设乙企业一次性购买 A 产品 100 件，根据折扣条件的规定，可得到 15% 的折扣，增值税税率为 13%。

首先计算 A 产品的发票价格和销项税额：

$$发票价格=100\times300\times（1-15\%）=25\ 500（元）$$

$$销项税额=25\ 500\times13\%=3\ 315（元）$$

会计分录为：

借：应收账款　　　　　　　　　　　　　　28 815

　　贷：主营业务收入　　　　　　　　　　　　25 500

　　　　应交税费——应交增值税（销项税额）　　3 315

②现金折扣是债权人为了鼓励债务人在规定的期限内付款而向债务人提供的债务扣除。现金折扣通常发生在以赊销方式销售商品及提供劳务的交易活动中。企业为了鼓励客户提前偿付货款，给予客户的折扣。在收款时发生，按总价法核算，对于发生的现金折扣计入“财务费用”。

案例分析与问题讨论

某企业销售A产品每件500元，若客户购买100件(含100件)以上可得到10%的商业折扣。乙公司于20××年7月10日向甲企业购买A产品200件，款项尚未支付。按规定现金折扣条件为2/10，1/20，N/30。适用的增值税税率为13%。该企业于7月28日收到该笔款项时，应给予客户的现金折扣为（　　）元。（假定计算现金折扣时考虑增值税）

A. 1 000　　B. 1 017　　C. 2 000　　D. 2 106

答案提示：某企业确认的应收账款 = 200 × 500 ×（1 － 10%）×（1 + 13%）= 101 700(元)，企业在20天内付款，折扣金额为101 700 × 1% = 1 017（元）。

③销售折让是指企业因出售商品的质量不合规定等原因，在销售价格上给予额外的折让。

发生销售折让时，如果企业尚未确认销售商品收入的，则应在确认销售商品收入时直接按扣除销售折让后的金额确认；如果企业已经确认销售商品收入发生销售折让时，按应冲减的销售商品收入金额冲减当期收入。

（二）主营业务成本（商品销售成本）的计算与账务处理

主营业务成本即已销产品的生产成本。当产品销售后，产品实物随之从产成品库转移到购货方，即产成品实物发生了转移（库存商品减少）。同时表明企业为取得主营业务收入而垫支了资金（企业发生了费用），即主营业务成本。为使账实相符，产成品价值即产成品的生产成本也要转移。即从“库存商品”账户的贷方结转到“主营业务成本”账户的借方。

将销售发出的商品成本转为主营业务成本，应遵循配比原则的要求，也就是说，不仅主营业务成本的结转应与主营业务收入在同一会计期间加以确认，而且应与主营业务收入在数量上保持一致。

主营业务成本的计算公式如下：

$$\text{本期应结转的主营业务成本} = \text{本期销售商品的数量} \times \text{单位商品生产成本}$$

公式中，单位商品生产成本，应考虑期初库存的商品成本和本期入库的商品成本情况，分别采用先进先出法、加权平均法等方法确定。方法一经确定，不得随意变更。

例 4–17 期末结转上例已销 A、B 产品的生产成本。A 产品销售 100 件，单位成本为 700.68 元，计 70 068 元；B 产品销售 80 件，单位成本为 807.10 元，计 64 568 元。

产品销售后，其生产成本就应从“库存商品”账户的贷方转到“主营业务成本”账户的借方，将已销产品的生产成本进行结转时。会计分录为：

借：主营业务成本——A 产品　　70 068

　　　　　　　　——B 产品　　64 568

　贷：库存商品——A 产品　　70 068

　　　　　　　——B 产品　　64 568

（三）税金及附加的计算与账务处理

主营业务收入实现后，按规定应缴纳一定比例的销售税金及教育费附加，包括消费税、城市维护建设税、资源税和教育费附加等相关税费。当计算出当月应交数额后，就构成企业当月的一项费用；另外，由于当月并不实际缴纳（一般是当月计算，下月初交纳），同时又形成了企业对国家的负债（应交税费）。

其中：应交消费税 = 应税销售额（销售量）× 消费税税率

应交城市维护建设税 =（应交增值税 + 应交消费税）× 城建税税率

教育费附加的计算方式与城市维护建设税相同，只是比例不同。

例 4–18 月末，根据规定的税率及教育费附加率，计算出应交消费税 9 800 元，应交城市维护建设税 1233.40 元，应交教育费附加 528.60 元。会计分录为：

借：税金及附加　　11 562.00

　贷：应交税费——应交消费税　　9 800.00

　　　　　　　——应交城市维护建设税　　1 233.40

　　　　　　　——应交教育费附加　　528.60

（四）销售费用的账务处理

销售费用是为取得当期主营业务收入而发生的，本着权责发生制和配比原则的要求，应于费用发生的当月，确认销售费用，记入“销售费用”账户，以便月末与“主营业务收入”进行配比。

例 4–19 企业以银行存款支付销售产品的广告费 17 600 元。会计分录为：

借：销售费用——广告费　　17 600

　贷：银行存款　　17 600

销售过程（主营业务）总分类核算示意图如下所示。

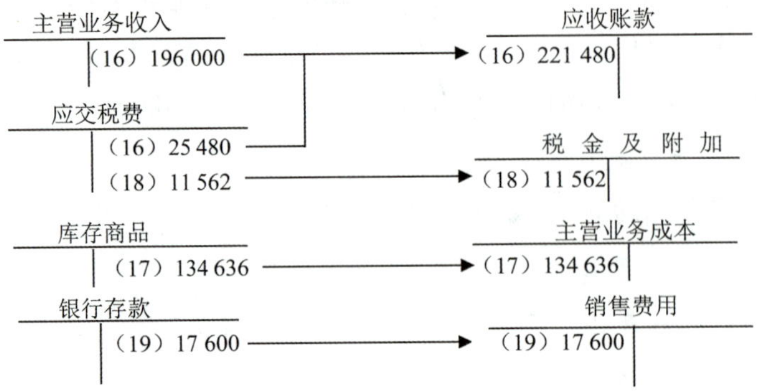

实务操作

（一）目的：练习企业销售过程的核算。

（二）资料：某公司 20××年 7 月份发生下列销售业务。

1. 向万利公司出售 A 产品 500 件，每件售价 60 元，增值税 13%，货款已收到，存入银行。

2. 向五粮公司出售 B 产品 300 件，每件售价 150 元，增值税 13%，货款尚未收到。

3. 计算并结转 A、B 两种产品的实际销售成本（A 产品每件 45 元，B 产品每件 115 元）。

4. 以银行存款支付上述 A、B 两种产品在销售过程中的运输费 800 元，包装费 200 元。

5. 结算本月份销售机构职工工资 1 000 元，并按工资总额的 14% 计提职工福利费。

6. 按规定计算并结转 A、B 产品应缴纳的消费税（按销售价计算的消费税税率为 10%）。

（三）要求：根据上述经济业务编制会计分录。

第五节 核算利润和利润分配的经济业务

利润是指企业在一定会计期间所实现的最终经营成果，简称损益。它是按照配比原则的要求，将一定时期内存在因果关系的收入与费用进行配比而产生的结果，收入大于支出的差额部分为利润，反之则为亏损。这里的收入，是指广义的收入，不仅包括营业收入，还包括投资收益和营业外收入；这里的费用，是指广义的费用，不仅包括为取得营业收入而发生的各种耗费，还包括营业外支出和所得税费用。企业实现的利润，在扣除所得税费用后，应当按照国家规定进行分配。

一、利润和利润分配概述

（一）利润的构成

企业的利润，就其构成来看，既有通过生产经营活动而获得的，也有通过投资活动而获得的，还包括那些与生产经营活动无直接关系的事项所引起的盈亏。根据《企业会计准则》的规定，企业利润总额包括营业利润和营业外收支净额两部分。当期利润总额扣除所得税费用，即为当期净利润（即税后利润）。

1. 营业利润

营业利润是企业利润总额的主要来源。它决定着企业经营最终是盈利还是亏损。

营业利润的组成公式如下

营业利润＝营业收入－营业成本－税金及附加－销售费用－管理费用－研发费用－财务费用＋其他收益＋投资收益（－投资损失）＋净敞口套期收益（－净敞口套期收益）＋公允价值变动收益（－公允价值变动损失）＋信用减值损失（－信用减值损失＋资产减值损失（－资产减值损失）＋资产处置收益（－资产处置损失）

其中：营业收入＝主营业务收入＋其他业务收入

营业成本＝主营业务成本＋其他业务成本

案例分析与问题讨论

1. 某企业20××年2月主营业务收入为100万元，主营业务成本为80万元，管理费用为5万元，资产减值损失为2万元，投资收益为10万元。假定不考虑其他因素，该企业当月的营业利润为（　　）万元。

A. 13　　B. 15　　C. 18　　D. 23

答案提示：D

2. 下列各项中，影响营业利润的项目有（　　）。

A. 已销商品成本　　B. 原材料销售收入

C. 出售固定资产净收益　　D. 转让交易性金融资产所得收益

答案提示：ABCD

2. 营业外收支净额

营业外收支净额是指与企业生产经营活动没有直接关系的各项收入减去各项支出后的余额。

营业外收入是指与企业生产经营活动没有直接关系的各项利得。营业外收入并不是由企业经营资金耗费所产生的，不需要企业付出代价，实际上是一种纯收益，不可能也不需要与有关费用进行配比。如罚款利得等。

营业外支出是指与企业生产经营活动没有直接关系的各项损失。如公益性捐赠支出、各种罚款等。

3. 利润总额及净利润

利润总额＝营业利润＋营业外收入－营业外支出

按税法规定，企业获取利润后，应按一定比例缴纳所得税。企业的所得税通常是按年计算，分期（按月或按季）预缴，年末汇算清缴，多退少补。因此，企业当期计算出的所得税金额应作为费用列支。其计算公式为

应交所得税 = 应纳税所得额 × 所得税税率

其中：应纳税所得额 = 税前会计利润 ± 税前会计利润中予以调整的项目金额

利润总额扣除所得税费用后的余额，即为企业净利润。其计算公式为

净利润＝利润总额－所得税费用

案例分析与问题讨论

甲公司 20×× 年度按企业会计准则计算的税前会计利润为 19 800 000 元，所得税税率为 25%。甲公司全年实发工资为 2 000 000 元，职工福利费 300 000 元，工会经费 50 000 元，职工教育经费 210 000 元，经查，甲公司当年营业外支出中有 120 000 元为税收滞纳罚金。假定甲公司全年无其他纳税调整因素。

请计算甲公司当期应交所得税额

答案提示:

纳税调整数 = （300 000 － 2 000 000 × 14%）＋（50 000 － 2 000 000 × 2%）＋（210 000 － 2 000 000 × 8%）＋ 120 000 ＝ 200 000（元）

应纳税所得额 ＝ 19 800 000 ＋ 200 000 ＝ 20 000 000（元）

当期应交所得税额 ＝ 20 000 000 × 25% ＝ 5 000 000（元）

（二）利润分配

利润分配，就是根据企业法律、董事会或类似权力机构提请股东大会或类似权力机构批准的、对企业可供分配利润指定其特定用途和分配给投资者的行为。

可供分配的利润 = 当年实现的净利润 + 年初未分配利润（—年初未弥补亏损）+ 其他转入

案例分析与问题讨论

某企业 20×× 年 1 月 1 日所有者权益构成情况如下：实收资本 1 500 万元，资本公积 100 万元，盈余公积 300 万元，未分配利润 200 万元。当年实现利润总额为 600 万元，企业所得税税率为 25%. 假定不存在纳税调整事项及其他因素，该企业 20×× 年 12 月 31 日可供分配利润为（ ）万元。

A. 600　　B. 650　　C. 800　　D. 1 100

答案提示：B　200+600×（1−25%）=650（万元）

企业当年实现的净利润，首先弥补以前年度尚未弥补的亏损，然后按照下列顺序进行分配。

1. 提取盈余公积（以国家法律法规为依据）

公司制企业按净利润的 10% 提取，其他企业可以根据需要确定提取比例，但不得低于 10%。企业提取的法定盈余公积累计额超过注册资本的 50% 以上的，可以不再提取。

2. 提取任意盈余公积（由企业的权力机构自行决定）

公司制企业可根据股东大会的决议提取任意盈余公积，其他企业经类似权力机构批准，也可提取任意盈余公积。

3. 向投资者分配利润或股利

企业实现的净利润在扣除上述项目后，再加上年初未分配利润和其他转入数（盈余公积金弥补的亏损等），形成可供投资者分配的利润。其分配顺序为：

（1）支付优先股股利。（2）支付普通股股利。（3）转作资本（或股本）的普通股股利。

可供投资者分配的利润经过上述分配之后，为企业未分配利润（或未弥补亏损）。

未分配利润是企业留待以后年度进行分配的利润或等待分配的利润，它是所有者权益的一个重要组成部分。相对于所有者权益的其他部分来说，企业对于未分配利润的使用分配有较大的自主权。

二、利润和利润分配核算应设置的主要账户

（一）“其他业务收入”账户

该账户属于损益类账户中的收入类，用来核算企业确认的除主营业务活动以外的其他经营活动实现的收入，包括出租固定资产、出租无形资产、出租包装物和商品、销售材料、用材料进行非货币性交换（非货币性资产交换具有商业实质且公允价值能够可靠计量）或债务重组等实现的收入。

本账户贷方登记其他业务收入的实现数；借方登记其他业务收入期末结转“本年利润”数；结转后期末应无余额。本账户可按其他业务的种类设置明细账户。

（二）“其他业务成本”账户

该账户属于损益类账户中的费用类，用来核算企业确认的除主营业务活动以外的其他经营活动所发生的支出，包括销售材料的成本、出租固定资产的折旧额、出租无形资产的摊销额、出租包装物的成本或摊销额等。

本账户借方登记其他业务成本的发生数；贷方登记其他业务成本期末结转“本年利润”数；结转后期末应无余额。本账户可按其他业务种类设置明细账户。

（三）“财务费用”账户

该账户属于损益类账户中的费用类，用来核算企业为筹集生产经营所需资金等而发生的筹资费用，包括利息支出（减利息收入）、汇兑损益以及相关的手续费、企业发生的现金折扣或收到的现金折扣等。

本账户借方登记财务费用的发生数；贷方登记期末结转到“本年利润”账户的数额；结转后期末应无余额。本账户应按财务费用的具体项目设专栏进行明细核算。

（四）“营业外收入”账户

该账户属于损益类账户中的利得类，营业外收入是指企业确认的与其日常活动无直接关系的各项利得，主要包括非流动资产毁损报废收益、盘盈利得（主要指现金溢余无法查明原因部分）、捐赠利得、债务重组利得等。

本账户贷方登记企业发生的各项营业外收入；借方登记期末转入“本年利润”账户的营业外收入；结转后期末应无余额。本账户可按营业外收入项目设置明细账。

（五）“营业外支出”账户

该账户属于损益类账户中的损失类,用来核算企业发生的与其日常活动无直接关系的各项损失，主要包括非流动资产毁损报废损失、盘亏损失、公益性捐赠支出、罚款支出、债务重组损失、非常损失等。

本账户借方登记发生的各项营业外支出；贷方登记期末转入“本年利润”账户的支出数；结转后期末应无余额。本账户可按费用项目设置明细账户。

（六）“投资收益”账户

该账户属于损益类账户中的收入类，用来核算企业对外投资取得的收益及发生的损失。

本账户贷方登记取得的收益数；借方登记发生的损失数；期末转账前余额如在贷方，表示投资净收益，从借方转入“本年利润”账户，结转后无余额；期末转账前余额若在借方，表示投资净损失，从贷方转入“本年利润”账户，结转后应无余额。本账户可按投资项目进行明细核算。

（七）“所得税费用”账户

该账户属于损益类账户中的费用类，用来核算企业按规定从利润总额中扣除的所得税费用。本账户借方登记按应纳税所得额或利润总额的一定比例计提的所得税费用；贷方登记期末转入“本年利润”账户的所得税费用；结转后期末应无余额。本账户可按“当期所得税费用”、“递延所得税费用”进行明细核算。

（八）“本年利润”账户

该账户属于所有者权益类，用来核算企业当期实现的净利润（或亏损）额。本账户贷方登记期末自有关收入类账户转入的收入数；借方登记期末自有关费用类账户转入的费用支出数；期末本账户若为贷方余额，反映自年初至本期累计实现的利润净额；期末若为借方余额，则表示累计亏损额。年终余额结转“利润分配”账户后，本账户应无余额。

（九）“利润分配”账户

该账户属于所有者权益类，用来核算企业利润的分配（或亏损的弥补）和历年分配（或弥补）后的余额。

其借方登记利润已分配额和亏损转入额；其贷方登记利润转入额和亏损的弥补额；年末贷方余额，表示企业的未分配利润；年末借方余额，表示企业的未弥补亏损。本账户应当分别“提取法定盈余公积”“提取任意盈余公积”“应付现金股利或利润”“转作股本的股利”“盈余公积补亏”和“未分配利润”等进行明细核算。

年末，应将“利润分配”账户所属其他明细账户的余额转入本账户“未分配利润”明细账户。结转后，本账户除“未分配利润”明细账户外，其他明细账户应无余额。

（十）“盈余公积”账户

该账户属于所有者权益类，用来核算企业从净利润中提取的盈余公积。其贷方登记提取的盈余公积；借方登记实际使用的盈余公积；期末余额在贷方，表示结余的盈余公积。本账户应当分别“法定盈余公积”“任意盈余公积”进行明细核算。

（十一）“应付股利”账户

该账户属于负债类，用来核算企业分配的现金股利或利润。其贷方登记应付给投资人股利或利润的增加；借方登记实际支付给投资人的股利或利润，即应付股利的减少；期末余额在贷方，表示尚未支付的股利或利润。本账户可按投资者进行明细核算。

需要注意的是，企业分配给投资人的股票股利不在本账户核算。而应计入“股本”账户。

三、利润和利润分配核算的主要账务处理

例 4–20 企业出售多余闲置的甲材料，取得销售收入 5 000 元，存入银行。月末，结转该批材料成本 4 500 元。

材料销售属于制造业企业的其他销售业务，取得的收入应记入“其他业务收入”账户的贷方，应收取的销项增值税额记入“应交税费”账户的贷方；另一方面，该项收入已存入银行，应记“银行存款”账户的借方。会计分录为：

借：银行存款　　5 650

　　贷：其他业务收入——材料销售　　5 000

　　　　应交税费——应交增值税（销项税额）　　650

材料出售后，其成本一方面应从“原材料”账户中转出；另一方面将其作为取得其他业务收入的成本，记入“其他业务成本”账户。会计分录为：

借：其他业务成本——材料销售　　　　　　　　4 500

　　贷：原材料——甲材料　　　　　　　　　　　4 500

例 4–21 计提本月份应付短期借款利息 3 500 元。

按照权责发生制的要求，短期借款利息不能一次计入某月的成本费用中，而必须分别计入各月的成本费用中。同时，由于短期借款的利息是受益在前，支付在后的费用，所以，这项经济业务的发生，一方面使财务费用增加，应记入“财务费用”账户的借方；另一方面应付利息增加，应记入“应付利息”账户的贷方。会计分录为：

借：财务费用　　　　　　　　　　　　　　3 500

　　贷：应付利息　　　　　　　　　　　　　3 500

例 4–22 企业收到罚款收入 13 000 元，存入银行。

这项经济业务的发生，使银行存款增加 13 000 元，营业外收入增加 13 000 元。会计分录为：

借：银行存款　　　　　　　　　　　　　　13 000

　　贷：营业外收入—罚款　　　　　　　　　　13 000

例 4–23 企业用银行存款支付社会捐赠支出 5 000 元。

这项经济业务的发生，使银行存款减少 5 000 元，营业外支出增加 2 400 元。会计分录为：

借：营业外支出—捐赠支出　　　　　　　　　5 000

　　贷：银行存款　　　　　　　　　　　　　　5 000

例 4–24 假设企业 20×× 年 12 月损益类账户发生额如表 4-3 所示。

表 4-3　某企业 20×× 年 12 月损益类账户发生额

收入、利得类账户	贷方发生额	费用、损失类账户	借方发生额
主营业务收入	196 000	主营业务成本	134 636
其他业务收入	5 000	销售费用	17 600
投资收益	15 000	税金及附加	11 562
营业外收入	13 000	其他业务成本	4 500
		管理费用	18 200
		财务费用	3 500
		营业外支出	5 000

期末，将上述损益类账户发生额结转到“本年利润”账户中，会计分录为：

借：主营业务收入　　　　　　　　　　　　196 000

　　其他业务收入　　　　　　　　　　　　　5 000

　　投资收益　　　　　　　　　　　　　　15 000

　　营业外收入　　　　　　　　　　　　　13 000

　　贷：本年利润　　　　　　　　　　　　　　229 000

借：本年利润　　　　　　　　　　　　　　194 998

贷：主营业务成本 134 636

销售费用 17 600

税金及附加 11 562

其他业务成本 4 500

管理费用 18 200

财务费用 3 500

营业外支出 5 000

例 4–25 假设企业 20×× 年 12 月无其他纳税调整项目，应纳税所得额为会计利润总额 34 002（229 000 － 194 998）元，月末按 25% 的所得税税率计算应交所得税为 8 500.50 元。（34 002×25%）

该项经济业务使得当期所得税费用增加，应借记“所得税费用”账户，以符合权责发生制要求；但是，计提所得税时尚未实际缴纳，故同时应作为应交所得税负债，贷记“应交税费——应交所得税”账户。会计分录为：

借：所得税费用——当期所得税费用 8 500.50

贷：应交税费——应交所得税 8 500.50

例 4–26 月末，将“所得税费用”账户借方发生额 8 500.50 元，结转到“本年利润”账户。“所得税费用”账户的借方发生额，应从贷方转入“本年利润”账户的借方，从而抵减当期利润总额。会计分录为：

借：本年利润 8 500.50

贷：所得税费用——当期所得税费用 8 500.50

例 4–27 按净利润的 10%，计算提取的盈余公积金 2 550.15 元【（34 002 － 8 500.50）×10%】

这项经济业务的发生，一方面使企业利润分配数额增加 2 550.15 元；另一方面使企业提取的盈余公积金增加 2 550.15 元。利润分配数额增加是所有者权益中利润的减少，应记入“利润分配”账户的借方；盈余公积金的计提是所有者权益中盈余公积金的增加，应记入“盈余公积”账户的贷方。会计分录为：

借：利润分配——提取法定盈余公积 2 550.15

贷：盈余公积——法定盈余公积 2 550.15

例 4–28 年末，企业确定分配给投资者的利润为 15 000 元。

这项经济业务的发生，一方面使企业利润分配数额增加 15 000 元；另一方面使企业应支付的利润增加 15 000 元。利润分配数额增加是所有者权益中利润的减少，应记入“利润分配”账户的借方；应付利润增加是负债的增加，应记入“应付股利”账户的贷方。会计分录为：

借：利润分配——应付现金股利或利润 15 000

贷：应付股利——××× 投资者 15 000

例 4–29 年终，结转全年实现的净利润 25 501.50 元。（34 002 － 8 500.50）

这项经济业务，就是将企业全年实现的净利润 25 501.50 元，从“本年利润”账户借方转入“利润分配”账户的贷方。会计分录为：

借：本年利润　　　　　　　　　　　　　25 501.50

　　贷：利润分配——未分配利润　　　　　　　　25 501.50

利润分配总分类账户核算示意图如下所示。

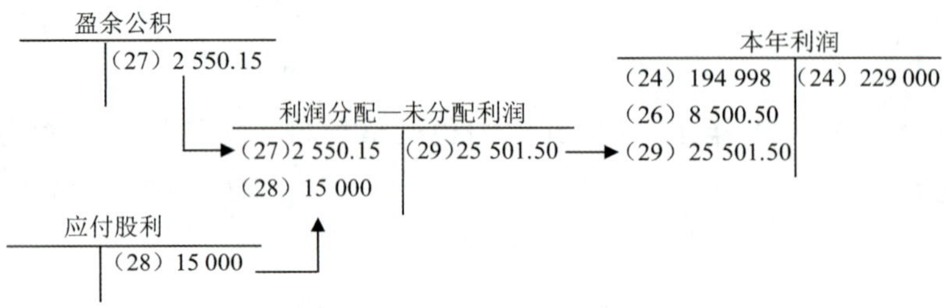

实务操作

（一）目的：练习利润实现和利润分配的核算。

（二）资料：某公司 20×× 年 12 月份发生下列经济业务：

1. 收到购货方的滞纳金 24 000 元存入银行，经批准转为营业外收入。

2. 用银行存款支付希望工程捐款 30 000 元，经批准转为营业外支出。

3. 向东南公司销售 A 产品 400 件，每件售价 1 500 元，共计 600 000 元，应向东南公司收取的增值税销项税额 78 000 元，价款及税款通过银行转账已收讫。

4. 根据合同规定向北方公司销售 B 产品 600 件，每件 800 元，共计 480 000 元，以银行存款代垫运费 3 000 元，应收取的增值税销项税额 62 400 元。价税款及代垫运费均未收回。

5. 用现金支付公司总部购买办公用品费用 3 080 元。

6. 用银行存款支付罚款 1 400 元，经批准转为营业外支出。

7. 经计算，本月应负担的短期借款利息 1 000 元。

8. 用银行存款支付广告费 2 400 元。

9. 月末，结转本月已销售产品的生产成本，其中：A 产品单位生产成本 1 000 元，B 产品单位生产成本 550 元。

10. 月末，按照规定计算出本月应负担的税金及附加 2 700 元。

11. 将收入、利得账户的发生额和费用、损失账户的发生额分别转入“本年利润”账户的贷方或借方。

12. 计算本月利润总额，并按利润总额的 25% 计算并结转本月应交所得税。

13. 月末，按净利润的10%计提法定盈余公积金。

14. 企业决定向投资者分配利润100 000元。

15. 将“本年利润”账户的余额（实现的净利润）转入“利润分配－未分配利润”账户。

（三）要求：根据上述经济业务编制会计分录。

第六节 核算其他经济业务

制造企业在生产经营过程中，除了发生前述的生产准备业务、产品生产业务、产品销售业务和利润及利润分配业务外，还会发生资金筹集业务、资金退出企业和其他业务。例如，用银行存款交纳各种税费，向投资者支付现金股利、偿还应付账款等资金退出企业等业务。本节将简要介绍资金筹资业务、交易性金融资产等其他基本经济业务的核算。

一、资金筹集

资金筹集业务包括两个方面的内容：一是接受投资人的投资，二是借入资金。

接受投资，即接受投资者投入资本。投入资本是企业得以成立的首要条件。按投资主体不同，投入资本可分为国家投入资本、法人投入资本、个人投入资本、外商投入资本等；按照投入资本的形态不同，可分为货币资金、实物和无形资产投资。借入资金，即向银行和其他金融机构借入的资金，按偿还期不同，借入资金分为短期借款和长期借款。

（一）投入资本的账务处理

投入资本的核算应设置“实收资本”账户，该账户属于所有者权益类，用来核算企业接受投资者投入的实收资本。收到投资时，记入该账户贷方；借方一般无发生额，特殊情况（如：经允许投资者可抽走资本）或破产清算分配企业财产时，记入该账户借方；期末余额在贷方，反映企业实收资本或股本总额。该账户按投资者进行明细核算。

例4–30 企业收到甲公司投入资金250 000元，存入银行；收到外商乙公司投入全新设备一套，入账价值确认为500 000元（暂不考虑增值税）。

这项经济业务一方面使得企业实收资本增加，应记入“实收资本”账户的贷方；另一方面使得银行存款和固定资产增加，应记入“银行存款”和“固定资产”账户的借方。会计分录为：

借：银行存款　　　　　　　　　　250 000

　　固定资产　　　　　　　　　　500 000

　　贷：实收资本——法人资本　　　　　250 000

　　　　　　　　——外商资本　　　　　500 000

（二）借入资金的账务处理

企业应设置“短期借款”和“长期借款”账户。

“短期借款”属于负债类账户，用来核算企业向银行或其他金融机构等借入的期限在 1 年以下（含 1 年）的各种借款。该账户的贷方登记借入各种短期借款本金数；借方登记归还的短期借款本金数；期末余额在贷方，反映企业尚未偿还的短期借款。本账户可按借款种类、贷款人和币种进行明细核算。

“长期借款”属于负债类账户，用来核算企业向银行或其他金融机构借入的期限在 1 年以上（不含 1 年）的各项借款。本账户的贷方登记借入的各种长期借款；借方登记偿还的各种长期借款；期末贷方余额，反映企业尚未偿还的长期借款。本账户可按贷款单位和贷款种类，分别“本金”“利息调整”等进行明细核算。

例 4–31 假设企业向银行借入为期 6 个月的生产周转借款 120 000 元，存入企业的银行存款账户中。

这项经济业务的发生，使得企业短期借款负债增加，应记入“短期借款”账户的贷方；另外，企业银行存款增加，应记入“银行存款”账户的借款。会计分录为：

借：银行存款　　　　　　　　　　　　　120 000

　　贷：短期借款　　　　　　　　　　　　　120 000

二、交易性金融资产

（一）交易性金融资产的概念

交易性金融资产，是指具有活跃和频繁的买卖行为，为了近期内出售以赚取差价，并且以公允价值计量且其变动计入当期损益的金融资产。如企业以赚取差价为目的从二级市场购入的股票、债券、基金等。

（二）应设置的账户

1.“交易性金融资产”账户

该账户属于资产类，用来核算企业为交易目的所持有的债券投资、股票投资、基金投资等交易性金融资产的公允价值。借方登记取得交易性金融资产的成本、资产负债表日交易性金融资产的公允价值高于账面余额的差额以及企业出售交易性金融资产时结转公允价值变动损失；贷方登记资产负债表日交易性金融资产的公允价值低于账面余额的差额以及企业出售交易性金融资产时结转的成本和公允价值变动收益；期末借方余额，反映企业持有的交易性金融资产的公允价值。本账户可按交易性金融资产的类别和品种，分别“成本”、“公允价值变动”等进行明细核算。

2.“公允价值变动损益”账户

该账户属于损益类，用来核算企业交易性金融资产等公允价值变动而形成的应计入当期损益的利得或损失。贷方登记资产负债表日企业持有的交易性金融资产等的公允价值高于账面余额的差额以及企业出售交易性金融资产时结转的公允价值变动损失；借方登记资产负债表日企业持有的交易性金融资产等的公允价值低于账面余额的差额以及企业出售交易性金融资产时结转的公允价值变动收益；结转后期末应无余额。

（三）交易性金融资产取得的账务处理

借：交易性金融资产——成本 【按公允价值】

投资收益 【按发生的交易费用】

应交税费——应交增值税（进项税额）【交易费用可抵扣的增值税】

应收股利 【已宣告但尚未发放的现金股利】

应收利息 【已到付息期但尚未领取的利息】

贷：其他货币资金—存出投资款【按实际支付的金额】

交易费用是指可直接归属于购买、发行或处置金融工具新增的外部费用，包括支付给代理机构、咨询公司、券商等的手续费和佣金及其他必要支出。

例 4-32 某企业购入 W 上市公司股票 180 万股，并划分为交易性金融资产，共支付款项 2 830 万元，其中包括已宣告但尚未发放的现金股利 126 万元。另外，支付相关交易费用 4 万元（不考虑相关税费）。该项交易性金融资产的入账价值为（ ）万元。

A.2 700　　B.2 704　　C.2 830　　D.2 834

答案 B

该业务的会计分录为（金额用万元表示）：

借：交易性金融资产——成本　　2 704（2 830-126）

应收股利 126

投资收益　4

贷：其他货币资金—存出投资款 2 834

（四）交易性金融资产持有期间的账务处理

1. 股票：持有交易性金融资产期间对于被投资单位宣告发放的现金股利

借：应收股利

贷：投资收益

2. 债券：交易性金融资产持有期间，在资产负债表日按分期付息、一次还本债券投资的票面利率计算的利息

借：应收利息 【面值 × 票面利率】

贷：投资收益

（五）交易性金融资产的期末计量

资产负债表日，交易性金融资产应当按照公允价值计量，公允价值与账面余额之间的差额计入当期损益。

1. 资产负债表日，交易性金融资产的公允价值高于其账面余额的差额：

借：交易性金融资产—公允价值变动

贷：公允价值变动损益

2. 公允价值低于其账面余额的差额做相反的会计分录。

（六）出售交易性金融资产的账务处理

出售交易性金融资产时，应当将该金融资产出售时的公允价值与其初始入账金额之间的差额确认为投资收益，同时考虑转让金融商品应交的增值税。

企业应按实际收到的金额，借记“其他货币资金—存出投资款”账户，按该金融资产的账面余额，贷记“交易性金融资产”账户，按其差额，贷记或借记“投资收益”账户。

实务操作

20×× 年 3 月至 5 月，甲上市公司发生的交易性金融资产业务如下：

（1）3 月 2 日，以存出投资款购入 A 上市公司股票 100 万股，每股 8 元，另发生相关的交易费用 2 万元（不考虑相关税费），并将该股票划分为交易性金融资产。

（2）3 月 31 日，该股票在证券交易所的收盘价格为每股 7.70 元。

（3）4 月 30 日，该股票在证券交易所的收盘价格为每股 8.10 元。

（4）5 月 10 日，将所持有的该股票全部出售，所得价款 825 万元，已存入银行。假定不考虑相关税费。

要求：逐笔编制甲上市公司上述业务的会计公录。

（会计账户要求写出相关的明细账户，答案中的金额单位用万元表示）

答案提示：

（1）借：交易性金融资产——成本　800

投资收益　2

贷：其他货币资金——存出投资款　802

（2）借：公允价值变动损益　30（800 － 100×7.7）

贷：交易性金融资产——公允价值变动　30

（3）借：交易性金融资产——公允价值变动　40（8.1×100 － 7.7×100）

贷：公允价值变动损益　40

（4）借：其他货币资金——存出投资款　825

贷：交易性金融资产——成本　800

——公允价值变动　10

投资收益　15

三、资金退出和其他业务

（一）归还借款

例 4-33 用银行存款归还 6 个月到期的生产周转借款本金 120 000 元，利息 6 000 元。

这笔经济业务的发生，表明短期借款本息的偿还，负债减少，应记入“短期借款”和“应付利息”账户的借方；同时，减少银行存款，记入“银行存款”账户的贷方。会计分录为：

借：短期借款　　120 000
　　应付利息　　6 000
　　贷：银行存款　　126 000

（二）福利费支出

例 4-34 用现金支付职工上下班交通补贴 10 000 元。

企业以现金 10 000 元支付职工上下班交通补贴，一般应先向开户银行提取现金（除非企业库存现金的限额超过 10 000 元），借记“库存现金”账户，贷记“银行存款”账户。本例涉及库存现金和应付职工薪酬两个账户，现金减少，记入“库存现金”账户的贷方，福利费的支出，意味着福利费的减少，记入“应付职工薪酬”账户的借方。会计分录为：

借：应付职工薪酬—职工福利　　10 000
贷：库存现金　　10 000

（三）上交税费

例 4-35 用银行存款上交本月应交税费 14 620.50 元。其中：所得税 8 500.50 元，增值税 5 000 元，消费税 1 120 元。

这项经济业务的发生，涉及“银行存款”和“应交税费”两个总分类账户，银行存款的减少是资产的减少，应交税费的减少是负债的减少，应编制如下的会计分录

借：应交税费 —— 应交所得税　　8 500.50
　　　　　—— 应交增值税（已交税金）　　5 000
　　　　　—— 应交消费税　　1 120
　　贷：银行存款　　14 620.50

以上 35 例会计事项发生后都必须要经过编制会计分录，登记分类账，结出各个账户本期发生额和期末余额，最后编制试算平衡表，以便检查账户记录的正确性。若该表全部账户的本期借方发生额与本期贷方发生额、全部账户的期末借方余额与期末贷方余额相等，则说明本期全部账户的记录基本正确。为编制会计报表做好准备。这就是借贷记账法在企业会计核算中具体运用的过程。

由于教学举例，会计事项比较简单，只涉及部分会计账户，只能是企业核算的一个缩影，但它具备了会计核算最基础的知识，今后在学习专业会计时，会计事项会更多、更复杂，涉及的会计账户也会更多，但会计核算的基本理论和基础知识是一致的，可以此为基础，举一反三，进一步学习。

本章小结

【基本内容小结】

制造企业的生产经营过程实际上是以生产过程为中心，实现供应过程、生产过程和销售过程三者的统一。

供应过程是为生产产品做准备的过程，供应过程的两大核算内容是：购建固定资产的核算和材料采购的核算。

生产过程是企业生产经营过程的第二阶段，在产品生产过程中费用的发生、归集和分配，以及产品成本的形成，就构成了制造业企业产品生产核算的主要内容。

销售过程是企业生产过程的最后一个阶段，销售过程的主要业务内容包括：确认营业收入，计算营业成本，计算应交的税金等。

利润，是指企业在一定会计期间所实现的最终经营成果。企业当年实现的净利润，按国家的有关规定分配。

制造企业在生产经营过程中，除了发生上述的生产准备业务、产品生产业务、产品销售业务和利润及利润分配业务外，还会发生资金筹集业务、资金退出企业和其他业务。

【本章的重点和难点】

本章的重点是供应过程业务的账务处理，生产过程业务的账务处理，销售过程业务的账务处理；难点是材料采购成本的计算、生产成本的计算、利润的计算及结转。

复习与思考

1. 说明制造企业资金运动的过程以及由此而形成的主要经济业务
2. 企业供应过程会计核算主要有哪些？如何进行会计处理？
3. 材料采购成本包括哪些内容？怎样计算和结转材料采购成本？
4. 生产过程业务核算的主要内容是什么？
5. 企业销售过程会计核算主要有哪些？如何进行会计处理？
6. 企业如何进行利润形成和利润分配的会计核算？

课程实践

一、单项选择题

1. 设置“固定资产”账户的目的是为了反映和监督企业固定资产的（　　）

A. 增减变动　　B. 账面净值

C. 结存情况　　D. 增减变动和结存情况

2. “在途物资”账户期末（　　）

A. 一定有余额　　B. 一定没有余额

C. 一定有借方余额　　D. 可能有借方余额，也可能没有余额

3. 某公司为增值税一般纳税人，本月购入原材料一批，价款 20 000 元，增值税进项税额 2 600 元。发生材料运杂费 1 150 元，途中合理损耗 200 元，该批材料的采购成本应为（　　）元。

A.24 750　　B.21 350

C.21 150　　D.26 250

4. 某公司为增值税一般纳税人，本月购进材料一批，买价 30 000 元，运杂费 1 200 元，入库前的挑选整理费 800 元，增值税进项税额 3 900 元。此材料的采购成本是（　　）

A.32 000 元　　B.31 200 元

C.30 800 元　　D.37 100 元

5. “应付股利”账户期末（　　）

A. 没有余额　　B. 有贷方余额

C. 有借方余额　　D. 有可能有贷方余额或没有余额

6. 下列账户中，期末结转后可能有余额的是（　　）

A. 生产成本　　B. 税金及附加

C. 财务费用　　D. 主营业务成本

7. 期末时“制造费用”账户的余额应转入（　　）

A. “生产成本”账户　　B. “财务费用”账户

C. “管理费用”账户　　D. “销售费用”账户

8. 某公司甲车间月初在产品成本为 1 000 元，本月耗用材料 20 000 元，生产工人工资及福利费 4 000 元，车间管理人员工资及福利费 2 000 元，生产车间水电费 2 000 元，月末在产品生产成本 2 200 元，甲车间本月完工产品生产成本总额为（　　）

A.28 100 元　　B.29 100 元

C.26 800 元　　D.26 900 元

9. 已知某公司主营业务利润 480 万元，管理费用 120 万元，财务费用 8 万元，销售费用 40 万元，营业外支出 12 万元。则营业利润为（　）

A.312 万元　　B.352 万元
C.360 万元　　D.300 万元

10. 企业发生的期间费用应（　）

A. 计入当期生产成本　　B. 计入间接费用
C. 计入当期损益　　D. 等待以后分摊

11. 企业生产完工验收入库的产成品，应于月末确定其实际生产成本，从（　）账户结转到“库存商品”账户。

A. “制造费用”　　B. “生产成本”
C. “主营业务成本”　　D. “本年利润”

12. 期末结转已销售产品成本时，应借记（　）账户。

A. “管理费用”　　B. “库存商品”
C. “主营业务成本”　　D. “营业外支出”

13. 不影响本期营业利润的项目是（　）

A. 主营业务成本　　B. 主营业务收入
C. 财务费用　　D. 所得税费用

14. 月末计算出应交纳的所得税时，应借记（　）账户。

A. “税金及附加”　　B. “所得税费用”
C. “应交税费”　　D. “管理费用”

15. 月末损益类账户转入（　）账户后，余额为零。

A. “利润分配”　　B. “本年利润”
C. “应付利润”　　D. “所得税费用”

16. 下列不应计入当期损益的是（　）

A. 制造费用　　B. 销售费用
C. 财务费用　　D. 管理费用

17. 固定资产折旧应作为折旧费用记入产品成本或期间费用，是遵循了（　）原则。

A. 历史成本　　B. 权责发生制
C. 实质重于形式　　D. 收入与费用配比

18. 下列项目中，属于营业外收入的是（　）

A. 销售产品的收入　　B. 罚款收入
C. 对外提供劳务的收入　　D. 投资收益

19. 下列项目中，属于营业外支出的是（　）

A. 无法收回的应收账款　　B. 支付的广告费
C. 固定资产盘亏和毁损的净损失　　D. 支付的办公费

20. 企业收到投资者投入设备一台，原价 60 000 元，投资合同约定的公允价值与在注册资本中应享有的份额相等，为 50 000 元，则实收资本账户贷方登记的金额为（　　）元。

A.60 000　　B.50 000

C.10 000　　D.70 000

二、多项选择题

1. 在下列各项费用中，属于商品产品销售过程中发生的费用的是（　　）

A. 办公费　　B. 展览费

C. 广告费　　D. 运输费

2. 公司对能随时变现，并持有时间不准备超过一年的（　　）等作为交易性金融资产处理。

A. 汇票　　B. 债券

C. 股票　　D. 基金

3. 某公司为增值税一般纳税人，材料采用实际成本核算。本月购进材料一批，用银行存款支付材料价款 . 增值税进项税款，材料已运至企业，并已验收入库。这项业务涉及的账户有（　　）

A. “银行存款”账户　　B. “在途物资”账户

C. “应交税费”账户　　D. “原材料”账户

4. 按工资总额提取职工福利费，会计分录的借方账户可能是（　　）

A. “管理费用”账户　　B. “生产成本”账户

C. “制造费用”账户　　D. “营业外支出”账户

5. 下列经济业务，属于资产和权益同时减少的有（　　）。

A. 用存款归还银行借款　　B. 上缴税款

C. 发放工资　　D. 用存款归还应付账款

6. “税金及附加”账户用于核算企业经营活动发生的（　　）等相关税费。

A. 增值税　　B. 教育费附加

C. 资源税　　D. 消费税

7. “应付职工薪酬”账户用于核算应付给职工的（　　）等。

A. 工资　　B. 福利费

C. 住房公积金　　D. 职工教育经费

8. 企业的利润总额是由（　　）构成。

A. 营业利润　　B. 投资净收益

C. 期间费用　　D. 营业外收支净额

9. 财务成果核算的主要业务包括（　　）。

A. 利润形成　　B. 利润分配

C. 发放工资　　D. 利润清算

10. 下列各项中，属于其他业务收入的是（　　）。

A. 固定资产盘盈收入　　B. 包装物出租收入

C. 销售材料收入　　D. 出售产品收入

11. 月末，将当月归集的制造费用按照一定的分配标准分配计入各产品成本中，常用的分配标准有（　　）

A. 生产工人工资　　B. 生产工人工时

C. 机器工时　　D. 其他合适的分配标准

12. 对一批购入两种以上的材料所发生的共同性采购费用，常用的分配标准有材料的（　　）。

A. 重量　　B. 体积

C. 价值　　D. 其他合适的分配标准

13. 缴纳税费的会计分录可能是（　　）

A. 借记“生产成本”账户　　B. 借记“制造费用”账户

C. 借记“应交税费”账户　　D. 贷记“银行存款”账户

14. 按月预提短期借款利息的会计分录是（　　）

A. 借记“应付利息”账户　　B. 借记“管理费用”账户

C. 借记“财务费用”账户　　D. 贷记“应付利息”账户

15. 企业的资本按投资主体的不同，可以分为（　　）。

A. 国家投入资本　　B. 个人投入资本

C. 法人投入资本　　D. 外商投入资本

三、判断题

1. 公司材料采购的买价和费用，在期末应全部转入“本年利润”账户借方。（　　）

2. 车间领用一般性消耗的材料，在会计处理上应属于增加管理费用。（　　）

3. 使用移动平均法计算发出材料成本，应在每次发出材料时重新计算材料的平均单位成本。（　　）

4. 企业购入材料时，能认定其支付的增值税不予以抵扣，应将增值税专用发票上注明的价税款直接计入材料成本。（　　）

5. “应交税费”账户核算的内容不包括教育费附加。（　　）

6. 企业在销售过程中取得的销售成果是企业最终的财务成果。（　　）

7. 应纳税所得额一定等于利润总额。（　　）

8. “短期借款”账户用于核算企业向银行或其他金融机构等借入的期限在1年以下（不含1年）的各种借款。（　　）

9. 投资者投入企业的资本不能随时抽回。（　　）

10. 财务成果是企业生产经营活动的最终成果，即利润或亏损。（　　）

第四章制造业企业主要经济业务的核算 课程实践题参考答案：

一、单项选择题

1. D 2. D 3. C 4. A 5. D 6. A 7. A 8. C 9. A 10. C

11. B 12. C 13. D 14. B 15. B 16. A 17. D 18. B 19. C 20. B

二、多项选择题

1. BCD 2. BCD 3. ACD 4. ABC 5. ABCD 6. BCD 7. ABCD 8. AD

9. AB 10. BC 11. ABCD 12. ABCD 13. CD 14. CD 15. ABCD

三、判断题

1. × 2. × 3. × 4. √ 5. × 6. × 7. × 8. × 9. √ 10. √

PART.05

第五章

会计凭证

DIWUZHANG KUAIJI PINGZHENG

能力目标

专业能力

理解原始凭证和记账凭证的概念和基本分类

明确原始凭证和记账凭证的填制要求

掌握记账凭证的填制方法

了解原始凭证和记账凭证的审核内容

认知会计凭证的传递与保管

社会能力

能识别不同种类的原始凭证

能根据记账凭证反映不同的经济业务

能在凭证传递过程中协调好与不同岗位及业务部门之间的关系

方法能力

能说出原始凭证和记账凭证的基本内容

能填制并审核原始凭证和记账凭证

学会会计凭证的传递、装订与保管

第一节 识别会计凭证

一、会计凭证的概念

会计凭证是记录经济业务事项发生或完成情况，明确经济责任，据以登记会计账簿的书面证明。

填制和审核会计凭证是会计核算的一种专门方法，也是进行会计核算工作的起点和关键。任何单位办理一切经济业务，都要相关人员或部门填制或取得能证明经济业务内容、数量、金额的凭证，并在凭证上签名或盖章。只有经过有关人员审核无误的会计凭证才能作为登记会计账簿的依据。

二、会计凭证的意义

正确填制和严格审核会计凭证，对完成会计工作的任务，实现会计的职能，充分发挥会计的作用，具有重要的意义。

（一）记录经济业务，提供记账依据

会计凭证是记账的依据，通过会计凭证的填制、审核，可以及时正确地反映各项经济业务的完成情况，使会计核算工作有条不紊地进行。按一定方法对会计凭证进行整理、分类、汇总，为会计记账提供真实、可靠的依据。

（二）明确经济责任，强化内部控制

会计主体一旦发生经济业务，就要取得或填制适当的会计凭证，以证明经济业务发生或完成情况，同时要由有关的部门和人员在凭证上签章，对会计凭证所记录经济业务的真实性、完整性、合法性负责，以防止舞弊行为，强化内部控制。尤其是货币资金的收付，财产物资的购入、储存、领用等经营活动，通过填制和审核会计凭证来检查和监督各责任人的责任，为加强企业内部经营管理的经济责任制提供充分的依据。

（三）监督经济活动，控制经济运行

会计凭证记录和反映了经济业务活动的发生、进程和完成情况等具体内容，通过对会计凭证的审核，可以检查经济业务的发生是否符合有关的法律、法规、制度的规定，是否符合业务经营、财务收支的方针和计划、预算的规定，以确保经济业务的合理、合法和有效性。监督经济业务的发生、发展，控制经济业务的有效实施，是发挥会计监督职能的重要内容。

三、会计凭证的种类

在实际工作中，会计凭证按其填制的程序和用途的不同，可以分为原始凭证和记账凭证。

（一）原始凭证

原始凭证又称单据，是在经济业务发生或完成时由经办人员直接取得或填制的，载明经济业务的具体内容，并作为记账原始依据的书面证明。

原始凭证的主要作用在于记录经济业务，明确经济责任。原始凭证是进行会计核算的原始资料和重要依据。一切经济业务发生时都必须填制原始凭证。常用的原始凭证有支票存根、银行进账单、增值税专用发票、普通发票、收料单、领料单、差旅费报销单等。

（二）记账凭证

记账凭证又称记账凭单、传票，是会计人员根据审核无误的原始凭证或原始凭证汇总表，按照经济业务的内容加以归类，并据以确定会计分录，作为登记账簿直接依据的一种会计凭证。

记账凭证是将原始凭证中的一般数据转化为会计语言，是介于原始凭证与账簿之间的中间环节，主要作用在于确定会计分录，作为登记账簿的依据。

（三）原始凭证和记账凭证的区别

（1）原始凭证多种多样，其形状、大小、格式、填写内容因经济业务的不同而不同；记账凭证则有较固定的格式和填写内容，必须确定应借、应贷会计科目和金额。

（2）原始凭证是经办单位或人员在经济业务发生时取得或填制的；记账凭证是会计人员根据已审核的原始凭证填制的。

（3）原始凭证具有法律效力，发挥会计凭证记录经济业务、明确经济责任的作用；记账凭证发挥会计凭证作为记账依据的作用。

第二节　填制与审核原始凭证

一、原始凭证的分类

（一）按取得的来源不同分类

1. 外来原始凭证

外来原始凭证亦称外来凭证，是指在经济业务发生或完成时，从其他单位或个人取得的、并被本单位所使用的原始凭证。如供货单位开具的发票，对外支付款项取得的收据，银行收付款结算凭证，各种车票、船票、飞机票等。收据的一般格式如表 5-1 所示。

表 5-1　收据示意

收　据

年　月　日　　　　No.

付款单位 ______	收款方式 ______	第
人民币（大写）______	¥ ______	二
收款事由：		联

收款单位（盖章）：　　审核：　　经手：　　出纳：

2. 自制原始凭证

自制原始凭证亦称内部凭证，是指在经济业务发生或完成时，由本单位内部经办业务的部门或人员自行填制的、并被本单位所使用的原始凭证，如收料单、领料单、借款单、产品入（出）库单、工资结算单、折旧计算表、制造费用分配表、增值税专用发票的记账联等。收料单的一般格式如表 5-2 所示。

表 5-2 收料单示意

收 料 单

供货单位：　　　　　　　　　　　　　　　　　　　收料仓库：

发票号码：　　　　　　　　　年　月　日　　　　　编　号：

材料编号	材料名称	规格	计量单位	数量		价格	
				应收	实收	单价	金额
合　计							

仓库负责人：　　　　记账：　　　　仓库保管：　　　　收料：

（二）按填制的手续不同分类

1. 一次凭证

一次凭证是指填制手续一次完成、只反映一笔经济业务或若干笔同类经济业务的原始凭证。日常的原始凭证多属一次凭证，如发票、收据、借款单、收料单等。外来原始凭证一般均属一次凭证。借款单的一般格式如表 5-3 所示。

表 5-3 借款单示意

借 款 单

年　月　日　　　　　　　　　第　号

单位或姓名	
借款事由	
今借到人民币（大写）	¥ ________
附注	

核准　　　　会计　　　　出纳　　　　借款人

2. 累计凭证

累计凭证是指在一定时期内，记载同类重复发生的经济业务并在一张凭证中多次填制完成的原始凭证。它一般为自制原始凭证，如限额领料单、费用登记表等。限额领料单的一般格式如表 5-4 所示。

表 5-4　限额领料单示意

限额领料单

领料部门：　　　　　　　　　　　　　　　　　　　　　凭证编号：

用　途：　　　　　　　　　年　月　　　　　　　　　　发料仓库：

材料类别	材料编号	材料名称及规格	计量单位	领用限额	实际领用	单价	金额	备注
	供应部门负责人：			生产计划部门负责人：				

日期	请领		实发			退料			限额结余
	数量	领料单位	数量	发料人签章	领料人签章	数量	收料人	发料人	
合计									

3. 汇总原始凭证

汇总原始凭证也叫原始凭证汇总表，是对一定时期内若干张记录同类经济业务的原始凭证，按一定标准加以汇总而填制完成的原始凭证。如发出材料汇总表、工资结算汇总表、差旅费报销单等。发出材料汇总表的一般格式如表 5-5 所示。

表 5-5　发料凭证汇总表示意

发料凭证汇总表

年　月　日

会计科目	领料部门	领料单张数	原材料	燃料	××	合计
生产成本	一车间					
	二车间					
	小计					
制造费用	一车间					
	二车间					
	小计					
合计						

会计主管　　　　　　　　记账　　　　　　　　复核　　　　　　　　制表

（三）按格式不同分类

1. 通用凭证

通用凭证是指在全国或某地区、某系统范围内普遍使用，具有统一格式和使用方法的原始凭证。如全国统一使用的商业汇票、支票，某省（市）统一使用的增值税发票等。

2. 专用凭证

专用凭证是指由单位自行印制，仅在本单位使用的具有特定内容和专门用途的原始凭证。该类凭证一般将单位名称印制在有关原始凭证上，别的单位无法使用。如 ×× 单位费用报销单、×× 单位限额领料单等。

二、原始凭证的基本内容

原始凭证是经济业务发生和完成时取得或填制的原始记录，是记账的原始依据。由于原始凭证记录经济业务的内容多种多样，来源渠道也是多方面的，因此原始凭证的格式和内容也不尽相同。但无论哪一种原始凭证，都必须具备以下基本内容，这些基本内容被称之为原始凭证要素。

（1）原始凭证的名称；

（2）填制原始凭证的日期和凭证编号；

（3）接收原始凭证的单位或个人名称（俗称抬头、抬头人）；

（4）经济业务的基本内容（包括经济业务事项的名称、数量、单价和金额等）；

（5）填制凭证的单位名称（盖章）或者填制人员的姓名（签名或盖章）；

（6）有关人员（部门负责人、经办人员）签名或盖章；

（7）凭证附件。

例如，×× 省商品销售统一发票格式如表 5-6 所示。

表 5-6 ×× 省商品销售统一发票示意

××省商品销售统一发票

发票联　　　　No·

购货单位：　　　　年　月　日

货号	品名及规格	单位	数量	单价	金额						
					万	千	百	十	元	角	分
小写金额合计											
金额（大写）　万　仟　佰　拾　元　角　分											

第二联报销凭证

开票单位（盖章）　　收款人：　　开票人：

在实际工作中，或由于经济业务的多样性，或为了满足会计核算和经营管理的需要，有些原始凭证还应具备以下内容：

（1）从外单位取得的原始凭证应盖有填制单位公章或有关部门的专用章；从个人取得的原始凭证应有填制人员的签字或盖章；有些特殊的原始凭证虽可不加盖公章，但一般应有固定的特殊标志，如火车票、飞机票等。

（2）使用统一发票，发票上应印有税务专用章，事业、行政单位按规定收取费用时，应使用财政部门统一印制的收据。

（3）单位根据需要增加的其他内容，如与业务有关的经济合同、费用预算等。

三、原始凭证的填制要求

原始凭证是经济业务发生的原始证明，是具有法律效力的证明文件。为了正确、清晰、完整、及时记录经济业务，使原始凭证真正具有法律效力，必须使经办人员充分认识到原始凭证在经营管理中的作用，了解和掌握原始凭证的填制要求和方法。概括而言，原始凭证的填制要求主要有以下几方面：

1. 记录要真实

原始凭证所填列的经济业务内容和数字，必须真实可靠，符合有关经济业务的实际情况，不得弄虚作假，且要符合国家有关政策、法令、法规、制度的要求。

2. 内容要完整

原始凭证所要求填列的项目必须逐项填列齐全，不得遗漏和省略。需要注意的是，年、月、日要按照填制原始凭证的实际日期填写；名称要齐全，不能简化；品名或用途要填写明确，不能含糊不清；填一式数联的原始凭证，必须用复写纸套写（发票和收据本身具备复写功能的除外），各联的内容要完全相同；经办业务的有关人员必须签名或盖章。

3. 手续要完备

单位自制的原始凭证必须有经办业务部门和人员签名盖章；对外开出的原始凭证必须加盖本单位公章或有关部门的专用章；从外部取得的原始凭证，必须盖有填制单位的公章或有关部门的专用章；从个人取得的原始凭证，必须有填制人员的签名盖章。总之，取得的原始凭证必须符合手续完备的要求，以明确经济责任，确保凭证的合法性、真实性。

4. 书写要清楚、规范

（1）原始凭证要用蓝色或黑色笔书写，填写支票必须使用碳素墨水笔。

（2）原始凭证上的文字要简明，字迹要清楚，易于辨认，不得使用未经国务院公布的简化汉字。

（3）大小写金额必须相符且填写规范，小写金额用阿拉伯数字逐个书写，不能连笔书写。

（4）在金额前要填写人民币符号“¥”（俗称“封头”），人民币符号“¥”与阿拉伯数字之间不得留有空白。金额数字一律填写到角分，无角分的，写“00”或符号“—”，有角无分的，分位写“0”，不得用符号“—”。

（5）大写金额前未印有“人民币”字样的，应加写“人民币”三个字，“人民币”字样和大写金额之间不得留有空白，大写金额到元或角为止的，后面要写“整”字或“正”字，有分的，不写“整”字（俗称“截尾”）。

（6）汉字大写金额数字，一律用正楷或行书字书写。如壹、贰、叁、肆、伍、陆、柒、捌、玖、拾、佰、仟、万、亿、元、角、分、零、整（正）等易辨认、不易涂改的字，不得用0、一、二、三、四、五、六、七、八、九、十、另、毛代替，不得自造。

（7）阿拉伯金额数字中间有“0”时，汉字大写金额要填写“零”字，阿拉伯金额数字中间连续有几个“0”时，汉字大写金额也只写一个“零”字。如小写金额为¥1 008.00，大写金额应写成“人民币壹仟零捌元整”。

（8）票据（如现金支票、转账支票等）的出票日期必须使用中文大写。为防止变造票据的出票日期，在填写月、日时，月为“壹”“贰”和“壹拾”的，日为“壹”至“玖”和“壹拾”“贰拾”“叁拾”的，应在其前加“零”；日为“拾壹”至“拾玖”的，应在其前加“壹”。如1月15日，应写成“零壹月壹拾伍日”；再如10月20日，应写成“零壹拾月零贰拾日”。

5. 编号要连续

各种凭证都必须连续编号，以便查考。如果凭证已预先印定编号，如发票、支票等重要凭证，在写坏作废时，应加盖“作废”戳记，连同存根一起妥善保存，不得撕毁。

6. 不得涂改、刮擦、挖补

原始凭证所记载的各项内容均不得涂改。随意涂改的原始凭证即为无效凭证，不能作为填制记账凭证或登记会计账簿的依据。原始凭证记载内容有错误的，应当由出具单位重开或更正，更正处应当加盖出具单位印章。原始凭证金额有错误的，应当由出具单位重开，不得在原始凭证上更正。

7. 填制要及时

各种原始凭证一定要及时填写，并按规定的程序及时送交会计机构、会计人员进行审核。

四、原始凭证的审核

为了如实反映经济业务的发生和完成情况，充分发挥会计的监督职能，保证会计信息的真实性、可靠性和正确性，会计机构、会计人员必须对原始凭证进行严格审核。原始凭证的审核一般包括以下几个方面内容：

（一）真实性审核

真实性对会计信息的质量具有至关重要的影响。真实性的审核包括凭证日期、数据、业务内容是否真实，对外来原始凭证，必须有填制单位公章和填制人签名或盖章等。

（二）合法性审核

即根据国家会计法律、法规、会计制度和单位的合同、预算、计划等审核经济业务是否违反法律法规，有无弄虚作假、违法乱纪、贪污舞弊、伪造、涂改凭证等行为。

（三）合理性审核

主要审核原始凭证所记录经济业务是否符合企业生产经营活动的需要、是否符合有关的计划和预算等。费用的开支是否符合成本开支范围和规定的开支标准，有无挥霍浪费等现象。

（四）完整性审核

主要审核原始凭证的各项要素是否齐全，手续是否完整。包括：有无漏记项目、日期是否完整、有关签章是否齐全等。如果发现内容不完整的原始凭证应退回补办相关手续。

（五）正确性审核

主要审核原始凭证的金额数字是否清晰、金额数字计算是否正确、大小写金额是否一致、文字是否工整、书写是否规范、凭证联次是否正确、凭证书写有无刮擦、涂改和挖补等。

（六）及时性审核

主要审核在经济业务发生或完成时是否及时填制原始凭证、是否及时进行凭证的传递。重点审查原始凭证的填制日期。

原始凭证的审核是一项十分重要、严肃的工作，经审核的原始凭证应根据不同情况处理：

（1）对于完全符合要求的原始凭证，应及时据以编制记账凭证入账。

（2）对于真实、合法、合理但内容不够完整、填写有错误的原始凭证，应退回给有关经办人员，由其负责将有关凭证补充完整、更正错误或重开后，再办理正式会计手续。

（3）对于不真实、不合法的原始凭证，会计机构、会计人员有权不予接受，并向单位负责人报告。

实务操作

（一）目的：练习填制原始凭证

（二）资料：嘉宁电视机厂为一家股份制企业，企业地址在中西路 56 号，纳税人识别号为 2563142××897 156，开户行为建设银行三支行，账号为 213××689，会计年度为 20××年。

（1）1 月 13 日，嘉宁电视机厂销售 42 寸液晶彩色电视机 50 台给吉里贸易公司（账号为 589456××、开户行为工商银行新华支行、纳税人识别号为 15678945××22365，地址在中南路 21 号）型号 CP-42，单价 4 000 元，增值税税率 13%。收到吉里贸易公司开出转账支票一张，系付上述款项，出纳李玲填制银行进账单进账。

要求：填制增值税专用发票和银行进账单（表 5-7、表 5-8）。

表 5-7 ××省增值税专用发票示意

××省增值税专用发票　　　　No.

开票日期：　年　月　日

<table>
<tr><td>购买方</td><td colspan="4">名称：
纳税人识别号：
地址、电话：
开户行及账号：</td><td colspan="3">密码区</td></tr>
<tr><td colspan="2">货物或应税劳务、服务名称

合计</td><td>规格型号</td><td>单位</td><td>数量</td><td>单价</td><td>金额</td><td>税率</td><td>税额</td></tr>
<tr><td colspan="2">价税合计（大写）</td><td colspan="7">（小写）￥：</td></tr>
<tr><td>销售方</td><td colspan="8">名称：
纳税人识别号：
地址、电话：
开户行及账号：</td></tr>
</table>

第一联 记账联 销货方记账凭证

收款人：　　复核：　　开票人：　　销售方（章）：

表 5-8 ××银行进账单（回单或收款通知）示意

××银行进账单（回单或收款通知）

年 月 日　　　　　　第 号

出票人	全　称		收款人	全称								
	账　号			账号								
	开户银行			开户银行								
人民币（大写）				千	百	十	万	千	百	十	元	角	分
票据种类		票据张数										
票据号码												
复核		记账		收款人开户银行盖章								

（2）2 月 18 日，从大地公司购进型号 CP-42 显像管 500 个，单价 600 元，增值税税率 13%，款项用转账支票支付，货物尚未运到。

要求：填制转账支票（表 5-9）。

表 5-9 中国建设银行转账支票示意

中国建设银行转账支票存根

支票号码：

出票日期：

收款人：

金额：

用途：

备注：

单位主管：　会计：

中国建设银行转账支票　　支票号码：

出票日期（大写）：　年　月　日　　付款行名称：

收款人：　　出票人账号：

人民币（大写）	千	百	十	万	千	百	十	元	角	分

用途：________

上列款项请从　　复核

我账户内支付　　记账

出票人盖章　　验印

（3）2 月 21 日，从大地公司购进的显像管已运到并验收入库。该企业仓库保管是程环，负责人是高华。

要求：填制收料单（表 5-10）。

表 5-10 收料单示意

收料单

供货单位： 收料仓库：

发票号码： 年 月 日 编号：

材料编号	材料名称及规格	计量单位	数量		价格		第二联 记账联
			应收	实收	单价	金额	
备注：					合计		

仓库负责人： 记账： 仓库保管： 收料：

第三节 填制与审核记账凭证

一、记账凭证的分类

（一）按经济业务的内容分类

1. 收款凭证

收款凭证用于记录库存现金和银行存款收款业务的会计凭证。它是根据有关库存现金和银行存款收入业务的原始凭证填制，是登记库存现金日记账、银行存款日记账以及有关明细账和总账等账簿的依据，也是出纳人员收讫款项的依据。

2. 付款凭证

付款凭证用于记录库存现金和银行存款付款业务的会计凭证。它是根据有关库存现金和银行存款支付业务的原始凭证填制，是登记库存现金日记账、银行存款日记账以及有关明细账和总账等账簿的依据，也是出纳人员付讫款项的依据。

3. 转账凭证

转账凭证用于记录不涉及库存现金和银行存款业务的会计凭证。它是根据有关转账业务的原始凭证填制。转账凭证是登记总分类账及有关明细分类账的依据。

（二）按填制方式分类

1. 单式记账凭证

单式记账凭证又称单科目记账凭证，是指在每一张记账凭证只填列经济业务事项所涉及的一个会计科目及其金额的记账凭证。也就是把某一项经济业务的会计分录，按其所涉及的会计科目，分散填制两张或两张以上的记账凭证。

填列借方科目的称为借项凭证，填列贷方科目的称为贷项凭证。

优点：内容单一，便于汇总计算每一会计科目的发生额，便于分工记账。

缺点：制证工作量大，且不能在一张凭证上反映经济业务的全貌，内容分散，也不便于查账。

2. 复式记账凭证

复式记账凭证又称多科目记账凭证，是指将每一笔经济业务事项所涉及的全部会计科目及其发生额均在同一张记账凭证中反映的记账凭证。前述收款凭证、付款凭证、转账凭证和通用记账凭证都是复式记账凭证。

优点：可以集中反映一项经济业务的科目对应关系，了解有关经济业务的全貌，便于查账，同时可以减少填制记账凭证的工作量等。

缺点：不便于汇总计算每一个会计科目的发生额，也不便于分工记账。

二、记账凭证的基本内容

由于各种记账凭证所反映的经济业务内容不同，因而在具体格式上也存在一些差异，但所有的记账凭证都必须满足记账的要求，具备一些基本内容，这些内容被称为记账凭证的基本内容或基本要素。

记账凭证的基本内容包括以下内容。

（1）记账凭证的名称。

（2）填制记账凭证的日期。

（3）记账凭证的编号。

（4）经济业务事项的内容摘要。

（5）经济业务事项所涉及的会计科目名称及其记账方向。

（6）经济业务事项的金额。

（7）记账标记。

（8）所附原始凭证张数。

（9）会计主管、记账、审核、出纳、制单等有关人员的签名或盖章。

通用记账凭证格式如表 5-11 所示。

表 5-11　通用记账凭证格式

记 账 凭 证

年　月　日　　　　字第　号

附单据　张

摘 要	会计科目		借方金额									贷方金额									√
	一级科目	明细科目	百	十	万	千	百	十	元	角	分	百	十	万	千	百	十	元	角	分	
合 计																					

会计主管：　　记账：　　出纳：　　审核：　　制证：

三、记账凭证的填制要求

记账凭证的填制，必须以审核无误的原始凭证为依据，按照规定的格式和内容及时、正确、完整地填制。具体要求如下：

（1）各种记账凭证的使用格式应相对稳定，特别是在同一会计年度内，不宜随便更换，以免引起编号、装订、保管方面的不便和混乱。

（2）记账凭证可以根据每一张原始凭证填制，或者根据若干张反映同类经济业务的原始凭证填制，也可以根据原始凭证汇总表填制；但不得将不同业务内容的原始凭证汇总填制在一张记账凭证上。

（3）记账凭证的书写应清楚、规范。相关要求与原始凭证相同。金额按规定需用红字表示的，数字可用红色墨水，但不准以“负数”表示。

（4）记账凭证的填写日期，一般为编制记账凭证当天的日期，也可以根据管理需要，填写经济业务发生的日期或月末日期，年月日应填写齐全。例如，报销差旅费的记账凭证填写报销当日的日期；现金收付款记账凭证填写办理收付现金的日期；银行收款业务的记账凭证一般按财务部门收到银行进账单或银行回执的戳记日期填写；银行付款业务的记账凭证一般按财务部门开出银行付款单据的日期或承付的日期填写；属于计提和分配费用等转账业务应当以当月最后的日期填写。

（5）记账凭证必须按月连续编号，以便记账、查账，防止散落、丢失。记账凭证编号的方法一般有三种：

第一种是对全部记账凭证统一编号，也就是按编制记账凭证的时间先后顺序编号，编为“记字第 ×× 号”。

第二种是分别按款项收入、款项付出、转账业务三类进行编号，分别编为“收字第 ×× 号”“付字第 ×× 号”“转字第 ×× 号”。

第三种是分别按现金收入、现金支出、银行存款收入、银行存款支出和转账业务五类进行编号，分别编为“现收字第 ×× 号”“现付字第 ×× 号”、“银收字第 ×× 号”、“银付字第 ×× 号”“转字第 ×× 号”。

在编号时，同一笔经济业务如果需要填制两张或者两张以上记账凭证的，可以采用分数编号法编号，如第二笔经济业务需要填制三张记账凭证，就可以编成、、号。

（6）记账凭证的摘要填写，一要真实准确，其内容于经济业务的内容和所附原始凭证的内容相符；二要简明扼要，书写工整。

（7）填写会计科目时，应正确填写会计科目的全称或会计科目的名称和编号，不得简写或只填会计科目的编号而不填名称。须填明细科目的，应在“明细科目”栏填写明细科目的名称。同时应保证借贷科目记账方向正确，对应关系清晰。

（8）记账凭证的金额必须与原始凭证的金额相符。在填写金额数字时，阿拉伯数字要靠右下方书写。“合计”小写金额前应加人民币符号￥，一笔经济业务因涉及会计科目较多，需填写多张记账凭证的，只在最后一张记账凭证的“合计”行填写合计金额。

（9）记账凭证应按行次逐行填写，不准跳行或留有余行。填制完毕的记账凭证如有空行的，应在金额栏画一条斜线或“S”形线注销。划线应从金额栏最后一笔数字下面的空行划到合计数行的上面一行，并注意斜线或“S”形线两端都不能划到有金额数字的行次上。

（10）除了期末结账和更正错误，记账凭证必须附有原始凭证并注明所附原始凭证的张数。

①所附原始凭证张数的计算，一般以原始凭证的自然张数为准。

②与记账凭证中的经济业务记录有关的每一张证据，都应当作为原始凭证的附件。如果记账凭证中附有原始凭证汇总表，则应该把所附的原始凭证和原始凭证汇总表的张数一起计入附件的张数之内。

③报销差旅费等的零散票券，可以粘贴在一张纸上，作为一张原始凭证。

④一张原始凭证如涉及几张记账凭证的，可以将该原始凭证附在一张主要的记账凭证后面，在其他记账凭证上注明“原始凭证 × 张，附于第 × × 号凭证之后”。

⑤一张原始凭证所列支出需要几个单位共同负担的，应当将其他单位负担的部分，开给对方原始凭证分割单，进行结算。

（11）记账凭证上必须有填制人员、复核人员、记账人员和会计主管的签名或盖章。对于收、付款凭证，还必须有出纳人员的签名或盖章，以明确经济责任。对于已经办理完收、付款手续的凭证，出纳人员应当即加盖“收讫”“付讫”戳记，以免重收、重付。

（12）对于已经记入有关账簿的记账凭证，可在凭证相应地方画“√”，表示已经入账。

（13）记账凭证在填制时，如果发生错误，应当重新填制。

①如果是已经登记入账的记账凭证在当年内发现错误的，可以用红字填写一张与原内容相同的记账凭证，在摘要栏注明“注销某月某日某号凭证”字样，同时再用蓝字重新填制一张正确的记账凭证，注明“订正某月某日某号凭证”字样；

②如果已经登记入账的记账凭证会计科目没有错误，只是金额错误，可以将正确数字与错误数字之间的差额，另编一张调整的记账凭证，调增金额用蓝字，调减金额用红字；

③如果已经登记入账的记账凭证正确，只是登记账簿时书写错误，采用划线更正法；

④如果发现以前年度记账凭证错误的，应当用蓝字填制一张更正的记账凭证。

四、记账凭证的填制方法

（一）收款凭证的填制

收款凭证根据库存现金和银行存款收款业务的原始凭证填制。凡是涉及增加库存现金或者银行存款账户的金额，都必须填制收款凭证。具体填制方法如下：

1. 收款凭证左上方的“借方科目”，应填写“库存现金”或“银行存款”；

2. “日期”填写的是填制本凭证的日期；

3. 右上方应填写凭证编号。收款凭证的编号一般按“现收 × 号”和“银收 × 号”分类，业务量少的单位也可不分“现收”与“银收”、而按收款业务发生的先后顺序统一编号，如“收字 × 号”；

4. “附单据 张”是指本记账凭证所附原始凭证的张数；

5. “摘要”栏内填写经济业务的内容概要；

6. “贷方科目”栏内填写与“库存现金”或“银行存款”科目相对应的总账（一级）科目及其所属明细（二级）科目；

7. “金额”栏内填写实际收到的库存现金或银行存款数额；借方账户应借金额应为合计行的合计金额；

8. 记账符号“√”供记账人员在根据收款凭证登记有关账簿以后做记号用，表示该项金额已经记入有关账户，避免重记或漏记。

9. 最下边分别由有关人员签名或盖章，以明确经济责任。

收款凭证的格式如表 5-12 所示。

表 5-12 收款凭证的格式

收 款 凭 证　　字第 号

借方科目：　　年 月 日　　附单据 张

摘 要	贷方总账科目	明细科目	金额									√
			百	十	万	千	百	十	元	角	分	
合 计												

会计主管：　记账：　出纳：　审核：　制证：

（二）付款凭证的填制

付款凭证根据库存现金和银行存款付款业务的原始凭证填制。凡是涉及到减少库存现金或者银行存款账户的金额，都必须填制付款凭证。

付款凭证的填制方法和要求与收款凭证基本相同，不同的只是在付款凭证的左上方应填列贷方科目，因为库存现金和银行存款的减少应记账户的贷方；付款凭证的对应科目为“借方科目”，需填写与库存现金或银行存款支出业务有关的总账（一级）科目和明细（二级）科目。

对于只涉及到“库存现金”与“银行存款”这两个账户的业务，如从银行存款中提取现金或以库存现金存入银行等，通常只需填制付款凭证，不再填制收款凭证，以免重复记账。

付款凭证的格式如表 5-13 所示。

表 5-13 付款凭证的格式

付 款 凭 证　　　　字第　号

贷方科目：　　　　年　月　日　　　　附单据　张

摘　要	借方总账科目	明细科目	金额									√
			百	十	万	千	百	十	元	角	分	
合　计												

会计主管：　　记账：　　出纳：　　审核：　　制证：

（三）转账凭证的填制

转账凭证根据不涉及库存现金和银行存款收付的转账业务的原始凭证填制。凡是不涉及到库存现金和银行存款增加或减少的业务，可填制转账凭证。转账业务没有固定的账户对应关系，因此在转账凭证中，要按“借方科目”和“贷方科目”分别填列有关总账（一级）科目和明细（二级）科目。借方科目在先，贷方科目在后。相应的金额栏内填列应借科目的“借方金额”和应贷科目的“贷方金额”。“借方金额”合计数和“贷方金额”合计数相等。其他项目的填列与收、付款凭证相同。

需要注意的是，当一项经济业务既涉及库存现金和银行存款的收付业务，又涉及转账业务时，需要分别填制记账凭证。

转账凭证的格式如表 5-14 所示。

表 5-14 转账凭证的格式

转 账 凭 证

年　月　日　　　　字第　号

附单据　张

摘　要	会计科目		借方金额									贷方金额									√
	一级科目	明细科目	百	十	万	千	百	十	元	角	分	百	十	万	千	百	十	元	角	分	
合　计																					

会计主管：　　记账：　　出纳：　　审核：　　制证：

（四）通用记账凭证的填制

通用记账凭证的名称为“记账凭证”或“记账凭单”。它集收款、付款和转账凭证于一身，通用于收款、付款和转账等各种类型的经济业务。其格式及填制方法与转账凭证基本相同。所不同的是，在凭证的编号上，采用按照经济业务发生的先后顺序编号的方法。

五、记账凭证的审核

为了保证记账凭证的准确性，除制证人员应当认真规范填写和审核外，必须在登记账簿前经过专人严格的审核。审核的主要内容（5 个“是否”）：

（1）内容是否真实

审核记账凭证是否附有原始凭证，所附原始凭证的内容和张数是否与记账凭证相符。记账凭证汇总表的内容与其所依据的记账凭证的内容是否一致。

（2）项目是否齐全

审核记账凭证中的各项目的填写是否填列齐全，如日期、凭证编号、摘要、会计科目、金额、所附原始凭证的张数及有关人员签名或盖章情况。

（3）科目是否正确

审核记账凭证应借、应贷的科目名称是否正确，是否有明确的科目对应关系，所用的科目名称是否符合会计准则的规定。

（4）金额是否正确

审核记账凭证所记录的金额与原始凭证的有关金额是否一致、计算是否正确，记账凭证汇总表的金额与记账凭证的金额合计是否相符，借方金额与贷方金额是否相等，一级科目金额与所属明细科目金额是否相符。

（5）书写是否正确

审核记账凭证中的记录是否文字工整、数字清晰，是否按规定使用蓝黑墨水或碳素墨水，是否按规定进行更正等。

此外，对于已经办理完收、付款手续的凭证，审核出纳人员是否加盖“收讫”或“付讫”戳记，以免重收重付。

记账凭证在审核过程中，如发现记录不全或错误时，应重新填制或按规定办理更正手续。只有经过审核无误的记账凭证，才能作为登记账簿的依据。

实务操作

甲企业 20×× 年 11 月 21 日销售 A 产品一批，价款 10 000 元，增值税税率为 13%，收到购货单位转账支票一张，收讫后存入银行。

要求：分别填制收款凭证（表 5-15）和通用记账凭证（表 5-16）

表 5-15 收款凭证

收 款 凭 证　　字第 号

借方科目：　　年 月 日　　附单据 张

摘 要	贷方总账科目	明细科目	金额									√
			百	十	万	千	百	十	元	角	分	
合 计												

会计主管：　记账：　出纳：　审核：　制证：

表 5-16 通用记账凭证

记 账 凭 证

年 月 日　　字第 号

附单据 张

摘 要	会计科目		借方金额									贷方金额									√
	一级科目	明细科目	百	十	万	千	百	十	元	角	分	百	十	万	千	百	十	元	角	分	
合计																					

会计主管：　记账：　出纳：　审核：　制证：

第四节 传递与保管会计凭证

一、会计凭证的传递

会计凭证的传递是指会计凭证从填制或取得时起，经过审核、记账、装订至归档保管过程中，在单位内部有关部门和人员之间的传送程序。

会计凭证的传递程序，是会计制度的一个组成部分，应在制度里明确规定。由于各种会计凭证记载的经济业务不同，所涉及的部门和人员不同，所要据以办理的业务手续也不尽相同，所以应当为每种会计凭证规定合理的传递程序，即会计凭证填制以后，应交到哪个部门、哪个工作岗位上，由谁接办业务手续，直到归档保管为止。

正确组织会计凭证的传递，对及时处理和登记经济业务，加强会计监督具有重要的作用。为组织好会计凭证的传递，在确定会计凭证的传递程序和传递时间时应考虑以下几点：

（1）凭证传递程序

应根据经济业务的特点，企业内部机构的设置和人员分工情况以及经营管理上的需要，具体规定各种凭证的联数和传递程序。注意流程的合理性，避免不必要的环节，以免影响传递的速度。

（2）凭证传递时间

应根据有关部门和人员办理必要业务手续的需要，确定凭证在各个环节上的合理停留时间。时间过紧或过松都会带来不利的影响。一般要求凭证的传递和处理在报告期内完成，不能跨期。否则，将影响会计核算的准确性和及时性。

（3）凭证传递交接签收制度

各单位应根据实际情况，确定凭证传递过程中的衔接手续。应该做到既严密完备，又简便易行。确保凭证的收发、交接都能按照规定的手续和制度办理，保证会计凭证的安全和完整。

会计凭证的传递程序、传递时间和衔接手续确定后，可分别为不同主要业务绘制成凭证流程图或流程表，通知有关人员遵照执行。在执行中遇到不协调和不合理的地方，可随时根据实际情况加以修改。

二、会计凭证的保管

会计凭证的保管是指会计凭证登账后的整理、装订和归档存查工作。

会计凭证是一个单位的重要经济档案，必须妥善保管，防止丢失毁损，以备日后随时查阅。会计凭证的保管主要有下列要求。

（1）会计凭证应定期装订成册，以防散失。会计部门根据会计凭证登记账簿以后，应将各种记账凭证按照编号顺序连同所附原始凭证分类整理，加具封面、封底，装订成册，不得散乱丢失。装订成册的会计凭证应加粘封签，并由会计主管人员签名或盖章。装订人应在装订线封签处加盖骑缝章。

（2）为了便于查阅，每册凭证都应加具封面。封面应载明单位名称，记账凭证的种类、张数、起讫号数及其所属的年度、月份、起讫日期。会计凭证封面格式如表 5-17 所示。

表 5-17 会计凭证封面

年	（企业名称）
	年 月份 共 册第 册
月	收款
份	付款 凭证 第 号至第 号 共 张
	转账
第	附：原始凭证共 张
册	会计主管 （签章） 保管 （签章）

（3）对某些数量过多，或今后需要随时查阅的原始凭证，也可以把这些原始凭证单独保管。在封面上注明记账凭证的日期、编号、种类，同时在有关记账凭证上注明“附件另订”。

（4）对各种经济合同和重要的文件凭证，应另编目录，单独登记保管，并在有关原始凭证和记账凭证上注明日期和编号。

（5）装订成册的会计凭证，应指定专人负责保管当年的会计凭证，在会计年度终了后，可暂由本单位会计部门保管一年。期满后，原则上应把会计部门编造的清册移交本单位的档案保管部门。

（6）已经存档的会计凭证，在需要查阅时，必须经过一定的审批手续，查阅时不得拆散原卷册。原始凭证不得外借，其他单位因特殊需要使用原始凭证时，经本单位会计机构负责人、会计主管人员批准，可以复制。向外单位提供的原始凭证复制件，应在专设的登记簿上登记，并由提供人员和收取人员共同签章。

（7）会计凭证的保管期限和销毁必须严格按照《会计档案管理办法》的有关规定执行，任何人不得随意销毁会计凭证。对于保管期满需要销毁的会计凭证，必须开列清单，按照规定报经批准后，才能销毁。在销毁会计凭证时，应按照规定由有关部门派员监销。在销毁前，监销人员应认真清点核对，销毁后，在销毁清单上签章，并将监销情况向本单位负责人报告。

对于保管期满但未结清的债权债务原始凭证和涉及其他未了事项的原始凭证，不得销毁，而应当单独抽出立卷，保管到未了事项完毕时为止。

（8）会计凭证在保管过程中，应防止霉烂破损和鼠咬虫蛀，以确保其安全和完整。

案例分析与问题讨论

1.20××年10月10日，甲公司购买了乙公司10台电脑，会计人员张某在审核购买计算机的发票时发现，其“金额”栏中的数字有更改现象，经查阅相关买卖合同、单据，确认更改后的金额数字是正确的，于是要求该发票的出具单位乙公司在发票“金额”栏更改之处加盖印章。之后，予以接受并据此登记入账。

2.年终，甲公司拟销毁一批保管期满的会计档案，其中有一张未结清债权债务的原始凭证，会计人员李某认为只要保管期满的会计档案就可以销毁。

要求：根据会计相关制度的规定，回答下列问题：

（1）会计人员张某对购买计算机的发票的处理是否符合正确？说明理由。

（2）会计人员李某的观点是否正确？简要说明理由。

本章小结

【基本内容小结】填制和审核会计凭证是会计核算的一种专门方法，也是进行会计核算工作的起点和关键。会计凭证按其填制的程序和用途的不同，可以分为原始凭证和记账凭证两类。

填制会计凭证应做到及时、准确、完整。对原始凭证的审核主要是对其合法性、合理性和合规性的审核。对记账凭证的完整性和正确性进行审核。

会计凭证的传递，是指会计凭证从填制或取得起，经过审核、办理业务手续、记账，到装订归档保管的全过程。

会计凭证是一个单位的重要经济档案，必须妥善保管，防止丢失毁损，确保其安全完整。

【本章的重点与难点】本章的重点是原始凭证和记账凭证的种类、基本内容，难点是会计凭证的填制。

复习与思考

1. 什么是会计凭证？填制和审核会计凭证有何意义？
2. 会计凭证按其填制程序和用途，可作怎样的分类？
3. 什么是原始凭证、记账凭证？说明它们的区别和联系。
4. 原始凭证应具备哪些基本的内容？
5. 记账凭证应具备哪些基本的内容？
6. 会计凭证的传递应考虑哪些方面？

课程实践

一、单项选择题

1. 将会计凭证划分为原始凭证和记账凭证两大类的主要依据是（　　）。

A. 凭证填制日期　　B. 凭证填制的人员

C. 凭证填制的程序和用途　　D. 凭证反映的经济内容

2. 限额领料单是一种（　　）

A. 一次凭证　　B. 累计凭证　　C. 汇总凭证　　D. 单式凭证

3. 某企业销售产品一批，部分货款收存银行，部分货款对方暂欠，该企业应填制（　　）。

A. 收款凭证和付款凭证　　B. 收款凭证和转账凭证

C. 付款凭证和转账凭证　　D. 两张转账凭证

4. 记账凭证的编制依据是（　　）。

A. 原始凭证　　B. 会计凭证　　C. 经济业务　　D. 一次凭证

5. 原始凭证是由（　　）取得或填制的。

A. 会计主管　　B. 业务经办单位或个人　　C. 单位负责人　　D. 出纳人员

6. 下列凭证中不能作为记账凭证依据的是（　　）。

A. 发票　　B. 收料单　　C. 经济合同　　D. 领料单

7. 企业购进材料一批，货款未付。该笔业务应编制的记账凭证是（　　）。

A. 收款凭证　　B. 付款凭证　　C. 转账凭证　　D. 以上均可

8. 记账凭证是由（　　）填制的。

A. 会计人员　　B. 业务经办单位或个人

C. 单位负责人　　D. 出纳人员

9. 填制原始凭证时，如大写为“壹仟零壹元壹角整”，其小写应为（　　）。

A.1001.10 元　　B. ￥1001.10　　C. ￥1001.10 元　　D. ￥1001.1

10. 会计人员在审核原始凭证过程中，对于手续不完备的原始凭证，按规定应（　　）。

A. 扣留原始凭证　　B. 向单位负责人报告

C. 退回有关部门或人员补办手续　　D. 向主管单位反映

三、多项选择题

1. 下列凭证中属于原始凭证的有（　　）。

A. 产品成本计算表　　B. 发出材料汇总表

C. 发票　　D. 收料单

2. 下列凭证中属于自制原始凭证的有（　　）。

A. 购入材料的运费发票　　B. 销货收到的转账支票

C. 工资结算单　　D. 产品入库单

3. 下列凭证，属于外来原始凭证的是（　　）。

A. 领料单　　B. 发料汇总表

C. 增值税专用发票　　D. 出差火车票

4. 记账凭证的基本要素包括（　　）。

A. 会计科目　　B. 填制凭证日期

C. 记账金额　　D. 凭证编号

5. 下列属于复式记账凭证的是（　　）。

A. 收款凭证　　B. 付款凭证　　C. 转账凭证　　D. 通用记账凭证

6. 付款凭证左上角“贷方科目”可能是下列（　　）科目。

A. 库存现金　　B. 银行存款　　C. 主营业务收入　　D. 应付账款

7. 现金和银行存款之间的相互划转业务，应填制（　　）。

A. 现金收款凭证　　B. 银行存款收款凭证

C. 现金付款凭证　　D. 银行存款付款凭证

8. 需要在转账凭证上签章的人员有（　　）。

A. 制单人员　　B. 记账人员　　C. 会计主管　　D. 出纳人员

9. 对支出 16.50 元，以下金额大写错误的有（　　）。

A. 拾陆元伍角整　　B. 拾陆元伍角

C. 壹拾陆元伍角整　　D. 壹拾陆元零伍角整

10. 会计凭证传递指会计凭证从填制或取得起，经过（　　）到归档保管的全过程。

A. 审核　　B. 记账　　C. 装订　　D. 保管

三、判断题

1. 所有的会计凭证都应有签名或盖章。（　　）
2. 自制原始凭证都是一次凭证。（　　）
3. 记账凭证的日期，必须按照原始凭证填制日期填写。（　　）
4. 记账凭证中的会计科目名称，可用会计科目编号代替，较为简便。（　　）
5. 从银行提取现金时，应该编制现金收款凭证。（　　）
6. 原始凭证是由会计部门填制的，是登记账簿的直接依据。（　　）
7. 按填制手续不同，可将原始凭证分为外来原始凭证和自制原始凭证。（　　）
8. 根据一定时期的记账凭证全部汇总编制的凭证，如“科目汇总表”是一种累计凭证。（　　）
9. 已预先印定编号的凭证，如发票、支票等重要凭证，在作废时，应加盖“作废”戳记，连同存根一起妥善保存，不得撕毁。（　　）
10. 所有的记账凭证都必须附有原始凭证。（　　）

第五章　会计凭证 课程实践题参考答案：

一、单项选择题

1. C　2. B　3. B　4. A　5. B　6. C　7. C　8. A　9. B　10. C

二、多项选择题

1. ABCD　2. CD　3. CD　4. ABCD　5. ABCD　6. AB　7. CD　8. ABC　9. ABD　10. ABC

三、判断题

1. ✓　2. ×　3. ×　4. ×　5. ×　6. ×　7. ×　8. ×　9. ✓　10. ×

PART.06

第六章

会计账簿

能力目标

专业能力

掌握会计账簿的概念、种类和基本内容

掌握会计账簿的启用规则和记账规则

掌握现金日记账和银行存款日记账的登记

掌握总分类账和明细分类账的登记

理解总分类账和明细分类账平行登记的要点并掌握其登记方法

掌握对账、结账及错账更正的方法

了解会计账簿更换和保管的有关规定

社会能力

能准确登记各类账簿

能检验总分类账与其所属明细分类账的登记是否遵循了平行登记原则

能在对账中较好地协调与企业内外相关部门的关系

方法能力

能登记现金和银行存款日记账

能登记总分类账和明细分类账

学会对账、结账及更正错账

第一节 识别会计账簿

一、会计账簿的意义

（一）会计账簿的概念

会计账簿简称账簿，是指由具有一定格式而又相互联系的账页组成，以经过审核的会计凭证为依据，全面、连续、系统地记录和反映一个单位经济业务事项的簿籍。设置账簿是会计工作的一个重要环节，各单位应当按照国家统一的会计制度的规定和会计业务的需要设置会计账簿。登记账簿是会计核算的一种专门方法。

账簿与账户有着十分密切的联系。账户是根据会计科目开设的，账户存在于账簿之中，账簿中的每一张账页就是账户的存在形式和载体，没有账簿，账户就无法存在；然而，账簿只是一个外在形式，账户才是它的真实内容。账簿序时、分类记载经济业务，是在个别账户中完成的。因此，也可以说，账簿是由若干账页组成的一个整体，而开设于账页上的账户则是这个整体中的个别部分，所以，账簿与账户的关系是形式和内容的关系。

（二）设置会计账簿的意义

通过会计凭证的填制和审核，虽然可以正确、及时地反映和监督各项经济业务的发生和完成情况，但是，会计凭证的数量很多，又比较分散，每张凭证一般只反映一项经济业务，所提供的核算资料是零星的，缺乏系统性，不便于会计信息的整理与报告。因此，为了集中、全面、连续、系统地反映一定时期经济业务的全貌，充分发挥会计的作用，必须设置和运用账簿，把分散在会计凭证上的大量核算资料，加以归类整理，按照一定的要求登记到有关账簿中。设置和登记账簿，是编制会计报表的基础，是连接会计凭证和会计报表的中间环节，起着承上启下的作用，在会计核算中具有重要意义，主要体现在以下四个方面：

1. 设置和登记账簿，便于会计工作的分工，便于记载、储存会计信息，为日后查阅提供方便。将会计凭证所记录的经济业务记入有关账簿，可以全面反映会计主体在一定时期内所发生的各项资金运动，储存所需要的会计信息。

2. 设置和登记账簿，可以分类、汇总会计核算资料，反映企业经营管理全貌。账簿由不同的相互关联的账户所构成。通过账簿记录，一方面，可以分门别类地反映各项会计信息，提供一定时期内经济活动的详细情况；另一方面，可以通过发生额、余额的计算，提供各方面所需要的总括会计信息，反映财务状况及经营成果的综合价值指标。

3. 设置和登记账簿，可以为会计检查提供依据，便于检查核对企业财产物资情况。账簿记录是会计凭证信息的进一步整理。例如，在永续盘存制下，通过有关盘存账户余额与实际盘点或核查结果的核对，可以确认财产的盘盈或盘亏，并根据实际结存数额调整账簿记录，做到账实相符，提供如实、可靠的会计信息。

4. 设置和登记账簿，为编制会计报表提供主要会计信息。为了反映一定日期的财务状况及一定时期的经营成果，应定期进行结账工作，进行有关账簿之间的核对，计算出本期发生额和余额。据以编制会计报表，向有关各方面提供所需要的会计信息。

二、账簿的种类

账簿的种类繁多，不同的账簿，其用途、形式、内容和登记方法各不相同。为了更好地了解和使用各种账簿，有必要对账簿进行分类。账簿可以按其用途、外形特征（外表形式）、账页格式等不同标准进行分类。

（一）按用途分类

账簿按其用途的不同，可以分为序时账簿、分类账簿和备查账簿三类。

1. 序时账簿

序时账簿又称日记账，俗称“流水账”，是指按照经济业务发生或完成时间的先后顺序逐日逐笔进行登记的账簿。序时账簿可以用来核算和监督某一类型经济业务或全部经济业务的发生或完成情况。用来记录全部业务的日记账称为普通日记账（又称分录簿、通用日记账）；用来记录某一类型经济业务的日记账称为特种日记账，如记录库存现金收付业务及其结存情况的库存现金日记账，记录银行存款收付业务及其结存情况的银行存款日记账，以及专门记录转账业务的转账日记账。在我国，大多数企业一般只设库存现金日记账和银行存款日记账，而不设置转账日记账和普通日记账。

2. 分类账簿

分类账簿也称分类账，是对全部经济业务按照会计要素的具体类别而设置的分类账户进行登记的账簿。分类账簿依据其概括程度不同，又可分为总分类账簿和明细分类账簿。按照总分类账户分类登记经济业务的是总分类账簿，简称总分类账或总账；按照明细分类账户分类登记经济业务的是明细分类账簿，简称明细分类账或明细账。总分类账提供总括的会计信息，明细分类账提供详细的会计信息，两者相辅相成，互为补充。

分类账簿可以分别反映和监督各项资产、负债、所有者权益、收入、费用和利润的增减变动情况及其结果。分类账簿提供的核算信息是编制会计报表的主要依据。

分类账簿和序时账簿的作用不同。序时账簿能提供连续系统的信息，反映企业资金运动的全貌；分类账簿则是按照经营与决策的需要而设置的账户，归集并汇总各类信息，反映资金运动的各种状态、形式及其构成。在账簿组织中，分类账簿占有特别重要的地位。因为只有通过分类账簿，才能把数据按账户形成不同信息，满足编制会计报表的需要。

小型经济单位业务简单，总分类账户不多，为简化工作，可以把序时账簿与分类账簿结合起来，设置联合账簿。日记总账就是这种结合的例子。

3. 备查账簿

备查账簿又称辅助登记簿、辅助账簿，简称备查簿，是对某些在序时账簿和分类账簿等主要账簿中都不予登记或登记不够详细的经济业务进行补充登记时使用的账簿。例如，经营租入固定资产备查簿，是用来登记那些以经营租赁方式租入、不属于本企业财产、不能记入本企业固定资产账户的固定资产；应收票据贴现备查簿，是用来登记本企业已经贴现的应收票据，由于尚存在着票据付款人到期不能支付票据款项而使本企业产生连带责任的可能性（即负有支付票据款项的连带义务），而这些应收票据已不能在企业的序时账簿或分类账簿中反映，所以要备查登记。

备查账簿与序时账簿和分类账簿相比，存在两点不同之处：一是登记依据可能不需要记账凭证，甚至不需要一般意义上的原始凭证；二是账簿的格式和登记方法不同，备查账簿的主要栏目不记录金额，它更注重用文字来表述某项经济业务的发生情况。例如，经营租入固定资产登记簿，它登记的依据主要就是租赁合同与企业内部使用单位收到固定资产的证明。这两者在企业一般经济业务的核算中，不能充当正式原始凭证，只能作为原始凭证的附件（如作为支付租金的依据）。登记经营租入固定资产备查簿，也不需要编制记账凭证，该备查簿记录的内容主要有：出租单位、设备名称、规格、编号、设备原值、净值、租用时间、月份或年度租金数额、租金支付方式、租用期间修理或改造的有关规定及损坏赔偿规定、期满退租方式及退租时间等。

（二）按外形特征（外表形式）分类

账簿按外形特征的不同，可分为订本账、活页账和卡片账三种。

1. 订本账

订本账是启用之前就已将账页装订在一起，并对账页进行了连续编号的账簿。订本账的优点是能避免账页散失和防止抽换账页；其缺点是不能准确地为各账户预留账页，预留太多，造成浪费，预留太少，影响连续登记。由于账页是固定的，在同一时期内，只能由一个人登记，不便于分工，影响工作效率。这种账簿一般适用于总分类账、库存现金日记账、银行存款日记账。

2. 活页账

活页账是在账簿登记完毕之前并不固定装订在一起，而是装在活页账夹中。当账簿登记完毕之后（通常是一个会计年度结束之后），才将账页予以装订，加具封面，并给各账页连续编号。这类账簿的优点是记账时可根据实际需要，随时将空白账页装入账簿，或抽去不需要用的账页，也便于分工记账；其缺点是如果管理不善，可能会造成账页散失或故意抽换账页。各种明细分类账一般采用活页账形式。

3. 卡片账

卡片账是将账户所需格式印刷在硬卡片上。严格说，卡片账也是一种活页账，只不过它不是装在活页账夹中，而是装在卡片箱内。在我国，企业一般只对固定资产的核算采用卡片账形式。因为固定资产在长期使用中其实物形态不变，又可能经常转移使用部门，设置卡片账便于随同实物转移。少数企业在材料核算中也使用材料卡片。它也具有一般活页账的优缺点。

（三）按账页格式分类

按账页格式不同，账簿可分为两栏式、三栏式、多栏式、数量金额式和横线登记式。

1. 两栏式账簿

两栏式账簿只有借方和贷方两个基本金额栏目的账簿。普通日记账和转账日记账一般采用两栏式。普通日记账格式如表 6-1 所示。

表 6-1 普通日记账格式

年		凭证		会计科目	摘要	借方金额	贷方金额	过账
月	日	字	号					

2. 三栏式账簿

三栏式账簿是设有借方、贷方和余额三个基本栏目的账簿。库存现金日记账、银行存款日记账、总分类账以及资本、债权、债务明细账都可采用三栏式账簿。三栏式账簿又分为设对方科目和不设对方科目两种。区别是在摘要栏和借方科目之间是否有一栏“对方科目”。有“对方科目”的，称为设对方科目的三栏式账簿；不设“对方科目”栏的，称为不设对方科目的三栏式账簿，也称为一般三栏式账簿。这种账簿只设金额栏，不设数量栏。三栏式总分类账格式如表 6-2 所示。

表 6-2 总分类账（一般三栏式格式）

会计科目：

年		凭证		摘要	借方	贷方	借或贷	余额
月	日	字	号					

3. 多栏式账簿

多栏式账簿是在账簿的两个基本栏目借方和贷方按需要分设若干专栏的账簿。如多栏式日记账、多栏式明细账。但是，专栏设置在借方，还是设在贷方，或是两方同时设专栏，设多少专栏，则根据需要确定。收入、成本、费用、利润和利润分配明细账一般均采用这种格式的账簿。这种账簿也只设金额栏，不设数量栏。制造费用借方多栏式明细分类账格式如表 6-3 所示。

表 6-3 制造费用明细分类账（借方多栏式）

会计科目：制造费用　　　　第　页

年		凭证		摘要	借方						
月	日	字	号		工资	折旧费	保险费	办公费	水电费	…	余额

4. 数量金额式账簿

数量金额式账簿的借方、贷方和余额三个栏目内，都分设数量、单价和金额三小栏，借以反映财产物资的实物数量和价值量。该类账簿只适用于某些明细账的登记，如原材料、库存商品、产成品等明细账一般都采用数量金额式账簿。原材料明细分类账格式如表 6-4 所示。

表 6-4 原材料明细分类账

明细科目：　　　　　　　　　　　　　　　　　　　　　　　　　　第　　页

年		凭证		摘要	收入			发出			结存		
月	日	字	号		数量	单价	金额	数量	单价	金额	数量	单价	金额

5. 横线登记式账簿

横线登记式账簿也称平行登记式账簿，是将前后密切相关的经济业务登记在同一行内，以便检查每笔经济业务的发生和完成情况的账簿。材料采购等明细账一般采用这种格式。

此外，在实行了会计电算化的企业，会计核算资料是存放在磁性媒介质如电脑磁盘上的，称为磁性媒介质式账簿，它在外表形式上不具有传统账簿的形式。

第二节 启用与登记会计账簿的规则

一、会计账簿的启用规则

账簿是单位的重要经济档案，为了保证账簿记录的合法性，明确记账责任，保证会计资料的完整，防止舞弊行为，会计人员在启用新的账簿时，应在账簿的扉页上填制“账簿启用表”和“经管账簿人员一览表”（有的单位合称“账簿启用和经管人员一览表”）。在表中详细载明：账簿名称、账簿编号、账簿页数、单位名称、账簿册数、启用日期、加盖单位公章以及会计主管和记账人员私章。记账人员或者会计机构负责人、会计主管人员调动工作或因故离职时，应办理交接手续，在交接记录栏内，填写交接日期和交接人员或监交人员姓名并由交接双方人员签名或盖章。（表 6-5）

表 6-5 账簿启用和经管人员一览表

账簿名称＿＿＿＿＿＿　　　　　　　　单位名称＿＿＿＿＿＿

账簿编号＿＿＿＿＿＿　　　　　　　　账簿册数＿＿＿＿＿＿

账簿页数＿＿＿＿＿＿　　　　　　　　启用日期＿＿＿＿＿＿

会计主管（签章）　　　　　　　　　　记账人员（签章）

移交日期		移交人		接管日期		接管人		会计主管	
年 月 日	姓名	盖章	年	月	日	姓名	盖章	姓名	盖章

为了加强管理，防止舞弊行为，应对账簿编册、编号。启用订本式账簿，应当从第一页到最后一页顺序编定页码，不得跳页、缺号。启用活页式账簿，应当按照账户顺序编号，并须定期装

订成册，装订后再按实际使用的账页顺序编定页码，另加目录，记明每个账户的名称和页次。卡片账在使用前，应当登记卡片登记簿，以免散失。活页账和卡片账还要设置账簿的封面和封底，并注明所属会计年度。

总账应按照会计科目顺序填写科目名称及启用页号。在启用活页式明细账时，应按照所属会计科目填写会计科目名称和页码，在年度结账后，撤去空白账页，填写使用页码。

粘贴印花税票。按税法规定，记载资金的账簿，按实收资本和资本公积的合计金额万分之五贴花，由纳税人自行完成纳税义务。印花税票应粘贴在账簿的右上角，并且划线注销；在使用缴款书缴纳印花税时，应在右上角注明“印花税已缴”字样及缴款金额。

二、会计账簿登记规则

为保证账簿记录的正确性，《会计法》规定：会计账簿登记，必须以经过审核的会计凭证为依据，并符合有关法律、行政法规和国家统一的会计制度的规定。会计人员在登记会计账簿时，还要符合下列要求：

1. 准确完整。按会计凭证日期、编号、摘要、金额等逐项及时登记入账，做到数字准确、摘要清楚、登记及时、字迹工整。

2. 注明记账符号。登账完毕，要在记账凭证的“过账”栏内注明账簿页数或画对勾（“√”），表示记账完毕，避免重记、漏记，并签名或者盖章。

3. 书写留空。账簿中书写的文字和数字上面要留适当空距，一般应占格宽的二分之一并紧靠底线，不要写满格。这样，在一旦发生登记错误时，能比较容易地进行更正，同时，也方便查账工作。摘要栏的文字应简明扼要，并采用标准的简化汉字，不能使用不规范的汉字；金额栏的数字应该采用阿拉伯数字，并且对齐位数，注意“0”不能省略和连写。

4. 正常登记账簿使用蓝黑墨水或碳素墨水书写，以保持记录的持久性，防止涂改。不得使用圆珠笔（银行的复写账簿除外）或者铅笔书写。红色墨水应按规定使用。

可以用红色墨水记账的情况：

①按照红字冲账的记账凭证，冲销错误记录；

②在不设借贷等栏的多栏式账页中，登记减少数；

③在三栏式账户的余额栏前，如果未印明余额方向的，在余额栏内登记负数余额；

④根据国家统一会计制度规定可以用红字登记的其他会计记录。例如：“应交税费—应交增值税”明细账各专栏的设置方法规定：“进项税额”专栏中用红字登记退回所购货物应冲销的进项税额；“已交税金”专栏中用红字登记退回多交的增值税；“销项税额”专栏中用红字登记退回销售货物应冲销的销项税额；“出口退税”专栏中用红字登记出口货物办理退税后发生退货或者退关而补交已退的税款。

5. 账簿按页次顺序登记，不得跳行、隔页及任意抽掉、撕毁。如发生隔页、跳行现象，应在空页、空行处用红色墨水画对角线注销，或者注明“此页空白”或“此行空白”字样，并由记账人员和会计机构负责人（会计主管人员）签章。

6. 结出余额，反映借贷方向。凡需要结出余额的账户，结出余额后，应当在“借或贷”栏目内注明“借”或“贷”字样，以示余额的方向；对于没有余额的账户，应在“借或贷”栏目内写“平”字，并在“余额”栏的元位上用“ 0 ”表示。库存现金日记账和银行存款日记账必须逐日结出余额。

7. 过次承前。每页登记完毕，应当加计本页发生额及余额，在该账页最末一行“摘要”栏写明“过次页”或“转次页”，并将这一金额记入下一页第一行有关金额栏内，在该“摘要”栏写明“承前页”，以保持账簿记录连续性，便于对账和结账。

对需要结计本月发生额的账户，结计“过次页”本页合计数，应当为自本月初起至本页末止的发生额合计数；对需要结计本年发生额的账户，结计“过次页”本页合计数，应当为自本年初起至本页末止的累计数；对既不需要结计本月发生额也不需要结计本年累计发生额的账户，可以只将每页末的余额结转次页。

8. 不得刮、擦、涂、改。账簿记录发生错误时，更正错误不得采取任意刮、擦、挖补、涂改或用退色药水等方法，必须根据错误的具体情况，相应采用正确的方法予以更正。

9. 实行会计电算化的单位，用计算机打印的会计账簿必须连续编号，经审核无误后装订成册，并由责任人签字或者盖章。发生收款和付款业务的，在输入收款凭证和付款凭证当天必须打印出库存现金日记账和银行存款日记账，并与库存现金核对无误。

第三节 设置与登记会计账簿的方法

一、设置会计账簿的原则

任何单位都应当根据本单位经济业务的特点和经营管理的需要，设置一定种类和数量的账簿。一般说来，设置账簿应当遵循下列原则：

1. 账簿的设置要兼顾国家统一规范和会计主体的具体情况，能保证全面、系统地反映和监督本单位的经济活动情况，为经营管理提供系统、完整的核算资料。会计法规定：各单位必须依法设置会计账簿，并保证其真实、完整。不依法设置会计账簿、私设会计账簿是一种严重的违法行为。

2. 设置账簿要在满足实际需要的前提下，考虑人力和物力的节约，力求避免重复设账。

3. 账簿体系的设置，要便于会计人员的内部分工。账簿的格式，要按照所记录的经济业务内容和需要提供的核算资料进行设计，力求简明、清晰、实用。一般来讲，业务活动复杂，经营规模大，会计人员多，分工较细的单位，账簿设置可以细一点；业务简单，经营规模小，会计人员少的单位，账簿设置在满足经营管理和编制会计报表所需要资料的前提下，可相应简化一些。

二、会计账簿的内容

在实际工作中，账簿的格式是多种多样的，不同格式的账簿所包括的具体内容也不尽相同。但各种账簿都应具备以下基本要素。

1. 封面。主要标明账簿的名称和记账单位的名称。封面和封底起到保护账页的作用。

2. 扉页。主要列明科目索引、账簿启用和经营人员一览表。

3. 账页。账页是账簿用来记录具体经济业务的载体，其格式因记录经济业务内容的不同而有所不同，但基本内容包括：

（1）账户的名称；

（2）登记账户的日期栏；

（3）凭证种类和号数栏；

（4）摘要栏（简要说明所记录经济业务的内容）

（5）金额栏（记录经济业务引起账户发生额或余额增减变动的数额）

（6）总页次和分户页次。

三、日记账的设置和登记

（一）普通日记账

普通日记账在会计发展过程中曾经被广泛使用。它核算和监督单位全部经济业务的发生和完成情况。它又分为分录簿和专栏日记账两种。

1. 分录簿的设置及登记方法

分录簿是按照每天发生的经济业务的先后顺序，确定其应借应贷的账户及金额，逐笔记录，然后，根据其记录逐日逐笔过入各有关分类账。这种账簿不结余额，凡已在分类账中登记过的数额均要在相应的记账栏内画"√"符号，以免重记或漏记。其格式如表 6-6 所示。

表 6-6　普通日记账

年		凭　证		会计科目	摘　要	借方金额	贷方金额	过　账
月	日	字	号					

因分录簿不能提供分类资料，不便于分工合作，无法了解某一特定账户的发生额及余额的变化情况，且过账的工作量大，所以，目前很少有单位设置此类日记账。特别是规模较大、业务量较多且较复杂的企业，更不宜设置普通日记账。

2. 专栏日记账的设置及登记方法

专栏日记账是对常用会计科目设置专栏，以专栏来汇总各类经济业务的数额。设有专栏的会计科目可以根据其专栏汇总数一次过入有关分类账，其他非专栏科目仍须逐笔记入各有关分类账。其格式如表 6-7 所示。

表 6-7　专栏日记账

年		凭证		摘　要	库存现金		银行存款		其他账户			过　账	
月	日	字	号		借方	贷方	借方	贷方	名称	借方	贷方	借方	贷方

因专栏日记账的账页过宽，使用不便，而且，一本普通日记账记录全部经济业务不便于会计部门内部分工，所以，目前很少有单位设置此类日记账。

（二）特种日记账的设置及登记方法

特种日记账是从专栏日记账中分离出来的一种账簿，它核算和监督单位某一类经济业务的发生和完成情况。例如，在企业的经济管理中，历来对货币资金的管理非常重视，因而，在专栏日记账中专为库存现金、银行存款账户设置专栏，成为独立的记录库存现金和银行存款收付详细情况的特种日记账，即库存现金和银行存款日记账。它必须采用订本式账簿。不得用银行对账单或者其他方法替代日记账。日记账是一种特殊的明细账，除此外，有些企业还设有销货日记账、购货日记账和转账日记账等。

1. 库存现金日记账的设置及登记方法

库存现金日记账，是逐日逐笔反映企业的库存现金收入、支出及其结存的会计账簿。通过设置库存现金日记账可以加强对企业库存现金收支活动的反映和控制，监督企业执行库存现金管理制度，促使企业库存现金的合理使用，保护库存现金资产的安全，同时，根据库存现金日记账中收支合计数及期末结存数登记库存现金总账，可以简化该账户的登记工作。

库存现金日记账一般由出纳人员登记，登记库存现金日记账的依据主要是审核无误的库存现金收、付款记账凭证。由于从银行提取现金业务只填制银行存款付款凭证，所以，反映此类业务的银行存款付款凭证也是登记库存现金日记账的依据。进行账簿登记时，一般按记账凭证号码顺序逐日逐笔登记，有关会计人员可以根据库存现金日记账登记总账的有关账户。

库存现金日记账应每天至少登记一次，每天结出余额，并与库存现金数相核对，以保证账实相符。

库存现金日记账的格式要与企业采用的账务处理程序相适应，并能满足企业对现金的管理要求。其格式一般有三栏式和多栏式两种，且必须使用订本账。

（1）三栏式库存现金日记账的格式及登记方法

三栏式库存现金日记账的格式如表 6-8 所示。

表 6-8 库存现金日记账（三栏式）

年		凭证		摘要	对方科目	收入(借方)	付出(贷方)	结余(余额)
月	日	字	号					

三栏式库存现金日记账的登记方法：

①第一栏为记账日期栏，登记记账凭证的日期，应与库存现金实际收付的日期一致。

②第二栏为凭证号数栏，登记收付款凭证的种类和编号。

③第三栏为摘要栏，登记经济业务的简要说明。

④第四栏为对方科目栏，登记与库存现金收入的来源或支出的去向有关的会计科目。

⑤第五栏为收入（借方）栏，根据收款凭证，登记库存现金实际收入的金额，每日终了，应计算库存现金收入金额的合计数。

⑥第六栏为付出（贷方）栏，根据付款凭证，登记库存现金实际付出的金额，每日终了，应计算库存现金付出金额的合计数。

⑦第七栏为结余（余额）栏，每日终了，应计算库存现金余额。

本日余额＝上日余额＋本日收入－本日支出

每日余额结出后，由出纳员盘点库存现金实有额，核对账实是否相符，如果不符，应查明原因，并记录备案。月终，同样要计算每月的库存现金收付合计数及结存余额，通常称为“月结”。

（2）多栏式库存现金日记账的格式及登记方法

多栏式库存现金日记账为一些重复发生的库存现金收支业务所涉及的账户设置专栏，或为所有与库存现金有对应关系的账户设置专栏。设有专栏的账户在会计期末就可以根据其专栏汇总数一次过入有关总分类账中，简化该总账的登记工作。

多栏式库存现金日记账的格式如表 6-9 所示。

表 6-9　库存现金日记账（多栏式）

年		凭证		摘要	收入（贷记下列科目）				支出（借记下列科目）				结余
月	日	字	号		银行存款	其他应收款	…	收入合计	管理费用	销售费用	…	支出合计	

注：…表示省略，下同。

由于收入、支出在同一本账中登记，专栏过多，势必造成账页过宽，因此，采用多栏式库存现金日记账时，往往同时设置库存现金收入日记账和库存现金支出日记账两本账。格式如表 6-10、表 6-11 所示。

表 6-10　库存现金收入日记账（多栏式）

年		凭证		摘要	贷方科目				支出合计	余额
月	日	字	号		银行存款	其他应收款	…	收入合计		

表 6-11　库存现金支出日记账（多栏式）

年		凭证		摘要	借方科目				
月	日	字	号		管理费用	销售费用	其他应收款	…	支出合计

注：库存现金支出日记账不设“收入合计”栏和“结余”栏

多栏式库存现金日记账的登记方法：先根据有关库存现金收入业务的记账凭证登记库存现金收入日记账，根据有关库存现金支出业务的记账凭证登记库存现金支出日记账，每日营业终了，根据库存现金支出日记账结计的支出数，将其过入库存现金收入日记账的“支出会计”栏中，并结出当日余额。

2. 银行存款日记账的设置及登记方法

银行存款日记账，是逐日逐笔记录企业银行存款收支及结存情况的会计账簿。银行存款日记账应按企业在银行开立的账户和币种分别设置，每个银行账户设置一本日记账。银行存款日记账的设置便于了解企业大部分业务的收入、支出和结存情况，便于企业与开户银行之间核对账目，同时，便于检查企业执行银行结算制度的情况。

银行存款日记账一般由出纳人员登记，登账的主要依据是审核无误的银行存款收、付款凭证。其登记方法与库存现金日记账的登记方法类似。

此外，因银行存款结算凭证种类较多，为了便于与银行查对账项，加强对支票等结算凭证的管理，在银行存款日记账中专设一个“结算凭证”栏。所以登记银行存款日记账时，要注意把银行结算凭证的种类、号码填写清楚，以便于和银行对账单核对。

银行存款日记账应每天结出余额，以便企业有关管理人员能及时掌握本单位的支付能力和银行存款的增减变动情况。会计人员可以根据银行存款日记账登记总账的有关账户。

如果收款或付款记账凭证附有两笔以上（含两笔）同一经济性质的收款或付款记账凭证时，应按每张原始凭证逐笔登记，并在摘要栏或“结算凭证”栏内注明原始收款或付款凭证的种类和号码。不得登记无原始收、付款凭证的业务。

银行存款日记账的格式有三栏式和多栏式两种。其格式如表 6-12 至表 6-14 所示。

表 6-12 银行存款日记账（三栏式）

年		凭证		摘要	结算凭证		对方科目	收入	付出	结余
月	日	字	号		种类	号数				

表 6-13 银行存款收入日记账（多栏式）

年		凭证		摘要	结算凭证		贷方科目			支出合计	余额
月	日	字	号		种类	号数	应收账款	…	收入合计		

表 6-14 银行存款支出日记账（多栏式）

年		凭证		摘要	结算凭证		借方科目			
月	日	字	号		种类	号数	销售费用	其他应收款	…	支出合计

注：银行存款支出日记账不设“收入合计”栏和“结余”栏

实务操作

根据下列资料，登记三栏式库存现金日记账和三栏式银行存款日记账，并结出本期发生额和期末余额。

1. 某企业 20×× 年 6 月初“库存现金”借方余额为 2 200 元，“银行存款”借方余额为 40 000 元。

2. 6 月份的有关库存现金、银行存款经济业务如下：

（1）6 月 2 日，向银行借入为期 6 个月的流动资金借款 10 000 元，存入银行。

（2）6 月 3 日，向本市红光公司购进甲材料 60 吨，单价 400 元，货款 24 000 元，已用支票支付，材料已验收入库。

（3）6 月 4 日，以银行存款 14 600 元偿还前欠红星公司货款。

（4）6 月 5 日，采购员张三预借差旅费 400 元，用库存现金支付。

（5）6 月 6 日，将多余库存现金 1 000 元送存银行。

（6）6 月 10 日，从银行提取现金 2 000 元备用。

答案提示：库存现金日记账期末余额为 2 800 元，银行存款日记账期末余额为 10 400 元。

四、总分类账的设置和登记

总分类账是按照一级会计科目的编号顺序分类开设并登记全部经济业务的账簿。对企业的全部经济业务进行总括的分类反映。同时，它也是编制财务报表的主要依据。所以，每一会计主体都必须设置总分类账。

在总分类账内，应由专职会计人员按照总分类账户的编号顺序开设户头，分设独立的账页，预留每个账户所需的页数，每个账户预留多少页数，则视该账户记录的经济业务的估计次数来确定。总分类账应有专职会计人员登记，总分类账登记的依据主要取决于单位所采用的账务处理程序。它可以直接根据各种记账凭证逐笔进行登记，也可以先把各种记账凭证进行汇总，编制成汇总记账凭证或科目汇总表等，再根据经过汇总的汇总记账凭证或科目汇总表等进行登记。

由于总分类账的登记依据和登记方法受账务处理程序的制约，因此，在不同的账务处理程序下有不同的总分类账的格式和登记方法。

例如：采用记账凭证账务处理程序的单位，应根据记账凭证和本单位业务量的多少每 3 天或每 5 天或每 10 天登记一次；采用科目汇总表账务处理程序的单位，应根据定期汇总的科目汇总表随时登记；采用汇总记账凭证账务处理程序的单位，应根据汇总收款凭证、汇总付款凭证和汇总转账凭证的合计数，月终一次登记总分类账。

总分类账最常用的格式为三栏式订本账，设置借方、贷方和余额三个基本金额栏目，其格式如表 6-15、表 6-16 所示。

表 6-15 总分类账（一般三栏式格式）

会计科目：

年		凭证号数	摘 要	借 方	贷 方	借或贷	余 额
月	日						

表 6-16 总分类账（设对方科目三栏式格式）

会计科目：

年		凭证号数	摘 要	对方科目	借 方	贷 方	借或贷	余 额
月	日							

增设“对方科目”栏，可以直接从总分类账户中了解经济业务的来龙去脉。

也有单位采用多栏式来设置总分类账的。多栏式总分类账一般是将一个单位使用的全部总分类账账户合设在一张账页上，将单位的全部经济业务既序时又分类地逐笔登记入账。常见的是日记总账，它具有序时账和总分类账的双重作用。很显然，如果单位总分类账的账户较多则会造成账页过长，不便保管和记账，因此，现在除了单位经济业务不复杂、设置会计科目少的小单位使用外，其他单位一般很少采用。多栏式总分类账格式如表 6-17 所示。

表 6-17 多栏式总分类账（日记总账）

年		凭 证		摘 要	库存现金		银行存款		应收账款		……	
月	日	字	号		借方	贷方	借方	贷方	借方	贷方	借方	贷方

五、明细分类账的设置和登记

明细分类账是根据二级账户或明细账户开设账页，分类、连续地登记经济业务以提供明细核算资料的账簿。明细分类账是总分类账的明细记录，它对总分类账起补充说明作用，它所提供的资料也是编制会计报表的重要依据。一般会计主体必须设置往来明细账、存货明细账、固定资产明细账、收入明细账、费用明细账、应交税费明细账等。

明细分类账的格式有三栏式、多栏式、数量金额式和横线登记式（或平行式）等多种。

1. 三栏式明细分类账

三栏式明细分类账是设有借方、贷方和余额三个栏目，用以分类核算各项经济业务，提供详细核算资料的账簿，其格式与三栏式总账格式相同。

三栏式明细账适用于只进行金额核算的债权、债务结算账户，如应收账款、应付账款、应交税费等往来结算账户。反映债权、债务的发生和结算情况，满足会计主体对信用管理的需要。

2. 多栏式明细分类账

多栏式明细分类账又称分栏式明细分类账。它是将属于同一个总分类科目的各个明细分类科目合并在一张账页上进行登记，即在这种格式账页的借方或贷方金额栏内按照明细项目设若干专栏。这种格式适用于收入、成本、费用、财务成果等账户的明细核算。主要目的是为了便于分析经济业务。如“生产成本”明细账详细反映了成本的构成情况，充分满足对成本分析、控制的需要。

在实际工作中，成本、费用类科目的明细账，可以只按借方发生额设置专栏，贷方发生额由于每月发生的笔数很少，可以在借方直接用红字冲记，月末，将借方发生额一次转出时用红字记在借方。其格式如表 6-18 所示。

表 6-18　制造费用明细分类账（借方多栏式）

年		凭证号数	摘　要	借　　方						
月	日			工资	折旧费	保险费	办公费	水电费	…	余额

在实际工作中，成本、费用类科目的明细账，也可以在借方设专栏的情况下，贷方设一总的金额栏，再设一余额栏，其格式如表 6-19 所示。

表 6-19　制造费用明细分类账（借方多栏式）

年		凭证号数	摘　要	借　　方						
月	日			工资	折旧费	保险费	办公费	水电费	贷方	余额

多栏式明细账的账页除借方多栏式格式外，还有贷方多栏格式（如“营业外收入”明细账）和借贷方均多栏格式（如“本年利润”明细账）。此外，固定资产、周转材料—低值易耗品等明细账的格式有特殊需求，一般采用卡片式。具体格式各单位可以自行设计。

3. 数量金额式明细分类账

数量金额式明细分类账适用于既要进行金额核算又要进行数量核算的存货账户，如原材料、库存商品等存货账户，其借方（收入）、贷方（发出）和余额（结存）都分别设有数量、单价和金额三个专栏。其格式如表 6-20 所示。

表 6-20　库存商品明细分类账

商品名称：　　　　　　　　　　　　　　　　　　　　　　　　第　页

年		凭证号数	摘　要	收　入			发　出			结　存		
月	日			数量	单价	金额	数量	单价	金额	数量	单价	金额

采用数量金额式明细分类账提供了企业有关财产物资的数量金额收、发、存的详细资料，从而能加强财产物资的实物管理和使用监督，可以保证这些财产物资的安全。

4. 横线登记式明细分类账

横线登记式明细分类账又称平行式明细分类账，这种明细分类账实际上也是一种多栏式明细账，其登记方法是采用横线登记，即将每一相关的业务登记在一行，从而可依据每一行各个栏目的登记是否齐全来判断该项业务的进展情况。这种明细账适用于登记材料采购业务、应收票据和一次性备用金业务。其格式如表 6-21 所示。

表 6-21 材料采购明细分类账（平行式）

材料名称： 第 页

年		凭证号数	摘 要	借 方 金 额			贷 方 金 额				结余金额
				买价	采购费用	合计	年		凭证号码	金额	
月	日						月	日			

明细分类账的登记方法通常有：一是根据原始凭证直接登记明细分类账；二是根据汇总原始凭证登记明细分类账；三是根据记账凭证登记明细分类账。

不同类型经济业务的明细分类账，可根据管理需要，依据记账凭证、原始凭证或汇总原始凭证逐日逐笔或定期（最多 5 天）汇总登记。其中，固定资产、债权、债务等明细账应逐日逐笔登记，以便随时与对方单位结算，核对库存余额；库存商品、原材料、产成品收发明细账以及收入、费用明细账可以逐笔登记，也可定期汇总登记。库存现金、银行存款账户由于已设置了日记账，不必再设明细账，其日记账实质上也是一种明细账。

第四节 错账更正方法

一、错账查找的方法

在记账过程中，可能发生各种各样的差错，如重记、漏记、数字颠倒、数字错位、数字记错、科目记错、借贷方向记反（反向）等，从而影响会计信息的准确性，应及时找出差错，并予以更正。错账查找的方法主要有以下几种。

（一）差数法（属于个别检查法）

差数法是指按照错账的差数（借方与贷方的差额）查找错账的方法。即要求会计人员首先确定错账的差数，然后，再根据差数去查找错误。例如，在记账过程中只登记了会计分录的借方或贷方，漏记了另一方，从而形成试算平衡中借方合计与贷方不等。其表现形式是：借方金额漏记，会使该金额在贷方超出；贷方金额遗漏，会使该金额在借方超出；对于这样的差错，可由会计人员通过回忆和与相关金额的记账核对来查找。这种方法对于发现漏记账目比较有效，也很简便。

（二）尾数法（属于个别检查法）

对于发生的角、分的差错可以只查找小数部分，以提高查错的效率，与差数法原理相似。

（三）除 2 法（属于个别检查法）

除 2 法又称倍数法，是指以差数（借方与贷方的差额）除以 2（即差额的一半）来查找错账的方法。当某个借方金额错记入贷方（或相反）时，出现错账的差数表现为错误金额的 2 倍，将此差数用 2 去除，得出的商即是反向的金额。

例如，应记入“原材料—甲材料”科目借方的 4 000 元误记入贷方，则该明细科目的期末余额将小于其总分类科目期末余额 8 000 元，被 2 除的商是 4 000 元为借贷方向反向的金额。同理，如果借方总额大于贷方 600 元，即应查找有无 300 元的贷方金额误记入借方。如果不是此类错误，则应另寻差错的原因。这种方法适用于会计账簿因栏次错写而造成的方向错误。

（四）除 9 法（属于个别检查法）

除 9 法是指以差数（借方与贷方的差额）除以 9 来查找错数的方法。适用于以下三种情况：

1. 数字错位—将数字写小

例如，将 400 写为 40，错误数字小于正确数字 9 倍。查找的方法是：以差数除以 9 后得出的商即为写错的数字，商乘以 10 即为正确的数字。上例差数 360（400 — 40）除以 9，商 40 即为错数，扩大 10 倍后即可得出正确的数字 400 元。

2. 数字错位—将数字写大

例如，将 50 写为 500，错误数字大于正确数字 9 倍。查找的方法是：以差数除以 9 后得出的商为正确的数字，商乘以 10 后所得的积为错误数字。上例差数 450（500 — 50）除以 9 后，所得的商 50 为正确数字，50 乘以 10 等于 500，即为错误的数字。

3. 数字（邻数）颠倒

例如，将 78 写为 87，将 96 写为 69，将 36 写为 63 等等。颠倒的两个数字之差最小为 1，最大为 8（9 — 1）。查找的方法是：将差数除以 9，得出的商连续加 11，直到找出颠倒的数字为止。例如，将 78 写为 87，其差数为 9。查找此错误的方法是：将差数除以 9 得 1，连续加 11 后，可能的结果为 12、23、34、45、56、67、78、89。当发现账簿记录中出现上述数字 78 时，则有可能正是颠倒的数字。

（五）顺查法（属于全面检查法）

顺查法是指按照记账的顺序，从头到尾依次检查原始凭证、记账凭证、总账、明细账以及会计科目余额表等的方法。

（六）逆查法（属于全面检查法）

逆查法是指与记账的顺序相反，也就是首先检查科目余额表中数字的计算是否正确，其次检查各账户的计算是否正确，再次核对各账簿与记账凭证是否相符，最后检查记账凭证与原始凭证是否相符的方法。

二、错账更正的方法

（一）错账的基本类型（记账凭证与账簿登记环节）

1. 记账凭证正确但登记账簿发生错误。

2. 记账凭证错误引发账簿登记错误。

（二）更正方法。

1. 划线更正法

（1）含义：画线更正是指记账凭证无误，发生登记错误，将错账用红线划去，写上正确文字或数字的更正方法。

（2）适用情况：画线更正法适用于结账前发现账簿上所登记的文字或数字有误而记账凭证并没有错误的情况。

（3）具体更正方法：在错误的数字和文字上划一红线，表示注销，然后在其上方空白处填写正确的数字或文字，并在更正处盖章，以表明责任。更正时，对错误数字必须全部划销，不得只划销整个数字中的个别错误数码。

例 6–1 企业材料账摘要栏中入库甲材料 500 千克，3.23 元 / 千克。误记为乙材料，3.32 元 / 千克。

甲 □　　3.32 □

正确更正：入库 ~~乙~~ 材料 500 千克，~~3.32~~ 元 / 千克

案例分析与问题讨论

如果记账凭证中的文字或数字发生错误，在尚未登账前，可以用这种方法更正吗？

2. 红字更正法（又称红笔订正法、赤字冲账法、红字冲销法）

（1）含义：红字更正，是指登记入账后发现错误，先用红字记账凭证冲正错误，然后填制正确记账凭证的方法。

（2）适用情况：红字更正法一般适用于下列 2 种情况。

①记账后在当年内发现记账凭证中应借、应贷科目或金额有错误，从而引起账簿记录错误；

②记账后在当年内发现记账凭证所用科目没有错，但所填金额大于应记金额，从而引起账簿记录错误。

（3）具体更正方法：

①记账后在当年内发现记账凭证中应借、应贷科目或金额有错误的更正 。

先用红字填制一张与错误记账凭证完全相同的记账凭证，并在摘要栏中注明“冲销 × 年 × 月 × 日第 × 号凭证错误”，并据以用红字金额登记入账，冲销原有的错误记录。然后，再用蓝字重

填一张正确的记账凭证，并在摘要栏中注明“更正 × 年 × 月 × 日第 × 号凭证错误”，并据以用蓝字金额登记入账。

例 6–2 某企业生产车间生产 A 产品直接耗用材料一批，价值 2 000 元，该企业会计分录误记为：

借：制造费用　　2 000

　　贷：原材料　　2 000

企业更正时，应当先用红字编制一张与原记账凭证完全相同的记账凭证，以示注销原记账凭证。

借：制造费用　　[2 000]　（表示红字）

　　贷：原材料　　[2 000]

然后，用蓝字编制一张正确的记账凭证并记账，分录为：

借：生产成本　　2 000

　　贷：原材料　　2 000

将上述两张记账凭证重新登记入账后，账簿记录的错误便得以更正。注意，没有错误的账户也要重新登记，不能只登记原来错误的账户。

②记账后在当年内发现记账凭证所用科目没有错，但所填金额大于应记金额的更正。

用红字金额按多记的金额填制一张应借、应贷会计科目与原错误记账凭证相同的记账凭证，在“摘要”栏内注明“冲销 × 年 × 月 × 日第 × 号凭证多计数”，并据以入账，以冲销原来多计的金额。

例 6–3 某企业生产车间生产产品直接耗用材料一批，价值 2 000 元，该企业会计分录误记为：

借：生产成本　　20 000

　　贷：原材料　　20 000

该企业的更正会计分录为：

借：生产成本　　[18 000]　（表示红字）

　　贷：原材料　　[18 000]

将上述更正错误的记账凭证记入有关账户后，原账簿中的错误记录便得到更正。

案例分析与问题讨论

红字更正法的两种错误类型，不论是结账前还是结账后，不论是金额错误还是科目错误，是否都可采用红字更正法更正？

3. 补充登记法（又称补充更正法、蓝字更正法）

（1）含义：补充登记，是指登记入账后发现所记金额小于应记金额，可用蓝字填制错误金额的差额，补充登账的方法。

（2）适用情况：在记账以后发现记账凭证中所用的会计科目没有错，而只是所填的金额少于应记金额时，可以采用补充更正法进行更正。

（3）具体更正方法：更正时，可将少记的金额用蓝字填制一张与原记账凭证相同的凭证，在“摘要”栏内注明“补记 × 年 × 月 × 日第 × 号凭证少记数”，据以登记入账，以补记少记的数额。

例 6–4 某企业生产车间生产产品直接耗用材料一批，价值 2 000 元，该企业会计分录误记为：

借：生产成本　　200

　贷：原材料　　200

该企业的更正会计分录为：

借：生产成本　　1 800

　贷：原材料　　1 800

将上述更正错误的记账凭证登记入账后，原账簿中的错误记录便得到更正。

案例分析与问题讨论

补充登记法发生的错误，是否也可以采用红字更正法更正？

实务操作

根据下列错账资料，判断采用哪种更正方法更正，并将其更正。

1. 记账人员在根据记账凭证登账时，将 5 300 元误记为 5 800 元。

2. 生产车间领用乙材料用于一般消耗，计 6 000 元。在填制记账凭证时，误编为如下分录，并已据以登记入账。

借：生产产品　　6 000

　贷：原材料　　6 000

3. 厂部管理人员用库存现金 300 元购买办公用品。这项经济业务在填写记账凭证时，误将金额填写为 30 元，并已据以登记入账。

借：管理费用　　30

　贷：库存现金　　30

4. 企业生产车间生产产品直接耗用材料一批，价值 1 000 元，该企业会计分录误记为

借：生产成本　　10 000

　贷：原材料　　10 000

第五节 对账和结账

一、对账

（一）含义

对账是指对账簿记录的正确性进行的核对工作。在实际工作中，由于自然或人为的原因，往往会造成账账不符或账实不符。例如，会计人员在填制凭证、登记账簿等工作中出现的差错，因管理工作不善而带来的财产管理中的各种问题以及其他一些因素的影响，都可能给账簿记录的真实性、正确性、完整性带来影响。为了保证账簿记录的真实、正确、完整，为编制会计报表提供真实可靠的数据资料，必须对账簿和账户所记录的有关数据加以检查和核对。核对账簿记录，一般是在会计期间（月份、季度、半年度、年度）终了结账前，检查和核对账证、账账、账实、账表是否相符，以确保账簿记录的正确性。特殊情况下（如会计人员发生调动等）也可在平时随时进行，但至少每年进行一次。

（二）对账的内容

1. 账证核对

账证核对，是指各种账簿记录与会计凭证（记账凭证及其所附的原始凭证）进行核对，核对账簿记录与原始凭证、记账凭证的时间、凭证字号、内容、金额等是否一致，记账方向是否相符。这种核对主要是在日常编制凭证和记账过程中进行的。必要时，也可以采用抽查核对和目标核对的方法进行。核对的重点是凭证所记载的业务内容、金额和分录是否与账簿记录中的记录一致。若发现差错，应重新对账簿记录和会计凭证进行复核，直到查出错误的原因为止，以保证账证相符。

2. 账账核对

账账核对，是指各种账簿之间有关数字进行互相核对。各个账簿是一个有机的整体，既有分工，又有衔接，总的目的就是为了全面、系统、综合地反映企事业单位的经济活动与财务收支情况。账簿之间存在衔接依存关系（勾稽关系），通过核对，做到账账相符。具体核对内容主要有 4 个方面。

（1）总分类账核对。总分类账各账户借方期末余额合计数与贷方期末余额合计数核对相符。核对工作一般应通过编制总分类账户本期发生额及余额表（简称“试算平衡表”）来进行。

（2） 总分类账与所属明细分类账核对。各明细账户的余额合计数，应与其有关总账账户余额相符。核对工作一般应通过编制明细分类账户发生额及余额表来进行。

（3） 总分类账与日记账核对。库存现金日记账和银行存款日记账期末余额与有关总分类账户期末余额核对相符。一般采用直接核对法。

（4）明细分类账之间核对。会计部门各种财产物资明细账期末余额与财产物资保管和使用部门的有关财产物资明细分类账的期末余额核对相符。

3. 账实核对

账实核对，是指各种财产物资的账面余额与实物结存数额相核对。通过核对，要达到账实相符。其核对的主要内容有 4 个方面。

（1）库存现金日记账账面余额与库存现金实存数额相核对。为做到日清月结，应每天核对一次。

（2）银行存款日记账账面余额与开户银行对账单余额相核对。

（3）各种材料、物资明细分类账账面余额与各种材料、物资的实际盘存数额相核对。

（4）各种应收、应付账款明细分类账账面余额与有关债务、债权单位的账目相核对。

造成账实不符的原因是多方面的，如财产多收或少收的差错；由于管理不善、制度不严造成的财产损坏、丢失、被盗；在账簿记录中发生的重记、漏记、错记；由于有关凭证未到，形成未达账项，造成结算双方账实不符；以及发生意外灾害等。保证账实相符，一般通过财产清查来进行。

4. 账表核对（这种核对在会计报表编制完时进行）

账表核对是会计账簿记录与会计报表有关内容核对相符的简称。保证账表相符，同样是会计核算的基本要求。

二、结账

（一）含义

结账，就是把每一个会计期间（月份、季度、半年度、年度）的经济业务全部登记入账后，计算结出本期发生额和期末余额，并将余额结转下期或下年新账（期末余额结转到下期即为下期期初余额）的过程。简言之，结账就是划线定期（月份、季度、半年度、年度）结算各账户发生额及余额的工作。

及时结账，有利于了解会计期间内资产、负债、所有者权益的增减变化过程及变化结果，有利于正确及时地确定当期的经营成果，为考察企业经营业绩提供依据；同时，根据结账后的账簿资料，可以为提供最终的会计信息（编制财务报表）提供依据。另外，企业因撤销、合并而办理账务交接时，也需要办理结账手续。

根据会计分期的不同，结账工作可以相应地在月末、季末、半年末、年末进行，但不能为减少本期的工作量而提前结账，也不能将本期的会计业务推迟到下期或在编制报表之后再进行结账。对资产、负债和所有者权益等实账户可以在会计期末直接结账。而对那些收入、费用等虚账户，因为它们在结账前应按权责发生制要求先进行调整。权责发生制要求以应收和应付为标准确认本期收入和费用，即凡是属于本期应该赚取或发生的收入和费用，不论款项是否收到或付出，均应作为本期的收入和费用入账；反之，凡是不属于本期应该赚取或发生的收入和费用，即使款项在本期收到或付出，也不应作为本期的收入和费用入账。根据权责发生制，只有将企业发生的收入和费用按照会计期间正确划分其归属后，才能真实反映企业本期的财务状况和经营成果。所以，应在调整之后再结账。

结账的内容通常包括两个方面：一是结清各种损益类账户，并据以计算确定本期利润；二是结清各资产、负债和所有者权益账户，分别结出本期发生额合计和余额。

（二）结账的程序主要包括

1. 结账前 —— 检查至结账日止发生的全部经济业务是否全部入账，并保证其正确性。

2. 根据权责发生制的要求，调整有关账项，合理确定本期应计的收入和应计的费用。将本期所有的转账业务，编制成记账凭证，记入有关账簿，以调整账簿记录。

（1）将损益类账户转入“本年利润” 账户，结平所有损益类账户；

（2）结算出资产、负债和所有者权益类账户的本期发生额和期末余额，并结转下期，作为下期的期初余额。

3. 年度结账后 —— 年度结束，更换账簿。

（三）结账的方法

结账的具体方法因账簿的种类和账页的格式不同而有所不同，一般方法是：结账时，应当结出每个账户的期末余额。一般采用划线的方法进行，平时（月结、季结、半年结）结账划通栏单红线，年末结账划通栏双红线。

1. 对不需要按月结计本期发生额的账户，如债权、债务和各种财产物资明细账等，每次记账以后，都要随时结出余额，每月最后一笔余额即为月末余额。月结时，只需要在最后一笔经济业务记录之下通栏划单红线（注：红线是为了醒目，便于看账。会计上，单红线称为计算线，），不需要再结计一次余额。（一条单红线）

2. 库存现金、银行存款日记账和需要按月结计发生额的收入、费用等明细账，月结时，要在最后一笔经济业务记录下面通栏划单红线，结出本月发生额和余额，在摘要栏内注明“本月合计”字样，再在下面通栏划单红线。简而言之，即在“本月合计”上下各划一条通栏单红线。（两条单红线）

3. 需要结计本年累计发生额的某些账户（如本年利润、利润分配等），应在月结完后，再在下面的摘要栏内注明“本年累计”字样，并在下面通栏划单红线。（三条单红线）

12 月末的“本年累计”就是全年累计发生额，全年累计发生额的下面通栏划双红线（双红线表示封账，又称为结束线）。

4. 总账平时可不逐日结出余额，月末时结出发生额合计及余额。年终时，则要结出全年发生额和年末余额，在摘要栏内注明“本年合计”字样，并在合计数下面通栏划双红线。

5. 年度终了结账时，有余额的账户，要将其余额结转下年，并在摘要栏注明“结转下年”字样；在下一会计年度新建有关会计账户的第一行余额栏内填写上年结转的余额，并在摘要栏内注明“上年结转”字样。即将有余额的账户的余额直接记入新账余额栏内，不需要编制记账凭证，也不必将余额再记入本年账户的借方或贷方，使本年有余额的账户的余额变为零。因为，既然年末是有余额的账户，其余额应当如实地在账户中加以反映，否则，容易混淆有余额的账户和没有余额的账户之间的区别。

结账举例如表 6-22 所示。

表 6-22 库存商品总分类账

年		凭证号数	摘 要	借 方	贷 方	借或贷	余 额
月	日						
1	1		上年结转			借	80 000
12	31		本月合计（月结）	35 000	20 000	借	100 000
	31		本季累计（季结）	90 000	75 000	借	100 000
	31		本年累计（年结）	285 000	215 000	借	100 000
			结转下年			借	100 000

第六节 更换与保管会计账簿

一、会计账簿的更换

会计账簿的更换，是指在会计年度终了时，将上年度的会计账簿更换为次年度的新账簿。在每一会计年度结束，新一会计年度开始时，应按会计制度的规定，更换一次总账、日记账和大部分明细账。

年初更换账簿时，应将上年度各账户的余额直接记入新年度的相应账簿中，并在旧账簿中各账户的年终余额摘要内加盖“结转下年”戳记。新的会计记账规范规定，不需要再编制转账分录结平旧账。同时，在新账簿中相关账户的第一行摘要栏内加盖“上年结转”戳记，并在余额栏内记入上年余额即可。

有些财产物资明细账（如固定资产明细账、库存商品明细账）和债权债务明细账，因年度内变动不多，年初可以不必更换账簿，但在“摘要”栏内加盖“结转下年”戳记，以划分新旧年度之间的金额。各种备查账簿也可以连续使用。

在年度内，订本账记满更换新账时，办理与年初更换新账簿相似的手续。

二、会计账簿的保管

会计账簿是会计主体的重要经济档案，在经营管理中具有重要作用。因此，每一个会计主体都应按照国家有关规定，对会计账簿进行完善的管理。

（一）年末结账后，各种账簿应统一编号存档，妥善保管。建立新账后一般要把旧账送交总账会计集中统一管理，也可暂由本单位会计部门保管 1 年，期满后，由财务会计部门编造清册移交本单位的档案部门保管。合并、撤销单位的会计账簿，要根据不同情况，分别移交给并入单位、上级主管部门和档案部门指定的其他单位接受保管，并由交接双方在移交清册上签名盖章。

（二）账簿日常保管应由各自分管的记账人员负责，未经单位领导、会计机构负责人或有关人员批准，不许非经管人员翻阅、查看、摘抄和复制。除必要外（如司法介入），不得携带会计账簿外出。

对旧账簿归档保管的要求主要有以下几点。

1. 归类整理，装订成册。年末结账后，会计人员应在活页账簿前面加放“账簿启用表”和“经管账簿人员一览表”装订成册，并加盖封面，统一编号后，与各种订本账一并归档。

2. 编制清单，归档保管。各种账簿应按年度分类归档，编制目录，妥善保管。既保证在需要时能迅速查阅，又保证各种账簿的安全和完整。

3. 妥善保存，期满销毁。各种账簿的保管年限和销毁的审批程序，应按会计制度的规定严格执行。例如：库存现金日记账和银行存款日记账保管 25 年，总账和明细账保管 15 年，涉外账簿应长期保存。

本章小结

【基本内容小结】设置和登记账簿，是编制会计报表的基础，是连接会计凭证和会计报表的中间环节，起着承上启下的作用，在会计核算中具有重要意义。

账簿可以按其用途、外表形式、账页格式等不同标准进行分类。会计账簿登记，必须以经过审核的会计凭证为依据，并符合有关法律、行政法规和国家统一的会计制度的规定。

错账查找的方法主要有：差数法、尾数法、除 2 法、除 9 法、顺查法、逆查法。错账更正的方法有：画线更正法、红字更正法、补充登记法。

对账，就是对账簿记录所做的检查核对。结账，就是划线定期（月份、季度、半年度、年度）结示各账户发生额及余额的工作。

会计账簿的更换，是指在会计年度终了时，将上年度的会计账簿更换为次年度的新账簿。

【本章的重点与难点】本章的重点是日记账、总分类账、明细分类账的内容、格式、登记依据和登记方法；登记账簿的各种规则。本章的难点是会计账簿的设置与登记。

复习与思考

1. 什么是会计账簿？设置会计账簿的意义是什么？
2. 会计账簿有哪些种？
3. 登记账簿应遵守哪些基本规则？
4. 错账更正方法有哪些？其适用性如何？
5. 什么是会计账簿对账与结账？会计账簿对账和结账的内容有哪些？

课程实践

一、单项选择题

1. 实务中，对从银行提取现金的业务一般是（　　）

A. 根据库存现金收款凭证登记银行存款日记账

B. 根据库存现金收款凭证登记库存现金日记账

C. 根据银行存款付款凭证和库存现金收款凭证登记库存现金日记账和银行存款日记账

D. 根据银行存款付款凭证登记库存现金日记账和银行存款日记账

2. 多栏式银行存款支出日记账中银行存款每日支出合计数（　　）

A. 按日转记到银行存款收入日记账中

B. 按日转到银行存款日记账中

C. 定期转记到银行存款日记账中

D. 定期转记到银行存款收入日记账中

3. 记账凭证中应借应贷会计科目有错，而导致账簿记录错误，更正时可以采用（　　）

A. 划线更正法

B. 红字更正法

C. 补充登记法

D. 用红字填制一张记账凭证冲销原有错误记录的方法

4. 库存现金和银行存款日记账，根据有关凭证（　　）

A. 逐日逐笔登记　　B. 逐日汇总登记

C. 定期汇总登记　　D. 一次汇总登记

5 . 总分类账户发生额及余额对照表中，本期借方发生额合计等于本期贷方发生额合计，说明账户发生额记录（　　）

A. 肯定没有错误　　B. 肯定有错误

C. 基本正确　　D. 绝对正确

6. 债权、债务明细账的格式一般采用（　　）

A. 数量金额式　　B. 多栏式

C. 订本式　　D. 三栏式

7. 按经济业务发生时间的先后顺序逐日逐笔进行了登记的账簿是（　　）

A. 总分类账　　B. 日记账

C. 备查账　　D. 明细账

8. 总分类账适用于（　　）账簿。

A. 订本式　　B. 活页式

C. 多栏式　　D. 数量金额式

9. 不宜采用三栏式账页的是（　　）

A. 总账　　B. 应付账款明细账

C. 库存现金日记账　　D. 原材料明细账

10. 企业应于（　　）结账

A. 每项交易或者事项办理完毕时　　B. 每一工作日终了时

C. 一定时期终了时　　D. 会计报表编制完成时

11. 会计人员记账时误将应记入贷方科目的 500 元误记入借方。会计人员在查找该项错账时，应采用的方法是（　　）

A. 除 2 法　　B. 除 9 法

C. 差数法　　D. 尾数法

12. 会计人员记账时误将应记入贷方科目的 5 000 元误记入 500。会计人员在查找该项错账时，应采用的方法是（　　）

A. 除 2 法　　B. 除 9 法

C. 差数法　　D. 尾数法

二、多项选择题

1. 银行存款日记账登记的依据是（　　）

A. 银行存款收款凭证　　B. 银行存款付款凭证

C. 部分库存现金收款凭证　　D. 部分库存现金付款凭证

2. 总分类账与其所属明细分类账进行平行登记的要点有（　　）

A. 即登记有关总账，又登记所属的有关明细账

B. 在总账账户和明细账户的相同方向记录

C. 记入总账账户的金额等于记入有关明细账户的金额之和

D. 记入总账账户的金额等于记入有关明细账户的金额

3. “原材料”总分类账（　　）

A. 采用三栏式格式　　B. 不采用数量金额式格式

C. 采用多栏式格式　　D. 其所属的明细分类账采用数量金额式

4. 有关债权债务明细分类账（　　）

A. 为了详细反映结算情况而采用多栏式　　B. 根据有关收款凭证记账

C. 根据有关付款凭证记账　　D. 根据有关转账凭证记账

5. 总分类账户与其明细分类账户（　　）

A. 是性质不同的账户　　B. 核算对象相同

C. 登记的原始依据相同　　D. 采用平行登记方法

6. 下列各项中，可以不采用订本式账簿的有（　　）

A. 原材料明细账　　B. 库存现金日记账

C. 银行存款日记账　　D. 应付账款明细账

7. 红字更正法适用于更正（　　）的错误。

A. 记账前发现记账凭证上的文字和数字无误

B. 记账后发现原记账凭证上的借贷科目填错

C. 记账后发现原记账凭证上所填金额小于应填金额

D. 记账后发现原记账凭证上所填金额大于应填金额

8. 下列各项中，活页账的主要优点（　　）

A. 可以根据实际需要随时插入空白账页　　B. 可以防止账页散失

C. 可以防止记账错误　　D. 便于分工记账

9. 对账的主要内容有（　　）

A. 账簿资料的内外核实　　B. 账证核对

C. 账账核对　　D. 账实核对

10. 下列各项中，关于结账的说法正确的有（　　）

A. 总账账户应按月结出本月发生额和月末余额

B. 库存现金日记账应按月结出本月发生额和月末余额

C. 应收账款明细账应在每次记账后随时结出余额

D. 年终应将所有总账账户结计全年发生额和年末余额

11. 三栏式明细账格式适用于（　　）

A. “预收账款”明细账　　B. “生产成本”明细账

C. “应收账款”明细账　　D. “制造费用”明细账

12. 下列账簿中，可以跨年度继续使用的是（　　）

A. 银行存款日记账　　B. 库存现金日记账

C. 固定资产明细账　　D. 租入固定资产登记簿

三、判断题

1. “应付账款”等科目的明细核算通常采用多栏式明细账。（　　）

2. “原材料”等科目的明细核算通常采用三栏式明细账。（　　）

3. 账簿中书写的文字和数字一般应占格距的 1/2。（　　）

4. 结账时，应当结出每个账户的期末余额。需要结出当月发生额的，应当在摘要栏内注明“本月合计”字样，并在下面通栏划单红线。（　　）

5. 账簿中的文字和数字错误，可只划去错误的部分并进行改正。（　　）

6. 总账只进行金额核算，提供价值标准，不提供实物指标；而明细账有的只提供价值指标，有的既提供价值指标，又提供实物指标。（　　）

7. 多栏式明细账格式适用于有关费用、成本和收入、成果等账户。（　　）

8. 会计人员根据记账凭证登记时，误将 2 000 元记为 200 元，更正这种错误，一般应采用红字更正法更正。（　）

9. 在会计核算中，红笔只在改错、冲账和表示负数金额时使用。（　）

10. 三栏式账簿一般适用于费用、成本等明细账。（　）

第六章 会计账簿 课程实践题参考答案

一、单项选择题

1. D 2. A　3. B　4. A　5. C　6. D　7. B　8. A　9. D　10. C　11. A　12. B

二、多项选择题

1. ABD　2. ABC　3. ABD　4. BCD　5. BCD　6. AD　7. BD　8. AD　9. BCD　10ACD　11. AC　12. CD

三、判断题

1. ×　2. ×　3. √　4. ×　5. ×　6. √　7. √　8. ×　9. ×　10. ×

PART.07

第七章

财产清查

DIQIZHANG CAICHAN QINGCHA

能力目标

专业能力

了解财产清查的概念、一般对象和基本分类

理解永续盘存制的概念、计算过程及其优缺点

掌握实物资产清查的一般程序

掌握库存现金清查的范围、方法和账务处理

掌握银行存款清查的相关单据和一般程序

掌握往来款项清查的方法和一般程序

社会能力

能揭示不同的财产盘存制度对企业财产管理的影响

能指出不同的财产物资和往来款项应采用不同的清查方法

方法能力

梳理出财产清查的各种方法及账务处理的一般流程

能根据银行对账单编制银行存款余额调节表

能独立制订财产清查项目工作计划并实施

第一节 财产清查的意义和种类

一、财产清查的意义

（一）财产清查的概念

财产清查，又称财产检查，是指通过实地盘点、核对账目来确定各项财产物资、货币资金和债权债务的实存数，并将实存数与账面结存数进行核对，以查明账实是否相符的一种会计核算方法。

为了保证账簿记录的正确和完整，应当定期或不定期地进行账证核对和账账核对，检查账簿是否根据会计凭证进行了正确的登记。由于种种原因可能使各项财产物资的账面数额与实际结存数额发生差异，因此，必须在账证核对和账账核对的基础上，定期或不定期地进行账实核对，如果账实不符，应查明原因，调整账面数额，使账面数额与实际结存数额一致。

造成账实不符的原因主要有：

（1）在财产物资收发时，由于计量、检验不正确会发生品种、数量或质量上的差错。

（2）会计人员在登记账簿时，发生漏记、错记、重记或计算上的错误。

（3）在财产物资变动时，没有填制会计凭证、登记入账，或者在填制收发凭证、登记账目时发生了计算上的错误。

（4）各种财产物资在运输、保管过程中，由于自然升溢或损耗，会发生数量和质量上变化。

（5）在结算过程中，由于存在未达账项或拒付等原因而造成的账实不符。

（6）由于管理不善或工作人员的失职而发生的财产物资的残损、变质、短缺以及货币资金、往来账款的差错。

（7）由于不法分子的贪污、盗窃、营私舞弊等非法行为而造成的财产损失。

（8）发生自然灾害而造成的财产损失。

（二）财产清查的意义

1. 确保会计核算资料的真实可靠

通过财产清查，可以检查各项财产物资的实存数与其账面数是否相符，以及产生差异的原因，并及时调整账面记录，使其账实相符，从而保证会计账簿记录的真实性，为编制财务报表做好准备。

2. 促使单位健全财产物资的管理制度，确保财产物资的安全、完整

通过财产清查，可以发现财产管理制度执行情况和存在的问题，针对存在的问题分析原因，促使企业不断改进财产物资管理，建立和健全财产物资管理的内部控制制度，提高管理水平，确保财产物资的安全、完整。

3. 挖掘财产物资潜力，促进财产物资的合理利用，提高财产物资的使用效率

在财产清查中，不仅要对财产物资进行账实核对，还要查明各种财产物资的储存和使用情况，

以便分类排队，采取相应措施，提高财产物资使用效率。对储存不足的应及时补足，确保产销需要；对多余积压的财产物资应及时解决处理，防止盲目采购、盲目生产，造成积压、呆滞现象，从而充分挖掘各种资产的潜力。

4. 促使企业遵守财经纪律和结算制度

通过对库存现金、银行存款、往来账款及实物资产的清查，可以检查有关人员是否遵守财经纪律和结算制度，有无贪污、盗窃、挪用公款等营私舞弊的非法行为，使有关人员更加自觉地维护和遵守财经纪律。在财产清查中，对于债权债务等往来结算账款，也要与对方逐一核对清楚，对于各种应收、应付账款应及时核算，已确认的坏账要按规定处理，避免长期拖欠和常年挂账，维护企业的商业信用。

二、财产清查的种类

（一）按照财产清查的范围分类

1. 全面清查

全面清查就是对属于本单位或存放在本单位的所有财产物资进行全面盘点和核对。全面清查的对象主要包括：库存现金、银行存款等货币资金；各种应收、应付、预收、预付等往来结算款项；材料、在产品、半成品、产成品、商品等各项存货；房屋、建筑物、机器设备等各项固定资产；委托其他单位加工、保管及受其他单位委托加工、保管的财产物资等。

全面清查的特点：内容多，范围广，投入的人力物力多，花费的时间长。

全面清查一般在下列情况下进行：

（1）在年终决算之前，要进行一次全面清查，以保证年度财务报表资料的真实性；

（2）单位撤销、合并或改变隶属关系时，要进行一次全面清查，以明确经济责任；

（3）开展资产评估、清产核资等活动，需要进行全面清查，摸清家底，确定实有资金数，以便按需要组织资金的供应；

（4）单位主要领导调离工作前；

（5）中外合资、国内合资前；

（6）企业改制前。

2. 局部清查

局部清查也称重点清查，就是根据管理的需要或依据有关规定，对部分重点财产物资、债权债务进行盘点和核对。

局部清查的特点：投入的人力少，花费的时间短，清查的范围小，内容少，但专业性较强。

局部清查一般在下列情况下进行：

（1）对于流动性较大的材料、在产品、库存商品等，除年度清查外，年内还要轮流盘点或重点抽查；

（2）对于各种贵重物资，每月应清查盘点一次；

（3）对于库存现金，应由出纳人员当日清点核对；

（4）对于银行存款和短期借款（银行借款），每月要同银行核对一次；

（5）对于各种应收账款，每年至少应当核对一次至两次。

如遭受自然灾害或发生盗窃事件，以及更换实物保管人时，应对有关财产物资或资金进行局部的清查和盘点。

（二）按照财产清查的时间分类

1. 定期清查

定期清查就是按事先规定的时间内对财产物资、债权债务所进行的清查。一般是在年度、季度、月份终了后进行。定期清查，可以是局部清查，如每日结账时，对库存现金进行的账实核对；也可以是全面清查，如在年终决算之前的清查。定期清查的目的，主要是保证会计资料的真实性。

2. 不定期清查

不定期清查也称临时清查，是指事先并无计划安排，而是根据实际需要而临时进行的清查。同定期清查一样，不定期清查可以是全面清查，也可以只进行局部清查。不定期清查的主要目的在于分清责任，查明情况。

不定期清查主要是在以下几种情况下进行：

（1）更换财产物资和库存现金的保管人员时，要对有关人员所保管的财产物资和库存现金进行清查，以分清经济责任；

（2）发生自然灾害等非常损失时，要对受灾害损失的有关财产物资进行清查，以查明损失情况；

（3）单位撤销、改制、吸收外商投资、对外投资、合并或改变隶属关系时，为摸清家底应对本单位的各项财产物资、货币资金、债权债务进行清查；

（4）上级主管部门、财政、审计、银行等部门，对本单位进行会计检查，应按检查的要求和范围对财产进行清查，以验证会计资料的可靠性。

（三）按照财产清查的执行单位分类

1. 内部清查

内部清查是指企业内部自行组织的财产清查。财产清查大多属于内部清查。

2. 外部清查

外部清查是指由上级主管部门、审计机关、司法部门、注册会计师等根据有关规定对企业进行的财产清查。

第二节 财产清查的方法

一、财产清查的程序

财产清查的程序是指清查工作步骤的先后顺序。财产清查是一项复杂而细致的工作，涉及面比较广、工作量比较大，为了顺利完成清查任务，保证清查质量，必须有计划、有组织地按一定程序进行。财产清查可分为准备、实施、分析处理 3 个阶段。

（一）准备阶段

1. 组织准备

主要工作是落实清查工作的负责人，并从会计、业务、保管等部门抽调专职人员成立清查小组，研究制定清查方案，明确本次清查的目的和要求，学习掌握清查的方法和技术等。

2. 业务准备

（1）会计部门的账簿资料准备。在财产清查前，将有关账簿登记齐全，正确结账和对账，保证账证相符和账账相符；

（2）物资保管部门的物资整理准备。财产物资的保管和使用等业务部门在财产清查前将有关财产物资分类排列整齐，并加挂标签，标明财产的品种、规格和结存数量，以便清查时与账簿记录核对；

（3）财产清查人员的清查量具准备。准备好各种必要的度量器具，并确保其准确可靠；

（4）其他准备。准备好有关清查的各种表册，如“盘存表”、“实存账存对比表”、“未达账项登记表”等，以便登记；取得银行存款和各种结算款项的对账单，以便清查核对。

（二）实施阶段

各项准备工作结束以后，清查人员应根据各类财产物资的不同特点，分别采取与之相对应的方法对其数量、质量、品种、类别、金额等予以盘点，并做好盘点记录。盘点结束，清查人员应根据盘点记录编制如下所示“盘存表”，并由盘点人员、保管人员及相关人员签名盖章，以便明确责任。然后，清查人员还要根据盘存表资料和有关账簿资料填制如下所示“实存账存对比表”，检查账实是否相符，并将对比结果填入表 7-1、表 7-2。

表 7-1 盘存表

单位名称：　　　　盘点地点：　　　　编号：

财产类别：　　　　存放地点：　　　　盘点时间：

编 号	名 称	计量单位	数 量	单 价	金 额	备 注

盘点人签章：　　　　保管人签章：

表 7-2 实存账存对比表（又称盘点盈亏报告单）

单位名称：　　　　年 月 日

编号	类别及名称	计量单位	单价	实存		账存		对比结果				备注
								盘盈		盘亏		
				数量	金额	数量	金额	数量	金额	数量	金额	

单位负责人签章：　　　　填表人签章：

（三）分析处理阶段

1. 对清查所确定的差异进行分析并上报

对财产清查所确定的实存数与账存数的差异，要认真分析其性质和原因，明确经济责任，提出改进的意见和措施，并按规定程序上报有关部门和领导；

2. 进行账务处理

对盘盈、盘亏的财产，按规定报请有关部门批准后，分别作相应的账务处理，同时调整相应的账簿记录。

二、财产清查盘存制度

财产清查盘存制度是指财产清查盘存的原则和方法。按照确定财产物资账面结存数量的依据不同，财产清查的盘存制度可分为“永续盘存制”和“实地盘存制”两种。在不同的盘存制度下，财产物资在账簿中的记录方法和清查的目的是不同的。

（一）永续盘存制

永续盘存制也称账面盘存制。它是指平时对各种财产物资的增减变动都必须根据会计凭证在会计账簿中进行连续登记，并随时在账面上结出其结存数量的一种盘存方法。

采用这种方法，必须按财产物资的品种，设置数量金额式明细账并详细记录，以便及时地反映各项财产物资的收入、发出和结存的情况。

永续盘存制的优点是有利于从数量和金额两方面加强对财产物资的控制和管理。缺点是日常财产物资的明细账簿登记、核算工作量较大，需要耗用较多的人力和费用，容易产生账实不符的情况。

为保证账实相符，采用永续盘存制的单位，仍需对财产物资进行实地盘点，以确定其实存数并将其与账面结存数核对。在实际工作中，大多数单位采用永续盘存制。

$$账面期末余额=账面期初余额+本期增加额-本期减少额$$

例 7–1 某企业 20×× 年 9 月份，乙材料的期初结存及购进、发出的资料如下：期初结存 100 件，单价 10 元；3 日购进 200 件，单价 11 元；10 日发出 200 件；15 日购进 300 件，单价 12 元；20 日及 25 日分别发出 200 件和 100 件。材料发出采用先进先出法进行核算。

根据上述资料，采用永续盘存制，在材料明细账上的记录如表 7-3 所示。

表 7-3 材料明细账

品名：乙材料　　　　计量单位：件

20×× 年		摘要	收入			发出			结存		
月	日		数量	单价	金额	数量	单价	金额	数量	单价	金额
9	1	期初余额							100	10	1 000
	3	购进	200	11	2 200				100	10	1 000
									200	11	2 000

续表

20×× 年		摘要	收 入			发 出			结 存		
月	日		数量	单价	金额	数量	单价	金额	数量	单价	金额
	10	发出				100 100	10 11	1 000 1 100	100	11	1 100
	15	购进	300	12	3 600				100 300	11 12	1 100 3 600
	300	11				100 100	11 12	1 100 1 200	200	12	2 400
	12	1 100				100	12	1 200	100	12	1 200
9	30	合计	500		5 800	500		5 600	100	12	1 200

通过该例可以看出，采用永续盘存制，乙材料在 9 月份的收入、发出和结存在账簿中都进行了逐项登记。期末账簿上的结存数量，可通过实地盘点加以核对。

（二）实地盘存制

实地盘存制，又称实地盘存法，也叫以存计销制（商品流通企业叫法）或以存计耗制（工业企业叫法）。它是指平时只在账簿记录中登记各项财产物资的增加数，不登记减少数，期末通过实物盘点来确定其结存数并据以倒挤出本期财产物资减少数的一种盘存方法。其计算公式如下：

期末结存金额＝期末盘点数量 × 单价

本期财产物资减少数＝期初账面结存数量＋本期增加数量－期末盘点实际结存数量

例 7–2 上例中，期末盘点，乙材料的实际结存数量为 80 件。采用实地盘存制登记乙材料明细账如表 7-4 所示。

表 7-4 材料明细账

品名：乙材料　　　　计量单位：件

20×× 年		摘要	收 入			发 出			结 存		
月	日		数量	单价	金额	数量	单价	金额	数量	单价	金额
9	1	期初余额							100	10.00	1 000
	3	购进	200	11	2 200						
	15	购进	300	12	3 600						
	20	盘点							80	11.33	906.40
	25	发出				520		5 893.60			
9	30	合计	500		5 800	520		5 893.60	80	11.33	906.40

材料明细账中，期末结存数 80 件，是通过实地盘点得出的，其单价 11.33 元是按期初结存及本期购进材料的加权平均数计算的（实务中，材料发出的计价方法还有：个别计价法、先进先出法、移动平均法等）；发出材料的数量及金额是根据上述公式计算得出的。

实地盘存制的优点是平时不结出账面余额，工作手续简便，省去了对财产发出数及每日结存数的详细记录。缺点是账簿中无法随时反映财产物资的发出数和结存数，并有可能将损耗、浪费、被盗等的财产物资全部算入本期的发出额，不利于对财产物资的控制。

实地盘存制是一种不完善的财产物资管理方法，一般不宜采用。所以，在实际工作中，除少数库存商品、鲜活商品外，一般都采用永续盘存制。

三、财产清查的具体方法

（一）实地盘点法

实地盘点法是通过实地逐一点数或用计量器具确定财产物资实存数量的一种清查方法，这种方法要求严格，清查彻底，数字准确可靠，清查质量高，适用范围较广且易于操作，大部分实物资产均可采用，但工作量大。

（二）技术推算法

技术推算法又称技术匡算法、技术估算法，它是通过估值技术推算确定财产物资实存数量的一种方法。对有些价值低、数量大或难以逐一清查的财产物资，可以在抽样盘点的基础上，运用估值技术推算，从而确定其实存数量。这种方法盘点工作量小，但不够准确，是实地盘点法的一种补充方法。该方法适用于大堆存放、物体笨重、价值低廉、不便逐一盘点的实物资产（如砂石、煤堆等）的盘点。

（三）账面价值法

账面价值法是根据财产物资的账面单位价值来确定实存金额的方法。即根据各项财产物资的实存数量乘以账面单位价值，计算出各项财产物资的实存金额。

（四）查询核实法（询证核对法）

查询核实法是依据本单位的账簿记录，与对方的账证进行核对，清查财产物资、货币资金、债权债务数量及其价值量的方法。这种方法根据查询结果，分析确定有关财产物资、货币资金、债权债务的实物量和价值，适用于债权债务、出租出借的财产物资以及外埠存款的查询核实。

四、各种财产物资的清查方法

（一）库存现金的清查

库存现金的清查采用实地盘点法。库存现金的清查包括两种情况：一是出纳人员应当每天进行盘点并与库存现金的账面余额进行核对。二是由清查小组对库存现金进行定期或不定期清查。

清查小组清查时，应注意：

（1）为了明确责任，盘点时，出纳人员必须在场，并配合清查人员逐一清点库存现金的实存数，与库存现金日记账的余额核对，以检查账实是否一致。在清查时应注意有无违反财经纪律、将白条（借条、收据）抵冲库存现金的现象，有无挪用、坐支库存现金或库存现金超过库存限额的情况，如果发现应予以纠正。

（2）检查财务处理是否合理合法，账簿记录有无错误，以确定账存与实存是否相符等。

（3）盘点结束，填制“库存现金盘点报告表”，由盘点人员、出纳人员及有关负责人签名盖章，并据以编制记账凭证，调整账簿记录。库存现金盘点报告表的一般格式如表 7-5 所示。

表 7-5 库存现金盘点报告表

单位名称：　　　　年　月　日　　　　单位：元

币别	实存金额	账存金额	对比结果		备注
			盘盈（长款）	盘亏（短款）	

负责人签章：　　　　盘点人签章：　　　　出纳员签章：

有价证券（国库券、其他金融债券、公司债券、股票等）的清查与现金的清查方法相同。

（二）银行存款的清查

银行存款的清查，采用账目核对法，即将企业出纳人员登记的银行存款日记账与开户银行转来的对账单进行核对，检查二者是否相符。

在同银行核对账目之前，应检查本单位银行存款日记账的正确性和完整性，然后，与银行对账单逐笔核对。对每笔款项的收（付）金额、日期、凭证号码以及余额都要仔细核对，以检查账项有无记录错误。银行对账单尽管是逐笔记录了本企业银行存款的存入、支用和结存情况，但其结存余额也常常与企业的银行存款日记账的余额不一致。形成这种情况的原因大致有二个：一个是本单位与银行之间的一方或同时双方记账有错误，这在清查中即可纠正；另一个原因是未达账项造成的。

未达账项，是指在开户银行和单位之间，对于同一款项的收付业务，由于结算凭证传递时间和记账时间的不同，发生一方已经入账而另一方尚未入账的会计事项。

未达账项一般有 4 种类型。

①企业送存银行的款项，企业已登记银行存款的增加，银行未办妥手续尚未收讫记账（企业已收，银行未收）。

②企业开出支票从银行中付出的款项，企业已登记存款的减少，银行未支付或未办理转账手续尚未付款记账（企业已付，银行未付）。

③银行代企业收进的款项，银行已登记企业存款的增加，企业尚未收到通知未登记入账（银行已收，企业未收）。

④银行代企业支付的款项，银行已登记企业存款的减少，企业尚未收到通知未登记入账（银行已付，企业未付）。

上述①②两种情况属于银行未达账项，③④两种情况属于企业未达账项。单位在接到银行转来的对账单时，应尽快与银行日记账逐日逐笔核对，找出未达账项，填制“未达账项登记表”，如表 7-6 所示。

表 7-6 未达账项登记表

单位名称： 年 月 日 单位：元

未达账项种类	摘要	结算凭证种类号数	记账凭证种类号数	金额	备注
① 企业已收，银行未收账项					
② 企业已付，银行未付账项					
③ 银行已收，企业未收账项					
④ 银行已付，企业未付账项					

核对人签章： 出纳员签章：

任何一种未达账项的发生，都会造成开户银行与企业账面的余额的不一致。为剔除未达账项的影响，企业可编制“银行存款余额调节表”，将企业银行存款日记账余额和银行对账单余额都调整为正确数额，即将企业银行存款日记账余额和银行对账单余额分别补记一方已入账而另一方尚未入账的金额（包括增加金额和减少金额），然后验证调节后的存款余额两者是否一致。如果一致，可表明企业与银行的账目没有差错。否则，说明记账有误，应进一步查明原因，及时更正。

调节方法的计算公式如下：

企业银行存款日记账余额 + ③ − ④ = 银行对账单余额 + ① − ② （余额调节法）

或者：

企业银行存款日记账余额 = 银行对账单余额 + ① + ④ − ② − ③

银行对账单余额 = 企业银行存款日记账余额 + ② + ③ − ① − ④

银行对账单余额 − 企业银行存款日记账余额 = （③ − ④） − （① − ②） （差额调节法）

例 7–3 某企业 20× × 年 11 月末，银行存款日记账余额为 85 500 元，银行对账单余额为 97 000 元。双方经逐笔核对后，找出以下未达账项：

（1）企业于月末收到某单位转账支票一张，金额为 20 000 元，将支票送交银行。企业已将其作为银行存款收入入账，但银行尚未办理入账手续。

（2）企业于月末开出转账支票一张，金额为 21 500 元，企业已将其作为银行存款支出入账，但持票人尚未到银行办理转账手续，银行尚未入账。

（3）企业委托银行代收的销货款 12 000 元，银行已收到入账，但企业尚未收到银行的收账通知，尚未入账。

（4）银行代付的水电费 2 000 元，已入账，但企业尚未收到付款通知，尚未入账。

根据上述资料编制“银行存款余额调节表”，如表 7-7 所示。

表 7-7 银行存款余额调节表

单位名称： 20× × 年 11 月 30 日 单位：元

项　目	金 额	项　目	金 额
银行存款日记账余额	85 500	银行对账单余额	97 000
加：银行已收款入账 企业尚未入账	12 000	加：企业已收款入账 银行尚未入账	20 000
减：银行已付款入账 企业尚未入账	2 000	减：企业已付款入账 银行尚未入账	21 500
调节后存款余额	95 500	调节后存款余额	95 500

上表中调节后存款余额是清查单位在银行存款的实有数。需要注意的是，未达账项不是错账、漏账，不能根据“银行存款余额调节表”进行账务处理，因为“银行存款余额调节表”只是一种对账记录或对账工具，并不是银行存款收付业务发生的原始凭证，双方账面仍保持原有的余额，企业必须待相关银行存款收付业务结算凭证到达以后，再作账务处理。

其他货币资金的清查与银行存款的清查方法基本相同。

实务操作

根据下列资料，编制银行存款余额调节表。

某企业20××年11月末，银行存款日记账余额为96 000元，银行对账单余额为122 208元。双方经逐笔核对后，找出以下未达账项：

1. 企业于月末收到某单位转账支票一张，金额为22 600元，将支票送交银行。企业已将其作为银行存款收入入账，但银行尚未办理入账手续。

2. 企业于月末开出转账支票一张，金额为20 000元，企业已将其作为银行存款支出入账，但持票人尚未到银行办理转账手续，银行尚未入账。

3. 企业委托银行代收的销货款28 000元，银行已收到入账，但企业尚未收到银行的收账通知，尚未入账。

4. 银行结算企业存款利息收入为2 600元，已存入企业存款户，但企业尚未收到利息收入通知而未入账。

5. 企业将本月的存款利息853元，在账上误记为385元。

6. 银行代付的水电费3 390元，已入账，但企业尚未收到付款通知，尚未入账。

7. 银行误将其他公司支票1 130元，误计入本企业账户。

答案如表7-8所示。

表7-8 银行存款余额调节表

单位名称： 20××年11月30日 单位：元

项 目	金 额	项 目	金 额
银行存款日记账余额	96 000	银行对账单余额	122 208
加：银行已收款入账 企业尚未入账及少记利息	28 000+2 600+468	加：企业已收款账 银行尚未入账	22 600
减：银行已付款入账 企业尚未入账	3 390	减：企业已入付款账 银行尚未入账及银行误记款	20 000+1 130
调节后存款余额	123 678	调节后存款余额	123 678

（三）往来款项的清查

往来款项的清查，是指对本单位与其他单位发生的各种债权、债务等结算业务进行的清查。往来款项包括应收账款、应付账款、应收票据、应付票据、其他应收款、其他应收款、预收账款、预付账款等。

往来款项的清查应采用查询核实法（又称发函询证法），即是通过信函、电询或面询等方式，同对方单位核对账目的方法。在核对前，清查单位应先将本单位往来款项账上记录核对清楚，确认准确无误后，再向对方填发对账单。对账单一式两联，一份由对方留存，另一份作为回单。对方单位如核对相符，应在回单上注明“核对相符”字样，并盖章返回；如发现数额不符，应在回单上注明不符情况或另抄对账单退回，作为进一步核对的依据。

对于清查过程中有争议或确实无法收回的款项，应编制“往来款项清查表”及时采取措施加以处理，以便减少坏账损失，避免呆滞款项长期挂账。按规定为个人垫付的各种款项，也应列示清单与本人核对，并督促其及时归还。其格式如表 7-9、表 7-10 所示。

表 7-9 往来款项对账单

单位：	地 址：		编号：
会计科目名称	截止日期	经济事项摘要	账面余额

表 7-10 往来款项清查表

总账科目： 年 月 日 单位：元

明细科目	账面结存金额	对方核实金额	大于对方金额	小于对方金额	差异原因分析				备注
					未达账项	有争议账项	拒付账项	坏账	

清查人员签章 记账人员签章

对于未达账项，双方都应编制调节表剔除未达账项，以验证往来款项是否相符，待有关原始凭证到达后再登记入账；对于坏账，应作坏账损失处理；对于有争议账项及拒付账项应及时协调解决。

（四）实物的清查

实物的清查范围包括固定资产、库存原材料、自制半成品、库存商品、周转材料、在途物资、委托外单位加工物资、存放在外埠的材料物资以及代其他单位保管的物资。

实物的清查，一般采用实地盘点和技术推算的方法，按照其实物的不同特点逐一点数、过秤或丈量。对于有些价值比较低、成堆存放和无法精确计量的存货，如土、石子、沙子和煤等，可采用技术推算的方法进行盘点。

对于实物的质量，应根据不同的实物采用不同的检查方法，如有的采用物理方法，有的采用化学方法来检查实物的质量。

对于盘点结果，应将数量和质量情况，如实登记在“盘存单”上，并由盘点人员和实物保管人员签章。“盘存单”是记录盘点结果的书面证明，也是反映财产物资实存数的原始依据。

为了查明实存数与账存数是否相符，确定盈亏情况，应根据“盘存单”和有关账簿记录编制“实存账存对比表”。该表是用以调整账簿记录的重要原始凭证，也是分析差异原因、明确经济责任的依据。

第三节 财产清查结果的处理

一、财产清查结果的处理要求

对于财产清查中发现的问题，如财产物资的盘盈、盘亏、毁损或其他各种损失，应核实情况、调查分析产生的原因，按照国家的有关政策、法令、制度和规定进行相应的处理。具体要求包括：

（一）分析产生差异的原因和性质，提出处理建议

对于财产清查所发现的盘盈、盘亏，应及时查明原因，明确经济责任，并依据有关规定进行处理。

1. 对于一些合理的物资损耗等，只要在规定的损耗标准和范围内，会计人员可按照规定及时作出处理。

2. 对于超出规定职权范围，会计人员无权自行处理，应及时报请单位负责人作出处理：

（1）一般来说，个人造成的损失，应由个人赔偿；

（2）因管理不善原因造成的损失，应作为企业管理费用入账；

（3）因自然灾害造成的非常损失，列入企业的营业外支出。

（二）积极处理多余积压财产，清理往来款项

对于财产清查中发现的多余、积压物资，应分别不同情况处理。属于盲目采购或者盲目生产等原因造成的积压，一方面积极利用或者改造出售，另一方面要停止采购或生产。同时，要积极清理债权债务，一方面积极催收应收款项，维护企业合法权益，加快资金回收，另一方面也要尽快按照合同要求偿还应付账款，维护企业信誉。

（三）总结经验教训，建立健全各项管理制度

财产清查后，要针对存在的问题和不足，总结经验教训，采取必要的措施，弥补管理漏洞，建立健全各项财产管理制度，进一步提高财产管理水平。

（四）及时调整账簿记录，保证账实相符

对于财产清查中发现的盘盈或盘亏，应及时调整账面记录，以保证账实相符。要根据清查中取得的原始凭证编制记账凭证，登记有关账簿，及时调整账面记录，使各种财产物资的账存数与实存数相一致，从而保证会计核算资料的真实可靠。

二、财产清查结果的处理程序

财产清查如果账实相符，就不必进行账务处理。如果账实不相符，无论是盘盈还是盘亏，都需要进行账务处理，调整账存数。盘盈时，调增账存数；盘亏时，调减账存数，使其与实存数相符。

（一）财产清查结果的账务处理程序

首先，将已查明属实的财产物资盘盈、盘亏数字，根据有关原始凭证编制记账凭证，据以记入有关账户，调整账面记录，使各项财产物资的实存数与账存数完全一致。（审批前）

其次，按照差异的原因和报经批准的结果，以上级有关部门审批后的处理决定文件为原始凭证，填制记账凭证，登记有关账簿。（审批后）

（二）应设置的主要账户

为了核算在财产清查中所查明的各项财产物资的盘盈、盘亏及其处理情况，需设置“待处理财产损益”账户。该账户属于资产类，借方登记发生的待处理财产物资的盘亏数和结转已批准处理的财产物资盘盈数；贷方登记发生的待处理财产物资的盘盈数及批准转销的待处理财产物资的盘亏数，如为借方余额，表示尚待批准处理的净损失，如为贷方余额，表示尚待批准处理的净盈余。该账户下设置“待处理流动资产损益”和“待处理固定资产损益”两个明细分类账户，分别对流动资产损益和固定资产损益进行核算。

根据现行会计制度的规定，盘盈财产冲减“管理费用”账户或记入“营业外收入”账户，将盘亏财产记入“营业外支出”或其他账户。同时规定，待处理流动资产损益，要求在期末结账前或最迟在对外提供财务报告时处理完毕。所以，该账户在期末没有余额，是一个临时过渡性账户。

三、财产清查结果的账务处理

（一）库存现金盘盈、盘亏的账务处理

1. 库存现金盘盈的账务处理

对于盘盈的库存现金，首先应依据“库存现金盘点报告表”，编制会计分录，借记“库存现金”账户，贷记“待处理财产损益—待处理流动资产损益”账户，并调增库存现金的账面数，使库存现金的账存数与实存数一致。其次是按规定程序报经上级有关部门批准后进行处理，属于应支付给有关人员或单位，应借记“待处理财产损益—待处理流动资产损益”账户，贷记“其他应付款—应付现金溢余（××个人或单位）”账户；属于无法查明原因的库存现金溢余，批准后或者期末时借记“待处理财产损益—待处理流动资产损益”账户，贷记“营业外收入—现金溢余” 账户。

例 7–4 某日盘点库存现金时发现库存现金溢余 3 000 元，原因待查。依据“库存现金盘点报告表”，编制会计分录为

借：库存现金　　3 000

　　贷：待处理财产损益—待处理流动资产损益　　3 000

经查明，库存现金溢余的3 000元中，800元属于少付给职工王某的款项；2 200元无法查明原因，经批作为营业外收入处理。编制会计分录为：

借：待处理财产损益—待处理流动资产损益　　3 000

　　贷：其他应付款—应付现金溢余（王某）　　800

　　　　营业外收入—现金溢余　　2 200

2. 库存现金盘亏的账务处理

对于盘亏的库存现金，应依据“库存现金盘点报告表”编制会计分录，借记“待处理财产损益—待处理流动资产损益”账户，贷记“库存现金”账户。对于盘亏库存现金的处理，属于责任人或保险公司赔偿的部分，索赔时应记入“其他应收款”账户；属于无法查明的其他原因，根据管理权限，当期经批准后或者期末时，作为增加“管理费用”处理。

例7–5 企业在财产清查中，发现库存现金短款800元，原因待查。

依据“库存现金盘点报告表”，编制会计分录为：

借：待处理财产损益—待处理流动资产损益　　800

　　贷：库存现金　　800

经查，上述库存现金短款中500元属于出纳张某工作失误造成的，应由张某赔偿，其他无法查明原因，经批准作为管理费用处理。会计分录为：

借：其他应收款—张某　　500

　　管理费用—现金短缺　　300

　　贷：待处理财产损益—待处理流动资产损益　　800

案例分析与问题讨论

楚风公司出纳员小李由于刚参加工作不久，对于货币资金业务管理和核算的相关规定不甚了解，所以出现一些不应有的错误，有一件事情让他印象深刻，至今记忆犹新。

在20××年6月8日和10日两天的库存现金业务结束后例行的库存现金清查中，分别发现库存现金短缺50元和库存现金溢余20元的情况，对此他经过反复思考也弄不明白原因。为了保全自己的面子和息事宁人，同时又考虑到两次账实不符的金额又很小，他决定采取下列办法进行处理：库存现金短缺50元，自掏腰包补齐；库存现金溢余20元，暂时收起。

问题：

1. 小李对上述业务的处理是否正确？为什么？

2. 你能给出正确答案吗？

答案提示：

楚风公司出纳员小李对其在20×× 年6月8日和10日两天的库存现金清查结果的处理方法是错误的。他的处理方法的直接后果可能会掩盖公司在库存现金管理与核算中存在的诸多问题，有时可能会是重大的经济问题。因此，凡是出现账实不符的情况时，必须按照有关的会计规定进行处理。按照规定，对于库存现金清查中发现的账实不符，即库存现金溢缺情况，首先应通过“待处理财产损益——待处理流动资产损益”科目进行核算。待查明原因后按要求进行处理。

（二）存货盘盈、盘亏的账务处理

1. 存货盘盈的账务处理

对于盘盈的存货，首先应根据“账存实存对比表”编制会计分录，借记“原材料”或“库存商品”等账户，贷记“待处理财产损益—待处理流动资产损益”账户，并调增有关存货的账面数，使其账存数与实存数完全一致。然后根据上级批复意见进行处理或者期末时进行处理。

例 7–6 企业在财产清查中，盘盈材料 2 吨，价值 2 500 元，盘盈时，根据“账存实存对比表”的记录，编制会计分录为

借：原材料　　　　2 500

　　贷：待处理财产损益——待处理流动资产损益　　　　2 500

经查，这批盘盈材料是因计量有误所造成的，当期经批准或者期末时冲减本月管理费用。编制会计分录为

借：待处理财产损益——待处理流动资产损益　　　　2 500

　　贷：管理费用　　　　2 500

2. 存货盘亏的账务处理

对于盘亏的存货，应根据“账存实存对比表”编制会计分录，借记“待处理财产损益——待处理流动资产损益”账户，贷记“原材料”或“库存商品”等账户。

对于盘亏存货的一般处理方法是：①对于回收的残料价值，记入“原材料”等账户；②属于定额内的自然损耗，转作“管理费用”；③属于应由保险公司和过失人的赔偿，记入“其他应收款”；④盘亏的存货在扣除过失人、保险公司赔偿和残值之后的净损失，属于一般经营损失的部分，记入“管理费用”，属于非常损失的部分，记入“营业外支出”。

例 7–7 某企业在临时清查中，发现仓库中实际库存的原材料因意外火灾短缺 9 000 元。材料购进时的增值税税率为 17%。

盘亏时，根据“账存实存对比表”的记录，编制会计分录为

借：待处理财产损益——待处理流动资产损益　　　　1 0530

　　贷：原材料　　　　9 000

　　　　应交税费——应交增值税（进项税额转出）　　　　1 530

经查明，管理员过失应赔款 100 元，保险公司同意赔款 2 000 元，残料作价 900 元入库。当期经有关部门批准后，据此编制记账凭证，结转“待处理财产损益—待处理流动资产损益”账户。编制会计分录为：

借：其他应收款——某管理员　　100

　　——保险公司　　2 000

　原材料　　900

　营业外支出　　7 530

　贷：待处理财产损益——待处理流动资产损益　　10 530

（三）固定资产盘盈、盘亏的账务处理

1. 固定资产盘盈的账务处理

根据 2006 年《企业会计准则》规定，盘盈的固定资产属于重要的前期差错，企业应通过“以前年度损益调整”账户予以调整，并将调整的对净利润的影响金额转入“利润分配—未分配利润”账户。

例 7–8 某企业在财产清查中，盘盈机器一台，估计其重置价值为 30 000 元（假定与其计税基础不存在差异）。假设该企业按净利润的 10% 提取法定盈余公积，不考虑相关税费及其他因素的影响。

①盘盈时，根据“账存实存对比表”的记录，编制会计分录为：

借：固定资产　　30 000

　贷：以前年度损益调整　　30 000

②结转留存收益时，编制会计分录为：

借：以前年度损益调整　　30 000

　贷：盈余公积——法定盈余公积　　3 000

　利润分配——未分配利润　　27 000

2. 固定资产盘亏的账务处理

对于盘亏的固定资产，首先应依据“账存实存对比表”，按盘亏固定资产的账面价值，借记“待处理财产损益”科目；按已提的折旧，借记“累计折旧”科目；按其账面原值，贷记“固定资产”科目。然后，当期批准时或者期末时根据不同情况作出处理，对于自然灾害所造成的固定资产毁损，在扣除保险公司赔款和残值收入后，应列作营业外支出；责任事故所造成的固定资产毁损，应由责任人酌情赔偿损失；丢失固定资产，应列作营业外支出。

例 7-9 企业在财产清查中，盘亏设备一台，其账面原值为 50 000 元，已提的折旧 16 000 元。

盘亏时，根据“账存实存对比表”的记录，编制会计分录为：

借：待处理财产损益——待处理固定资产损益　　34 000

　累计折旧　　16 000

　贷：固定资产　　50 000

经查明属于管理不善，该损失由责任人赔偿 10%，其余作为营业外支出处理。根据批准文件或者期末时，编制会计分录为：

借：其他应收款　　3 400
　　营业外支出　　30 600
　　贷：待处理财产损益——待处理固定资产损益　　34 000

实务操作

根据下列财产清查资料，编制会计分录。

1. 库存现金短款 140 元。经查明，其中 50 元应由出纳员承担责任，另 90 元无法查明原因，经批准作管理费用。

2. 库存现金长款 1 000 元。经查明，库存现金长款的 1 000 元中，800 元属于少付给职工王某的款项；200 元无法查明原因，经批准作为营业外收入处理。

3. 盘盈材料 1 吨，价值 3 500 元。经查，这批盘盈材料是因计量有误所造成的，当期经批准冲减本期管理费用。

4. 盘亏材料一批，价值 9 500 元。经查明，定额内损耗为 1 000 元，管理员过失为 100 元，非常损失为 7 000 元，保险公司同意赔款 1 000 元，残料作价 400 元入库。

5. 盘亏设备一台，其账面原值为 500 000 元，已提折旧 300 000 元。经查明属于管理不善，该损失由责任人赔偿 1%，其余作为营业外支出处理。

（四）往来款项清查结果的账务处理

在财产清查中，查明确实无法收回的应收款项和无法支付的应付款项，按规定不通过“待处理财产损益”账户核算，而是在原来账面记录的基础上，按规定程序报经批准后，直接转账冲销。对无法收回的应收款项，即坏账损失，在提取坏账准备的企业，冲减坏账准备，对无法支付的应付账款经批准后，直接转作“营业外收入”。

1. 应收款项清查结果的账务处理

（1）坏账损失的概念

企业的各项应收款项，可能会因购货方拒付，破产等原因而无法收回。这类无法收回的应收款项就是坏账。其给企业带来的损失称为坏账损失。

（2）坏账损失的核算

对于坏账损失，一般有两种会计处理方法：直接转销法和备抵法。

①直接转销法

采用直接转销法时，日常核算中应收款项可能发生的坏账损失不予考虑，只有在实际发生坏账损失时，才作为坏账损失计入当期损益，同时冲销应收款项。这种方法会计处理简单，但不符合权责发生制原则和配比原则。所以会计制度规定，企业对坏账的核算采用备抵法。

②备抵法

备抵法是指按期估计坏账损失，提取坏账准备并计入当期损益，实际发生坏账损失时再冲减坏账准备的方法。

为此，企业应设置“坏账准备”账户，该账户属于资产类，核算企业应收款项的坏账准备计提、转销等情况，是应收款项的抵减调整账户。其借方登记实际发生的坏账损失金额和冲减多提的坏账准备金额，贷方登记当期计提的坏账准备金额以及已确认转销的应收款项以后又收回的金额，余额一般在贷方，表示已计提但尚未转销的坏账准备金额。

企业还应设置“信用减值损失”账户，该账户属于损益类，核算企业计提的各项资产减值准备所形成的损失。期末，应将本账户余额转入“本年利润”账户，结转后本账户无余额。

坏账损失的提取方法主要有应收账款余额百分比法、账龄分析法和销货百分比法等。

坏账准备可以按以下公式计算：

当期应计提的坏账准备＝当期按应收款项计算应提坏账准备金额－（或＋）“坏账准备”科目的贷方（或借方）余额

当计算结果为正数时，说明坏账准备金余额不足应补提；当计算结果为负数时，说明坏账准备金余额已足够用，不但不应再提，还应将多提部分冲减。

例 7–10 20×7 年 12 月 31 日，甲公司对应收丙公司的账款进行减值测试。应收账款余额合计为 1 000 000 元，甲公司根据丙公司的资信情况确定按应收账款余额 10% 计提坏账准备。

20×7 年年末计提坏账准备 = 1 000 000×10% − 0 = 100 000 元

借：信用减值损失—计提的坏账准备 100 000

　　贷：坏账准备 100 000

例 7–11 甲公司 20×8 年对丙公司的应收账款实际发生坏账损失 30 000 元。确认坏账损失时，应做如下会计处理：

借：坏账准备 30 000

　　贷：应收账款 30 000

例 7–12 承例 7-10，甲公司 20×8 年年末应收丙公司的账款余额为 1 200 000 元，经减值测试，甲公司决定仍按 10% 计提坏账准备。

则 20×8 年应提的坏账准备 = 1 200 000×10% −（100 000 − 30 000）= 50 000 元

借：信用减值损失—计提的坏账准备 50 000

　　贷：坏账准备 50 000

例 7–13 甲公司 20×9 年 4 月 20 日收到上年已转销的坏账 20 000 元，已存入银行。甲公司应做如下会计处理：

借：应收账款 20 000

　　贷：坏账准备 20 000

借：银行存款 20 000

　　贷：应收账款 20 000

案例分析与问题讨论

1. 甲公司年初“坏账准备”贷方科目余额为100万元，本年确认坏账损失10万元，年末“坏账准备”贷方科目余额为150万元。

请问：甲公司当年应计提的“坏账准备”金额是多少？分录如何编制？

2. 甲公司年初“坏账准备”贷方科目余额为100万元，本年确认坏账损失50万元，年末“坏账准备”贷方科目余额为30万元。

请问：甲公司当年应计提的“坏账准备”金额是多少？分录如何编制？

3. 甲公司年初“坏账准备”贷方科目余额为100万元，本年确认坏账损失110万元，年末“坏账准备”贷方科目余额为150万元。

请问：甲公司当年应计提的“坏账准备”金额是多少？分录如何编制？

答案：

1. 甲公司当年应计提的坏账准备 = 150万 - 100万 + 10万 = 60万（补提）

借：信用减值损失—计提的坏账准备　　600 000

　　贷：坏账准备　　600 000

2. 甲公司当年应计提的坏账准备 = 30万 - 100万 + 50万 = -20万（冲减）

借：坏账准备　　200 000

　　贷：信用产减值损失—计提的坏账准备　　200 000

3. 甲公司当年应计提的坏账准备 = 150万 - 100万 + 110万 = 160万（补提）

借：信用减值损失—计提的坏账准备　　1 600 000

　　贷：坏账准备　　1 600 000

2. 应付款项清查结果的账务处理

企业无法支付的应付账款，经批准后销账，分录为

借：应付账款

　　贷：营业外收入

本章小结

【基本内容小结】财产清查，又称财产检查，是指通过实地盘点、核对账目来确定各项财产物资、货币资金和债权债务的实存数，并将实存数与账面结存数进行核对，以查明账实是否相符的一种会计核算方法。

财产清查按照清查的范围大小，可以划分为全面清查和局部清查两种。按照时间的不同，可分为定期清查和不定期清查。按执行单位分为内部清查和外部清查。

按照确定财产物资账面结存数量的依据不同，财产清查的盘存制度可分为“永续盘存制”和“实地盘存制”两种。

财产清查的具体方法有：实地盘点法、技术推算法、账面价值法和查询核实法（询证核对法）。

库存现金的清查采用实地盘点法。银行存款的清查主要是采用与开户银行核对账目的方法进行的。往来款项的清查应采用查询核实法，即是通过信函、电询或面询等方式，同对方单位核对账目的方法。实物的清查，一般采用实地盘点和技术推算的方法。

财产清查如果账实相符，就不必进行账务处理。如果账实不相符，无论是盘盈还是盘亏，都需要进行账务处理，调整账存数。盘盈时，调增账存数；盘亏时，调减账存数，使其与实存数相符。

【本章的重点和难点】重点：财产清查的程序、内容、方法以及清查结果的账务处理。难点：财产清查的账户设置及清查结果的账务处理

复习与思考

1. 财产清查的意义是什么？财产清查具体包括哪些种类？
2. 永续盘存制和实地盘存制各有什么优点和缺点？
3. 什么叫未达账项？它在“银行存款余额调节表”中如何调整？
4. 如何进行库存现金的清查？

课程实践

一、单项选择题

1. 对于大量成堆难以逐一清点的财产物资的清查，一般采用（　　）方法进行清查

A. 实地盘点法　B. 抽样检查法　C. 询证核对　D. 技术推算盘点

2. 在记账无误的情况下，银行对账单与银行存款日记账账面余额不一致的原因是（　　）

A. 暂收和暂付款　B. 应收账款　C. 应付账款　D. 未达账项

3. 财产清查的目的是达到（　　）

A. 账账相符　B. 账证相符　C. 账表相符　D. 账实相符

4. 财产物资的盘盈是指（　　）

A. 账存数大于实存数　B. 实存数大于账存数

C. 由于记账差错多计的金额　D. 由于记账差错少计的金额

5. 出纳员每日业务终了对库存现金进行清点属于（　）

A. 局部清查和不定期清查　　B. 全面清查和定期清查

C. 全面清查和不定期清查　　D. 局部清查和定期清查

6. 企业银行存款日记账与银行对账单的核对，属于（　）

A. 账实核对　　B. 账账核对　　C. 账表核对　　D. 账证核对

7. 产生未达账项的原因是（　）

A. 双方结账的时间不一致　　B. 双方对账的时间不一致

C. 双方记账的时间不一致　　D. 双方记账的金额不一致

8. 出纳员清点库存现金的时间应该是（　）.

A. 每天一次　　B. 每周一次　　C. 每月一次　　D. 每季一次

9. 银行存款的清查，采用的方法是（　）

A. 实地盘点　　B. 询问核实　　C. 与银行核对账目　　D. 技术推算法

10. 单位撤销、合并或改变隶属关系时，一般要进行（　）

A. 局部清查　　B. 全面清查　　C. 不定期清查　　D. 定期清查

二、多项选择题

1. “待处理财产损益”账户的贷方记录（　）

A. 发生的财产盘盈数　　B. 发生的财产盘亏数

C. 批准转出的财产盘盈数　　D. 批准转出的财产盘亏数

2. 财产清查的盘存制度有（　）

A. 永续盘存制　　B. 实地盘存制　　C. 权责发生制　　D. 收付实现制

3. 对于无法收回的应收账款，可能计入的账户是（　）

A. 制造费用　　B. 应收账款　　C. 营业外支出　　D. 坏账准备

4. 下列财产的清查一般采用实地盘点法的是（　）

A. 库存现金　　B. 各项财产物资　　C. 银行存款　　D. 应收账款

5. 财产清查按其清查对象和范围不同，可分为（　）

A. 局部清查　　B. 全面清查　　C. 重点清查　　D. 随时清查

6. 一般来说，单位在（　）需进行全面清查 .

A. 年终决算前　　B. 单位撤销、合并或改变隶属关系时

C. 开展清产核资时　　D. 单位主要负责人调动工作时

7. 适用于核对账目方法清查的有（　）

A. 库存现金　　B. 各项财产物资　　C. 银行存款　　D. 应收账款

8. 对银行存款进行清查的方法是将企业银行存款日记账与银行对账单核对，如果两者不符，其造成的原因有（　）

A. 企业账务记录有误　　B. 银行账务记录有误

C. 企业已记账，银行未记账　　D. 银行已记账，企业未记账

9. 月末， 企业银行存款日记账与银行对账单不一致，造成企业账面余额大于银行对账单存款余额的原因有（ ）

A. 企业已收款入账，而银行尚未入账
B. 企业已付款入账，而银行尚未入账
C. 银行已收款入账，而企业尚未入账
D. 银行已付款入账，而企业尚未入账

10. 对银行存款的清查，是通过核对账目进行的，编制“银行存款余额调节表”时，对企业银行存款日记账余额进行调节，应（ ）

A. 加企业已收，银行尚未收的款账
B. 加银行已收， 企业尚未收的款账
C. 减企业已付，银行尚未付的款账
D. 减银行已付， 企业尚未付的款账

三、判断题

1. 财产清查是企业一项重要的管理制度，但不是会计核算的一种专门方法。（ ）

2. 库存现金盘盈盘亏后，不管是否查明原因和报经批准处理，都应先编制分录调账，使账实相符。（ ）

3. 对于无法收回的应收账款，应先记入“待处理财产损益”账户，待批准后转入有关账户。（ ）

4. 如果企业和银行双方记账均无误，企业银行存款日记账余额和银行定期送来的对账单余额也应相等。（ ）

5. 只有在年度结束时，才进行全面清查。（ ）

6. 定期清查一般是全面清查，不定期清查是局部清查。（ ）

7. 采用永续盘存制，平时对各项财产的收发可不作详细记录。（ ）

8. 采用实地盘存制，平时只登记财产物资的增加数，不登记减少数。（ ）

9. 银行存款日记账的账面余额和银行对账单账面余额不相符的原因，都是由于存在未达账项造成的。（ ）

10. 调节平衡后的“银行存款余额调节表”，可以作为调整银行账面余额的依据。（ ）

第七章 财产清查 课程实践题参考答案

一、单项选择题

1. D 2. D 3. D 4. B 5. D 6. A 7. C 8. A 9. C 10. B

二、多项选择题

1. AD 2. AB 3. BD 4. AB 5. AB 6. ABCD 7. CD 8. ABCD 9. AD 10. BD

三、判断题

1. × 2. √ 3. × 4. × 5. × 6. × 7. × 8. √ 9. × 10. ×

PART.08

08

第八章

财务会计报告

DILIUZHANG KUAIJI ZHANGBU

能力目标

专业能力

理解财务会计报告的概念

了解财务会计报告的作用、内容和种类

掌握财务会计报告的编制要求

理解资产负债表的概念

了解资产负债表的结构和格式

掌握资产负债表的编制方法

理解利润表的概念

了解利润表的结构和格式

掌握利润表的编制方法

了解现金流量表的概念、结构和格式

了解报送会计报表的相关规定

社会能力

能明确财务会计报告使用者对会计报表所提供信息的不同要求

能通过会计报表初步评价企业的财务状况和经营成果

方法能力

能说出会计报表的基本内容

能说出资产负债表和利润表之间的关系

会报送会计报表

第一节 识别财务会计报告

一、财务会计报告及目标

财务会计报告又称财务报告，是指单位会计部门根据经过审核的会计账簿记录和有关资料，编制并对外提供的反映单位某一特定日期的财务状况和某一会计期间的经营成果、现金流量及所有者权益等会计信息的总结性书面文件。

财务会计报告作为财务信息的载体，它把分散在各账簿上资料进行分类、计算和汇总，形成了一套全面、综合地反映单位财务状况和经营成果的系统文件，通常包括一套完整的结构化的报表体系，以及相关文字说明等。

财务会计报告的目标是向财务会计报告使用者提供与企业财务状况、经营成果和现金流量等有关的会计信息，反映企业管理层受托责任履行情况，有助于财务会计报告使用者做出经济决策。财务会计报告的使用者包括投资者、债权人、政府及其有关部门和社会公众等。不同的财务会计报告使用者对财务会计报告所提供信息的要求各有侧重。

二、财务会计报告的构成

财务会计报告包括会计报表及其附注和其他应当在财务会计报告中披露的相关信息和资料。

（一）会计报表

会计报表是指企业以一定的会计方法和程序由会计账簿的数据整理得出，以表格的形式反映企业财务状况、经营成果和现金流量的书面文件，是财务会计报告的主体和核心。

企业会计报表按其反映的内容不同，分为资产负债表、利润表、现金流量表、所有者权益（股东权益）变动表及相关附表。其中，相关附表是反映企业财务状况、经营成果和现金流量的补充报表，主要包括利润分配表以及国家统一会计制度规定的其他附表。小企业可以根据需要是否编制现金流量表。

（二）会计报表附注

会计报表附注是为便于会计报表使用者理解会计报表的内容而对会计报表的编制基础、编制依据、编制原则和方法及主要项目等所做的解释。

会计报表附注是财务会计报告不可或缺的重要组成部分，它有利于增进会计信息的可理解性，提高会计信息可比性和突出重要的会计信息。会计报表附注主要包括两部分内容：一是会计报表中各要素的补充说明；二是对在会计报表中无法详细描述的其他财务信息的补充说明。

三、财务会计报告的分类

（一）按编制的时间不同分类

财务会计报告按编制的时间不同，可分为年度财务会计报告和中期财务会计报告。其中，年度是指一个会计年度，我国《会计法》规定，会计年度自公历1月1日起至12月31日止。中期是指短于一个完整的会计年度的会计期间，包括半年度、季度和月度。

1. 中期财务会计报告（简称中报）

中期财务会计报告包括月度财务会计报告、季度财务会计报告、半年度财务会计报告。

（1）月度财务会计报告是在每月末终了时编制，在月份终了后6天内报出的财务会计报告，至少应包括资产负债表和利润表。会计准则规定需要编制会计报表附注的，从其规定。

（2）季度财务会计报告是在每季度终了时编制，在季度终了后15天内报出的财务会计报告，至少应包括资产负债表和利润表。会计准则规定需要编制会计报表附注的，从其规定。

（3）半年度财务会计报告是在每半年度终了时编制，在半年度终了后60天内报出的财务会计报告，至少应包括资产负债表、利润表、现金流量表和会计报表附注。

2. 年度财务会计报告（简称年报）

年度财务会计报告是在一个会计年度终了时编制，在年度终了后4个月内报出的财务会计报告，包括财务会计报告的全部内容。

此外，企业发生突发事件时，需要临时编制相关财务会计报告，如企业破产清算时、合并时等。

（二）按反映的经济内容不同分类

1. 反映某一特定日期企业资产、负债及所有者权益等方面财务状况的报表，如资产负债表。
2. 反映一定时期经营成果的报表，如利润表。
3. 反映一定时期内现金流入、流出状况变动情况的报表，如现金流量表。
4. 反映企业构成所有者权益的各组成部分当期增减变动情况的报表，如所有者权益变动表。

（三）按报送对象不同分类

1. 对内报表

对内报表是为了满足企业内部管理的需要，由单位会计部门统一制定，职能部门、车间、班组填报的会计报表。对内报送的会计报表，其种类、格式、编制方法等均由企业自行确定。企业对内提供的报表主要有各种成本核算、费用报表，如全部商品成本报表、可比产品成本报表、主要产品单位成本表、制造费用明细表、管理费用明细表等。

2. 对外报表

对外报表是以会计准则为规范编制的，向所有者、债权人、政府及其他有关各方及社会公众等外部使用者披露的会计报表。对外报表包括资产负债表、利润表、现金流量表、所有者权益（股东权益）变动表及相关附表。对外报送的报表其具体格式、编制方法、报表附注要求与报送时间都必须符合国家统一的规定。

（四）按编制主体不同分类

1. 个别报表

个别报表是企业在自身会计核算基础上对账簿记录进行加工而编制的报表，它主要用于反映企业自身的财务状况、经营成果、现金流量及所有者权益变动情况。

2. 合并报表

合并报表是以集团公司中的控股公司（母公司）及其子公司组成的企业集团为会计主体，以控股公司（母公司）和其子公司单独编制的个别报表为基础，由控股公司（母公司）编制的反映抵消集团内部往来账项后的集团合并财务状况、经营成果、现金流量及所有者权益变动的报表。合并报表包括合并资产负债表、合并利润表、合并现金流量表和合并所有者权益（股东权益）变动表等。

通常，企业对其他单位投资占该单位资本总额 50% 以上，或虽然占该单位资本总额不足 50% 但具有实质控制权的，应当编制合并报表。

四、财务会计报告的编制要求

财务会计报告的编制，是会计核算工作的重要环节，也是《会计法》重点加以规范的内容之一。其编制要求如下：

（一）真实可靠

这是保证财务会计报告质量的重要环节，财务会计报告应当依据核实无误的会计账簿记录和有关资料编制，不得以任何方式弄虚作假，使财务会计报表的各项数据建立在真实可靠的基础之上。

（二）全面完整

财务会计报告必须全面地披露企业的财务状况、经营成果和现金流量，完整地反映企业财务活动的全过程和最终结果。企业在编制财务会计报告时，应当按照国家会计法规制度规定的格式和内容填报。特别对某些重要事项，应当按照要求在会计报表附注中进行说明，不得漏编、漏报。

（三）编报及时

单位财务会计报告所提供的信息资料，具有很强的时效性，只有及时编制和报送财务会计报告，才能为财务会计报告的使用者提供决策所需要的信息。财务会计报告必须及时编制与向财务会计报告信息使用者报送，不得以任何理由延误财务会计报告的编制与报送。随着市场经济和信息技术的迅速发展，财务会计报告的及时性要求将变得日益重要。

（四）便于理解

可理解性是指财务会计报告提供的信息可以为财务会计报告的使用者所理解。编制的财务会计报告应当清晰明了，便于财务会计报告使用者理解各项信息的含义，以利于做出相应的决策。

五、财务会计报告的作用

编制财务会计报告是会计核算的一种专门方法，也是会计循环的最后环节。在企业日常的会计核算中，企业所发生的各项经济业务都已按照一定的会计程序，在有关会计账簿中进行全面、连续、分类汇总地记录和计算。企业的财务状况、经营成果、现金流量，在日常会计记录中已有所反映，但是，这些日常核算资料比较分散，不能集中地、概括地反映企业的财务状况、经营成果和现金流量。为了向企业的管理者、投资者、债权人以及税务、证券等政府管理机构和其他有关方面提供必要的会计资料，就必须把日常核算资料定期地加以归类、加工、汇总，编制成各种财务会计报告。概括而言，财务会计报告的作用有以下几点。

（一）财务会计报告能提供有助于投资者、债权人进行合理决策的信息

投资者、债权人通过企业财务会计报告，能了解企业的盈利能力，从而帮助投资者做出是否向企业投资的决策；通过企业提供的财务会计报告，债权人能了解企业的偿债能力，从而帮助债权人做出是否向企业提供贷款以及是否需要提前收回贷款等决策。

（二）财务会计报告能提供管理当局受托责任的履行情况的信息

通过财务会计报告，企业所有者能了解企业的资本保值增值状况、盈利能力和发展能力，并据此了解企业管理者对受托经管责任的履行情况。

（三）财务会计报告能为用户提供评价和预测企业未来的现金流量信息

通过企业现在的财务状况，能帮助信息用户评价企业现有的现金流动状况，并对企业未来的现金流动状况做出预测。

（四）财务会计报告为国家政府管理部门进行宏观调控和管理提供信息

政府管理部门汇总相关企业的财务报告后，能掌握相关行业、相关地区的财务状况，从而能及时调整宏观调控政策，便于实施有效的管理。

六、财务会计报告的编制程序

（一）按权责发生制原则进行期末账项调整

期末结账前，按照权责发生制原则，企业应确定本期的应得收入和应负担的费用，并据以对账簿记录的有关账项做出必要调整。期末账项调整的内容包括：①有关收入的账项调整，如预收收入、应计收入的调整等；②有关费用的账项调整，如预付费用、应计费用（预提费用、固定资产折旧等）等的调整；③有关税费的账项调整，如各种应交流转税的调整等。

账项调整的目的是按照应收应付这一标准，合理地反映相互连接的各会计期间应得的收入和应负担的费用，使各期的收入和费用能在相互适应的基础上进行配比，从而比较正确地计算各期的损益。值得注意的是，期末进行账项调整，虽然主要是为了在利润表中正确地反映本期的经营成果，但是，在收入和费用的调整过程中，必然会影响到资产负债表有关项目的增减变动。因此，账项调整有助于正确地反映企业期末财务状况。

（二）财产清查

财产清查是编制会计报表的一项重要准备工作。在编制会计报表之前，必须按照会计制度的规定，对单位的各项财产物资进行清查和盘点，将盘点结果与账簿记录进行核对，如果发现账实不符，应及时查明原因，并按规定的方法进行处理和更正，确保账实相符。

（三）核对账目

在期末结账之前，为确保账簿记录的正确性，应对账簿之间的相关指标进行核对，包括与其他单位的往来款项核对。

（四）进行试算平衡

期末结账前，通过账户余额及发生额合计数之间的平衡关系，检验记账工作的正确性。在借贷记账法下，试算平衡的内容包括：检查每次会计分录的借贷金额是否平衡，检查总分类账户的借贷发生额是否平衡，检查总分类账户的借贷余额是否平衡。

（五）结账

在本期内所发生的经济业务全部登记入账并试算平衡的基础上，会计期末应按照规定的方法结算账目，包括结计出本期发生额和期末余额，各收入和费用账户的余额都变成零，以便计算下一会计期间的净损益。

（六）编制会计报表

在正式结账以后，企业应根据账簿记录编制各种会计报表。

第二节 编制资产负债表

一、资产负债表的概念和意义

（一）资产负债表的概念

资产负债表是反映企业在某一特定日期的财务状况的报表。它反映企业在某一特定日期所拥有或控制的经济资源、所承担的现时义务和所有者对净资产的要求权。

资产负债表是根据“资产＝负债＋所有者权益”这一会计等式，依照一定的分类标准和顺序，将企业在一定日期的全部资产、负债和所有者权益项目进行适当分类、汇总、排列后编制而成的。资产负债表中数据体现的是特定的财务状况，属于静态报表，也是企业基本会计报表之一，是所有独立核算的企业单位都必须对外报送的会计报表。

（二）资产负债表的意义

1. 反映企业资产的构成及其状况，分析企业在某一日期所拥有的经济资源及其分布情况

资产代表企业的经济资源，是企业经营的基础，资产总量的高低一定程度上可以说明企业的经营规模和盈利基础大小，企业的资产结构反映其生产经营过程的特点，有利于报表使用者进一步分析企业生产经营的稳定性。

2. 可以反映企业某一日期的负债总额及其结构，分析企业目前与未来需要支付的债务数额

负债总额表示企业承担的债务的多少，负债和所有者权益的比重反映了企业的财务安全程度。

负债结构反映了企业偿还负债的紧迫性和偿债压力的大小，通过资产负债表可以了解企业负债的基本信息。

3. 可以反映企业所有者权益的情况，了解企业现有的投资者在企业投资总额中所占的份额

实收资本和留存收益是所有者权益的重要内容，反映了企业投资者对企业的初始投入和资本累计的多少，也反映了企业的资本结构和财务实力，有助于报表使用者分析、预测企业生产经营安全程度和抗风险的能力。

4. 可以提供进行财务分析的基本资料。通过资产负债表提供的数据，可以计算企业的偿债能力、盈利能力、资产利用效率等一系列财务指标，帮助报表使用者全面了解企业的财务状况，分析企业的债务偿还能力，从而为未来的经济决策提供参考信息

（1）可据以解释、评价和预测企业的短期偿债能力

偿债能力指企业以其资产偿付债务的能力，短期偿债能力主要体现在企业资产和负债的流动性上。流动性指资产转换成现款而不受损失的能力或负债离到期清偿日的时间，也指企业资产接近现金的程度，或负债需要动用现金的期限。

短期债权人关注的是企业是否有足够的现金和足够的资产可及时转换成现金，以清偿短期内将到期的债务。长期债权人及企业所有者也要评价和预测企业的短期偿债能力，短期偿债能力越低，企业越有可能破产，从而越缺乏投资回报的保障，越有可能收不回投资。资产负债表分门别类地列示流动资产与流动负债，本身虽未直接反映出短期偿债能力，但通过将流动资产与流动负债的比较，并借助于报表附注，可以解释、评价和预测企业的短期偿债能力。

（2）可据以解释、评价和预测企业的长期偿债能力和资本结构

企业的长期偿债能力主要指企业以全部资产清偿全部负债的能力。一般认为资产越多，负债越少，其长期偿债能力越强，反之，若资不抵债，则企业缺乏长期偿债能力。资不抵债往往由企业长期亏损、蚀耗资产引起，还可能因为举债过多所致。所以，企业的长期偿债能力一方面取决于它的获利能力，另一方面取决于它的资本结构。

资本结构通常指企业权益总额中负债与所有者权益，负债中流动负债与长期负债，所有者权益中投入资本与留存收益或普通股与优先股的关系。

（3）可据以解释、评价和预测企业的财务弹性

财务弹性指标反映企业两个方面的综合财务能力，即迎接各种环境挑战，抓住经营机遇的适应能力，包括进攻性适应能力和防御性适应能力。所谓进攻性适应能力，指企业能够有财力去抓住经营中所出现的稍纵即逝的获利机会，不致放任其流失。所谓防御性适应能力，指企业能在客观环境极为不利或因某一决策失误使其陷入困境时转危为安的生存能力。

企业的财务弹性主要来自于资产变现能力，从经营活动中产生现金流入的能力，对外筹集和调度资金的能力，以及在不影响正常经营的前提下变卖资产获取现金的能力。

（4）可据以解释、评价和预测企业的绩效，帮助管理部门作出合理的经营决策

企业的经营绩效主要表现为获利能力，而获利能力则可用资产收益率、成本收益率等相对值指标衡量，这样将资产负债表和利润表信息结合起来，可据以评价和预测企业的经营绩效，并可深入剖析企业绩效优劣的根源，寻求提高企业经济资源利用效率的良策。

二、资产负债表的格式

资产负债表一般由表头（首）、表体（身）、表尾三部分构成。表头（首）包括报表名称、编制单位、编制日期、报表编号、计量单位等；表体（身）是资产负债表的主体，把企业一定日期的资产、负债、所有者权益各项目予以适当排列；表尾主要包括附注资料等。

资产负债表的格式主要有账户式和报告式两种。根据我国《企业会计准则》的规定，我国企业的资产负债表采用账户式结构。

账户式资产负债表的表体（身）结构分为左、右两方，左方为资产项目，大体按资产的流动性大小排列，流动性大的资产（流动资产）如“货币资金”、“交易性金融资产”等排在前面，流动性小的资产（非流动资产）如“长期股权投资”、“固定资产”等排在后面。右方为负债及所有者权益项目，负债项目一般按要求清偿时间的先后顺序排列，“短期借款”“应付票据”“应付账款”等需要在一年以内或者长于一年的一个正常营业周期内偿还的流动负债排在前面，“长期借款”等在一年以上才需偿还的非流动负债排在中间。在企业清算之前不需要偿还的所有者权益项目排在后面，所有者权益按照资本的永久性进行先后的次序排列，永久性高者在前，低者在后。

账户式资产负债表中的资产各项目的合计等于负债和所有者权益各项目的合计，即资产负债表左方和右方平衡。这有利于信息使用者通过左右两方的对比，比较直观地了解企业的财务状况。

三、资产负债表的编制方法

（一）资产负债表项目的填列方法

资产负债表设有“年初余额”和“期末余额”两个金额栏。

资产负债表“年初余额”栏内各项数字，应根据上年末资产负债表“期末余额”栏内所列数字填列。如果本年度资产负债表规定的各个项目的名称和内容同上年度不相一致，应对上年年末资产负债表各项目的名称和数字按照本年度的规定进行调整，填入本表“年初余额”栏内。

资产负债表“期末余额”栏的各项数字，应根据相关账户的期末余额直接填列或计算分析填列。资产负债表“期末余额” 栏的各项数字主要有以下几种填列方法：

1. 根据一个总账科目余额直接填列。资产负债表大部分项目的填列都是根据有关总账账户的余额直接填列，如“应付票据”项目，根据“应付票据” 总账科目的期末余额直接填列；“短期借款”项目，根据“短期借款”总账科目的期末余额直接填列。

2. 根据几个总账科目余额计算填列。如“货币资金”项目，根据“库存现金”“银行存款”“其他货币资金”科目的期末余额合计数计算填列，“未分配利润”项目。需根据“本年利润”“利润分配—未分配利润”两个总账科目的期末余额的合计数分析计算填列。（1-11 月用两个科目的余额分析计算填列。12 月只根据“利润分配—未分配利润”科目余额填列）。

3. 根据有关明细科目余额计算填列。如“应收账款”项目，应根据“应收账款”“预收账款”两个科目所属的有关明细科目的期末借方余额扣除计提的减值后计算填列；“应付账款”项目，根据“应付账款”“预付账款”科目所属相关明细科目的期末贷方余额计算填列。

例 8–1 某企业 20×× 年 12 月 31 日结账后有关科目余额如表 8-1 所示。

表 8-1 某企业年终科目余额

单位：万元

总账科目	明细科目	借方余额		贷方余额	
		总账科目	明细科目	总账科目	明细科目
应收账款		800			
	—A 公司		1 000		
	—B 公司				200
预收账款				5 000	
	—C 公司				7 000
	—D 公司		2 000		
坏账准备				100	

假设此处坏账准备均属于为应收账款计提。

则：该企业 20×× 年 12 月 31 日资产负债表中“应收账款”项目、“预收款项”项目的金额为：

“应收账款”项目金额为：1 000 + 2 000—100 = 2 900（万元）；

“预收款项”项目金额为：200 + 7 000 = 7 200（万元）。

案例分析与问题讨论

某企业 20×× 年 12 月 31 日结账后有关科目余额如表 8-2 所示。

表 8-2 某企业年终科目余额

单位：万元

总账科目	明细科目	借方余额		贷方余额	
		总账科目	明细科目	总账科目	明细科目
应付账款				6 000	
	—A 公司				8 000
	—B 公司		2 000		
预付账款		3 000			
	—C 公司		4 000		
	—D 公司				1 000
坏账准备				1 000	

请问：该企业 20×× 年 12 月 31 日资产负债表中“应付账款”项目、“预付款项”项目的金额各是多少万元？

答案提示:

“预付款项”项目金额为：2 000 + 4 000—1 000 = 5 000（万元）

“应付账款”项目金额为：8 000 + 1 000 = 9 000（万元）

4. 根据有关总账科目和明细科目余额分析计算填列。如“长期借款”项目，根据“长期借款”总账科目期末余额，扣除“长期借款”科目所属明细科目中反映的、将于一年内到期的长期借款部分，分析计算填列。

例 8–2 某企业 20×9 年 12 月 31 日长期借款情况如表 8-3 所示。

表 8-3 某企业长期借款情况

借款起始日期	借款期限（年）	金额（万元）
20×9 年 1 月 1 日	3	100
20×7 年 1 月 1 日	5	200
20×6 年 6 月 1 日	4	150

则：该企业 20×9 年 12 月 31 日资产负债表中

“长期借款”项目金额为：100 + 200 = 300（万元）；

“一年内到期的非流动负债”项目金额为：150 万元。

5. 根据有关科目余额减去其备抵项目后的净额填列。如资产负债表中的“应收票据”“应收账款”等项目，应当根据“应收票据”“应收账款”、等科目的期末余额减去“坏账准备”等科目余额后的净额填列；又如，“无形资产”项目，根据“无形资产”科目的期末余额，减去“无形资产减值准备”与“累计摊销”备抵科目余额后的净额填列。

6. 综合运用上述填列方法分析填列。如资产负债表中的“存货”项目，需要根据“原材料”“委托加工物资”“周转材料”“材料采购”“在途物资”“发出商品”“材料成本差异”等总账科目期末余额的分析汇总数，再减去“存货跌价准备”等科目余额后的净额填列。

例 8–3 某企业采用计划成本核算材料，20×× 年 12 月 31 日结账后有关科目余额为：“材料采购”科目余额为 140 000 元（借方），“原材料”科目余额为 2 400 000 元（借方），“周转材料”科目余额为 1 800 000 元（借方），“库存商品”科目余额为 1 600 000 元（借方），“生产成本”科目余额为 600 000 元（借方），“材料成本差异”科目余额为 120 000 元（贷方），“存货跌价准备”科目余额为 210 000 元（贷方）。

则：该企业 20×× 年 12 月 31 日资产负债表中的“存货”项目金额为

140 000 + 2 400 000 + 1 800 000 + 1 600 000 + 600 000—120 000—210 000 = 6 210 000（元）

（二）资产负债表项目的填列说明

1. 资产主要项目的填列说明

（1）“货币资金”项目，反映企业库存现金、银行结算账户存款、存出投资款、外埠存款、银行汇票存款、银行本票存款、信用卡存款、信用证保证金存款等的合计数。本项目应根据“库存现金”“银行存款”“其他货币资金”科目的期末余额合计填列。

（2）“交易性金融资产”项目，反映企业持有的以公允价值计量且其变动计入当期损益的金融资产。本项目应根据“交易性金融资产”科目期末余额填列。

（3）“应收票据”项目，是指企业因销售商品、产品、提供劳务等而收到的，还没有到期的，尚未兑现的商业汇票，包括商业承兑汇票和银行承兑汇票。本项目应根据“应收票据”科目的期末余额，减去“坏账准备”科目中有关应收票据计提的坏账准备期末余额后的金额填列。

（4）“应收账款”项目，反映企业因销售商品、产品和提供劳务等而应向购买单位收取的各种款项，减去已计提的坏账准备后的净额。本项目应根据“应收账款”科目所属各明细科目的期末借方余额合计，减去“坏账准备”科目中有关应收账款计提的坏账准备期末余额后的金额填列。如“应收账款”科目所属明细科目期末有贷方余额，应在本表“预收账款”项目内填列。

（5）“预付款项”项目，反映企业预付给供应单位的款项。本项目应根据“预付账款”和“应付账款”科目所属各明细科目的期末借方余额合计填列。如“预付账款”科目所属有关明细科目期末有贷方余额的，应在本表“应付账款”项目内填列。

（6）“其他应收款”项目，反映企业除应收票据及应收账款、预付账款等经营活动以外的其他各种应收、暂付的款项。本项目应根据“应收利息”“应收股利”“其他应收款”科目的期末余额合计数，减去“坏账准备”科目中相关坏账准备期末余额后的金额填列。

（7）“存货”项目，反映企业期末在库、在途和在加工中的各项存货的可变现净值，包括各种材料、商品、在产品、半成品、周转材料、发出商品、委托代销商品、受托代销商品等。本项目应根据“材料采购”“在途物资”“原材料”“自制半成品”“库存商品”“周转材料”“委托加工物资”“委托代销商品”“受托代销商品”“生产成本”等科目的期末余额合计，减去“代销商品款”“存货跌价准备”科目期末余额后的金额填列。材料采用计划成本核算，以及库存商品采用计划成本或售价核算的企业，还应按加或减“材料成本差异”“商品进销差价”后的金额填列。

（8）“一年内到期的非流动资产”项目，指非流动性资产中，一年内到期的资产。如“长期待摊费用”科目中将于1年内到期的部分，在本项目内反映。

（9）“债权投资”项目，反映资产负债表日企业以摊余成本计量的长期债权投资的期末账面价值。该项目应根据“债权投资”科目的相关明细科目期末余额，减去“债权投资减值准备”科目中相关减值准备的期末余额后的金额分析填列。自资产负债表日起一年内到期的长期债权投资的期末账面价值，在“一年内到期的非流动资产”项目反映。企业购入的以摊余成本计量的一年内到期的债权投资的期末账面价值，在“其他流动资产”项目反映。

（10）“其他债权投资”项目，反映资产负债表日企业分类为以公允价值计量且其变动计入其他综合收益的长期债权投资的期末账面价值。该项目应根据“其他债权投资”科目的相关明细科目期末余额分析填列。自资产负债表日起一年内到期的长期债权投资的期末账面价值，在“一年内到期的非流动资产”项目反映。企业购入的以公允价值计量且其变动计入其他综合收益的一年内到期的债权投资的期末账面价值，在“其他流动资产”项目反映。

（11）“长期股权投资”项目，反映企业不准备在1年内（含1年）变现的各种股权性质的投资的可收回金额。本项目应根据“长期股权投资”科目的期末余额，减去“长期股权投资减值准备”科目期末余额后的金额填列。

（12）“投资性房地产”项目，反映投资性房地产的价值，包括采用成本模式计量的投资性房地产和采用公允价值模式计量的投资性房地产。

（13）“固定资产”项目，反映资产负债表日企业固定资产的期末账面价值和企业尚未清理完毕的固定资产清理净损益。该项目应根据“固定资产”科目的期末余额，减去“累计折旧”和“固定资产减值准备”科目的期末余额后的金额，以及“固定资产清理”科目的期末余额填列。

【举例】2018 年 12 月 31 日，甲公司“固定资产”科目借方余额为 5 000 万元，“累计折旧”科目贷方余额为 2 000 万元，“固定资产减值准备”科目贷方余额为 500 万元，“固定资产清理”科目借方余额为 500 万元，则 2018 年 12 月 31 日，甲公司资产负债表中“固定资产”项目“期末余额”的列报金额 = 5 000 − 2 000 − 500 + 500=3 000（万元）。

（14）“在建工程”项目，反映企业期末各项未完工程的实际支出，包括交付安装的设备价值、未完建筑安装工程已经耗用的材料、工资和费用支出、预付出包工程的价款、已经建筑安装完毕但尚未交付使用工程的可收回金额。本项目应根据“在建工程”科目的期末余额，减去“在建工程减值准备”科目期末余额后的金额填列。

（15）“工程物资”项目，反映企业各项工程尚未使用的工程物资的实际成本。本项目应根据“工程物资”科目的期末余额填列。

（16）“固定资产清理”项目，反映企业因出售、毁损、报废等原因转入清理但尚未清理完毕的固定资产的账面价值，以及固定资产清理过程中所发生的清理费用和变价收入等各项金额的差额。本项目应根据“固定资产清理”科目的期末借方余额填列，如“固定资产清理”科目期末为贷方余额，以“—”号填列。

（17）“无形资产”项目，反映企业各项无形资产的期末可收回金额。本项目应根据“无形资产”科目的期末余额，减去“累计摊销”“无形资产减值准备”科目期末余额后的金额填列。

（18）“开发支出”项目，反映企业开发无形资产过程中能够资本化形成无形资产成本的支出部分。本项目应当根据“研发支出”科目中所属的“资本化支出”明细科目期末余额填列。

（19）“长期待摊费用”项目，反映企业尚未摊销的摊销期限在 1 年以上（不含 1 年）的各种费用，如租入固定资产改良支出、大修理支出以及摊销期限在 1 年以上（不含 1 年）的其他待摊费用。长期待摊费用中在 1 年内（含 1 年）摊销的部分，应在本表“一年内到期的非流动资产”项目填列。本项目应根据“长期待摊费用”科目的期末余额减去 1 年内（含 1 年）摊销的数额后的金额填列。

2. 负债主要项目的填列说明

（1）“短期借款”项目，反映企业借入尚未归还的 1 年期以下（含 1 年）的借款。本项目应根据“短期借款”科目的期末余额填列。

（2）“应付票据”项目，反映企业为了抵付货款等而开出、承兑的尚未到期付款的应付票据，包括银行承兑汇票和商业承兑汇票。本项目应根据“应付票据”科目的期末余额填列。

（3）“应付账款”项目，反映企业购买原材料、商品和接受劳务供应等而应付给供应单位的款项。本项目应根据“应付账款”科目所属各有关明细科目的期末贷方余额和“预付账款”所属各有关明细科目的期末贷方余额合计填列。

（4）“预收款项”项目，反映企业按照合同规定向购货单位预收的款项。本项目应根据“预收账款”科目所属各有关明细科目的期末贷方余额和“应收账款”所属各有关明细科目的期末贷方余额合计填列。

（5）“应付职工薪酬”项目，反映企业为获得职工提供的服务或解除劳动关系而给予的各种形式的报酬或补偿。企业提供给职工配偶、子女、受赡养人、已故员工遗属及其他受益人等的福利，也属于职工薪酬。职工薪酬主要包括短期薪酬、离职后福利、辞退福利和其他长期职工福利。本项目应根据“应付职工薪酬”科目所属各明细科目的期末贷方余额分析填列。外商投资企业按规定从净利润中提取的职工奖励及福利基金，也在本项目列示。

（6）“应交税费”项目，反映企业按照税法规定计算应交纳的各种税费，包括增值税、消费税、资源税、土地增值税、城市维护建设税、房产税、城镇土地使用税、车船税、教育费附加、企业所得税、矿产资源补偿费等。企业代扣代缴的个人所得税，也通过本项目列示。企业所缴纳的税金不需要预计应交数的，如印花税、耕地占用税等，不在本项目列示。本项目应根据“应交税费”科目的期末贷方余额填列，如“应交税费”科目期末为借方余额，应以“-”号填列。

（7）“其他应付款”项目，反映企业除应付票据、应付账款、预收账款、应付职工薪酬、应交税费等经营活动以外的其他各项应付、暂收的款项。本项目应根据“应付股利”“应付利息”“其他应付款”科目的期末余额合计数填列。

（8）“一年内到期的非流动负债”项目，指非流动性负债中，一年内到期的负债，本项目应根据有关科目的期末余额分析填列。

（9）“长期借款”项目，反映企业借入尚未归还的 1 年期以上（不含 1 年）的借款本息。本项目应根据“长期借款”科目的期末余额扣除将在一年内到期且企业不能自主地将清偿义务延期的长期借款后的金额填列。

（10）“应付债券”项目，反映企业发行的尚未偿还的各种长期债券的本息。本项目应根据“应付债券”科目的期末贷方余额扣除将在一年内到期的应付债券后的金额后填列。

3. 所有者权益项目的填列说明

（1）“实收资本（或股本）”项目，反映企业各投资者实际投入的资本（或股本）总额。本项目应根据“实收资本”（或“股本”）科目的期末余额填列。

（2）“资本公积”项目，反映企业资本公积的期末余额。本项目应根据“资本公积”科目的期末余额填列。

（3）“盈余公积”项目，反映企业盈余公积的期末余额。本项目应根据“盈余公积”科目所属明细科目的期末余额合计数填列。

（4）“未分配利润”项目，反映企业累积未分配利润或累计未弥补亏损。本项目应根据“本年利润”科目和“利润分配”科目的余额计算填列。未弥补的亏损，在本项目内以“—”号填列。

四、资产负债表编制举例

上海某塑铝制品有限公司 20×× 年的有关科目如表 8-4 所示。

表 8-4 上海某塑铝制品有限公司 20×× 年 12 月 31 日有关账户余额表

账户名称	借方余额	贷方余额	账户名称	借方余额	贷方余额
库存现金	5 383		短期借款		20 000 000
银行存款	640 000		应付职工薪酬		154 231
应收账款	21 387 455		应付账款		27 074 145
其他流动资产	447 079		应付股利		142 728
预付账款	2 007 558				
其他应收款	37 084 361		应交税费		280 491
原材料	506 000				
库存商品	4 000 309		其他应付款		49 008
在建工程	978，261		其他流动负债		1 639 276
长期待摊费用	6 000		股本		50 000 000
固定资产	28 016 038		资本公积		73
累计折旧		1 598 420	盈余公积		155 817
无形资产	6 741 117		利润分配		725 372

要求：根据以上资料编制该企业 20×× 年 12 月 31 日的资产负债表。

在资产负债表的编制中，多数项目是可以依据相关会计科目直接填列的，比如：短期借款、应付票据、应付职工薪酬等，有些项目则根据相关科目的期末余额分析计算填列。比如：货币资金 = 库存现金 + 银行存款 =645 383（元），存货 = 原材料 + 库存商品 =4 506 309（元），应交税费 =280 491（元）。将本年数填入年末余额一栏，期初余额依据上年年末资产负债表抄列。该企业 20×× 年年末资产负债表如表 8-5 所示。

表 8-5 资产负债表

会企 01 表

编制单位：上海某塑铝制品有限公司　　20×× 年 12 月 31 日　　单位：元

资产	期末余额	年初余额	负债和所有者权	期末余额	年初余额
流动资产：			流动负债：		
货币资金	645 383	416 263	短期借款	20 000 000	
交易性金融资产			交易性金融负债		
衍生金融资产			衍生金融负债		
应收票据			应付账款	27 074 145	22 604 136
应收账款	21 387 455	27 262 377	预收款项		2 423 019
预付款项	2 007 558	1 953 500	应付职工薪酬	154 231	191 715
其他应收款	37 084 361		应交税费	280 491	368 048
存 货	4 506 309	664 630	其他应付款	191 736	6 481 184

续表

资产	期末余额	年初余额	负债和所有者权	期末余额	年初余额
一年内到期的非流动资产			一年内到期的非流动负债		
其他流动资产	447 079	138 584	其他流动负债	1 639 276	321 289
流动资产合计	66 078 145	30 435 355	流动负债合计	49 339 879	32 389 394
非流动资产：			非流动负债：		
长期股权投资			长期借款		
固定资产	26 417 618	4 413 936	应付债券		
在建工程	978 261	6 772 877	其他非流动负债		
工程物资			非流动负债合计		
无形资产	6 741 117		负债合计	49 339 879	32 389 394
开发支出			所有者权益		
（或股东权益）：					
商誉			实收资本	50 000 000	30 000 000
长期待摊费用	6 000		资本公积	73	
递延所得税资产			盈余公积	155 817	
其他非流动资产			未分配利润	725 372	-767 224
非流动资产合计	34 142 996	1 186 813	所有者权益合计	50 881 250	29 232 775
资产总计	100 221 141	61 622 169	负债和所有者权益（或股东权益）总计	100 221 141	61 622 169

实务操作

根据星辉公司 20×× 年 6 月底资料，编制星辉公司 20×× 年 6 月资产负债表。

1. 20×× 年 6 月底各账户期末借方余额为：

库存现金 350 元，银行存款 76 700 元，应收账款 7 000 元，其他应收款 750 元，原材料 349 800 元，生产成本 36 000 元，库存商品 57 900 元，固定资产 628 500 元，利润分配 95 785 元（包括已提盈余公积和应付股利）。

2. 20×× 年 6 月底各账户期末贷方余额为：

短期借款 61 000 元，应付账款 4 050 元，其他应付款 12 800 元，应付职工薪酬 7 000 元，应交税费 20 650 元（含应交所得税 9 850 元，增值税 10 800 元），累计折旧 230 500 元，本年利润 157 785 元，实收资本 721 000 元，盈余公积 38 000 元。（表 8-6）

表 8-6 资产负债表 会企 01 表

编制单位：星辉公司 20×× 年 6 月 30 日 单位：元

资产	期末余额	年初余额	负债和所有者权益	期末余额	年初余额
流动资产：			流动负债：		
货币资金			短期借款		
应收账款			应付账款		
其他应收款			应付职工薪酬		
存货			应交税费		
流动资产合计			其他应付款		
非流动资产：			流动负债合计		
固定资产			负债合计：		
			所有者权益：		
非流动资产合计			实收资本		
			盈余公积		
			未分配利润		
			所有者权益合计		
资产总计			负债和所有者权益总计		

答案提示：

资产 = 负债 + 所有者权益 =926 500 元

第三节 编制利润表

一、利润表的概念和意义

（一）利润表的概念

利润表是反映企业一定会计期间（如月度、季度、半年度或年度）生产经营成果的会计报表。企业一定会计期间的经营成果既可能表现为盈利，也可能表现为亏损，因此，利润表也被称为损益表。它全面揭示了企业在某一特定时期实现的各种收入、发生的各种费用、成本或支出，以及企业实现的利润或发生的亏损情况。

利润表是根据“收入—费用 = 利润”的基本关系来编制的，其具体内容取决于收入、费用、利润等会计要素及其内容，利润表项目是收入、费用和利润要素内容的具体体现。从反映企业经营资金运动的角度看，它是一种反映企业经营资金动态表现的报表，主要提供有关企业经营成果方面的信息，属于动态会计报表。

（二）利润表的意义

利润表是会计报表的基本报表之一，是企业经营业绩的综合表现，也是企业进行利润分配的主要依据。通过利润表可以从总体上了解企业收入、成本和费用及净利润（或净亏损）的实现及构成情况，同时，通过利润表提供的不同时期的比较数字（本月数、本年累计数、上年数），可以分析企业的获利能力及利润的未来发展趋势，了解投资者投入资本的保值增值情况，从而为其作出经济决策提供依据。

1. 评价和预测企业的经营成果和获利能力，为投资决策提供依据

经营成果是一个绝对值指标，可以反映企业财富增长的规模。获利能力是一个相对值指标，它指企业运用一定经济资源获取经营成果的能力，经济资源可以是资产总额、净资产，可以是资产的耗费，还可以是投入的人力。因而衡量获利能力的指标包括资产收益率、净资产（税后）收益率、成本收益率以及人均实现收益等指标。经营成果的信息直接由利润表反映，而获利能力的信息除利润表外，还要借助与其他会计报表和注释附表才能得到。

根据利润表所提供的经营成果信息，股东和管理部门可评价和预测企业的获利能力，对是否投资或追加投资、投向何处、投资多少等做出决策。

2. 评价和预测企业的偿债能力，为筹资决策提供依据

偿债能力指企业以资产清偿债务的能力。企业的偿债能力不仅取决于资产的流动性和资产结构，也取决于获利能力。获利能力不强甚至亏损的企业，通常其偿债能力不会很强。

债权人通过分析和比较利润表的有关信息，可以评价和预测企业的偿债能力，尤其是长期偿债能力，对是否继续向企业提供信贷做出决策。

财务部门通过分析和比较利润表的有关信息和偿债能力可以对筹资的方案和资本结构以及财务杠杆的运用做出决策。

3. 企业管理人员可根据利润表披露的经营成果做出经营决策

企业管理人员比较和分析利润表中各种构成因素，可知悉各项收入、成本、费用与收益之间的增长趋势，发现各方面工作中存在的问题，做出合理的经营决策。

4. 评价和考核管理人员的绩效

董事会和股东从利润表所反映的收入、成本、费用与收益的信息可以评价管理层的业绩，为考核和奖励管理人员做出合理的决策。

二、利润表的格式

利润表一般由表头（首）、表体（身）、表尾三部分构成。其中，表头（首）包括报表名称、编制单位、编制期间、报表编号、计量单位等；表体（身）是利润表的主体和核心，反映各主要的收入项目、费用项目以及经营成果的计算过程；表尾部分为补充说明。

利润表的格式一般有两种：单步式利润表和多步式利润表。

单步式利润表将本期所有的收入加在一起，将所有的成本费用加在一起。然后，用总收入减去总成本费用，一次计算出损益。收入大于费用则盈利，反之则为亏损。

多步式利润表将损益的计算过程划分为三个部分：第一步计算营业利润；第二步计算利润总额；第三步计算净利润。根据我国《企业会计准则》的规定，我国企业的利润表采用多步式。

三、利润表的编制方法

（一）我国企业利润表的主要编制步骤

第一步，以营业收入为基础，计算营业利润；

营业利润 = 营业收入 - 营业成本－税金及附加－销售费用－管理费用－财务费用 + 其他收益 + 投资收益（－投资损失）+ 公允价值变动收益（－公允价值变动损失）+ 信用减值损失（－信用减值损失）+ 资产减值损失（－资产减值损失）+ 资产处置收益（－资产处置损失）

第二步，以营业利润为基础，计算利润总额；

利润总额＝营业利润＋营业外收入－营业外支出

第三步，以利润总额为基础，计算净利润（或净亏损）；

净利润＝利润总额－所得税费用

第四步，以净利润（或净亏损）为基础，计算每股收益；

第五步，以净利润（或净亏损）和其他综合收益的税后净额为基础，计算综合收益总额。

（二）利润表项目的填列说明

利润表各项目均需填列“本期金额” 和“上期金额”两栏。其中，利润表“上期金额”栏反映上年实际发生数，应根据上年该期利润表的“本期金额”栏内所列数字填列。如果上年度利润表的项目名称和内容与本年度利润表不一致，应对上年度利润表项目的名称和数字按本年度的规定进行调整后再填入。利润表中“本期金额”栏内各项数字，除“基本每股收益”和“稀释每股收益”项目外，应当根据各损益类科目的发生额分析填列。各项目的具体填列方法如下：

1.“营业收入”项目，反映企业经营日常业务所取得的收入总额。本项目应根据“主营业务收入”和“其他业务收入” 科目的发生额合计数分析填列。

2.“营业成本”项目，反映企业经营日常业务发生的实际成本。本项目应根据“主营业务成本”和“其他业务成本”科目的发生额合计数分析填列。

3.“税金及附加”项目，反映企业经营业务应负担的消费税、城市维护建设税、资源税、土地增值税、教育费附加、房产税、车船税、城镇土地使用税、印花税等相关税费。本项目应根据“税金及附加”科目的发生额分析填列。

4.“销售费用”项目，反映企业在销售商品和商品流通企业在购入商品等过程中发生的费用。本项目应根据“销售费用”科目的发生额分析填列。

5.“管理费用”项目，反映企业为组织和管理生产经营发生的管理费用。本项目应根据“管理费用”科目的发生额分析填列。

6.“财务费用”项目，反映企业筹集生产经营所需资金等而发生的筹资费用。本项目应根据“财务费用”科目的发生额分析填列。

7.“资产减值损失”项目，反映企业各项资产发生的减值损失。本项目应根据“资产减值损失”科目的发生额分析填列。

8.“信用减值损失”项目，反映企业计提的各项金融工具减值准备所形成的预期信用损失。该项目应根据“信用减值损失”科目的发生额分析填列。

9.“投资收益”项目，反映企业以各种方式对外投资所取得的收益。本项目应根据“投资收益”科目的发生额分析填列。如为投资损失，本项目以“-”号填列。

10.“公允价值变动收益”项目，反映企业应当计入当期损益的资产或负债公允价值变动收益。本项目应根据“公允价值变动损益”科目的发生额分析填列，如为净损失，本项目以“-”号填列。

11.“资产处置收益”项目，反映企业出售划分为持有待售的非流动资产（金融工具、长期股权投资和投资性房地产除外）或处置组（子公司和业务除外）时确认的处置利得或损失，以及处置未划分为持有待售的固定资产、在建工程、生产性生物资产及无形资产而产生的处置利得或损失。债务重组中因处置非流动资产产生的利得或损失、非货币性资产交换中换出非流动资产产生的利得或损失也包括在本项目内。本项目应根据“资产处置损益”科目的发生额分析填列；如为处置损失，以“-”号填列。

12.“营业利润”项目，反映企业实现的营业利润。如为亏损，本项目以“—”号填列。

13.“营业外收入”项目和“营业外支出”项目，反映企业发生的与其生产经营无直接关系的各项收入和支出。这两个项目应分别根据“营业外收入”科目和“营业外支出”科目的发生额分析填列。

14.“利润总额”项目，反映企业实现的利润总额。如为亏损总额，以“—”号填列。

15.“所得税费用”项目，反映企业按规定从本期损益中减去的所得税。本项目应根据“所得税费用”科目的发生额分析填列。

16.“净利润”项目，反映企业实现的净利润。如为净亏损，以“—”号填列。

17.“其他综合收益”项目，反映企业根据企业会计准则规定未在损益中确认的各项利得和损失扣除所得税影响后的净额。

18.“综合收益总额”项目，反映企业净利润与其他综合收益的合计金额。

19.“每股收益”项目，包括基本每股收益和稀释每股收益两项指标，反映普通股或潜在普通股已公开交易的企业，以及正处在公开发行普通股或潜在普通股过程中的企业的每股收益信息。

【例题·多选题】下列各项中，关于利润表项目本期金额填列方法表述正确的有（　）。

A.“管理费用”项目应根据“管理费用”科目的本期发生额分析填列

B.“营业利润”项目应根据“本年利润”科目的本期发生额分析填列

C.“税金及附加”项目应根据“应交税费”科目的本期发生额分析填列

D.“营业收入”项目应根据“主营业务收入”和“其他业务收入”科目的本期发生额分析填列

【答案】AD

【解析】“管理费用”项目应根据“管理费用”科目的发生额分析填列，选项A正确；本年利润不仅仅包含营业利润，还包含营业外收支和所得税费用，因此“营业利润”项目不是以本年利润的本期发生额填列的，选项B不正确；“税金及附加”项目应根据“税金及附加”科目的发生额分析填列，而不是根据“应交税费”科目本期发生额分析填列的，选项 C 不正确；“营业收入”项目根据“主营业务收入”和“其他业务收入”科目的发生额分析填列，选项 D 正确。

四、利润表编制举例

上海某塑铝制品有限公司 20×× 年有关账户累计发生额如表 8-7 所示。

表 8-7 上海某塑铝制品有限公司 20×× 年度有关账户累计发生额

单位：元

账户名称	借方累计发生额	贷方累计发生额	账户名称	借方累计发生额	贷方累计发生额
主营业务收入		100 020 000	主营业务成本	69 019 152	
其他业务收入		540 159	税金及附加	233 550	
营业外收入		200	销售费用	10 224 157	
			管理费用	12 240 600	
			财务费用	1 668 703	
			营业外支出	600	
			所得税费用	1 793 399	

根据以上资料，编制利润表如表 8-8 所示。

表 8-8 利润表

会企 02 表

编制单位：上海某塑铝制品有限公司　　20×× 年度　　单位：元

项　目	本期金额	上期金额
一、营业收入	100 560 159	85 896 937
减：营业成本	69 019 152	53 989 017
税金及附加	233 550	205 627
销售费用	10 224 157	11 148 016
管理费用	12 240 600	12 557 574
财务费用	1 668 703	811 251
加：公允价值变动收益（损失以“-”号填列）		
投资收益（损失以“—”号填列）		
二、营业利润（亏损以“—”号填列）	7 173 997	7 185 452
加：营业外收入	200	1 000
减：营业外支出	600	985
三、利润总额（亏损总额以“—”号填列）	7 173 597	7 185 467
减：所得税费用	1 793 399	1 796 367
四、净利润（净亏损以“—”号填列）	5 380 198	5 389 100
五、其他综合收益的税后净额		
六、综合收益总额		
七、每股收益：		
（一）基本每股收益		
（二）稀释每股收益		

实务操作

1. 资料：截至20××年12月31日，某企业“主营业务收入”科目发生额为1 990 000元，“主营业务成本”科目发生额为630 000元，“其他业务收入”科目发生额为500 000元，“其他业务成本”科目发生额为150 000元，“税金及附加”科目发生额为780 000元，“销售费用”科目发生额为60 000元，“管理费用”科目发生额为50 000元，“财务费用”科目发生额为170 000元，“资产减值损失”科目发生额为50 000元，“公允价值变动损益”科目为借方发生额450 000元（无贷方发生额），“投资收益”科目贷方发生额为850 000元（无借方发生额），“营业外收入”科目发生额为100 000元，“营业外支出”科目发生额为40 000元，“所得税费用”科目发生额为171 600元。

2. 要求：该计算该企业20××年度利润表中营业利润、利润总额和净利润。

答案提示：

营业利润 = 199 000 + 500 000 − 630 000—150 000 − 780 000 − 60 000 − 50 000 − 170 000 − 50 000 − 450 000 + 850 000 = 1 000 000（元）

利润总额 = 1 000 000 + 100 000 − 40 000 = 1 060 000（元）

净利润 = 1 060 000 − 171 600 = 888 400（元）

第四节　编制现金流量表

一、现金流量表概述

（一）现金流量表的概念

现金流量表是以收付实现制为编制基础，反映企业在一定会计期间现金和现金等价物流入和流出的报表。

现金是指企业库存现金以及可以随时用于支付的存款，包括库存现金、银行存款和其他货币资金等。不能随时用于支付的存款不属于现金。

现金等价物，是指企业持有的期限短、流动性强、易于转换为已知金额现金、价值变动风险很小的投资。期限短，一般是指从购买日起三个月内到期。现金等价物通常包括三个月内到期的债券投资等。权益性投资变现的金额通常不确定，因而不属于现金等价物。企业应当根据具体情况，确定现金等价物的范围，一经确定，不得随意变更。

（二）现金流量的分类

企业现金流量可以分为经营活动产生的现金流量、投资活动产生的现金流量和筹资活动产生的现金流量。

1. 经营活动产生的现金流量

经营活动，是指企业投资活动和筹资活动以外的所有交易和事项。经营活动产生的现金流量主要包括销售商品或提供劳务、购买商品、接受劳务、支付工资和缴纳税款等流入和流出的现金和现金等价物。

2. 投资活动产生的现金流量

投资活动，是指企业长期资产的构建和不包括在现金等价物范围内的投资及其处置活动。投资活动产生的现金流量主要包括购建固定资产、处置子公司及其他营业单位等流入和流出的现金和现金等价物。

3. 筹资活动产生的现金流量

筹资活动，是指导致企业资本及债务规模和构成发生变化的活动。筹资活动产生的现金流量主要包括吸收投资、发行股票、分配利润、发行债券、偿还债务等流入和流出的现金和现金等价物。偿付应付账款、应付票据等商业应付款等属于经营活动，不属于筹资活动。

例 8-4　下列各项中，应作为现金流量表中经营活动产生的现金流量的有（　　）。

A. 销售商品收到的现金　　B. 取得短期借款收到的现金

C. 采购原材料支付的增值税　　D. 取得长期股权投资支付的手续费

答案提示：AC

解析：选项 B 是筹资活动的现金流量；选项 D 是投资活动的现金流量。

例 8-5　下列各项中引起现金流量净额变动的项目是（　　）。

A. 将库存现金存入银行　　B. 用银行存款购买 1 个月到期的债券

C. 用固定资产抵偿债务　　D. 用银行存款清偿 20 万元的债务

答案提示：D

解析：选项 A 和 B 属于现金内部发生的变动，不影响现金流量；选项 C 不影响现金流量；选项 D 会影响现金流量的变动。

（三）现金流量表的意义

通过现金流量表，可以为报表使用者提供一定会计期间内现金及现金等价物流入和流出的信息，便于使用者了解和评价企业获取现金及现金等价物的能力，据以预测企业未来现金流量。

1. 反映企业的现金流量，评价企业未来产生现金净流量的能力；

2. 评价企业偿还债务、支付投资利润的能力，谨慎判断企业财务状况；

3. 分析净收益与现金流量间的差异，并解释差异产生的原因；

4. 通过对现金投资与融资、非现金投资与融资的分析，全面了解企业财务状况。

二、现金流量表的格式

现金流量表分为主表和附表（即补充资料）两大部分。主表的各项目金额实际上就是每笔现金流入、流出的归属；而附表的各项目金额则是相应会计账户的当期发生额或期末与期初余额的差额，附表是现金流量表中不可或缺的一部分。

现金流量表主表采用报告式结构，分类反映经营活动产生的现金流量、投资活动产生的现金流量和筹资活动产生的现金流量，最后汇总反应企业某一期间现金及现金等价物净增加额。

三、现金流量表的编制

（一）现金流量表的编制方法

企业应当采用直接法列示经营活动现金流量。在具体编制时，可以采用工作底稿法或T型账户法，也可以根据有关科目记录分析填列。

（二）现金流量表主要项目说明

1. 经营活动产生的现金流量

（1）“销售商品、提供劳务收到的现金”项目，反映企业本年销售商品、提供劳务收到的现金，以及以前年度销售商品、提供劳务本年收到的现金（包括应向购买者收取的增值税销项税额）和本年预收的款项，减去本年销售本年退回商品和以前年度销售本年退回商品支付的现金。企业销售材料和代购代销业务收到的现金，也在本项目反映。

公式一：销售商品、提供劳务收到的现金 = 当期销售商品、提供劳务收到的现金 + 当期收回前期的应收账款和应收票据 + 当期预收的款项—当期销售退回支付的现金 + 当期收回前期核销的坏账损失

公式二：销售商品、提供劳务收到的现金 = 营业收入 + 应交税费 − 应交增值税（销项税额）+ 应收账款本期减少额（期初余额 − 期末余额）+ 应收票据本期减少额（期初余额 − 期末余额）+ 预收款项本期增加额（期末余额 − 期初余额）− 当期计提的坏账准备（无现金流量）

例 8–6 甲公司 20×× 年实现营业收入为 1 000 万元，其中现销收入 550 万元，赊销收入 450 万元；当年收回以前年度赊销的收入 380 万元，当年预收货款 120 万元，预付货款 30 万元；当年因销售退回支付的现金 20 万元，当年购货退回收到的现金 40 万元，则甲公司当年销售商品提供劳务收到的现金为（　　）万元。

A. 990　　B. 1 030　　C. 1 100　　D. 1 150

答案提示：B

解析：销售商品提供劳务收到的现金 = 550 + 380 + 120 − 20 = 1 030 万元

（2）“收到的税费返还”项目，反映企业收到返还的所得税、增值税、营业税、消费税、关税和教育费附加等各种税费返还款。

（3）“收到其他与经营活动有关的现金”项目，反映企业经营租赁收到的租金等其他与经营活动有关的现金流入，金额较大的应当单独列示。

（4）“购买商品、接受劳务支付的现金”项目，反映企业本年购买商品、接受劳务实际支付的现金（包括增值税进项税额），以及本年支付以前年度购买商品、接受劳务的未付款项和本年预付款项，减去本年发生的购货退回收到的现金。企业购买材料和代购代销业务支付的现金，也在本项目反映。

公式一：购买商品、接受劳务支付的现金 = 当期购买商品、接受劳务支付的现金 + 当期支付前期的应付账款和应付票据 + 当期预付的款项 − 当期因购货退回收到的现金

公式二：购买商品、接受劳务支付的现金 = 营业成本 + 应交税费 − 应交增值税（进项税额）+（存货期末余额 − 存货期初余额）+（应付账款期初余额 − 应付账款期末余额）+（应付票据期初余额 − 应付票据期末余额）+（预付账款期末余额 − 预付账款期初余额）− 当期列入生产成本、制造费用的职工薪酬和折旧费（无现金流量）

（5）“支付给职工以及为职工支付的现金”项目，反映企业本年实际支付给职工的工资、资金、各种津贴和补贴等职工薪酬（包括代扣代缴的职工个人所得税）。

注意：第一，支付给在建工程人员的工资及其他费用在“购建固定资产、无形资产和其他长期资产支付的现金项目反映；第二，支付给离退休人员的各项费用反映在“支付其他与经营活动有关的现金项目反映。

（6）“支付的各项税费”项目，反映企业本年发生并支付、以前各年发生本年支付以及预缴的各项税费，包括所得税、增值税、营业税、消费税、印花税、房产税、土地增值税、车船税、教育费附加等。

（7）“支付其他与经营活动有关的现金”项目，反映企业经营租赁支付的租金、支付的差旅费、业务招待费、保险费、罚款支出等其他与经营活动有关的现金流出，金额较大的应当单独列示。

2. 投资活动产生的现金流量

（1）“收回投资收到的现金”项目，反映企业出售、转让或到期收回除现金等价物以外的对其他企业长期股权投资而收到的现金，但处置子公司及其他营业单位收到的现金净额除外。

（2）“取得投资收益收到的现金”项目，反映企业除现金等价物以外的对其他企业的长期股权投资等分回的现金股利和利息等。

（3）“处置固定资产、无形资产和其他长期资产收回的现金净额”项目，反映企业出售、报废固定资产、无形资产和其他长期资产所取得的现金（包括因资产毁损而收到的保险赔偿收入），减去为处置这些资产而支付的有关费用后的净额。

（4）“处置子公司及其他营业单位收到的现金净额”项目，反映企业处置子公司及其他营业单位所取得的现金，减去相关处置费用以及子公司及其他营业单位持有的现金和现金等价物后的净额。

（5）“购建固定资产、无形资产和其他长期资产支付的现金”项目，反映企业购买、建造固定资产、取得无形资产和其他长期资产所支付的现金和增值税款等，以及用现金支付的应由在建工程和无形资产负担的职工薪酬。

注意：

为购建固定资产而发生的借款利息资本化部分，以及融资租入固定资产支付的租赁费在筹资活动产生的现金流量中反映。

（6）“投资支付的现金”项目，反映企业取得除现金等价物以外的对其他企业的长期股权投资所支付的现金以及支付的佣金、手续费等附加费用，但取得子公司及其他营业单位支付的现金净额除外。

（7）“取得子公司及其他营业单位支付的现金净额”项目，反映企业购买子公司及其他营业单位购买出价中以现金支付的部分，减去子公司及其他营业单位持有的现金和现金等价物后的净额。

（8）“收到其他与投资活动有关的现金”、“支付其他与投资活动有关的现金”项目，反映企业除上述（1）至（7）项目外收到或支付的其他与投资活动有关的现金，金额较大的应当单独列示。

3. 筹资活动产生的现金流量

（1）“吸收投资收到的现金”项目，反映企业以发行股票、债券等方式筹集资金实际收到的款项，减去直接支付的佣金、手续费、宣传费、咨询费、印刷费等发行费用后的净额。

（2）“取得借款收到的现金”项目，反映企业举借各种短期、长期借款而收到的现金。

（3）“偿还债务支付的现金”项目，反映企业为偿还债务本金而支付的现金。

注意：

企业支付的借款利息和债券利息在“分配股利、利润或偿付利息支付的现金项目反映。

（4）“分配股利、利润或偿付利息支付的现金”项目，反映企业实际支付的现金股利、支付给其他投资单位的利润或用现金支付的借款利息、债券利息。

（5）“收到其他与筹资活动有关的现金”“支付其他与筹资活动有关的现金”项目，反映企业除上述（1）至（4）项目外收到或支付的其他与筹资活动有关的现金，金额较大的应当单独列示。

4. 汇率变动对现金及现金等价物的影响

“汇率变动对现金的影响”项目，反映企业外币现金流量及境外子公司的现金流量折算为人民币时，所采用的现金流量发生日的汇率或平均汇率折算的人民币金额与“现金及现金等价物净增加额”中外币现金净增加额按期末汇率折算的人民币金额之间的差额。

第五节 报送会计报表

一、会计报表报送的相关规定

（一）关于会计报表币种的规定

根据《会计法》第十二条规定，业务收支以人民币以外的货币为主的单位，可以选定其中一种货币作为记账本位币，但是编报的会计报表应当折算为人民币。根据《会计基础工作规范》第四十条规定，境外单位向国内有关部门编报的会计报表，应当折算为人民币反映。

（二）关于会计报表编制依据的规定

根据《会计法》第十三条规定，会计报表必须符合国家统一的会计制度的规定。?使用电子计算机进行核算的，其软件及其生成的会计报表也必须符合国家统一的会计制度的规定。任何单位和个人都不得报送虚假的会计报表。

根据《会计法》第二十条规定，会计报表应当根据经过审核的会计账簿记录和有关资料编制，并符合《会计法》和国家统一的会计制度关于会计报表的编制要求、提供对象和提供期限的规定；其他法律、行政法规另有规定的，从其规定。向不同的会计信息使用者提供的会计报表，其编制依据应当一致。

（三）关于会计报表格式的规定

根据《会计基础工作规范》第六十六条和第七十条规定，各单位对外报送的会计报表应当根据国家统一会计制度规定的格式和要求编制。单位内部使用的会计报表，其格式和要求由各单位自行规定。各单位应按照国家规定的期限对外报送会计报表。对外报送的会计报表，应当依次编写页码，加具封面，装订成册，加盖公章。封面上应当注明单位名称，单位地址，会计报表所属的年度、季度和月度，送出日期，并由单位领导人、总会计师、会计机构负责人和会计主管人员签名或盖章。单位领导人对会计报表的合法性、真实性负法律责任。

根据《企业会计制度》第一百五十八条规定，如果企业对其他单位投资占该单总额 50% 以上（不含 50%），或虽然占该单位注册资本总额不足 50%，但具有实质控制权的，应当编制合并会计报表。

（四）关于会计报表报送期限的规定

根据《纳税人财务会计报表报送管理办法》第九条和第三十条规定，纳税人财务会计报表的报送期限为：按季度报送的在季度终了后 15 日内报送；按年度报送的内资企业在年度终了后 45 天内报送，外商投资企业和外国企业在年度终了后 4 个月内报送。遇有法定公休日、节假日，按照税收征管法及其实施细则的规定顺延。

（五）关于会计报表审计的规定

根据《会计法》第二十条规定，有关法律、行政法规规定会计报表、会计报表附注和财务情况说明书须经注册会计师审计的，应当将注册会计师及其所在的会计师事务所出具的审计报告随同会计报表一并提供。

（六）关于会计报表更正的规定

根据《会计基础工作规范》第七十二条规定，如果发现对外报送的会计报表有错误，当及时办理更正手续。除更正本单位留存的会计报表外，并应同时通知接收会计报表的单位更正。错误较多的，应当重新编报。

二、报送会计报表的部门

各单位应当报送会计报表的部门与各单位的隶属关系、经济管理及经济监督的需要有关。国有企业一般要向上级主管部门、开户银行、财政、税务和审计机关报送会计报表，同时应向投资者、债权人以及其他与企业有关的报表使用者提供。股份有限公司还应向证券交易和证券监督管理机构提供会计报表。

三、报送会计报表的准备工作

在会计报表编制完成后、报送前，单位会计主管人员和单位负责人必须对会计报表进行复核。复核的内容主要包括以下几个方面。

（1）报表所列金额与账簿记录是否一致。

（2）报表的项目是否填列齐全。

（3）报表的各项数字计算是否正确。

（4）报表内容是否完整，相关报表之间的有关数字的钩稽关系是否正确及衔接一致。

（5）会计报表的附注是否符合有关要求。

经审查无误后，即可对会计报表依次编订页数、加具封面、装订成册并加盖公章。封面上注明单位名称、地址、主管部门、开业年份、报表所属年度和月份、送出日期等信息。

四、未按规定报送会计报表的法律责任

（一）会计报表依据不一致的法律责任

根据《会计法》第四十二条规定，向不同的会计信息使用者提供的会计报表依据不一致的，由县级以上人民政府财政部门责令限期改正，可以对单位并处 3 000 元以上 5 万元以下的罚款；对其直接负责的主管人员和其他直接责任人员，可以处 2 000 元以上 2 万元以下的罚款；属于国家工作人员的，还应当由其所在单位或者有关单位依法给予行政处分。构成犯罪的，依法追究刑事责任。会计人员有第一款所列行为之一，情节严重的，五年内不得从事会计工作。

（二）编制虚假会计报表的法律责任

根据《会计法》第四十三条规定，伪造、变造会计凭证、会计账簿，编制虚假会计报表，构成犯罪的，依法追究刑事责任。尚不构成犯罪的，由县级以上人民政府财政部门予以通报，可以对单

位并处 5 000 元以上 10 万元以下的罚款；对其直接负责的主管人员和其他直接责任人员，可以处 3 000 元以上 5 万元以下的罚款；属于国家工作人员的，还应当由其所在的单位或者有关单位依法给予撤职直至开除的行政处分；其中的会计人员，五年内不得从事会计工作。

根据《会计法》第四十五条规定，授意、指使、强令会计机构、会计人员及其他人员伪造、变造会计凭证、会计账簿，编制虚假会计报表，构成犯罪的，依法追究刑事责任；尚不构成犯罪的，可以处 5 000 元以上 5 万元以下的罚款；属于国家工作人员的，还应当由其所在单位或者有关单位依法给予降级、撤职、开除的行政处分。

（三）隐匿或者故意销毁应当保存的会计报表的法律责任

根据《会计法》第四十四条规定，隐匿或者故意销毁依法应当保存的会计凭证、会计账簿、会计报表，构成犯罪的，依法追究刑事责任。尚不构成犯罪的，由县级以上人民政府财政部门予以通报，可以对单位并处 5 000 元以上 10 万元以下的罚款；对其直接负责的主管人员和其他直接责任人，可以处 3 000 元以上 5 万元以下的罚款；属于国家工作人员的，还应当由其所在的单位或者有关单位依法给予撤职直至开除的行政处分；其中的会计人员，五年内不得从事会计工作。

（四）不按规定向税务机关报送会计报表的法律责任

根据《税收征收管理》第二十五条和第六十二条规定，纳税人必须依照法律、行政法规规定或者税务机关依照法律、行政法规规定确定的申报期限、申报内容如实办理纳税申报，报送纳税申报表、财务会计报表以及税务机关根据实际需要要求纳税人报送的其他纳税资料。扣缴义务人必须依照法律法规或者税务机关的规定如实报送代扣代缴、代收代缴税款报告表以及税务机关根据实际需要要求扣缴义务人报送的其他有关资料。纳税人未按照规定的期限办理纳税申报和报送纳税资料的，或者扣缴义务人未按照规定的期限向税务机关报送代扣代缴、代收代缴税款报告表和有关资料的，由税务机关责令限期改正，可以处 2 000 元以下的罚款；情节严重的，可以处 2 000 元以上 1 万元以下的罚款。

例 8-7 案例分析——佳妍华公司的会计人员在编制完 2019 年的会计报表之后，应当按照怎样的要求报送会计报表呢？

针对本案例，处理如下：

佳妍华公司的会计报表编制完成之后，首先应由单位会计主管人员和单位负责人进行复核。经审查无误后，对会计报表依次编订页数、加具封面、装订成册并加盖公章。封面上注明单位名称、地址、主管部门、开业年份、报表所属年度和月份、送出日期等信息，并由单位领导人、总会计师、会计机构负责人、会计主管人员签名或者盖章。然后，由报表岗位的会计人员在规定的时间内向规定的对象报送报表。

本章小结

【基本内容小结】企业财务会计报告是企业对外提供财务会计信息的主要形式。财务会计报告包括会计报表及其附注和其他应当在财务会计报告中披露的相关信息和资料。其中，会计报表是财务会计报告的主要组成部分。

资产负债表是反映企业某一特定时间财务状况的报表。资产负债表的结构有两种：账户式和报告式，我国统一采用账户式结构，即根据“资产 = 负债 + 所有者权益”，在报表的左右两边分别反映资产、负债和所有者权益。

利润表是反映企业一定期间生产经营成果的会计报表。利润表有两种结构：单步式和多步式，我国统一采用多步式，即根据“收入 - 费用 = 利润”，分步计算企业的营业利润、利润总额和净利润。利润表内各项目主要是根据收入、费用的本期发生额计算填列或直接填列。

现金流量表是用以反映企业一定会计期间现金及现金等价物变动情况的会计报表。现金流量表分三部分反映企业的现金流量，包括：经营活动产生的现金流量、投资活动产生的现金流量和筹资活动产生的现金流量。现金流量表要根据企业当期的账簿资料和现金收付分析填列。

【本章的重点与难点】重点：资产负债表、利润表的编制；难点：现金流量表的编制。

复习与思考

1. 资产负债表有什么作用？概述其编制方法。
2. 利润表的结构有单步式和多步式两种，多步式相对单步式有哪些优点？
3. 现金流量如何分类？
4. 报送会计报表的准备工作有哪些？

课程实践

一、单项选择题

1. 反映企业在某一特定日期资产、负债和所有者权益状况的报表是（　　）

A. 资产负债表　　B. 利润表　　C. 所有者权益变动表　　D. 现金流量表

2. 反映企业在一定时期经营成果的会计报表是（　　）

A. 资产负债表　　B. 利润表　　C. 利润分配表　　D. 现金流量表

3. 下列属于静态报表的是（　）

A. 资产负债表　B. 利润表　C. 现金流量表　D. 以上都是

4. 企业会计核算的最终成果是（ ）

A. 会计凭证　B. 会计账簿　C. 会计报表　D. 会计分析报告

5. 资产负债表的“应收账款”项目根据“应收账款”的（　）和“预收账款”分析计算填列。

A. 账面价值　B. 贷方余额　C. 借方余额　D. 总额

6. 下列不属于外部会计报表的是（　）

A. 利润表　B. 资产负债表　C. 现金流量表　D 产品生产成本表

7. 会计报表编制的基础是（　）

A. 会计凭证　B. 会计账簿　C. 日记账　D. 科目汇总表

8. 利润表是根据损益类账户的（　）填列的。

A. 期初余额　B. 期末余额　C. 累计发生额　D. 净额

9. 资产负债表“年初余额”栏数字是根据（　）填写的

A. 总账余额　B. 明细账余额

C. 上期期末余额　D. 上年末的“期末余额”

10. 资产负债表中“货币资金”项目不包括（　）账户的期末余额。

A. 应收票据　B. 库存现金　C. 银行存款　D. 其他货币资金

11.（　）应对会计报表的合法性、真实性负法律责任。

A. 单位领导人　B. 总会计师　C. 会计机构负责人　D. 会计主管人员

12. 根据《纳税人财务会计报表报送管理办法》的规定，纳税人按季度报送的财务会计报表，应在季度终了后（　）日内报送。

A.6　B.10　C.15　D.30

二、多项选择题

1. 会计报表的使用者有（　）

A. 投资者　B. 债权人　C. 国家经济管理机关　D. 企业内部管理人员

2. 属于流动资产的是（ ）

A. 应收及预付账款　B. 长期股权投资

C. 存货　D. 累计折旧

3. 在编制资产负债表时需要根据若干明细账户的期末余额分析计算填列的有（　）

A. 存货　B. 应收账款　C. 短期借款　D. 应付账款

4. 中期会计报表按编制时间分类，可分为（　）

A. 日报　B. 月报　C. 季报　D. 半年报

5. 资产负债表中“存货”项目应根据（　）等账户的期末余额分析计算填列。

A. 库存商品　B. 原材料　C. 生产成本　D. 周转材料

6. 在会计报表编制完成后、报送前，单位会计主管人员和单位负责人必须对会计报表进行复核。复核的内容主要包括（　　）。

A. 报表所列金额与账簿记录是否一致

B. 报表的项目是否填列齐全

C. 报表的各项数字计算是否正确

D. 报表内容是否完整，相关报表之间的有关数字的钩稽关系是否正确及衔接一致

三、判断题

1. 企业编制对外会计报表可根据企业自身情况确定报表的格式。（　　）
2. 资产负债表和利润表都属静态会计报表。（　　）
3. 资产负债表和利润表编制的理论基础是会计等式。（　　）
4. 供企业内部使用的会计报表应有统一的格式。（　　）
5. 生产成本是利润表的组成项目之一。（　　）
6. 财务会计报告不等同于会计报表。（　　）
7. 资产负债表．现金流量表可为报表使用者提供经营决策．投资决策和贷款决策的依据。（　　）
8. 反映企业经营成果中收支和会计成果的会计报表是现金流量表。（　　）
9. 资产负债表中，某些项目的含义和口径与有关总分类账户是完全一致的，因此可直接根据这类总分类账户的期末余额填列资产负债表的“期末余额”。（　　）
10. “坏账准备”账户的期末贷方余额，在资产负债表上应列于流动负债项目中。（　　）

第八章　财务会计报告 课程实践题参考答案

一、单项选择题

1. A　2. B　3. A　4. C　5. A　6. D　7. B　8. C　9. D　10. A　11. A　12. C

二、多项选择题

1. ABCD　2. AC　3. BD　4. BCD　5. ABCD　6. ABCD

三、判断题

1. ×　2. ×　3. √　4. ×　5. ×　6. √　7. √　8. ×　9. √　10. ×

PART.09

第九章

财务处理程序

能力目标

专业能力

了解会计循环的概念和基本环节

理解账务处理程序的概念和选择要求

掌握记账凭证账务处理程序和科目汇总账务处理程序

了解汇总记账凭证账务处理程序

明确不同账务处理程序的优缺点和适用范围

社会能力

能揭示不同账务处理程序之间的关系

能说出不同账务处理程序的主要任务及所运用的单据账表

能说出账务处理程序在会计岗位中的应用过程

方法能力

能找出应用不同账务处理程序的一般规律

会选择和应用不同的账务处理程序

第一节 识别账务处理程序

一、账务处理程序的概念及意义

账务处理程序也称为会计核算组织程序或会计核算形式，是指会计凭证、会计账簿、会计报表相结合的方式，包括账簿组织和记账程序。账簿组织是指会计凭证和会计账簿的种类、格式，会计凭证与账簿之间的联系方法；记账程序是指由原始凭证到编制记账凭证、登记明细分类账和总分类账、编制会计报表的工作程序和方法等。

不同的单位，采用不同的账簿组织和记账程序，构成不同的账务处理程序。各单位科学、合理地选择适用于本单位的账务处理程序，对于保证会计核算工作质量，提高会计核算工作效率，为经济管理提供全面、准确、及时、有用的会计信息，有效地组织会计核算具有重要意义。

（1）有利于提高会计核算的质量，为经济管理提供所需的会计信息。采用适当的会计核算程序，可以使企业的日常会计核算工作按规定的程序有条不紊地进行，有利于会计人员的分工协作，加强岗位责任制，明确责任，健全内部控制制度，是会计核算能正确反映实际情况，及时提供会计信息，提供会计信息的真实性、完整性。

（2）有利于节约核算费用，提高会计核算效率。选择使用合理的会计核算程序，可以减少会计凭证、账簿的使用数量，节约费用支出；还可以简化会计核算手续，减少重复劳动，从而提高会计工作效率。

（3）有利于加强会计核算，提高企业管理水平。一方面，由于能正确及时地进行信息反馈和内部控制，可以加强对企业经济活动及其结果的反映和监督、计划和控制、预测和决策；另一方面，对会计工作合理分工，使会计人员能有更多的时间和精力进行实际调查，加强会计监督，最大限度的预防和杜绝各种错误的发生，提高会计质量，提高会计管理水平。

二、账务处理程序的种类

我国在长期的会计工作实践中，逐步形成了适应不同会计主体需要的会计核算程序。主要有：

（1）记账凭证账务处理程序；

（2）汇总记账凭证账务处理程序；

（3）科目汇总表账务处理程序；

（4）日记总账账务处理程序；

（5）多栏式日记账账务处理程序；

以上五种账务处理程序既有共同点，又各有特点。其中，记账凭证账务处理程序是最基本的一种，其他账务处理程序都是由此发展、演变而来的。在实际工作中，各经济单位可根据实际需要选择其中一种账务处理程序，也可将多种账务处理程序的优点结合起来使用，以满足本单位经营管理的需要。各种核算程序的主要区别在于登记总分类账的依据和方法不同。

常用的账务处理程序主要有记账凭证账务处理程序、汇总记账凭证账务处理程序、科目汇总表账务处理程序。

第二节　选择和应用记账凭证账务处理程序

一、记账凭证账务处理程序的特点

记账凭证账务处理程序是指对发生的经济业务事项，都要根据原始凭证或汇总原始凭证编制记账凭证，然后根据记账凭证直接登记总分类账的一种账务处理程序。它是最基本的一种账务处理程序，从一定意义上说，其他账务处理程序均是在此基础上发展和演变而来的。其特点是直接根据记账凭证逐笔登记总分类账。

在记账凭证账务处理程序下，账簿需要设置库存现金日记账、银行存款日记账、明细分类账和总分类账。库存现金日记账、银行存款日记账和总分类账一般采用三栏式；明细分类账可根据需要采用三栏式、数量金额式和多栏式；记账凭证可以分设收款凭证、付款凭证和转账凭证，也可采用通用记账凭证。

二、记账凭证账务处理程序的基本步骤

记账凭证账务处理程序的基本步骤如下：

（1）根据原始凭证编制原始凭证汇总表；

（2）根据原始凭证或原始凭证汇总表填制记账凭证；

（3）根据收款凭证和付款凭证逐笔登记库存现金日记账和银行存款日记账；

（4）根据原始凭证、原始凭证汇总表和记账凭证，登记各种明细分类账；

（5）根据记账凭证逐笔登记总分类账；

（6）期末，将库存现金日记账、银行存款日记账的余额，以及各种明细分类账的余额合计数，分别与总分类账中相关账户的余额核对相符；

（7）期末，根据核对无误的总分类账和明细分类账的相关资料，编制会计报表。

记账凭证账务处理程序如图 9-1 所示。

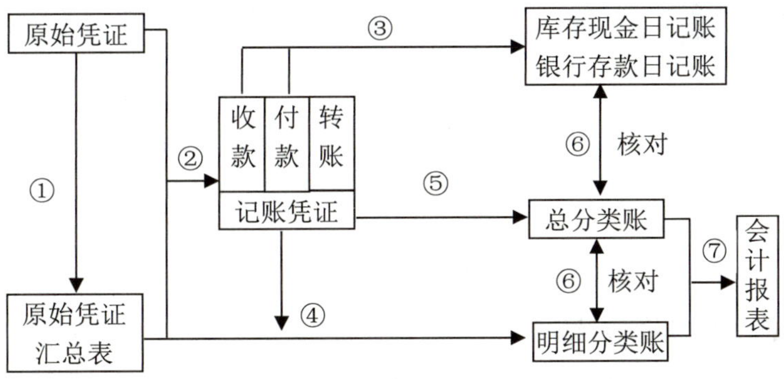

图 9-1　记账凭证账务处理程序流程

三、优缺点及适用范围

优点：记账凭证账务处理程序的优点是简单明了，易于理解；总分类账是直接根据各种记账凭证逐笔登记的，总分类账中能比较详细和具体地反映各项经济业务的发生情况，来龙去脉清楚，直观、简化，便于了解经济业务动态和账目核查。

缺点：记账凭证账务处理程序的缺点是由于根据记账凭证逐笔登记总分类账，登记总分类账的工作量较大。

适用范围：记账凭证账务处理程序一般适用于规模较小、经济业务量较少、记账凭证数量不多的单位。

记账凭证账务处理程序特别适宜于计算机处理，因为利用计算机可以弥补其工作量大的缺点。在手工记账下，为了减少记账凭证的数量和登记总账的工作量，可以尽量将同类经济业务的原始凭证进行汇总，编制汇总原始凭证，再根据汇总原始凭证编制记账凭证。

第三节 选择和应用科目汇总表账务处理程序

一、科目汇总表账务处理程序的特点

（一）特点

科目汇总表账务处理程序，又称记账凭证汇总表账务处理程序，是先根据记账凭证定期编制科目汇总表（记账凭证汇总表），然后根据科目汇总表登记总分类账的一种账务处理程序。其特点是根据科目汇总表登记总分类账。

在这种账务处理程序下，账簿和凭证的设置与记账凭证账务处理程序的要求基本相同。不同之处就是这种账务处理程序下应设置科目汇总表。

科目汇总表的格式如表 9-1 所示。

表 9-1 科目汇总表（按旬）

年 月 日至 日　　　　字第 号

会计科目	本期发生额		记账凭证起讫号码
	借方	贷方	
合计			

会计主管：　　会计：　　复核：　　制表：

（二）科目汇总表的编制方法

科目汇总表是定期将一定时期内的全部记账凭证，按相同会计科目进行归类，汇总出每一个总账科目的借方发生额合计数和贷方发生额合计数，填写在科目汇总表的相关栏内，用以反映全部总账科目的借方发生额合计数和贷方发生额合计数。

在编制科目汇总表时，应该注意以下几点。

（1）每一张收款凭证尽可能只填列一个贷方科目，每一张付款凭证尽可能只填列一个借方科目；转账凭证，也应尽可能填列一个借方科目和一个贷方科目，一式两联，一联作为借方科目的汇总，一联作为贷方科目的汇总。

（2）为了便于登记总账，科目汇总表上的科目排列应按总分类账上科目排列的顺序来定。

（3）科目汇总表汇总的时间不宜过长，业务量多的单位可每若干天汇总一次，一般间隔期为5至10天，以便对科目的发生额进行试算平衡，及时了解资金运动情况，并提高科目汇总表的工作效率。

二、科目汇总表账务处理程序的一般程序

（1）根据原始凭证编制汇总原始凭证；

（2）根据原始凭证或汇总原始凭证编制记账凭证；

（3）根据收款凭证、付款凭证逐笔登记库存现金日记账和银行存款日记账；

（4）根据原始凭证、汇总原始凭证和记账凭证登记各种明细分类账；

（5）根据各种记账凭证编制科目汇总表；

（6）根据科目汇总表登记总分类账；

（7）期末，库存现金日记账、银行存款日记账和明细分类账的余额同有关总分类账的余额核对相符；

（8）期末，根据总分类账和明细分类账的记录，编制会计报表。

科目汇总表账务处理程序如图 9-2 所示。

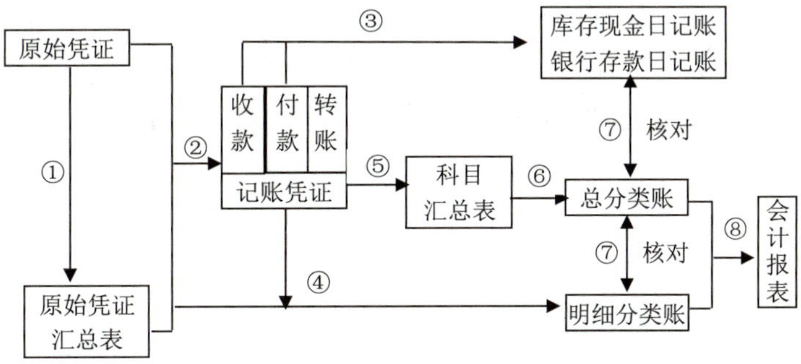

图 9-2 科目汇总表账务处理程序流程

三、科目汇总表账务处理程序的优缺点及适用范围

优点：采用科目汇总表账务处理程序时，由于总分类账是根据科目汇总表登记的，因此简化了登记总分类账的工作量；同时在登记总分类账之前，通过编制科目汇总表，起到了试算平衡的作用，有利于保证总分类账记录的正确性。

缺点：在按相同科目归类编制的科目汇总表中，不能清楚地反映出各个账户间的对应关系，不便于查对账目和分析经济业务的来龙去脉。

适用范围：科目汇总表账务处理程序通常适用于经济业务量较多的单位。

第四节 选择和应用汇总记账凭证账务处理程序

一、汇总记账凭证账务处理程序的特点

汇总记账凭证账务处理程序区别于其他账务处理程序的主要特点是：定期（5 天或 10 天）将记账凭证分类编制汇总记账凭证，然后根据汇总记账凭证登记总分类账。

汇总记账凭证账务处理程序与科目汇总表账务处理程序较为相似。两者的区别是汇总记账凭证账务处理程序以汇总记账凭证代替了科目汇总表账务处理程序中的科目汇总表。二者只是汇总方式不同。科目汇总表是按相同会计科目汇总，汇总记账凭证则按照会计科目之间的对应关系汇总。其目的都是为了简化总账的登记工作。

采用汇总记账凭证账务处理程序时，其账簿设置、各种账簿的格式以及记账凭证的种类和格式基本上与记账凭证账务处理程序相同。但应增设汇总收款凭证、汇总付款凭证和汇总转账凭证，以作为登记总分类账的依据。另外，总分类账的账页格式必须增设“对应账户”栏。

二、汇总记账凭证及其编制方法

汇总记账凭证分为汇总收款凭证（其格式如表 9-2 所示）、汇总付款凭证（其格式如表 9-3 所示）和汇总转账凭证（其格式如表 9-4 所示）三种。它是根据收款凭证、付款凭证和转账凭证定期汇总编制而成，间隔天数视业务量多少而定，一般 5 天或 10 天汇总填制一次，每月编制一张。

（1）汇总收款凭证应根据库存现金收款凭证和银行存款收款凭证，分别按“库存现金”“银行存款”的借方设置，按对应贷方科目进行归类汇总。月末，结算出汇总收款凭证的合计数，分别记入库存现金、银行存款总分类账的借方以及各对应账户总分类账的贷方。

表 9-2 汇总收款凭证

借方科目： 年 月 汇收 号

贷方科目	金额				总账 页数	
	（1）	（2）	（3）	合计	借方	贷方
合计						
附件 （1）自___日至___日___凭证 共___张 （2）自___日至___日___凭证 共___张 （3）自___日至___日___凭证 共___张						

（2）汇总付款凭证（表 9-3）应根据库存现金和银行存款付款凭证，分别按“库存现金”“银行存款”的贷方设置，按对应借方科目进行归类汇总。月末，结算出汇总付款凭证的合计数，分别记入库存现金、银行存款总分类账的贷方以及各对应账户总分类账的借方。

表 9-3　汇总付款凭证

贷方科目：　　　　　　　　　　年　月　　　　　　　　　　汇付 号

借方科目	金额				总账 页数	
	（1）	（2）	（3）	合计	借方	贷方
合计						
附件	（1）自＿日至＿日＿凭证　共＿张 （2）自＿日至＿日＿凭证　共＿张 （3）自＿日至＿日＿凭证　共＿张					

编制时，应当注意对库存现金和银行存款之间相互划转的业务。例如：以库存现金存入银行，应根据库存现金付款凭证编制；从银行提取现金，应根据银行存款付款凭证编制。

（3）汇总转账凭证（表 9-4）应根据转账凭证中有关账户的贷方设置，按对应借方科目进行归类汇总。月末，结算出汇总转账凭证的合计数，分别记入该汇总转账凭证所开设的应贷账户总分类账的贷方，以及各对应账户总分类账的借方。

为了便于填制汇总转账凭证，平时填制转账凭证时只能填制一借一贷和一贷多借的转账凭证，而不能填制一借多贷和多借多贷的转账凭证。月终，根据汇总转账凭证的合计数分别记入总分类账中各个借方账户的借方以及该汇总凭证所列的贷方账户的贷方。如果在月份内某一贷方科目的转账凭证数量不多，也可不编制汇总转账凭证，直接根据转账凭证记入总分类账。

表 9-4　汇总转账凭证

贷方科目：　　　　　　　　　　年　月　　　　　　　　　　汇转 号

借方科目	金额				总账 页数	
	（1）	（2）	（3）	合计	借方	贷方
合计						
附件	（1）自＿日至＿日＿凭证　共＿张 （2）自＿日至＿日＿凭证　共＿张 （3）自＿日至＿日＿凭证　共＿张					

三、汇总记账凭证账务处理程序的基本步骤

采用汇总记账凭证账务处理程序进行会计核算，其一般程序如下：

（1）根据原始凭证编制汇总原始凭证；

（2）根据原始凭证或汇总原始凭证，编制记账凭证；

（3）根据收款凭证、付款凭证逐笔登记库存现金日记账和银行存款日记账；

（4）根据原始凭证、汇总原始凭证和记账凭证，登记各种明细分类账；

（5）根据各种记账凭证编制有关汇总记账凭证；

（6）根据各种汇总记账凭证登记总分类账；

（7）期末，库存现金日记账、银行存款日记账和明细分类账的余额同有关总分类账的余额核对相符；

（8）期末，根据总分类账和明细分类账的记录，编制会计报表。

汇总记账凭证账务处理程序如图 9-3 所示。

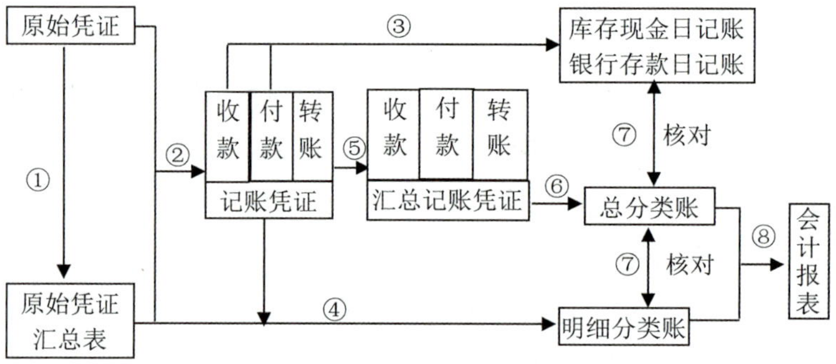

图 9-3 汇总记账凭证账务处理程序流程

四、汇总记账凭证账务处理程序的优缺点及适用范围

优点：采用汇总记账凭证账务处理程序，由于将日常发生的大量记账凭证定期分类汇总，月终一次登入总分类账，从而大大减轻了登记总分类账的工作量。同时，收款凭证以借方科目为主，按照对应的贷方科目进行汇总，付款凭证和转账凭证以贷方科目为主，按照对应的借方科目进行汇总，使凭证的整理归类工作比较简便，并能保证数字正确无误，也便于了解账户之间的对应关系。

缺点：编制汇总转账凭证的程序比较烦琐；汇总转账凭证按每一贷方科目归类汇总，不考虑经济业务的性质，不利于会计核算的日常分工；当转账凭证较多时，编制汇总转账凭证的工作量较大。

适用范围：汇总记账凭证账务处理程序一般适用于规模较大，业务量较多的单位。

第五节 选择和应用多栏式日记账账务处理程序

一、多栏式日记账账务处理程序的特点

在多栏式日记账账务处理程序下，要求库存现金日记账和银行存款日记账都采用多栏式日记账，并据以登记总分类账。对于转账业务，则根据转账凭证逐笔登记总分类账，或根据转账凭证编制科目汇总表，据以登记总分类账。

采用这种账务处理程序时，除需设置多栏式库存现金日记账和多栏式银行存款日记账外，所设置的账簿、各种账簿的格式以及记账凭证的种类和格式基本上与记账凭证账务处理程序相同。

二、多栏式库存现金、银行存款日记账的填制方法

多栏式库存现金、银行存款日记账（表 9-5）是根据收款凭证和付款凭证逐笔登记的。库存现金和银行存款日记账都按对应账户设置专栏，具有科目汇总表的作用，月终可根据多栏式日记账借方、贷方合计栏的本月发生额，记入库存现金及银行存款总分类账的借方和贷方。采用这种程序时要注意库存现金和银行存款之间的划转业务，避免重复计算。

表 9-5 多栏式库存现金、银行存款日记账

年		凭证号数	摘要	收入				借方合计	付出					余额
月	日			对应账户贷方					对应账户借方				贷方合计	
				预收账款	短期借款	主营业务收入			原材料	管理费用	应付账款			

三、多栏式日记账账务处理程序的基本步骤

多栏式日记账账务处理程序的基本步骤如下：

（1）根据原始凭证或原始凭证汇总表填制记账凭证；

（2）根据收款凭证和付款凭证逐笔登记多栏式库存现金和银行存款日记账；

（3）根据原始凭证、原始凭证汇总表和记账凭证登记各种明细分类账；

（4） 根据转账凭证填制转账凭证科目汇总表，（转账业务不多的单位可不必编制科目汇总表）；

（5）月末，根据多栏式库存现金日记账、多栏式银行存款日记账以及转账凭证科目汇总表（或转账凭证）登记总分类账；

（6）月末，将各种明细分类账的余额合计数，分别与总分类账中相关账户的余额相核对；

（7）月末，根据核对无误的总分类账和明细分类账的相关资料，编制会计报表。

多栏式日记账账务处理程序见图 9-4 所示。

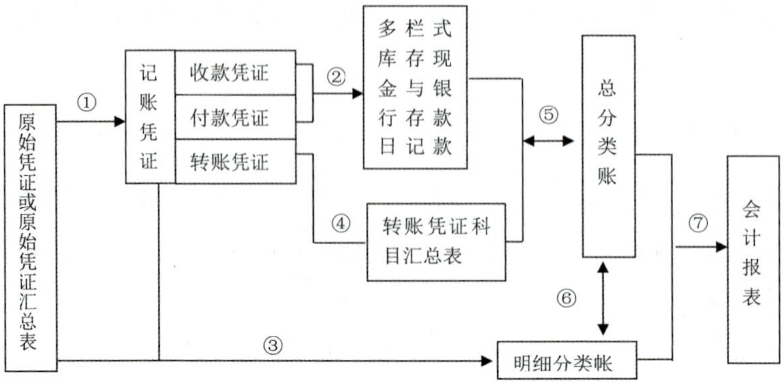

图 9-4 多栏式日记账账务处理程序流程

四、多栏式日记账账务处理程序的优缺点及适用范围

多栏式日记账的主要优点是：可以简化总分类账的登记工作；同时，多栏式库存现金、银行存款日记账较好地反映了账户的对应关系。但多栏式日记账中会计科目的数量受到一定的限制，不可太多。因而，主要适用于涉及会计科目不多的单位。

第六节 选择和应用日记总账账务处理程序

一、日记总账账务处理程序的设计要求

在日记总账账务处理程序下，要求把所有账目都在日记总账中进行登记。

采用日记总账账务处理程序，其账簿设置、各种账簿的格式以及记账凭证的种类和格式基本上与记账凭证账务处理程序相同。但应开设日记总账，以代替总分类账。

二、日记总账的填制方法

日记总账是将全部会计科目集中在一张账页上，根据记账凭证，将发生的经济业务逐笔进行登记，最后按各科目进行汇总，分别计算出借、贷方发生额和期末余额。它既是日记账，又是总分类账。

日记总账的填制方法是：根据收款凭证、付款凭证和转账凭证逐日、逐笔登记日记总账，对每一笔经济业务的借贷方发生额，都应分别登记到同一行对应科目的借方栏或贷方栏内。月终，结算出各科目本期借贷方发生额和余额，并核对相符（表 9-6）。

表 9-6　日记总账（简表）

年　月　　　　　　第　页

年		凭证号数	摘要	库存现金		银行存款		应收账款		库存商品		短期借款		制造费用		生产成本		主营业务收入	
月	日			借	贷	借	贷	借	贷	借	贷	借	贷	借	贷	借	贷	借	贷
			本月发生额																
			本月余额																

三、日记总账账务处理程序的基本步骤

日记总账账务处理程序的基本步骤如下：

（1）根据原始凭证或原始凭证汇总表填制记账凭证；

（2）根据收款凭证和付款凭证逐笔登记库存现金日记账和银行存款日记账；

（3）根据原始凭证、原始凭证汇总表和记账凭证登记各种明细分类账；

（4）根据记账凭证逐日逐笔登记日记总账；

（5）月末，将库存现金日记账、银行存款日记账的余额，以及各种明细分类账的余额合计数，分别与日记总账中相关账户的余额核对相符；

（6）月末，根据核对无误的日记总账和明细分类账的相关资料，编制会计报表。

日记总账账务处理程序图如图 9-5 所示。

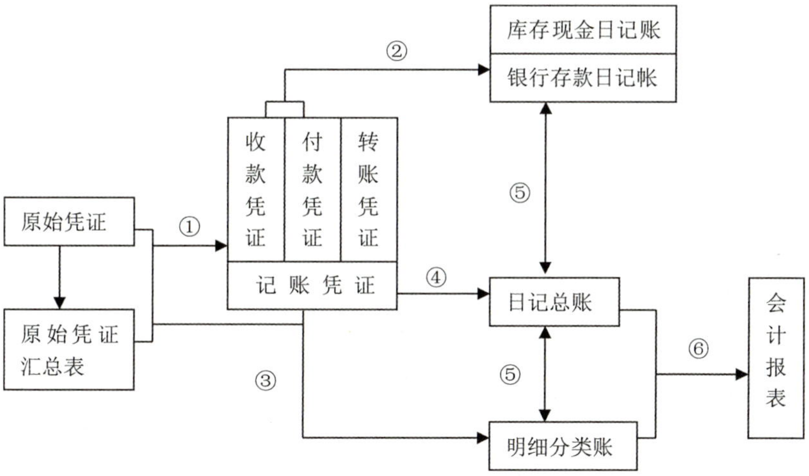

图 9–5　日记总账账务处理程序流程

四、日记总账账务处理程序的优缺点及适用范围

日记总账账务处理程序的主要优点是：账务处理程序较简单，日记总账按全部总账科目分借贷方设置，且直接根据记账凭证逐日逐笔进行登记，便于了解各项经济业务的来龙去脉，有利于会计资料的分析和运用。但由于所有会计科目都集中在一张账页上，总分类账的账页过长，不便于记账的分工与查阅。因而，主要适用于规模小、经济业务简单、使用会计科目不多的单位。

第七节 科目汇总表账务处理程序举例

一、资料

江南工厂为一般纳税人，原材料采用实际成本核算，采用科目汇总表账务处理程序进行会计核算，20×× 年 9 月 1 日总分类科目及有关明细分类科目余额见表 9-7 所示。

表 9-7 江南工厂 20×× 年 9 月 1 日总分类科目及有关明细分类科目余额

会计科目	总分类科目		明细分类科目	
	借方余额	贷方余额	借方余额	贷方余额
库存现金	1 000			
银行存款	106 000			
应收账款	2 000			
一子工厂			3 000	
一丑公司				1 000
原材料	44 000			
一甲材料			20 000	
一乙材料			24 000	
生产成本	6 000			
一 A 产品			2 000	
一 B 产品			4 000	
长期待摊费用	1 000			
库存商品	10 000			
一 A 产品			4 000	
一 B 产品			6 000	
固定资产	180 000			
累计折旧		30 000		
其他应付款		5 000		
应交税费		56 000		
实收资本		243 000		
本年利润		80 000		
利润分配	64 000			
合计	414 000	414 000		

江南工厂 20×× 年 9 月份发生下列经济业务。

（1）4 日，从天津红星工厂购入甲材料 1 000 公斤，每公斤 20 元。计 20 000 元，材料已验收入库，材料款已从银行支付（银付 1 号）。（不考虑相关税费）

（2）6日，从上海浦江工厂购入乙材料8 000公斤，每公斤10元，计80 000元，材料已验收入库，料款已从银行支付（银付2号）。（不考虑相关税费）

（3）10日，车间及行政管理部门领用各种材料汇总见表9-8（转1号）。

表 9-8 1-10 日材料耗用汇总表

20×× 年 9 月 20 日　　　　单位：元

应借科目		应贷科目：原材料				
		甲材料		乙材料		金额合计
		数量（公斤）	金额	数量（公斤）	金额	
生产成本	A产品	500	10 000	3 000	30 000	40 000
	B产品	700	14 000	5 000	50 000	64 000
	小计	1 200	24 000	8 000	80 000	104 000
制造费用		100	2 000	1 500	15 000	17 000
管理费用		200	4 000	500	5 000	9 000
合计		1 500	30 000	10 000	100 000	130 000

（4）10日，售出A产品20台，每台售价4 000元，售出B产品30台，每台售价5 000元，计收货款230 000元，存入银行（银收1号）。（不考虑相关税费）

（5）13日，计算出本月应付职工薪酬见表9-9（转2号、3号）

表 9-9 应付职工薪酬计算表

20×× 年 9 月 13 日　　　　单位：元

应借科目		应付职工薪酬（工资）	应付职工薪酬（职工福利）
生产成本	A产品	20 000	2 800
	B产品	30 000	4 200
	小计	50 000	7 000
制造费用		4 000	560
管理费用		6 000	840
合计		60 000	8 400

（6）14日，从银行提取库存现金60 000元，备发工资（银付3号）。

（7）15日，以库存现金60 000支付本月工资（现付1号）。

（8）16日，售出A产品5台给丑公司，每台售价4 000元，计20 000元，货款尚未收到。（转4号）。（不考虑相关税费）

（9）17日，以库存现金200元支付售出A产品运费（现付2号）。

（10）18日，以银行存款支付本月水电费10 000元（银付4号）。其中：

生产A产品耗用　3 000元；

生产B产品耗用　5 000元；

生产车间照明耗用　500元；

行政管理部门耗用　1 500元。

（11）19 日，售出 B 产品 10 台给子工厂，单价 5 000 元，计 50 000 元，货款尚未收到，不考虑相关税费。（转 5 号）。

（12）20 日，以银行存款 1 060 元，支付行政管理部门办公费（银付 5 号）。

（13）21 日，收到子工厂通过银行转来的前欠货款 53 000 元（银收 2 号）。

（14）22 日，以银行存款支付广告费 1 300 元（银付 6 号）。

（15）23 日，以库存现金 440 元支付生产车间机物料消耗费（现付 3 号）。

（16）24 日，以银行存款支付长期待摊费用 3 600 元（银付 7 号）。

（17）25 日，从银行取得短期借款 50 000 元，存入银行（银收 3 号）。

（18）30 日，按规定的折旧率，计提本月固定资产折旧费 8 000 元，其中生产车间使用固定资产计提折旧 6 000 元，行政管理部门使用固定资产计提折旧 2 000 元（转 6 号）。

（19）30 日，职工李昕交回用厂电话打私事长途电话费 60 元，收到库存现金（现收 1 号）。

（20）30 日，本月租金 4 000 元未付，其中生产车间 3 000 元，行政管理部门 1 000 元（转 7 号）。

（21）30 日，摊销应由本月负担的长期待摊费用 1 660 元，其中生产车间应负担 500 元，行政管理部门应负担 1 160 元（转 8 号）。

（22）30 日，计算出本月发生的制造费用总额为 32 000 元。其中应由 A 产品负担 14 200 元，由 B 产品负担 17 800 元。（转 9 号）

（23）30 日，A 产品完工 35 台，已验收入库，其单位成本为 2 300 元，总成本为 80 500 元；B 产品完工 40 台，已验收入库，基单位成本为 3 000 元，总成本为 120 000 元。（转 10 号）

（24）30 日，本月售出 A 产品 25 台，单位成本为 2 300 元，结转 A 产品销售成本 57 500 元；本月售出 B 产品 40 台，单位成本为 3 000 元，结转 B 产品销售成本 120 000 元（转 11 号）。

（25）30 日，按本月主营业务收入 300 000 元的 5% 计提结转应交营业税金及附加 15 000 元（转 12 号）。

（26）30 日，将本月主营业务收入 300 000 元，转入“本年利润”科目的贷方（转 13 号）。

（27）30 日，将本月主营业务成本 177 500 元，转入“本年利润”科目的借方（转 14 号）。

（28）30 日，将本月所发生的销售费用 1 500 元转入“本年利润”科目的借方（转 15 号）。

（29）30 日，将本月的税金及附加 15 000 元，转入“本年利润”科目的借方（转 16 号）。

（30）30 日，将本月发生的管理费用 22 500 元，转入“本年利润”科目的借方（转 17 号）。

（31）30 日，计算出本月应纳所得税 34 980 元，转账（转 18 号）。

（32）30 日，计算出本月计提盈余公积 7 120 元，转账（转 19 号）。

（33）以银行存款支付应交税费 56 000 元（银付 8 号）。

（34）将本月计提的所得税 34 980 元，转入“本年利润”科目的借方（转 20 号）。

二、编制记账凭证

根据以上所发生经济业务取得的原始凭证，填制收款凭证、付款凭证和转账凭证，格式和内容如下所示。

表 9-10　付款凭证

贷方科目：银行存款　　20×× 年 9 月 4 日　　银付字第 1 号

摘要	借方科目	明细科目	金额
购甲材料 1 000 公斤	原材料	甲材料	20 000
合计			20 000

表 9-11　付款凭证

贷方科目：银行存款　　20×× 年 9 月 6 日　　银付字第 2 号

摘要	借方科目	明细科目	金额
购乙材料 8 000 公斤	原材料	乙材料	80 000
合计			80 000

表 9-12　转账凭证

20×× 年 9 月 10 日　　转字第 1 号

摘要	总账科目	明细科目	借方金额	贷方金额
结转各部门耗料	生产成本	A 产品	40 000	
	生产成本	B 产品	64 000	
	制造费用		17 000	
	管理费用		9 000	
	原材料	甲材料		30 000
	原材料	乙材料		100 000
合计			130 000	130 000

表 9-13　收款凭证

借方科目：银行存款　　20×× 年 9 月 10 日　　银收字第 1 号

摘要	贷方科目	明细科目	金额
售出 A 产品 20 台	主营业务收入	A 产品	80 000
售出 B 产品 30 台	主营业务收入	B 产品	150 000
合计			230 000

表 9-14　转账凭证

20×× 年 9 月 13 日　　转字第 2 号

摘要	总账科目	明细科目	借方金额	贷方金额
结转本月应付职工薪酬	生产成本	A 产品	20 000	
	生产成本	B 产品	30 000	
	制造费用		4 000	
	管理费用		6 000	
	应付职工薪酬	工资		60 000
合计			60 000	60 000

表 9-15 转账凭证

20××年9月13日　　　　转字第3号

摘要	总账科目	明细科目	借方金额	贷方金额
结转本月计提职工福利	生产成本	A产品	2 800	
	生产成本	B产品	4 200	
	制造费用		560	
	管理费用		840	
	应付职工薪酬	职工福利		8 400
合计			8 400	8 400

表 9-16 付款凭证

贷方科目：银行存款　　　　20××年9月14日　　　　银付字第3号

摘要	借方科目	明细科目	金额
提取现金，备发工资	库存现金		60 000
合计			60 000

表 9-17 付款凭证

贷方科目：库存现金　　　　20××年9月15日　　　　现付字第1号

摘要	借方科目	明细科目	金额
支付本月工资	应付职工薪酬		60 000
合计			60 000

表 9-18 转账凭证

20××年9月16日　　　　转字第4号

摘要	总账科目	明细科目	借方金额	贷方金额
售出A产品5台款未收到	应收账款	丑公司	20 000	
	主营业务收入	A产品		20 000
合计			20 000	20 000

表 9-19 付款凭证

贷方科目：库存现金　　　　20××年9月17日　　　　现付字第2号

摘要	借方科目	明细科目	金额
支付A产品运费	销售费用	运杂费	200
合计			200

表 9-20 付款凭证

贷方科目：银行存款　　　　20××年9月18日　　　　银付字第4号

摘要	借方科目	明细科目	金额
支付本月水电费	生产成本	A产品	3 000
	生产成本	B产品	5 000
	制造费用	水电费	500
	管理费用	水电费	1 500
合计			10 000

表 9-21 转账凭证

20×× 年 9 月 19 日　　转字第 5 号

摘要	总账科目	明细科目	借方金额	贷方金额
售出 B 产品 10 台款未收到	应收账款	子工厂	50 000	
	主营业务收入	B 产品		50 000
合计			50 000	50 000

表 9-22 付款凭证

贷方科目：银行存款　　20×× 年 9 月 20 日　　银付字第 5 号

摘要	借方科目	明细科目	金额
行政管理部门办公费	管理费用	办公费	1 060
合计			1 060

表 9-23 收款凭证

借方科目：银行存款　　20×× 年 9 月 21 日　　银收字第 2 号

摘要	贷方科目	明细科目	金额
子工厂偿还货款	应收账款	子工厂	53 000
合计			53 000

表 9-24 付款凭证

贷方科目：银行存款　　20×× 年 9 月 22 日　　银付字第 6 号

摘要	借方科目	明细科目	金额
支付广告费	销售费用	广告费	1 300
合计			1 300

表 9-25 付款凭证

贷方科目：库存现金　　20×× 年 9 月 23 日　　现付字第 3 号

摘要	借方科目	明细科目	金额
支付车间机物料消耗费	制造费用	机物料消耗	440
合计			440

表 9-26 付款凭证

贷方科目：银行存款　　20×× 年 9 月 24 日　　银付字第 7 号

摘要	借方科目	明细科目	金额
支付长期待摊费用	长期待摊费用		3 600
合计			3 600

表 9-27 收款凭证

借方科目：银行存款　　20×× 年 9 月 25 日　　银收字第 3 号

摘要	贷方科目	明细科目	金额
从银行借入短期借款	短期借款		50 000
合计			50 000

表 9-28 转账凭证

20×× 年 9 月 30 日　　转字第 6 号

摘要	总账科目	明细科目	借方金额	贷方金额
计提本月折旧	制造费用	折旧费	6 000	
	管理费用	折旧费	2 000	
	累计折旧			8 000
合计			8 000	8 000

表 9-29 收款凭证

借方科目：库存现金　　20×× 年 9 月 25 日　　现收字第 1 号

摘要	贷方科目	明细科目	金额
李昕交回电话费	管理费用		60
合计			60

表 9-30 转账凭证

20×× 年 9 月 30 日　　转字第 7 号

摘要	总账科目	明细科目	借方金额	贷方金额
车间和管理部门租金未付	制造费用		3 000	
	管理费用		1 000	
	其他应付款			4 000
合计			4 000	4 000

表 9-31 转账凭证

20×× 年 9 月 30 日　　转字第 8 号

摘要	总账科目	明细科目	借方金额	贷方金额
摊销本月应负担的长期待摊费用	制造费用		500	
	管理费用		1 160	
	长期待摊费用			1 660
合计			1 660	1 660

表 9-32 转账凭证

20×× 年 9 月 30 日　　转字第 9 号

摘要	总账科目	明细科目	借方金额	贷方金额
结转本月制造费用	生产成本	A 产品	14 200	
	生产成本	B 产品	17 800	
	制造费用			32 000
合计			32 000	32 000

表 9-33 转账凭证

20×× 年 9 月 30 日　　转字第 10 号

摘要	总账科目	明细科目	借方金额	贷方金额
结转本月完工产品成本	库存商品		200 500	
	生产成本	A 产品		80 500
	生产成本	B 产品		120 000
合计			200 500	200 500

表 9-34　转账凭证

20×× 年 9 月 30 日　　　　转字第 11 号

摘要	总账科目	明细科目	借方金额	贷方金额
结转售出产品成本	主营业务成本		177 500	
	库存商品			177 500
合计			177 500	177 500

表 9-35　转账凭证

20×× 年 9 月 30 日　　　　转字第 12 号

摘要	总账科目	明细科目	借方金额	贷方金额
结转本月应交销售税金	税金及附加		15 000	
	应交税费			15 000
合计			15 000	15 000

表 9-36　转账凭证

20×× 年 9 月 30 日　　　　转字第 13 号

摘要	总账科目	明细科目	借方金额	贷方金额
结转本月产品销售收入	主营业务收入		300 000	
	本年利润			300 000
合计			300 000	300 000

表 9-37　转账凭证

20×× 年 9 月 30 日　　　　转字第 14 号

摘要	总账科目	明细科目	借方金额	贷方金额
结转本月产品销售成本	本年利润		177 500	
	主营业务成本			177 500
合计			177 500	177 500

表 9-38　转账凭证

20×× 年 9 月 30 日　　　　转字第 15 号

摘要	总账科目	明细科目	借方金额	贷方金额
结转本月销售费用	本年利润		1 500	
	销售费用			1 500
合计			1 500	1 500

表 9-39　转账凭证

20×× 年 9 月 30 日　　　　转字第 16 号

摘要	总账科目	明细科目	借方金额	贷方金额
结转本月产品销售税金	本年利润		15 000	
	税金及附加			15 000
合计			15 000	15 000

表 9-40 转账凭证

20×× 年 9 月 30 日　　转字第 17 号

摘要	总账科目	明细科目	借方金额	贷方金额
结转本月管理费用	本年利润		22 500	
	管理费用			22 500
合计			22 500	22 500

表 9-41 转账凭证

20×× 年 9 月 30 日　　转字第 18 号

摘要	总账科目	明细科目	借方金额	贷方金额
结转本月应交所得税	所得税费用		34 980	
	应交税费	应交所得税		34 980
合计			34 980	34 980

表 9-42 转账凭证

20×× 年 9 月 30 日　　转字第 19 号

摘要	总账科目	明细科目	借方金额	贷方金额
结转本月提取盈余公积	利润分配		7 120	
	盈余公积			7 120
合计			7 120	7 120

表 9-43 付款凭证

贷方科目：银行存款　　20×× 年 9 月 24 日　　银付字第 8 号

摘要	借方科目	明细科目	金额
支纳应交税费	应交税费		56 000
合计			56 000

表 9-44 转账凭证

20×× 年 9 月 30 日　　转字第 20 号

摘要	总账科目	明细科目	借方金额	贷方金额
结转本月计提的所得税	本年利润		34 980	
	所得税费用			34 980
合计			34 980	34 980

三、登记日记账

根据所编制的库存现金收款凭证和库存现金付款凭证，逐日逐笔登记库存现金日记账；根据所编制的银行存款收款凭证和银行存款付款凭证，逐日逐笔登记银行存款日记账，见表 9-45、表 9-11。

表 9-45 库存现金日记账

20× 年		凭证		摘 要	对方科目	借方	贷方	金额
月	日	字	号					
9	1			期初余额				1 000
9	14	银付	3	提现，备发工资	银行存款	60 000		61 000

续表

20×年		凭证		摘 要	对方科目	借方	贷方	金额
月	日	字	号					
9	15	现付	1	支付本月工资	应付职工薪酬		60 000	1 000
9	17	现付	2	支付A产品运费	销售费用		200	800
9	23	现付	3	支付车间机物料消耗	制造费用		440	360
9	30	现收	1	李昕交回电话费	管理费用	60		420
9	30			本月合计		60 060	60 640	420

表 9-45 银行存款日记账

20×年		凭证		摘 要	对方科目	借方	贷方	金额
月	日	字	号					
9	1			期初余额				106 000
9	4	银付	1	购甲材料 1 000 公斤	原材料		20 000	86 000
9	6	银付	2	购乙材料 8 000 公斤	原材料		80 000	6 000
9	10	银收	1	售出A产品、B产品	主营业务收入	230 000		236 000
9	14	银付	3	提库存现金，备发工资	库存现金		60 000	176 000
9	18	银付	4	支付本月水电费	生产成本等		10 000	166 000
9	20	银付	5	支付管理部门办公费	管理费用		1 060	164 940
9	21	银收	2	子工厂偿还货款	应收账款	53 000		217 940
9	22	银付	6	支付广告费	销售费用		1 300	216 640
9	23	银付	7	支付长期待摊费用	长期待摊费用		3 600	213 040
9	25	银收	3	从银行借短期借款	短期借款	50 000		263 040
9	30	银付	8	交纳税金	应交税费		56 000	207 040
9	30			本月合计		333 000	231 960	207 040

四、登记明细账

根据原始凭证和所编制的记账凭证，登记明细分类账。在这里，为了简化业务，本教材只列材料明细账（采用数量金额式）、应收账款明细账（采用三栏式）和生产成本明细账（采用多栏式）的登记，其他总账科目明细账的登记方法，与上述三种明细账相同，这里从略。材料明细账、应收账款明细账及生产成本明细账的格式和内容如下。

表 9-46 应收账款明细账

户名：子工厂

20×年		凭证		摘 要	借方	贷方	借或贷	金额
月	日	字	号					
9	1			期初余额			借	3 000
9	19	转	5	售B产品 10 台	50 000		借	53 000
9	30	银付	8	子工厂付款		53 000	平	0
9	30			本月合计	50 000	53 000	平	0

表 9-47 应收账款明细账

户名：某公司

20× 年		凭证		摘 要	借方	贷方	借或贷	金额
月	日	字	号					
9	1			期初余额			贷	1 000
9	16			售 B 产品 5 台	20 000		借	19 000
9	30			本月合计	20 000		借	19 000

表 9-48 原材料明细账

材料名称：甲材料

计量单位：公斤

×× 年		凭证号	摘要	收入			发出			结存		
月	日			数量	单价	金额	数量	单价	金额	数量	单价	金额
9	1		期初余额							1 000	20	20 000
9	4	收 1001	购入	1 000	20	20 000				2 000	20	40 000
9	10	领 1001	耗用				1 500	20	30 000	500	20	10 000
9	30		本月合计	1 000		20 000	1 500	20	30 000	500	20	10 000

表 9-49 原材料明细账

材料名称：乙材料

计量单位：公斤

×× 年		凭证号	摘要	收入			发出			结存		
月	日			数量	单价	金额	数量	单价	金额	数量	单价	金额
9	1		期初余额							2 400	10	24 000
9	4	收 1002	购入	8 000	10	80 000				10 400	10	104 000
9	10	领 1002	耗用				10 000	10	100 000	400	10	4 000
9	30		本月合计	8 000	10	80 000	10 000	10	100 000	400	10	4 000

表 9-50 生产成本明细账

产品名称：A 产品

×× 年		凭证		摘要	借方发生额					转出
月	日	字	号		原材料	动力	工资	制造费用	合计	
9	1			期初余额	1 000	200	500	300	2 000	
9	10	转	1	本月耗料	40 000				40 000	
9	13	转	2	本月工资			20 000		20 000	
9	13	转	3	本月福利费			2 800		2 800	
9	18	转	4	本月水电费		3 000			3 000	
9	30	转	9	本月制造费用				14 200	14 200	
9	30			本月合计	41 000	3 200	23 300	14 500	82 000	
9	30			本月完工转出	40 200	3 100	22 900	14 300		80 500
9	30			期末余额	800	100	400	200	1 500	

表 9-51 生产成本明细账

产品名称：B 产品

××年		凭证		摘要	借方发生额					转出
月	日	字	号		原材料	动力	工资	制造费用	合计	
9	1			期初余额	2 400	300	600	700	4 000	
9	10	转	1	本月耗料	64 000				64 000	
9	13	转	2	本月工资			30 000		30 000	
9	13	转	3	本月福利费			4 200		4 200	
9	18	转	4	本月水电费		5 000			5 000	
9	30	转	9	本月制造费用				17 800	17 800	
9	30			本月合计	66 400	5 300	34 800	18 500	125 000	
9	30	转	10	本月完工转出	62 400	5 100	34 300	18 200		120 000
9	30			期末余额	4 000	200	500	300	5 000	

五、编制科目汇总表

该厂按旬汇总，每月编制“科目汇总表”一张，据以登记总账。分别于 10 日、20 日、30 日将本旬全部记账凭证，按同一总账科目汇总，填在“科目汇总表”内。其格式和内容见表 9-52。

表 9-52 科目汇总表

20××年 9 月　　汇字第 10 号

会计科目	1~10 日发生额		11~20 日发生额		21~30 日发生额		合计	
	借方	贷方	借方	贷方	借方	贷方	借方	贷方
库存现金			60 000	60 200	60	440	60 060	60 640
银行存款	230 000	100 000		71 060	103 000	60 900	333 000	231 960
应收账款			70 000			53 000	70 000	53 000
原材料	100 000	130 000					100 000	130 000
生产成本	104 000		65 000		32 000	200 500	201 000	200 500
制造费用	17 000		5 060		9 940	32 000	32 000	32 000
长期待摊费用					3 600	1 660	3 600	1 660
库存商品					200 500	177 500	200 500	177 500
累计折旧						8 000		8 000
短期借款						50 000		50 000
其他应付款						4 000		4 000
应付职工薪酬			60 000	68 400			60 000	68 400
应交税费					56 000	49 980	56 000	49 980
盈余公积						7 120		7 120
本年利润					251 480	300 000	251 480	300 000
利润分配					7 120		7 120	
主营业务收入		230 000		70 000	300 000		300 000	300 000
主营业务成本					177 500	177 500	177 500	177 500
税金及附加					15 000	15 000	15 000	15 000

续表

会计科目	1~10 日发生额		11~20 日发生额		21~30 日发生额		合计	
	借方	贷方	借方	贷方	借方	贷方	借方	贷方
销售费用			200		1 300	1 500	1 500	1 500
管理费用	9 000		9 400		4 100	22 500	22 500	22 500
所得税费用					34 980	34 980	34 980	34 980
合计	460 000	460 000	269 660	269 660	1 196 580	1 196 580	1 926 240	1 926 240

六、登记总分类账

月终时，根据所编制的“科目汇总表”登记各有关总分类科目，如表 9-53 所示。总账的登记工作可以在每旬汇总后登记一次，也可在月终根据全月发生额每月登记一次。所举例题中江南工厂是于每旬汇总之后登记总分类账。

表 9-53 科目汇总表

会计科目：库存现金

20×× 年		凭证号	摘 要	借方	贷方	借或贷	余额
月	日						
9	1		期初余额			借	1 000
9	10	汇 10	11~20 日发生额	60 000	60 200	借	800
9	30	汇 10	21~30 日发生额	60	440	借	420
9	30		本月合计	60 060	60 640	借	420

会计科目：银行存款

20×× 年		凭证号	摘 要	借方	贷方	借或贷	余额
月	日						
9	1		期初余额			借	106 000
9	10	汇 10	1~10 日发生额	230 000	100 000	借	236 000
9	20	汇 10	11~20 日发生额		71 060	借	164 940
9	30	汇 10	21~30 日发生额	103 000	60 900	借	207 040
9	30		本月合计	333 000	231 960	借	207 040

会计科目：应收账款

20×× 年		凭证号	摘 要	借方	贷方	借或贷	余额
月	日						
9	1		期初余额			借	2 000
9	20	汇 10	11~20 日发生额	70 000		借	72 000
9	31	汇 10	21~30 日发生额		53 000	借	19 000
9	31		本月合计	70 000	53 000	借	19 000

会计科目：原材料

20×× 年		凭证号	摘 要	借方	贷方	借或贷	余额
月	日						
9	1		期初余额			借	44 000
9	10	汇 10	1~10 日发生额	100 000	130 000	借	14 000
9	30		本月合计	100 000	130 000	借	14 000

会计科目：生产成本

20××年		凭证号	摘 要	借方	贷方	借或贷	余额
月	日						
9	1		期初余额			借	6 000
9	10	汇 10	1 ～ 10 日发生额	104 000		借	110 000
9	20	汇 10	11 ～ 20 日发生额	65 000		借	175 000
9	30	汇 10	21 ～ 30 日发生额	32 000	200 500	借	6 500
9	30		本月合计	201 000	200 500	借	6 500

会计科目：制造费用

20××年		凭证号	摘 要	借方	贷方	借或贷	余额
月	日						
9	10	汇 10	1 ～ 10 日发生额	17 000		借	17 000
9	20	汇 10	11 ～ 20 日发生额	5 060		借	22 060
9	30	汇 10	21 ～ 30 日发生额	9 940	32 000	平	0
9	30		本月合计	32 000	32 000	平	0

会计科目：长期待摊费用

20××年		凭证号	摘 要	借方	贷方	借或贷	余额
月	日						
9	1		期初余额			借	1 000
9	30	汇 10	21 ～ 30 日发生额	3 600	1 660	借	2 940
9	30		本月合计	3 600	1 660	借	2 940

会计科目：库存商品

20××年		凭证号	摘 要	借方	贷方	借或贷	余额
月	日						
9	1		期初余额			借	10 000
9	30	汇 10	21 ～ 30 日发生额	200 500	177 500	借	33 000
9	30		本月合计	200 500	177 500	借	33 000

会计科目：固定资产

20××年		凭证号	摘 要	借方	贷方	借或贷	余额
月	日						
9	1		期初余额			借	180 000
9	30		本月合计			借	180 000

会计科目：累计折旧

20××年		凭证号	摘 要	借方	贷方	借或贷	余额
月	日						
9	1		期初余额			贷	30 000
9	30	汇 10	21 ～ 30 日发生额		8 000	贷	38 000
9	30		本月合计		8 000	贷	38 000

会计科目：短期借款

20××年		凭证号	摘 要	借方	贷方	借或贷	余额
月	日						
9	30	汇 10	21～30 日发生额		50 000	贷	50 000
9	30		本月合计		50 000	借	50 000

会计科目：其他应付款

20××年		凭证号	摘 要	借方	贷方	借或贷	余额
月	日						
9	1		期初余额			贷	5 000
9	30	汇 10	21～30 日发生额		4 000	贷	9 000
9	30		本月合计		4 000	贷	9 000

会计科目：应付职工薪酬

20××年		凭证号	摘 要	借方	贷方	借或贷	余额
月	日						
9	20	汇 10	11～20 日发生额	60 000	68 400	贷	8 400
9	30		本月合计	60 000	68 400	贷	8 400

会计科目：应交税费

20××年		凭证号	摘 要	借方	贷方	借或贷	余额
月	日						
9	1		期初余额			贷	56 000
9	30	汇 10	21～30 日发生额	5 600	49 980	贷	49 980
9	30		本月合计	5 600	49 980	贷	49 980

会计科目：实收资本

20××年		凭证号	摘 要	借方	贷方	借或贷	余额
月	日						
9	1		期初余额			贷	243 000
9	30		本月合计			贷	243 000

会计科目：盈余公积

20××年		凭证号	摘 要	借方	贷方	借或贷	余额
月	日						
9	30	汇 10	21～30 日发生额		7 120	贷	7 120
9	30		本月合计		7 120	贷	7 120

会计科目：本年利润

20××年		凭证号	摘 要	借方	贷方	借或贷	余额
月	日						
9	1		期初余额			贷	80 000
9	30	汇 10	21～30 日发生额	251 480	300 000	贷	128 520
9	30		本月合计	251 480	300 000	贷	128 520

会计科目：利润分配

20×× 年		凭证号	摘 要	借方	贷方	借或贷	余额
月	日						
9	1		期初余额			借	64 000
9	30	汇 10	21~30 日发生额	7 120		借	71 120
9	30		本月合计	7 120		借	71 120

会计科目：主营业务收入

20×× 年		凭证号	摘 要	借方	贷方	借或贷	余额
月	日						
9	10	汇 10	1~10 日发生额		230 000	贷	230 000
9	20	汇 10	11~20 日发生额		70 000	贷	300 000
9	30	汇 10	21~30 日发生额	300 000		平	0
9	30		本月合计	300 000	300 000	贷	0

会计科目：主营业务成本

20×× 年		凭证号	摘 要	借方	贷方	借或贷	余额
月	日						
9	30	汇 10	21 ~ 30 日发生额	177 500	177 500	平	0
9	30		本月合计	177 500	177 500	平	0

会计科目：税金及附加

20×× 年		凭证号	摘 要	借方	贷方	借或贷	余额
月	日						
9	30	汇 10	21 ~ 30 日发生额	15 000	15 000	平	0
9	30		本月合计	15 000	15 000	平	0

会计科目：销售费用

20×× 年		凭证号	摘 要	借方	贷方	借或贷	余额
月	日						
9	21	汇 10	11 ~ 20 日发生额	200		借	200
9	30	汇 10	21 ~ 30 日发生额	1 300	1 500	平	0
9	30		本月合计	1 500	1 500	平	0

会计科目：管理费用

20×× 年		凭证号	摘 要	借方	贷方	借或贷	余额
月	日						
9	10	汇 10	1 ~ 10 日发生额	9 000		借	9 000
9	20	汇 10	11 ~ 20 日发生额	9 400		借	18 400
9	30	汇 10	21 ~ 30 日发生额	4 100	22 500	平	0
9	30		本月合计	22 500	22 500	平	0

会计科目：所得税费用

20×× 年		凭证号	摘 要	借方	贷方	借或贷	余额
月	日						
9	30	汇 10	21 ~ 31 日发生额	34 980	34 980	平	0
9	30		本月合计	34 980	34 980	平	0

七、总分类账与日记账、明细账核对，并编制总分类科目发生额及余额试算平衡表

1. 月终，将库存现金日记账、银行存款日记账余额，及各种明细分类账的余额合计数，分别与总分类账中有关科目的余额核对相符。

一般是通过编制“库存现金、银行存款日记账与总分类科目核对进行的，其格式和内容如表 9-54 所示。

表 9-54 库存现金、银行存款日记账、各种明细分类账与总账核对表

20×× 年 9 月

会计科目	期初余额		本期发生额		期末余额	
	借方	贷方	借方	贷方	借方	贷方
甲材料	20 000		20 000	30 000	10 000	
乙材料	24 000		80 000	100 000	4 000	
“原材料”总分类科目	44 000		100 000	130 000	14 000	
A 产品	2 000		80 000	80 000	1 500	
B 产品	4 000		121 000	121 000	5 000	
“生产成本”总分类科目	6 000		201 000	200 500	6 500	
子工厂	3 000		50 000	53 000	0	
丑公司		1 000	20 000		19 000	
“应收账款”总分类科目	2 000		70 000	53 000	19 000	
库存现金日记账	1 000		60 060	60 640	420	
“库存现金”总分类科目	1 000		60 060	60 640	420	
银行存款日记账	106 000		333 000	231 960	207 040	
“银行存款”总分类科目	106 000		333 000	231 960	207 040	

2. 月终根据核对无误的总分类账和明细分类账的记录，编制“总分类科目发生额及余额试算平衡表”如表 9-55 所示。

表 9-55 总分类科目发生额及余额试算平衡表

20×× 年 9 月

序号	会计科目	期初余额		本期发生额		期末余额	
		借方	贷方	借方	贷方	借方	贷方
1	库存现金	1 000		60 060	60 640	420	
2	银行存款	106 000		333 000	231 960	207 040	
3	应收账款	2 000		70 000	53 000	19 000	
4	原材料	44 000		100 000	130 000	14 000	
5	生产成本	6 000		201 000	200 500	6 500	
6	制造费用			32 000	32 000		
7	长期待摊费用	1 000		3 600	1 660	2 940	
8	库存商品	10 000		200 500	177 500	33 000	
9	固定资产	180 000				180 000	

续表

序号	会计科目	期初余额		本期发生额		期末余额	
		借方	贷方	借方	贷方	借方	贷方
10	累计折旧		30 000		8 000		38 000
11	短期借款				50 000		50 000
12	其他应付款		5 000		4 000		9 000
13	应付职工薪酬			60 000	68 400		8 400
14	应交税费		56 000	56 000	49 980		49 980
15	实收资本		243 000				243 000
16	盈余公积				7 120		7 120
17	本年利润		80 000	251 480	300 000		128 520
18	利润分配	64 000		7 120		71 120	
19	主营业务收入			300 000	300 000		
20	主营业务成本			177 500	177 500		
21	税金及附加			15 000	15 000		
22	销售费用			1 500	1 500		
23	管理费用			22 500	22 500		
24	所得税费用			34 980	34 980		
	合计	414 000	414 000	1 926 240	1 926 240	534 020	534 020

八、编制会计报表

根据试算平衡表等资料编制“资产负债表”和“利润表”如表 9-56 下所示。

表 9-56 资产负债表 会企 01 表

编制单位：江南工厂 20×× 年 9 月 30 日 单位：元

资产	期末余额	年初余额	负债及所有者权益	期末余额	年初余额
流动资产：			流动负债：		
货币资金	207 460		短期借款	50 000	
应收账款	19 000		应付账款		
存货	53 500		应付职工薪酬	8 400	
			应交税费	49 980	
			其他应付款	9 000	
流动资产合计	279 960		流动负债合计	117 380	
			长期负债		
			长期借款		
			所有者权益		
固定资产	142 000		实收资本	243 000	
长期待摊费用	2 940		资本公积		
			盈余公积	7 120	
			未分配利润	57 400	
非流动资产合计	144 940		所有者权益合计	307 520	
资产总计	424 900		负债及所有者权益总计	424 900	

表 9-57 利润表

会企 02 表

编制单位：江南工厂　　20×× 年 9 月　　单位：元

项目	本期金额	上期金额
一、营业收入	300 000	略
减：营业成本	177 500	
税金及附加	15 000	
减：销售费用	1 500	
管理费用	22 500	
财务费用		
二、营业利润	83 500	
加：营业外收入		
减：营业外支出		
三、利润总额	83 500	
减：所得税费用	34 980	
四、净利润	48 520	

本章小结

【基本内容小结】账务处理程序也称为会计核算组织程序或会计核算形式，是指会计凭证、会计账簿、会计报表相结合的方式，包括账簿组织和记账程序。在我国会计核算工作中，常用的账务处理程序主要有：记账凭证账务处理程序、汇总记账凭证账务处理程序、科目汇总表账务处理程序。三种账务处理程序中，最基本的是记账凭证账务处理程序它们的不同之处主要表现在登记总账的依据和方法不同。

记账凭证账务处理程序的特点是直接根据记账凭证逐笔登记总分类账。汇总记账凭证账务处理程序的特点是先根据记账凭证定期（如 5 天或 10 天）汇总编制汇总记账凭证，再根据汇总记账凭证登记总分类账。科目汇总表账务处理程序的特点是定期（5 天或 10 天）将所有记账凭证汇总编制成记账凭证汇总表，然后根据记账凭证汇总表登记总账。

【本章的重点和难点】常用的三种账务处理程序的特点和一般程序。

复习与思考

1. 什么是账务处理程序？什么是账簿组织？
2. 常用的账务处理程序有哪些？它们的不同之处主要是什么 ？
3. 简述记账凭证账务处理程序的特点、优缺点和适用范围。
4. 简述汇总记账凭证账务处理程序的特点、优缺点和适用范围。
5. 简述科目汇总表账务处理程序的特点、优缺点和适用范围。

课 程 实 践

一、单项选择题

1. 账务处理程序的核心是（　　）。

A. 凭证组织　　B. 账簿组织　　C. 记账程序　　D. 报表组织

2.（　　）核算形式是最基本的一种会计核算形式。

A. 日记总账　　B. 汇总记账凭证 C. 科目汇总表　　D. 记账凭证

3. 汇总记账凭证账务处理程序与科目汇总表账务处理程序的相同点是（　　）。

A. 登记总账的依据相同　　B. 记账凭证的汇总方法相同

C. 保持了账户间的对应关系　　D. 简化了登记总分类账的工作量

4. 适用于规模较小、业务量不多的单位的账务处理程序是（　　）。

A. 记账凭证账务处理程序　　B. 科目汇总表账务处理程序

C. 汇总记账凭证账务处理程序　　D. 多栏式日记账账务处理程序

5. 汇总记账凭证是依据（　　）编制的。

A. 记账凭证　　B. 原始凭证　　C. 原始凭证汇总表　　D. 各种总账

6. 记账凭证账务处理程序、汇总记账凭证账务处理程序和科目汇总表账务处理程序的主要区别是（　　）。

A. 凭证及账簿组织不同　　B. 记账方法不同

C. 记账程序不同　　D. 登记总账的依据和方法不同

7. 科目汇总表是依据（　　）编制的。

A. 记账凭证　　B. 原始凭证　　C. 原始凭证汇总表　　D. 各种总账

8. 设计账务处理程序是（　　）的一项重要内容。

A. 会计凭证设计　　B. 会计制度设计 C. 会计账簿设计　　D. 会计报表设计

9. 以下项目中，属于科目汇总表账务处理程序缺点的是（　　）。

A. 增加了会计核算的账务处理程序　　B. 增加了登记总分类账的工作量

C. 不便于检查核对账目　　D. 不便于进行试算平衡

10. 汇总记账凭证核算形式下，总分类账账页的格式一般采用（　　）

A. 数量金额式　　B. 三栏式　　C. 两栏式　　D. 多栏式

二、多项选择题

1. 对于汇总记账凭证账务处理程序，下列说法错误的有（　　）。

A. 登记总账的工作量大　　B. 不能体现账户之间的对应关系

C. 明细账与总账无法核对　　D. 当转账凭证较多时，汇总转账凭证的编制工作量较大

2. 适用于生产经营规模较大，业务较多的企业的账务处理程序有（　　）。

A. 多栏式日记账账务处理程序　　B. 记账凭证账务处理程序

C. 汇总记账凭证账务处理程序　　D. 科目汇总表账务处理程序

3. 账务处理程序又称会计核算组织程序，是指（　　）相结合的方式。

A. 会计凭证　　B. 会计账簿

C. 会计报表　　D. 会计科目

4. 以下属于记账凭证账务处理程序优点的有（　　）。

A. 简单明了、易于理解　　B. 总分类账可较详细地记录经济业务发生情况

C. 便于进行会计科目的试算平衡　　D. 减轻了登记总分类账的工作量

5. 在不同的账务处理程序下，登记总账的依据可以有（　　）。

A. 记账凭证　　B. 汇总记账凭证

C. 科目汇总表　　D. 汇总原始凭证

6. 在常见的账务处理程序中，共同的账务处理工作有（　　）。

A. 均应填制和取得原始凭证　　B. 均应编制记账凭证

C. 均应填制汇总记账凭证　　D. 均应设置和登记总账

7. 各种账务处理程序下，登记明细账的依据可能有（　　）。

A. 原始凭证　　B. 汇总原始凭证

C. 记账凭证　　D. 汇总记账凭证

三、判断题

1. 科目汇总表不仅可以减轻登记总分类账的工作量，还可以起到试算平衡作用，从而保证总账登记的正确性。（　　）

2. 科目汇总表账务处理程序只适用于经济业务不太复杂的中小型单位。（　　）

3. 库存现金日记账和银行存款日记账不论在何种账务处理程序下，都是根据收款凭证和付款凭证逐日逐笔顺序登记的。（　　）

4. 记账凭证账务处理程序的主要特点就是直接根据各种记账凭证登记总账。（　　）

5. 记账凭证账务处理程序的特点是直接根据记账凭证逐笔登记总分类账，是最基本的账务处理程序。

6. 汇总记账凭证账务处理程序既能保持账户的对应关系，又能减轻登记总分类账的工作量。（　　）

7. 汇总记账凭证账务处理程序和科目汇总表账务处理程序都适用于经济业务较多的单位。（　　）

8. 科目汇总表账务处理程序能科学地反映账户的对应关系，且便于账目核对。（　　）

9. 各种账簿都要直接根据记账凭证登记（　　）

10. 采用科目汇总表核算形式，总分类账和明细分类账以及日记账都应该根据科目汇总表登记。（　　）

第九章　账务处理程序 课程实践题参考答案

一、单项选择题

1. B　2. D　3. D　4. A　5. A　6. D　7. A　8. B　9. C　10. B

二、多项选择题

1. ABC　2. CD　3. ABC　4. AB　5. ABC　6. ABD　7. ABC

三、判断题

1. √　2. ×　3. √　4. √　5. √　6. √　7. √　8. ×　9. ×　10. ×

PART.10

第十章

会计工作组织

能力目标

专业能力

掌握会计工作组织的概念和形式

掌握会计机构的设置

掌握会计从业人员管理办法

了解会计法律制度的构成

明确会计职业道德的要求

社会能力

能描述会计工作岗位与企业基本业务流程之间的关系

能梳理出会计从业人员任用中的若干主要规定

能梳理出会计法律制度中的主要法律法规和规章制度

方法能力

能提出会计机构设置的一般方法

能找出会计从业人员管理中存在的主要问题

能提出适用于解答会计工作组织问题的法律法规和规章制度

第一节 识别会计工作组织

一、会计工作组织的含义及意义

（一）会计工作组织的含义

会计工作组织是指为了适应会计工作的综合性、政策性、相关性和严密性的特点，对会计机构的设置、会计人员的配备、会计制度的制定与执行等工作所做的统筹安排。

会计是经济管理的一个重要组成部分，会计具有管理的职能。而会计工作是一项综合性的管理工作，各单位所发生的各项经济业务，都要通过会计加以反映和监督管理，因而会计工作就与其他经济管理工作如统计、审计等有着密切的联系；会计工作也是一项政策性很强的工作，必须按照有关的财经政策、法规、制度的要求办理业务；会计工作还是一项严密细致的工作，会计所产生的数据信息要经过一连串的记录、计算、分类、汇总和分析等处理程序。因此，要做好会计工作，就必须建立专门的会计机构，要有专职的办事人员，并按照规定的会计制度开展日常的会计工作。

（二）会计工作组织的意义

正确组织会计工作，对于顺利实现会计目标，充分发挥会计作用具有重要意义。

1. 正确组织会计工作有利于维护国家政策法规的严肃性

会计工作是一项政策性和原则性较强的工作。会计工作要对企业贯彻国家有关方针政策、财经纪律和制度的过程实施监督，要维护财经纪律，保护单位财产的安全完整，同一切违法乱纪、贪污浪费的行为作斗争，以维护企业正常的经济秩序，促进企业健康发展。

2. 正确组织会计工作有利于保证会计核算工作质量，提高工作效率

会计工作是一项严密而细致的工作，会计所提供的数据资料，要经过一系列的数字记录、计算、分类、加工、汇总和分析过程，要经过一连串的处理程序和手续，在实际工作中，往往由于一个数字的差错，一个手续的疏漏或者一道工作程序的脱节，导致全部核算资料发生差错，甚至贻误工作。因此，为了保证会计提供数据资料的真实性、正确性，使会计充分发挥其在经济管理工作中的职能作用，应正确组织好会计工作。

3. 正确组织会计工作有利于加强单位内部经济责任制，提高经济管理水平和经济效益

经济责任制是各单位实行内部控制和管理的重要手段。实行经济责任制离不开会计，例如科学的经济预测、正确的经济决策以及业绩考评等，都需要以会计工作为基础。正确组织会计工作，可以促进单位内部各部门更好地履行自己的经济责任，管好用好资金，增收节支，提高管理水平，提高经济效益，促进内部经济责任制水平的提高。

4. 正确组织会计工作有利于加强同其他经济管理工作的协调一致，提高单位整体管理水平

会计工作既有独立性，又同其他经济管理工作存在着相互制约、相互促进的关系。只有科学地

组织好会计工作，才能做到与单位的计划、统计、决策、管理等部门之间口径一致，才能与国家的财政、税收、金融等部门相互协调，使会计工作有效地为国家宏观调控和管理服务。

二、会计工作组织的内容

会计工作既是一项综合性的经济管理工作，又是一项政策性较强的监督工作，更是一项严密而细致的技术工作。会计工作的这些特点，决定了要做好会计工作，必须建立专门的办事机构，要有专职的会计人员，并按规定的会计制度和行为规范进行工作。

会计工作组织的内容包括：设置会计机构，配备会计人员，制定会计工作规范，保管会计档案。

（1）会计机构是企业单位内部为组织领导和直接从事会计工作而专设的职能部门。设置会计机构是会计发挥作用，实现会计目标的前提条件，是充分发挥会计管理作用的组织保证。

（2）会计人员是具有一定技能并在会计机构中专门从事会计核算、管理的人员。配备会计人员是发挥会计作用、实现会计目标的决定因素。

（3）会计工作规范是正确处理会计业务，保证会计工作符合一系列会计法律、法规、准则和制度的总和。是从事会计职业或会计工作所需要依据的一种客观尺度或标准。遵守会计行为规范是发挥会计作用、完成会计任务的基本保证。

会计规范一般由会计法律、会计行政法规、会计制度（会计部门规章和会计规范性文件）及会计人员职业道德等要素构成。

（4）会计档案是指会计凭证、会计账簿和会计报表等会计核算的书面材料，它是记录和反映经济业务的重要史料和证据。

为了正确组织会计工作，各单位都要按照国家的统一规定，结合本单位的机构组织和人员配备的具体情况，设置会计机构，配备会计人员。同时，要有一套统一的法规制度和公认会计准则作为各单位进行会计工作的规范。

三、会计工作组织的原则

（一） 会计工作组织必须适应企业生产经营管理特点（适应性）

社会主义市场经济体制的建立，使企业生产经营自主权不断扩大。因此，企业在遵守国家对组织会计工作的统一要求的前提下，还应结合本单位业务经营特点和经营规模大小，从有利于企业在市场经济中的地位出发，对会计工作组织做出切合实际的安排。

（二） 会计工作组织要尽可能地满足政府、投资者，债权人和企业经营者对会计信息的需要（统一性）

我国《企业会计准则》中规定，会计信息应符合国家宏观经济管理的要求，满足有关方面了解企业财务状况和经营成果的需要，满足企业加强内部管理的需要。随着我国改革开放的深入，社会主义市场经济体制的建立，企业资金取得渠道多样化和投资主体多元化，相应地，关心企业生产经营情况和经营业绩的有关方面和人员越来越多。所以，为了使会计工作能更好地为企业服务，在会计工作中也相应改变了以前财务信息单纯为政府部门服务的做法，而转向为企业投资者、债权人、经营者、政府管理部门以及关心企业的有关各方服务，满足各方面的需要。

（三）会计工作组织在保证会计信息质量的前提下，应尽可能地节约人力、物力，提高会计工作效率（效益性）

会计工作应根据市场经济的要求，满足经济工作愈做愈细的需要，强化企业管理职能。但是这并不需要重叠臃肿的会计机构、人浮于事的人员配备和烦琐复杂的会计方法。因此，对会计机构的设置和会计人员的配备，应力求精简、合理，切合实际地规定会计处理程序和手续制度等。此外，应改进会计计算技术和方法，大力推广和应用电子计算机，充分发挥电子计算机高速，准确、自动处理会计数据的特点，以提高工作效率。以较少的人力、物力消耗，取得更好、更多的工作效果。

（四）会计工作组织要遵循内部控制原则

组织会计工作时，要遵循内部控制的原则，建立和完善会计工作责任制，从现金出纳、财产物资进出以及各项费用的开支等环节形成彼此相互牵制机制，防止工作中的失误和弊端。对会计工作进行合理分工，不同岗位上的会计人员各司其职，使得会计处理手续和会计工作程序达到规范化、条理化。

第二节 会计机构与会计人员

一、会计机构

会计机构是各单位组织管理本单位会计工作，办理会计事务的职能部门。建立健全会计机构，配备与工作要求相适应，具有一定素质和数量的会计人员，是做好会计工作，充分发挥会计职能作用的重要前提条件。

（一）会计机构的设置

我国对会计工作实行“统一领导，分级管理”原则下的政府主导型管理体制。在会计机构设置方面，设置中央、地方和基层三级会计机构。根据《会计法》规定，国务院财政部门设置会计事务管理机构，主管全国的会计工作；县级以上地方各级人民政府的财政部门设置会计管理部门，管理本行政区域的会计工作。

《会计法》第三十六条规定：各单位应当根据会计业务的需要，设置会计机构，或者在有关机构中设置会计人员并指定会计主管人员；不具备设置条件的，应当委托经批准设立从事会计代理记账业务的中介机构代理记账。《代理记账管理办法》对从事代理记账的条件、代理记账业务范围、代理记账的基本程序、委托双方的责任和义务、代理记账人员的从业规则作了具体规定。

?国有的和国有资产占控股地位或者主导地位的大、中型企业必须设置总会计师。总会计师的任职资格、任免程序、职责权限由国务院规定。

《会计法》第三十七条规定：会计机构内部应当建立稽核制度。

出纳人员不得兼任稽核、会计档案保管和收入、支出、费用、债权债务账目的登记工作。

（二）企业会计机构内部核算组织形式

企业会计机构内部核算组织形式一般可分为独立核算单位、半独立核算单位和非独立核算单位（也称报账单位）。

1. 独立核算

独立核算是指具有完整的会计凭证、会计账簿和会计报表体系，全面地记录所发生的经济业务，并定期编制财务报表的单位所进行的会计核算。

实行独立核算的单位称为独立核算单位，它拥有一定数额的资金，有独立经济的自主权，独立开设银行账户，办理各项收支结算业务；设置独立的会计机构进行全面的会计核算；单独编制预算和计算盈亏。

实行独立核算的企业，其记账工作的核算组织形式可分为集中核算和分散核算两种。

（1）集中核算是指记账凭证的填制、总账及明细账的登记、财务会计报告的编制等均由会计部门进行。其优点是可以减少核算环节，简化核算手续，有利于掌握全面经营情况和精简人员。

（2）分散核算（也称非集中核算）是指其他部门和车间在会计部门的指导下，分别登记与其业务有关的明细分类账，而会计部门则登记总分类账和一部分明细分类账，编制财务会计报告，并进行其他会计工作。其优点是有利于各业务部门和车间、班组及时地利用核算资料进行日常考核和分析，有利于业务部门的日常控制和管理，及时解决有关问题。

一个企业实行集中核算还是分散核算，应视企业规模的大小和经营管理的要求来决定。

2. 半独立核算

半独立核算是指独立核算企业所属的分厂、分部或生产、业务部门，其规模较大，生产、经营上有一定的独立性，但不具备完全独立核算的某些必要的条件，如不能在银行单独开户，没有独立的资金等。这些单位配备一定的会计人员，单独编制会计凭证、单独记账和单独编制会计报表，然后送独立核算企业的会计部门汇总。这种核算组织方式对实行经济责任制企业特别有利。

半独立核算其优点是部门负责人能及时掌握本部门的生产经营情况和财务状况，有利于调动员工的积极性和更好的实行经济责任制。

3. 非独立核算（也称报账单位）

非独立核算（也称报账单位）指不独立地对其经营活动和成果进行核算的单位。

非独立核算（也称报账单位）的特点是：一般由上级拨给一定数额的周转金，从事业务活动，一切收入全面上缴，所有支出向上级报销，本身不单独计算盈亏，不单独编制财务会计报告，由会计部门集中进行核算，只记录和计算几个主要指标，进行简易核算。

（三）会计机构内部的岗位设置

会计机构内部要求进行合理的分工，建立并健全岗位责任制。财政部发布的《会计基础工作规范》对如何设置会计工作岗位规定了基本原则和示范性要求。

一是会计工作岗位可以一人一岗、一人多岗或者一岗多人，但应当符合内部牵制制度的要求，出纳人员不得兼任稽核、会计档案保管和收入、费用、债权债务账目的登记工作。

二是会计人员的工作岗位应当有计划地进行轮换，以促进会计人员全面熟悉业务，不断提高业务素质。

三是会计工作岗位的设置由各单位根据会计业务需要确定。《会计基础工作规范》只是提出了示范性的会计工作岗位设置方案，即：会计机构负责人或者会计主管人员，出纳，财产物资核算，工资核算，成本费用核算，财务成果核算，资金核算，往来结算，总账报表，稽核，档案管理等。开展会计电算化和管理会计的单位，可以根据需要设置相应工作岗位，也可以与其他工作岗位相结合。

（四）会计机构内部控制制度和内部牵制制度

内部控制就是要在会计机构内部建立并健全稽核制度，对会计凭证、会计账簿、会计报表等会计资料的真实性和可靠性进行控制，包括账证、账账、账表、账实核对的控制，财产物资的采购、验收、保管、盘点、现金管理等方面的控制。

《会计法》规定，会计机构内部要有牵制制度。即凡是涉及款项和财务收付、结算及登记的任何一项工作，必须由两人或两人以上分工办理，以起到相互制约作用的一种工作制度。它是内部控制制度的重要内容之一，主要包括：（1）职务分离、钱账分离、物账分离等；（2）对出纳等岗位的职责和限制性规定，如出纳人员不得兼任稽核、会计档案保管和收入、费用、债权债务账目的登记工作；（3）有关部门或领导对限制性岗位的定期检查办法。

二、会计人员

会计人员通常是指在国家机关、社会团体、公司、企业、事业单位和其他组织中从事财务会计工作的人员，包括会计机构负责人（会计主管人员）以及具体从事会计工作的会计师、会计员和出纳员等。

（一）会计人员应具备的基本条件

设置会计机构之后，配备好适当的会计人员，是搞好会计工作的决定性因素。会计人员在实际工作中负有双重责任，一方面要做好本单位的会计工作，维护单位的合法权益，促进单位加强经营管理，提高经济效益；另一方面又要严格执行国家的财经方针政策，维护国家的整体利益，对本单位的经济活动、财务收支实行会计监督，抵制各种违反财经纪律的行为。因此，会计人员既要具有较高的政治素质，又要具有较强的业务素质。会计人员应具备的基本条件如下。

《会计法》第三十八条规定：会计人员应当具备从事会计工作所需要的专业能力。担任单位会计机构负责人（会计主管人员）的，应当具备会计师以上专业技术职务资格或者从事会计工作三年以上经历。

《会计法》第三十九条规定：会计人员应当遵守职业道德，提高业务素质。对会计人员的教育和培训工作应当加强。

《会计法》第四十条规定：因有提供虚假财务会计报告，做假账，隐匿或者故意销毁会计凭证、会计账簿、财务会计报告，贪污，挪用公款，职务侵占等与会计职务的有关违法行为被依法追究刑事责任的人员，不得再从事会计工作。

《会计法》第四十一条规定：会计人员调动工作或者离职，必须与接管人员办清交接手续。

一般会计人员办理交接手续，由会计机构负责人（会计主管人员）监交；会计机构负责人（会计主管人员）办理交接手续，由单位负责人监交，必要时主管单位可以派人会同监交。

会计工作是一项技术性很强的工作，各个会计岗位对专业知识和专业技能的要求也是有较大差距的。我国对不同专业水平的会计人员设立了不同专业技术职务。

会计专业技术职务是区分会计人员业务技能的技术等级，是一种技术职称。会计专业技术职务分为高级会计师、会计师、助理会计师、会计员。高级会计师和正高级会计师是高级职务；会计师是中级职务；助理会计师和会计员为初级职务。我国对各级职务规定了学历、能力、水平、业绩等各种条件。1992 年前采用评聘制，1992 年以来对中、初级会计专业技术职务采用通过国家考试取得任职资格，然后由用人单位根据需要聘任的办法，高级职务原采用评聘结合的办法，从 2003 年起已开始试点考评结合的办法。实践证明，实行会计专业技术职务制度，对提高会计人员专业知识、专业技能、专业水平有着重要的促进作用。

（二）会计人员的职责权限

会计机构应该按照精简节约、提高素质和廉洁奉公的原则配备会计人员，并赋予必要的工作职责和权利，以便切实完成会计工作任务。

1. 会计人员的主要职责

《会计法》第五条规定，会计机构、会计人员依照《会计法》规定进行会计核算，实行会计监督。其中，会计核算会计人员最基本也是最主要的职责。

（1）切实按照法律、法规的规定，完成会计工作任务，发挥会计工作在维护社会主义市场经济秩序，加强经济管理和提高经济效益等方面的作用。

（2）坚持原则，维护会计法律、法规制度，反对贪污浪费和违法乱纪行为。切实制止变造、伪造账目，违法乱纪和伪造会计报表，保证会计资料的正确性。

（3）忠于职守，廉洁奉公，自觉抵制不正之风，自觉接受内部监督，自觉接受财政、审计和税务部门的监督。

（4）重科学、讲技术、顾大局、讲效益，提高从事本职工作的品质和能力，遵守会计人员的职业道德。

2. 会计人员的主要权限

（1）有权要求本单位和有关部门的领导和人员认真执行财经纪律和财务会计制度，共同按政策和制度办事。

（2）有权监督、检查本单位有关部门的资金活动、财务收支和物资管理情况，保证财产真实，收支合法、合理。

（3）有权如实反映情况，对不真实、不合理的原始凭证不予受理，对不符合实际情况的账务记录做出反应，对不符合事实的会计报表予以抵制。

（4）有权对贪污浪费和违法收支的行为予以抵制和纠正，并有权向单位或上级有关部门提出报告。

（三）总会计师

《会计法》第三十六条规定，国有的和国有资产占控股地位或者主导地位的大、中型企业必须设置总会计师，负责组织领导本单位的会计核算和会计监督等方面的工作。

总会计师，是组织领导本单位的财务管理、成本管理、预算管理、会计核算和会计监督等方面的工作，参与本单位重要经济问题分析和决策的单位行政领导人员。总会计师协助单位主要行政领导人员工作，直接对单位主要行政领导人负责。所以总会计师不是一种专业技术职务，也不是会计机构的负责人或会计主管人员，而是一种行政职务。

总会计师由取得会计师任职资格后，主管一个单位或者单位内一个重要方面的财务会计工作时间不少于三年的人员担任。总会计师的任职资格、任免程序、职责权限按《总会计师条例》规定办理。

（四）注册会计师及会计师事务所

注册会计师是具有一定的会计专业水平，经国家或特定组织考试或考核合格，经国家批准的执行会计查账验资业务和会计咨询业务的人员。注册会计师的工作机构是会计师事务所，注册会计师必须加入会计师事务所才能开展业务。我国注册会计师制度始创于1918年。谢霖是我国第一位注册会计师，他于1918年9月取得北洋政府农商部核发的第一号会计师证书，他和秦开于1918年创办了我国第一家会计师事务所“正则会计师事务所”。新中国成立后，颁布的《中华人民共和国会计法》（1985年1月21日第六届全国人大常委会第九次会议修订通过，自1985年5月1日起施行。）中确认了注册会计师的法律地位。

按照我国《注册会计师法》（1993年10月31日第八届全国人大常委会第四次会议通过，1994年1月1日开始实施。）规定，注册会计师的业务范围包括承办审计业务和承办会计咨询、会计服务业务。

审计业务包括：审查会计账目、会计报表和其他财务资料，出具查账报告书；参与办理企业解散、破产清算事项，参与调解经济纠纷、协助鉴定经济案件证据以及其他会计查账验资事项。

会计咨询、会计服务业务包括：设计财务会计制度，担任会计顾问，提供会计、财务、账务和经济管理咨询；代理纳税申报；代办申请注册登记，协助拟订合同、章程和其他经济文件；培训财务会计人员以及其他咨询业务。

注册会计师在办理以上各项业务时必须遵守国家法律、法规；恪守公正、客观、实事求是的原则；严守秘密并实行回避制度等工作规则。

会计师事务所是国家批准的依法独立承办注册会计师业务的事业单位。是注册会计师的工作机构。

会计师事务所在承办注册会计师业务时应遵守以下规定：

（1）会计师事务所应当经财政部或省级财政厅审查批准，并报经当地市场监督管理机关办理登记手续，领取执照后，才能开业。

（2）统一接受委托办理注册会计师业务。

（3）会计师事务所可以跨行政区域承办业务，可转托在中国设有常驻代表机构的外国会计师事务所就地审查委托人发生在国外的财务收支并出具证明。

（4）对注册会计师承办的业务统一收费。

（5）在业务上接受财政部或省级财政厅的监督，同时定期向主管财政机关报告业务开展、经济收支和人员变动情况。

（五）会计专业技术人员继续教育规定

《会计法》规定，对会计人员的教育和培训工作应当加强。这一方面是因为目前我国会计高等学历教育还不能满足社会需要，在职培训就成了提高会计人员业务素质的重要途径；另一方面，即使具备了规定学历，也还有知识更新的问题，社会经济发展很快，知识经济时代已经来临，会计工作面临的新情况、新问题层出不穷，会计人员必须不断更新知识，才能适应日益复杂的工作局面。

《专业技术人员继续教育规定》（人力资源社会保障部令第 25 号）规定：具有会计专业技术资格的人员应当自取得会计专业技术资格的次年开始参加继续教育，并在规定时间内取得规定学分。

不具有会计专业技术资格但从事会计工作的人员应当自从事会计工作的次年开始参加继续教育，并在规定时间内取得规定学分。

财政部负责制定全国会计专业技术人员继续教育政策，会同人力资源社会保障部监督指导全国会计专业技术人员继续教育工作的组织实施，人力资源社会保障部负责对全国会计专业技术人员继续教育工作进行综合管理和统筹协调。

会计专业技术人员继续教育内容包括公需科目和专业科目。

公需科目包括专业技术人员应当普遍掌握的法律法规、政策理论、职业道德、技术信息等基本知识，专业科目包括会计专业技术人员从事会计工作应当掌握的财务会计、管理会计、财务管理、内部控制与风险管理、会计信息化、会计职业道德、财税金融、会计法律法规等相关专业知识。

会计专业技术人员参加继续教育实行学分制管理，每年参加继续教育取得的学分不少于 90 学分。其中，专业科目一般不少于总学分的三分之二。

会计专业技术人员参加继续教育取得的学分，在全国范围内当年度有效，不得结转以后年度。

用人单位应当建立本单位会计专业技术人员继续教育与使用、晋升相衔接的激励机制，将参加继续教育情况作为会计专业技术人员考核评价、岗位聘用的重要依据。

会计专业技术人员参加继续教育情况，应当作为聘任会计专业技术职务或者申报评定上一级资格的重要条件。

继续教育管理部门应当加强对会计专业技术人员参加继续教育情况的考核与评价，并将考核、评价结果作为参加会计专业技术资格考试或评审、先进会计工作者评选、高端会计人才选拔等的依据之一，并纳入其信用信息档案。

对未按规定参加继续教育或者参加继续教育未取得规定学分的会计专业技术人员，继续教育管理部门应当责令其限期改正。

第二节 会计法律制度

一、会计法律

会计法律是指由全国人民代表大会（以下简称全国人大）及全国人民代表大会常务委员会（以下简称全国人大常委会）经过一定立法程序制定的有关会计工作的法律。我国目前有两部会计法律，分别是《会计法》和《注册会计师法》。

目前实施的《会计法》是 1985 年 1 月 21 日第六届全国人民代表大会常务委员会第九次会议通过，根据 2017 年 11 月 4 日第十二届全国人民代表大会常务委员会第三十次会议《关于修改 < 中华人民共和国会计法 > 等十一部法律的决定》第二次修正通过的，内容包括总则、会计核算、会计监督、会计机构、会计人员和法律责任等。它是会计法律制度中层次最高的法律规范，是制定其他会计法规的依据，也是指导会计工作的最高准则。

目前实施的《注册会计师法》是 1993 年 10 月 31 日第八届全国人大常委会第四次会议通过的，并于 1994 年 1 月 1 日开始施行。该法规定了注册会计师的考试和证书申领、业务范围和规则、会计师事务所、注册会计师协会、法律责任等内容，是注册会计师及其行业行为规范的最高准则。

二、会计行政法规

会计行政法规是指由国务院制定并发布，或者由国务院有关部门拟定并经国务院批准发布，调整经济生活中某些方面会计关系的法律规范。会计行政法规制定的依据是《会计法》，目前实施的最重要的会计行政法规有《总会计师条例》和《企业财务会计报告条例》。

《总会计师条例》自 1990 年 12 月 31 日开始实施，该条例对总会计师的地位、作用、职责、权限、任免与奖惩等进行了规范。

《企业财务会计报告条例》自 2001 年 1 月 1 日开始实施，该条例规定了企业财务会计报告的构成、编制、对外提供、法律责任等内容。

三、会计部门规章

会计部门规章是指国家主管会计工作的行政部门及财政部以及其他相关部委根据法律和国务院的行政法规、决定、命令，在本部门的权限范围内制定的、调整会计工作中某些方面内容的国家统一的会计准则制度和规范性文件，包括国家统一的会计核算制度，会计监督制度、会计机构和会计人员管理制度及会计工作管理制度等。常见的会计部门规章有《企业会计准则 —— 基本准则》《企业会计准则 —— 应用指南》《企业会计制度》《企业基础工作规范》等。

四、地方性会计法规

地方性会计法规是指由省、自治区、直辖市人民代表大会或常务委员会在国家会计法律、行政法规和国家统一的会计准则制度不相抵触的前提下，根据本地区情况制定发布的关于会计核算、会计监督、会计机构和会计人员及会计工作管理的规范性文件，如《山西省会计管理条例》《黑龙江省注册会计师管理条例》《云南省会计条例》等。

第四节 会计职业道德

会计人员从事会计工作，必须遵守会计职业道德，这也是会计人员应具备的一个重要的基本条件。

广义的职业道德是从业人员在职业活动中应该遵循的行为准则，涵盖了从业人员与服务对象、职业与职工、职业与职业之间的关系。狭义的职业道德是指在一定职业活动中应遵循的、体现一定职业特征的、调整一定职业关系的职业行为准则和规范。

会计职业道德，是指在会计职业活动中应当遵循的、体现会计职业特征的、调整会计职业关系的职业行为准则和规范。

道德与法律是维护社会秩序、维系社会正常运转的两大手段，它们虽以不同方式发挥作用，但又相辅相成，相得益彰。会计法规体系是规范会计工作秩序，保证会计信息质量的必不可少的手段；但会计法规是要人来执行的，会计人员在执行会计法规方面有着举足轻重的作用，如果会计人员缺乏会计职业道德，会计法规的执行必然走样，必然偏离法规确定的方向；只有会计人员具备了良好的职业道德，才能自觉地遵守会计法规，做好会计工作。

2001 年 4 月 16 日，时任国务院总理朱镕基同志在视察上海国家会计学院时，为该校题写的校训是："不做假账"。同年 10 月 29 日，朱镕基同志视察北京国家会计学院后，题字是"诚信为本，操守为重，遵循准则，不做假账"。这是对会计人员职业道德的高度概括。

一、会计人员素质

会计人员素质是指会计人员从事本职工作应具备的品质和能力，是完成会计工作任务的基本条件。它包括思想道德、专业知识、工作技能和改革创新四个方面。

（1）思想道德素质，内容包括坚持原则、秉公办事、热爱本职工作和有责任感；

（2）专业知识素质，内容包括熟悉并掌握国家有关政策和会计的基本理论和知识；

（3）工作技能，内容包括会计人员丰富的知识和职业技能以及工作中应该具备的诚信；

（4）改革创新，内容包括对社会主义市场经济的认识和掌握现代化管理技术、计算技术的要求和态度。

二、会计人员职业道德修养

（一）会计职业道德含义

会计职业道德规范是指在一定的社会经济条件下，对会计职业行为及职业活动的系统要求或明文规定。会计职业道德规范是社会道德体系的一个重要组成部分，是职业道德在会计职业行为和会计职业活动中的具体体现。

（二）会计职业道德内容

随着社会的发展，会计职业活动的内容将不断丰富，社会对会计工作的职业技能和职业要求也越来越高，会计职业道德规范的内容也在扬弃中不断地丰富和发展。有的会计职业道德规范被提升为会计法律制度的内容，有的会计职业道德规范被淘汰，但同时一些新的会计职业道德规范被充实进来。同时有的法律制度的内容也可能被纳入会计职业道德规范中。

现阶段，根据我国国情和现有的会计职业道德规范，结合国际上会计职业道德的一般要求，我国会计职业道德规范主要包括以下八个方面：

1. 爱岗敬业

爱岗敬业要求会计人员热爱自己的本职工作，安心于本职岗位，恪尽职守地做好本职工作。爱岗敬业是会计职业道德的基本要求，是每个会计从业人员是否具有职业道德的首要标准。爱岗和敬业，互为前提，相互支持，相辅相成。

遵守爱岗敬业的具体体现：

① 干一行，爱一行。

② 安心工作，任劳任怨。

③ 对一切不合法不合理的业务支出，把好关、守好口。

违背爱岗敬业的具体体现：

① 懒惰拖，上班无精打采。

② 做一天和尚撞一天钟，这山望着那山高。

③ “会计难当、违纪难免”，“会计是写写算算，琐琐碎碎的工作”等想法。

2. 诚实守信

诚实守信要求会计人员做老实人，说老实话，办老实事，执业谨慎，信誉至上，不为利益所诱惑，不弄虚作假，不泄露秘密。诚实守信，是做人的基本原则，也是会计职业活动和职业道德的精髓，是会计职业道德的根本。中国现代会计学之父潘序伦先生终生倡导：信以立志，信以守身，信以处世，信以待人，毋忘立信，当必有成。

遵守诚实守信的体现：

① 言行一致、表里如一、光明正大，不弄虚作假、欺上瞒下。

② 不为他人左右，不为谋取个人私利而歪曲事实。

③ 注册会计师对执行业务中知悉的商业秘密，负有保密义务。

违背诚实守信的体现：

① 弄虚作假。

② 将公司资料复印件给他人，泄露公司秘密。

3. 廉洁自律

廉洁自律要求会计人员公私分明、不贪不占、遵纪守法、清正廉洁。树立正确的人生观和价值观。会计人员的自律是会计职业道德的最高境界。

遵守廉洁自律的体现——理万金分文不沾；公私分明、不贪不占，自觉抵制“贪欲”。

违背廉洁自律的体现——常在河边走，哪能不湿鞋；收礼、受贿；吃了人家的嘴软，拿了人家的手短等。

4. 客观公正

客观公正要求会计人员端正态度，依法办事，实事求是，不偏不倚，保持应有的独立性。客观是指按事物的本来面目去反映，不掺杂个人的主观意愿，也不为他人意见所左右，既不夸大，也不缩小；公正就是公正正直，没有偏失。

①依法办事，过好“权势关”“人情关”。“舍得一身剐，敢把皇帝拉下马”“经手万贯、一尘不染”“糖弹打不中，美酒泼不进”。

②实事求是，会计核算过程客观公正，结果公正。

③如实反映，尤其注册会计师要保持实质上的独立。

5. 坚持准则

坚持准则要求会计人员熟悉国家法律、法规和国家统一的会计制度，始终坚持按法律、法规和国家统一的会计制度的要求进行会计核算，实施会计监督。会计人员不能盲从领导，唯领导意图是命，对于与坚持准则相违背的领导命令应做出正确判断，妥善处理。

遵守坚持准则的体现——制度大于天、人情薄如烟；不设小金库，不做假账；不义之财不可取；不唯情、不唯钱，只唯法。

违背坚持准则的体现——领导怎么说就怎么做；做假账、行贿、私设小金库等。

6. 提高技能

提高技能要求会计人员提高职业技能和专业胜任能力，以适应工作需要。会计人员要有不断提高会计专业技能的意识和愿望；要有勤学苦练的精神和科学的学习方法。

遵守提高技能的体现——参加会计人员继续教育；学习现代会计信息技术；向银行工作人员请教识别假钞技术等。物竞天择，适者生存。“活到老，学到老。”

违背提高技能的体现——工作中差错不断、业务考核倒数第一；不参加继续教育学习；账簿错误多，出纳经常出现长短款等现象。

7. 参与管理

参与管理要求会计人员在做好本职工作的同时，努力钻研相关业务，熟悉财经法规和相关制度，提高业务技能，为参与管理打下基础；同时，要全面熟悉本单位经营活动和业务流程，主动提出合理化建议，协助领导决策，积极参与管理。

遵守参与管理的体现——学习企业管理、市场营销等知识。

违背参与管理的体现——认为提合理化建议是领导的事情，与会计人员无关。

8. 强化服务

强化服务要求会计人员具有文明的服务态度、强烈的服务意识和优良的服务质量。努力维护和提升会计职业的良好社会形象。强化服务的关键是提高服务质量。提高服务质量，并非无原则地满足服务主体的需要，而是在坚持原则、坚持会计准则的基础上尽量满足用户或服务主体的需要。

案例分析与问题讨论

【案例 1】20×× 年 11 月，东茂公司因产品销售不畅，新产品研发受阻。公司财会部预测公司本年度将发生 800 万元亏损。刚刚上任的公司总经理责成总会计师王某千方百计实现当年盈利目标，并说：“实在不行，可以对会计报表做一些会计技术处理”。总会计师很清楚公司本年度亏损已成定局，要落实总经理的盈利目标，只能在财务会计报告上做手脚。总会计师感到左右为难：如果不按总经理的意见去办，自己以后在公司不好呆下去；如果按照总经理意见办，对自己也有风险。为此，总会计师思想负担很重，不知如何是好。

要求：根据《会计法》和会计职业道德的要求，分析总会计师王某应如何处理，并简要说明理由。

【案例 2】20×× 年，A 公司由于经营管理和市场方面的原因，经营业绩滑坡。为了获得配股资格，A 公司的主要负责人张三便要求公司财务总监李四对该年度的财务数据进行调整，以保证公司的净资产收益率符合配股条件。李四组织公司会计人员王五以虚做营业额、隐瞒费用和成本开支等方法调整了公司财务数据。A 公司根据调整后的财务资料，于 20×× 年 10 月申请配股并获批准发行。

根据上述资料，试分析回答下列问题：

1. 指出哪些当事人存在何种违法行为？哪些当事人违反了哪些会计职业道德要求？

2. 哪些单位或部门可以对相关当事人进行何种处理？并说明理由。

【案例 3】恒大公司会计丁敏因工作努力、认真钻研业务、积极提出合理化建议，多次被公司评为先进会计工作者。丁敏的丈夫在一家民营电子企业任总经理，在他的多次请求下，丁敏将在工作中接触到的公司新产品研发计划及相关会计资料复印件提供给他，给公司带来了不小的损失。

你认为丁敏违反了哪些会计职业道德的要求？应该由哪些部门或组织对其进行相关处理？

答案提示

[案例 1] 分析与提示：

总会计师王某应当拒绝总经理的要求。因为总经理的要求不仅违反了《会计法》第四条“单位负责人对本单位的会计工作和会计资料的真实性、完整性负责”、第五条 “任何单位或者个人不得以任何方式授意、指使、强令会计机构、会计人员伪造、变造会计凭证、会计账簿和其他会计资料，提供虚假财务会计报告”，也违背了会计职业道德中的会计人员应当诚实守信、客观公正、坚持准则的要求。

[案例 2] 分析与提示：

A 公司张三、李四、王五均存在编制虚假财务会计报告的行为。

张三是单位负责人，存在授意、指使他人编制虚假财务会计报告的行为。根据《会计法》的规定，其构成犯罪的，司法部门依法追究刑事责任；尚不构成犯罪的，可以处以五千元以上五万元以下的罚款。

李四、王五作为会计人员，应当拒绝总经理的要求，其行为违背了会计职业道德中的会计人员应当诚实守信、客观公正、坚持准则的要求。根据《会计法》的规定，如果构成犯罪的，依法追究刑事责任；尚不构成犯罪的，由县级以上人民政府财政部门予以通报，可以对李四、王五处三千元以上五万元以下的罚款；李四、王五为会计人员，应由县级以上人民政府财政部门吊销会计从业资格证书。

[案例 3] 分析与提示：

丁敏未经单位领导人同意，私自向丈夫提供公司新产品研发计划及会计资料复印件，违反了保守秘密的会计职业道德。财政部门、会计职业组织和恒大公司均可在各自的职权范围内对其违反会计职业道德的行为进行处理。

第五节 会计档案管理与会计工作交接

一、会计档案管理

（一）会计档案的概念及内容

会计档案是指会计凭证、会计账簿和财务报告等会计核算专业材料，是记录和反映单位经济业务的重要史料和证据。

根据财政部和国家档案局联合发布的《会计档案管理办法》规定，会计档案具体包括：

1. 会计凭证，包括原始凭证、记账凭证；
2. 会计账簿，包括总账、明细账、日记账、固定资产卡片及其他辅助性账簿；
3. 财务会计报告，包括月度、季度、半年度、年度财务会计报告；
4. 其他会计资料，包括银行存款余额调节表、银行对账单、纳税申报表、会计档案移交清册、会计档案保管清册、会计档案销毁清册、会计档案鉴定意见书及其他具有保存价值的会计资料。

同时满足下列条件的，单位内部形成的属于归档范围的电子会计资料可仅以电子形式保存，形成电子会计档案：

1. 形成的电子会计资料来源真实有效，由计算机等电子设备形成和传输；
2. 使用的会计核算系统能够准确、完整、有效接收和读取电子会计资料，能够输出符合国家标准归档格式的会计凭证、会计账簿、财务会计报表等会计资料，设定了经办、审核、审批等必要的审签程序；

3. 使用的电子档案管理系统能够有效接收、管理、利用电子会计档案，符合电子档案的长期保管要求，并建立了电子会计档案与相关联的其他纸质会计档案的检索关系；

4. 采取有效措施，防止电子会计档案被篡改；

5. 建立电子会计档案备份制度，能够有效防范自然灾害、意外事故和人为破坏的影响；

6. 形成的电子会计资料不属于具有永久保存价值或者其他重要保存价值的会计档案。

（二）会计档案管理

会计档案具有两个方面的作用：一是查证作用，是供事后查考某个会计事项的处理是否正确的书面证明；二是史料作用，是总结生产经营和管理的经验与教训的重要资料。因此，按照《中华人民共和国会计法》的规定，建立会计档案，做好会计档案的管理工作，是企业、事业单位会计工作的一个不可或缺的组成部分。

当年形成的会计档案，在会计年度终了后，可由单位会计管理机构临时保管一年，再移交单位档案管理机构保管。因工作需要确需推迟移交的，应当经单位档案管理机构同意。

单位会计管理机构临时保管会计档案最长不超过三年。临时保管期间，会计档案的保管应当符合国家档案管理的有关规定，且出纳人员不得兼管会计档案。

单位会计管理机构在办理会计档案移交时，应当编制会计档案移交清册，并按照国家档案管理的有关规定办理移交手续。

纸质会计档案移交时应当保持原卷的封装。电子会计档案移交时应当将电子会计档案及其元数据一并移交，且文件格式应当符合国家档案管理的有关规定。特殊格式的电子会计档案应当与其读取平台一并移交。

单位档案管理机构接收电子会计档案时，应当对电子会计档案的准确性、完整性、可用性、安全性进行检测，符合要求的才能接收。

单位应当严格按照相关制度利用会计档案，在进行会计档案查阅、复制、借出时履行登记手续，严禁篡改和损坏。

单位保存的会计档案一般不得对外借出。确因工作需要且根据国家有关规定必须借出的，应当严格按照规定办理相关手续。

会计档案借用单位应当妥善保管和利用借入的会计档案，确保借入会计档案的安全完整，并在规定时间内归还。

会计档案的保管期限分为永久、定期两类。定期保管期限一般分为 10 年和 30 年。会计档案的保管期限，从会计年度终了后的第一天算起。

单位应当定期对已到保管期限的会计档案进行鉴定，并形成会计档案鉴定意见书。经鉴定，仍需继续保存的会计档案，应当重新划定保管期限；对保管期满，确无保存价值的会计档案，可以销毁。

会计档案鉴定工作应当由单位档案管理机构牵头，组织单位会计、审计、纪检监察等机构或人员共同进行。

经鉴定可以销毁的会计档案，应当按照以下程序销毁：

1. 单位档案管理机构编制会计档案销毁清册，列明拟销毁会计档案的名称、卷号、册数、起止年度、档案编号、应保管期限、已保管期限和销毁时间等内容。

2. 单位负责人、档案管理机构负责人、会计管理机构负责人、档案管理机构经办人、会计管理机构经办人在会计档案销毁清册上签署意见。

3. 单位档案管理机构负责组织会计档案销毁工作，并与会计管理机构共同派员监销。监销人在会计档案销毁前，应当按照会计档案销毁清册所列内容进行清点核对；在会计档案销毁后，应当在会计档案销毁清册上签名或盖章。

4. 电子会计档案的销毁还应当符合国家有关电子档案的规定，并由单位档案管理机构、会计管理机构和信息系统管理机构共同派员监销。

保管期满但未结清的债权债务会计凭证和涉及其他未了事项的会计凭证不得销毁，纸质会计档案应当单独抽出立卷，电子会计档案单独转存，保管到未了事项完结时为止。

单独抽出立卷或转存的会计档案，应当在会计档案鉴定意见书、会计档案销毁清册和会计档案保管清册中列明。

单位因撤销、解散、破产或其他原因而终止的，在终止或办理注销登记手续之前形成的会计档案，按照国家档案管理的有关规定处置。

单位分立后原单位存续的，其会计档案应当由分立后的存续方统一保管，其他方可以查阅、复制与其业务相关的会计档案。

单位分立后原单位解散的，其会计档案应当经各方协商后由其中一方代管或按照国家档案管理的有关规定处置，各方可以查阅、复制与其业务相关的会计档案。

单位分立中未结清的会计事项所涉及的会计凭证，应当单独抽出由业务相关方保存，并按照规定办理交接手续。

单位因业务移交其他单位办理所涉及的会计档案，应当由原单位保管，承接业务单位可以查阅、复制与其业务相关的会计档案。对其中未结清的会计事项所涉及的会计凭证，应当单独抽出由承接业务单位保存，并按照规定办理交接手续。

单位合并后原各单位解散或者一方存续其他方解散的，原各单位的会计档案应当由合并后的单位统一保管。单位合并后原各单位仍存续的，其会计档案仍应当由原各单位保管。

建设单位在项目建设期间形成的会计档案，需要移交给建设项目接收单位的，应当在办理竣工财务决算后及时移交，并按照规定办理交接手续。

单位之间交接会计档案时，交接双方应当办理会计档案交接手续。

移交会计档案的单位，应当编制会计档案移交清册，列明应当移交的会计档案名称、卷号、册数、起止年度、档案编号、应保管期限和已保管期限等内容。

交接会计档案时，交接双方应当按照会计档案移交清册所列内容逐项交接，并由交接双方的单位有关负责人负责监督。交接完毕后，交接双方经办人和监督人应当在会计档案移交清册上签名或盖章。

电子会计档案应当与其元数据一并移交，特殊格式的电子会计档案应当与其读取平台一并移交。档案接收单位应当对保存电子会计档案的载体及其技术环境进行检验，确保所接收电子会计档案的准确、完整、可用和安全。

单位的会计档案及其复制件需要携带、寄运或者传输至境外的，应当按照国家有关规定执行。

单位委托中介机构代理记账的，应当在签订的书面委托合同中，明确会计档案的管理要求及相应责任。

不具备设立档案机构或配备档案工作人员条件的单位和依法建账的个体工商户，其会计档案的收集、整理、保管、利用和鉴定销毁等参照《会计档案管理办法》执行。

二、会计工作交接

会计工作交接，是指会计人员工作调动、离职或因病暂时不能工作，应与接管人员办理交接手续的一种工作程序。会计工作交接是会计工作的一项重要制度，也是会计基础工作的重要内容。办理好会计工作交接，有利于保持会计工作的连续性，防止账目不清、财务混乱，有利于明确责任。

《会计法》第四十一条规定：“会计人员调动工作或者离职，必须与接管人员办理交接手续。”一般会计人员办理交接手续，由会计机构负责人（会计主管人员）监交；会计机构负责人（会计主管人员）办理交接手续，由单位负责人监交，必要时主管单位可以派人会同监交。

《会计基础工作规范》规定：“会计人员工作调动或者因故离职，必须将本人所经管的会计工作全部移交？给接替人员。没有办清交接手续的，不得调动或者离职。”

在实际工作中，有些应当办理移交手续的会计人员借故不办理移交手续，或者迟迟不移交所经管的会计工作，使正常的会计工作受到影响，这是制度上所不允许的，单位领导人应当督促经办人员及时办理移交手续。

《会计基础工作规范》规定的会计工作交接内容主要有：

1. 会计人员办理移交手续前，必须及时做好以下工作：

（1）已经受理的经济业务尚未填制会计凭证的，应当填制完毕；

（2）尚未登记的账目，应当登记完毕，并在最后一笔余额后加盖经办人员印章；

（3）整理应该移交的各项资料，对未了事项写出书面材料；

（4）编制移交清册，列明应当移交的会计凭证、会计账簿、会计报表、印章、现金、有价证券、支票簿、发票、文件、其他会计资料和物品等内容；实行会计电算化的单位，从事该项工作的移交人员还应当在移交清册中列明会计软件及密码、会计软件数据磁盘（磁带等）及有关资料、实物等内容。

2. 会计机构负责人（会计主管人员）移交时，还必须将全部财务会计工作、重大财务收支和会计人员的情况等，向接替人员详细介绍。对需要移交的遗留问题，应当写出书面材料。

3. 会计人员办理交接手续，必须有监交人负责监交。一般会计人员交接，由单位会计机构负责人（会计主管人员）负责监交；会计机构负责人（会计主管人员）交接，由单位负责人负责监交，必要时可由上级主管部门派人会同监交。

4. 接管人员应按照移交清册，会同移交人员逐项核对点收。

5. 交接完毕后，交接双方和监交人员要在移交注册上签名或者盖章，并应在移交注册上注明：单位名称，交接日期，交接双方和监交人员的职务、姓名，移交清册页数以及需要说明的问题和意见等。

6. 会计人员临时离职或者因病不能工作且需要接替或者代理的，会计机构负责人、会计主管人员或者单位负责人必须指定有关人员接替或者代理，并办理交接手续。临时离职或者因病不能工作的会计人员恢复工作的，应当与接替或者代理人员办理交接手续。移交人员因病或者其他特殊原因不能亲自办理移交的，经单位负责人批准，可由移交人员委托他人代办移交。

7. 移交人员对所移交的会计凭证、会计账簿、会计报表和其他有关资料的合法性、真实性承担法律责任。

附表 1

企业和其他组织会计档案保管期限表

序号	档案名称	保管期限	备注
一	会计凭证		
1	原始凭证	30 年	
2	记账凭证	30 年	
二	会计账簿		
3	总账	30 年	
4	明细账	30 年	
5	日记账	30 年	
6	固定资产卡片		固定资产报废清理后保管 5 年
7	其他辅助性账簿	30 年	
三	财务会计报告		
8	月度、季度、半年度财务会计报告	10 年	
9	年度财务会计报告	永久	
四	其他会计资料		
10	银行存款余额调节表	10 年	
11	银行对账单	10 年	
12	纳税申报表	10 年	
13	会计档案移交清册	30 年	
14	会计档案保管清册	永久	
15	会计档案销毁清册	永久	
16	会计档案鉴定意见书	永久	

附表 2

财政总预算、行政单位、事业单位和税收会计档案保管期限表

序号	档案名称	保管期限			备注
		财政总预算	行政单位事业单位	税收会计	
一	会计凭证				
1	国家金库编送的各种报表及缴库退库凭证	10 年		10 年	
2	各收入机关编送的报表	10 年			

续表

序号	档案名称	保管期限			备注
		财政总预算	行政单位事业单位	税收会计	
3	行政单位和事业单位的各种会计凭证		30年		包括：原始凭证、记账凭证和传票汇总表
4	财政总预算拨款凭证和其他会计凭证	30年			包括：拨款凭证和其他会计凭证
二	会计账簿				
5	日记账		30年	30年	
6	总账	30年	30年	30年	
7	税收日记账（总账）			30年	
8	明细分类、分户账或登记簿	30年	30年	30年	
9	行政单位和事业单位固定资产卡片				固定资产报废清理后保管5年
三	财务会计报告				
10	政府综合财务报告	永久			下级财政、本级部门和单位报送的保管2年
11	部门财务报告		永久		所属单位报送的保管2年
12	财政总决算	永久			下级财政、本级部门和单位报送的保管2年
13	部门决算		永久		所属单位报送的保管2年
14	税收年报（决算）			永久	
15	国家金库年报（决算）	10年			
16	基本建设拨、贷款年报（决算）	10年			
17	行政单位和事业单位会计月、季度报表		10年		所属单位报送的保管2年
18	税收会计报表			10年	所属税务机关报送的保管2年
四	其他会计资料				
19	银行存款余额调节表	10年	10年		
20	银行对账单	10年	10年	10年	
21	会计档案移交清册	30年	30年	30年	
22	会计档案保管清册	永久	永久	永久	
23	会计档案销毁清册	永久	永久	永久	
24	会计档案鉴定意见书	永久	永久	永久	

注：税务机关的税务经费会计档案保管期限，按行政单位会计档案保管期限规定办理。

本章小结

【基本内容小结】会计工作组织是指在会计主体内部，按照会计的目的和任务将各项工作加以编排，创造保证会计工作正常开展和会计任务完成的外在条件。独立核算单位的会计工作有两种组织形式：集中核算和非集中核算。

会计机构设置的指导思想为根据业务需要设置会计机构、机构内部岗位责任制、内部稽核制度和内部牵制制度。我国会计工作实行“统一领导，分级管理”。

具有一定职业道德的会计人员必须具有会计从业资格证才能按其职责和权限开展会计工作。目前我国会计专业职务有：会计员、助理会计师、会计师、高级会计师。

会计档案是指会计凭证、会计账和会计报表等会计核算的书面材料，它是记录和反映经济业务的重要史料和证据。建立会计档案，做好会计档案的管理工作，是企业、事业单位会计工作的一个不可或缺的组成部分。

【本章的重点与难点】会计工作组织的含义和原则；会计机构的设置与会计人员的配备；集中核算和非集中核算两种会计组织形式的理解；会计职业道德的内容；会计档案的保管。

复习与思考

1. 会计工作组织形式有哪两种？如何正确选择会计工作组织形式？
2. 会计人员应具备哪些基本条件？
3. 会计法律制度由哪些内容构成？
4. 什么是会计职业道德？会计职业道德包括哪些基本内容？
5. 什么是会计档案？会计档案应包括哪些内容？

课 程 实 践

一、单项选择

1. 会计档案的保管期限可分为（　　）

A. 永久和定期　　B. 永久和临时

C.5 ~ 10 年　　D.10 ~ 30 年

2. 会计凭证在登记入账后，应该按照编号顺序将记账凭证连同原始凭证和原始凭证汇总表装订成册，一般至少（　　）装订一次。

A.1 年　　B.6 月

C.3 月　　D.1 月

3. 1. 勤学苦练、不断进取是会计人员遵守（　　）会计职业道德规范的基本要求。

A. 参与管理　　B. 提高技能

C. 坚持准则　　D. 强化服务

4. 某单位业务人员朱某在一家个体酒店招待业务单位人员，发生招待费 800 元。事后，他将酒店开出的发票金额改为 1 800 元，并作为报销凭证进行了报销。朱某的行为属于下列违法行为中的（　　）。

A. 伪造会计凭证行为　　B. 变造会计凭证行为

C. 做假账行为　　D. 违反招待费报销制度行为

5. 企业年度会计报表的保管期限是（　　）。

A.15 年　　B.25 年

C. 永久　　D.10 年

6. 某单位连年亏损，该单位财务人员李某根据单位目前经营状况提出了一系列的思路，被领导采纳，扭转了亏损局面。该单位财务李某坚持了（　　）会计职业道德。

A. 参与管理　　B. 客观公正

C. 坚持准则　　D. 廉洁自律

7.《总会计师条例》属于（　　）。

A. 会计法律　　B. 会计行政法规

C. 会计部门规章　　D. 会计规范性文件

二、多项选择

1. 根据《会计档案管理办法》的规定，下列会计档案中需要永久保存的有（　　）。

A. 总账　　B. 日记账

C. 年度财务报告　　D. 会计档案保管清册

2. 会计类专业，一般包括（　　）专业。

A. 会计学、会计电算化　　B. 注册会计师专门化

C. 审计学　　D. 理财学、财务管理

3. 企业实施电算化会计，在会计软件初始化前，应做好的基础工作有（　　）。

A. 重新核对账目，整理手工会计数据

B. 规范凭证、账簿、报表的格式及内容

C. 建立会计科目体系并确定会计科目编码

D. 规范凭证、账簿、报表的生成、传递和处理程序

4. 我国会计工作履行行业自律管理职能的部门或团体有（　　）

A. 财政部门　　B. 会计师事务所

C. 中国注册会计师协会　　D. 中国会计学会

5. 会计人员应当按照会计法律、法规和国家统一会计制度规定的程序和要求保证所提供的会计信息（　　）。

A. 真实　　B. 合法　　C. 及时　　D. 完整

6. 我国的会计法律制度主要包括（　　）。

A. 会计部门规章　　B. 会计法律　　C. 会计行政法规　　D. 地方性会计法规

三、判断题

1. 我国会计工作实行领导负责、分级管理制度。（　　）

2. 在我国，会计职业道德与法律相比不具有任何强制性，因此会计人员是否遵守会计职业道德规范，没有约束性。（　　）

3.《会计基础工作规范》是财政部 1986 年发布的。（　　）

4. 会计档案销毁清册应保存 10 年。（　　）

5. 会计人员调动工作或者离职，必须与接管人员办理交接手续。（　　）

第十章 会计工作组织 课程实践题参考答案

一、单项选择题

1. A　2. D　3. B　4. B　5. C　6. A　7. B

二、多项选择题

1. CD　2. ABCD　3. ABCD　4. CD　5. ABCD　6. ABCD

三、判断题

1. ×　2. ×　3. ×　4. ×　5. √

PART.11

第十一章

会计软件应用基础

能力目标

专业能力

了解会计软件的概念

理解会计软件的产生与发展情况

掌握会计软件核算的意义

明确会计软件的分类

熟悉会计软件的功能结构与数据处理流程

掌握会计软件应用管理的基本方法

社会能力

能描述会计软件数据处理流程

梳理出会计软件选择方法和应用基础理论

方法能力

能找出会计软件核算与会计手工核算区别

能提出适用于企业的会计软件

第一节 识别会计软件

一、会计软件及其产生与发展

（一）会计软件的概念

会计软件是专门用于完成各种会计核算和会计管理工作的计算机应用软件。会计软件是由软件开发人员根据具体的会计工作，结合计算机特点，使用一种或多种计算机语言编写而成的，能够在一定的计算机平台上操作，可以完成从输入记账凭证到登记会计账簿，最终到编制会计报表的日常核算工作，并能够进行资产、费用、成本、收入、利润等计算、分析、和控制等工作。会计软件是现代社会会计信息系统的核心组成部分，会计软件的好坏对现代会计核算和企业管理工作的成败起着关键性的作用。

会计软件是以提供会计信息为目标，以会计数据为对象，以会计理论和会计方法为核心，依据有关会计法规，将计算机技术应用于会计工作的软件系统。该系统由模块、数据库和会计软件文档三部分组成。模块是程序的集合体，一个或几个程序组成一个模块，完成一项相对独立的功能，如账务处理功能模块、凭证输入模块、总账打印模块、报表生成模块等。多个相对独立又相互联系的模块构成一个独立的会计软件。数据库是数据的集合体，用于存放各种数据，如凭证、账簿、报表等。数据库由多个数据文件或表组成，任何一个会计软件都有数据库，用于存储相关数据。会计软件文档是对会计软件模块和数据库的文字说明，包括用户需求说明书、设计说明书、用户手册等文档。

（二）我国会计软件的产生与发展

随着我国经济的发展，会计软件应用范围不断扩大。从发展过程来看，我国会计软件的发展大体经历了三个阶段。第一阶段是在 1988 年商品化软件出现以前，属于我国会计电算化发展早期。当时企业主要是根据计划进行生产，会计工作以报账为目的，企业对会计电算化的需求不明确，会计软件没有得到充分应用。各企业为适应自身财务需要，纷纷根据企业的具体情况开发适合自己企业的会计软件。我国第一台计算机出现在 1958 年，直到 20 世纪 70 年代，主要是用于科学技术工作。1979 年， 财政部拨款 500 万元，用于长春第一汽车制造厂进行会计电算化试点工作，这是我国会计电算化的起点，我国会计软件从 1979 年开始研究和开发。1988 年以前，会计软件研制开发基本处于自发、分散的状态，会计软件都是由各企业自行开发。自行开发投资大、周期长、见效慢，会计软件低水平、重复开发的现象严重。因此，这个阶段的中国会计电算化水平不高、功能单一且不通用，没有形成大规模的商品化会计软件公司与市场。经历了长时间的探索后，人们认识到只有走会计软件通用化和商品化以及服务社会化道路，才能从根本上解决会计软件水平低、重复开发的问题，从而加快会计电算化的普及，保证会计电算化能够持续、健康地发展。

第二阶段为 1988 年至 20 世纪 90 年代中后期，是我国会计软件快速发展阶段。1988 年，中国会计学会首届会计电算化学会讨论会在吉林市召开。在这次会议上，正式提出了会计电算化系统的开发、设计和应用，只有走规范化、通用化、商品化的道路，才能有较大的发展。与会会计专家达成共识：发展通用会计软件和引入市场机制是中国会计电算化发展的出路。同年，财政部在上海召开会计电算化工作会议，对制定各省计算机应用规划、实施会计软件的评审工作进行统一部署。从此，商品化会计软件开始在市场上出现，其中通用会计软件迅速成为我国会计软件发展的主流。1989 年 12 月，财政部发布了《会计核算软件管理的几项规定（试行）》，标志着我国会计软件开始在政府的管理和大力推动下发展。会计软件得到了较快发展，不仅可以全面核算企业的业务活动，而且能为企业管理提供服务。自 1989 年财政部建立商品化会计软件评审制度到 1998 年暂停接受商品化会计软件评审的 10 年间，已有 38 个会计软件通过了财政部评审，100 多个会计软件通过了地方财政部门评审，商品化会计软件不断增多，日益成熟。先后出现了先锋、用友、金蝶、安易、浪潮等一批商品化会计软件。这些商品化会计软件的出现及推广应用，不仅快速推动了会计电算化的普及和发展，同时也形成并繁荣了我国会计软件产业。

1998 年以后，随着会计电算化的逐渐普及，会计电算化的发展由政府管理转向行业协会自律。会计软件逐步向管理型软件发展，大型会计软件公司开始向 ERP 转型，我国会计软件进入 ERP 阶段，会计软件不仅为企业财务管理服务，而且开始为企业整体战略提供服务。ERP 涵盖了整个企业管理的信息系统，实现了企业财务管理与业务管理一体化。

（三）ERP 与会计软件的关系

ERP 是企业资源计划（enterprise resource planning）的简称，是指建立在信息技术基础上，以系统化的管理思想为企业决策层提供决策运行手段的管理平台，它是整合企业管理理念、业务流程、基础数据、人力物力、计算机软硬件于一体的企业管理信息系统。

ERP 软件的基础是会计核算，核心是对企业的物流、资金流和信息流进行全面一体化的管理。在企业中，一般的管理主要包括三方面的内容：生产控制（计划、制造）、物流管理（分销、采购、库存管理）和财务管理（会计核算、资金管理）。这三方面本身就是集成体，相互之间有相应的接口，能够很好地整合在一起，从而对企业进行管理。

会计软件是 ERP 软件的一部分，但不同企业的具体情况又有很大差别。就小企业而言，会计软件就是指账务、报表、工资、固定资产等最基本的功能模块，一般属于会计核算软件。规模比较大的企业，需要用到进销存模块和应收应付账款模块，但其进销存主要是立足于会计核算，这种软件统称为会计软件。ERP 软件还要包括生产制造等模块，也被称为企业管理软件。独立的会计软件与 ERP 软件在设计思想、功能、应用等方面存在很多不同，它们的主要区别可反映在以下三个方面。

1. 从范围来看， 会计软件是 ERP 的一部分。 ERP 软件一般按照模块可以分成财务管理、销售管理、后勤管理（进、销、存管理）、生产管理和人力资源管理等。因此，ERP 涵盖的范围比会计软件广泛，能够对企业的整个资源进行有效整合，使企业的资源得以最大化利用。财务管理是 ERP 中的一个组成部分，可以单独使用或与其他模块紧密集成使用。

2. 从工作机理来看，会计软件只是对公司业务进行会计核算和管理，前提是由会计人员根据各项业务单据编制记账凭证，将需处理的数据手工输入系统，系统再进行汇总和分析。会计人员大部分工作是繁琐的记账凭证录入。而在 ERP 中，企业的业务是以流程为导向，财务模块通过 ERP 中的自动分录系统将这些流程紧密集成在一起，针对不同的业务类型自动触发会计事件，而这些会计事件对应的凭证已经预先定义会计科目，所以当业务类型发生时，系统能自动生成记账凭证，并更新到日记账、明细账和总账中。会计人员的工作内容就是对这些凭证进行审核或由系统自动审核。

3. 从功能来看，目前国内会计软件大部分还是以核算为主要目的，基本满足了企业会计核算的要求。但从深层次和管理角度来看，管理人员或决策高层希望取得的财务报表不是简单数据的累加，而是通过这些报表对各项业务进行分析，如通过会计提供的销售收入和销售毛利分析销售情况，而这时如果单纯从会计数据来看就无法满足要求。同时，对会计人员来说，发现报表数据错误时，很难去跟踪来源，将耗费大量时间。而 ERP 软件是以业务流程为导向，各种会计数据能够与发生的各项业务行为紧密联系在一起，从会计角度或从业务角度都能够快速进行相互跟踪。

总之，与核算型会计软件不同，ERP 以企业作业为起点，对企业经济事务的发生、发展和结果进行全方位的跟踪、记录和控制，从财务单一的部门扩展到企业各项作业涉及的其他部门，做到资金流、物流和信息流的统一，从部门级的离散应用上升到企业组的全面的系统应用，为企业决策提供更加及时、准确的业务信息，使企业消耗最少的资源，实现企业目标，提升了企业的竞争优势。因此，会计软件不等于 ERP，会计软件是 ERP 的一个组成部分。企业若要进行信息化建设，必须充分了解会计软件和 ERP 的区别，明确自身信息化目标，合理选择适合企业状况和需求的 ERP 软件。

二、会计软件核算与会计手工核算的比较

会计软件核算和会计手工核算，一个基于计算机技术，一个完全依赖于人手和人脑，两者之间存在很多差别，但也不乏相同之处。

（一）会计软件核算与会计手工核算的相同点

1. 会计软件核算与会计手工核算的基本原理相同。应用会计软件核算，尽管引起了会计操作技术的变化，但没有改变会计核算的基本原理。应用会计软件核算仍要遵循复式记账的基本原理，对发生的经济业务都要根据复式记账原理编制会计分录（记账凭证），并根据会计分录登记有关账户，在会计期末，根据账簿的资料编制会计报表。

2. 会计软件核算与会计手工核算的会计目标相同。应用会计软件进行核算，提高了会计信息的加工质量，提升了会计信息的传输速度，但会计的目标并没有发生根本性的改变。无论是应用会计软件核算还是会计手工核算，最终的目标都是运用会计的手段和方法对会计信息进行加工，以便为相关会计信息的使用者提供有用的会计信息，为会计信息的使用者利用会计信息进行经济决策服务。在这方面，应用会计软件核算比手工会计核算具有更大的优势。

3. 会计软件核算与会计手工核算所依据的会计理论和方法相同。会计理论是会计学科建立的基石，会计的方法是完成会计任务的重要手段。无论是应用会计软件核算还是手工会计核算，都应遵循会计信息的质量要求、会计核算的基本前提和会计等式等基本理论，采用填制和审核会计凭证、设置账户、复式记账、登记账簿、成本计算、财产清查和编制会计报表等会计专门方法，对发生的经济业务进行处理。

4. 会计软件核算与会计手工核算应遵守的会计法规和准则相同。国家制定的会计法规和会计准则，是所有会计工作都应严格遵守的规范。会计软件的实施和应用，同手工会计核算一样，都应严格遵守。

5. 会计软件核算与会计手工核算都必须妥善保存会计档案。会计档案是会计工作的重要历史资料，也是会计主体的重要经济档案，必须按照国家的有关规定妥善进行保管。在手工会计核算下，会计的档案多为纸质档案，看得见，摸得着，相对易于检验与保管。应用会计软件核算，会计档案则以磁介质档案为主，形成了以电子形式保存的电子会计档案，修改、复制和删除都十分容易。因此，更应采取有效措施，防止电子会计档案被篡改，建立电子会计档案备份制度，能有效防范自然灾害、意外事故和人为破坏。

（二）会计软件核算与会计手工核算的不同点

1. 会计软件核算与会计手工核算的核算工具不同。会计手工核算使用的核算工具是算盘或电子计算器，计算过程中每运算一次都要重复一次。由于不能存储运算结果，工作起来不得不边运算边记录，工作量大，且速度慢。会计软件核算模式下，系统使用电子计算机进行运算，数据处理均由机器完成，同时能够存储运算结果，节省了大量的人力和时间。

2. 会计软件核算与会计手工核算的信息载体不同。手工核算中所有信息都是以纸张为载体，占用空间大，保管不易，查找不方便。会计软件核算模式下，除了必要的会计凭证外，均可采用磁性材料作为信息载体，占用空间小，查找方便，易保管。

3. 会计软件核算与会计手工核算的簿记规则不同。在手工核算方式下，日记账、总账需采用订本式账簿，明细账使用活页式账簿；账簿记录错误可采用划线更正法、红字更正法和补充登记法进行更正，账页中的空白行、空白页需用红线划销。会计软件核算方式下，账簿打印输出，不必再区分订本式还是活页式。错账的更改也只能采用输入“更改凭证”的方式加以更改，不能采用划线更正法。

4. 会计软件核算与会计手工核算的账务处理程序不同。会计软件核算方式下，数据处理起点、处理、存储、输出、查询等方式都发生了变化。关于这一点，将在第二节中具体介绍。

5. 会计软件核算与会计手工核算的会计工作组织体制不同。在手工核算方式下，会计工作组织将会计业务的不同性质作为分工的主要依据。应用会计软件核算，人员分工发生变化，需要设置凭证录入、审核、数据维护等岗位。凭证录入后的工作基本上全部由系统自动完成，无须专人负责，但增加了计算机软硬件维护人员。

三、会计软件核算的意义

应用会计软件进行核算是会计信息处理技术的一个重要变革，对会计工作的各个方面都产生了深远的影响。

（一）减轻会计人员记账工作量，提高会计核算工作效率。应用会计软件进行核算，会计人员只需要将原始会计数据输入计算机，登账、计算，汇总、核对编制会计报表等工作全部可以由计算机来完成。这样将会计人员从繁杂的手工记账中解脱出来，大大减少了会计人员的记账工作量。计算机处理数据的速度快，可以在极短的时间内完成登账、计算、汇总、核对、编制会计报表等工作，使大量的会计信息得到及时、迅速的处理，提高了会计核算工作效率。

（二）促进会计核算工作规范化。由于不同会计人员记账习惯不同，手工核算下，会计凭证、账簿、报表格式很难完全统一。应用会计软件核算后，所有的凭证、账簿、报表均是事前设定的统一格式，极大地提高了会计工作的规范化。

（三）提高会计核算工作的质量。手工会计核算模式下，由于会计核算工作量大、业务纷繁复杂，会计人员容易出现错记、漏记和计算上的错误。虽然通过试算平衡可以发现其中的一些错误，但错账查找起来也很不容易。而应用会计软件进行核算，会计软件采用先进的技术对输入数据进行校验，输入时的借贷金额不一致，登账时的漏记、错记以及结账时汇总计算上的错误可以完全杜绝。

（四）促使会计职能由反映转向监督控制。会计的基本职能有两个：反映和监督控制，另外还有预测、决策、计划、分析等功能。应用会计软件进行核算，可以使会计人员从繁杂的核算工作中解脱出来，把更多的精力和时间用于经济业务的监督控制和其他管理工作上。会计电算化可以提供的大量的、多种形式的数据资料，为会计预测、决策、分析等工作提供了便利条件。

（五）？提高了企业管理水平。会计信息是企业经济活动信息的一个组成部分在经济管理中发挥着重要作用。应用会计软件核算后，会计信息得到及时、准确的处理和共享，促进了各部门之间的信息沟通，有助于管理者迅速作出决策，提高了现代企业的管理水平。

四、会计软件的分类

根据不同的标准，会计软件主要有三种分类方式。

（一）按照提供信息的服务层次分类，可以分为会计核算软件与会计管理软件

1. 会计核算软件。会计核算软件一般指计算机代替手工记账、登账和报账的过程。主要包括财务处理软件、工资核算软件、固定资产核算软件、会计报表生成软件等。如不特别说明，本章中的会计软件主要指会计核算软件。

2. 会计管理软件。会计管理软件是在会计核算的基础上，对会计信息进行进一步加工整理，提供单位管理上所需要的各种信息。会计管理软件以辅助决策为目标，提供管理决策所需要的各种会计信息，主要有资金管理软件、成本管理软件、收入及利润管理软件投资决策软件等。

（二）按照会计信息共享程度分类，可以分为单一用户软件和网络与多用户软件

1. 单一用户软件。单一用户软件是指将会计软件安装在一 台或多台计算机上，每台计算机中的会计软件都单独运行，所生成的会计数据只存储在本台计算机中，各台计算机之间不能直接进行数据的交换和共享。

2. 网络与多用户软件。网络与多用户软件是指将会计软件安装在网络主机和各工作站中，不同工作站之间的会计人员既是会计数据的提供者，又是会计数据的使用者，实现了不同工作站之间会计信息的共享。

（三）根据会计软件不同的适用范围和通用性水平分类，可以分为专业会计软件和通用会计软件

1. 专业会计软件。专业会计软件也称定点开发的会计软件，是指企业针对自身会计核算和管理的特点与要求而研制开发的会计软件，仅适用于个别单位会计业务。

定点开发会计软件的特点是把符合使用单位特点的会计核算规则与管理方法编入会计软件，如将报表格式、工资项目、计算方法等在程序中固定。其优点是比较适合使用单位的具体情况，针对性强，使用方便，其缺点是受空间和时间上的限制，灵活性较差，只能在个别单位和一定时期内使用。

2. 通用会计软件。通用会计软件是指在一定范围内都适用的会计软件。通用会计软件又可分为行业通用会计软件（如管家婆软件等）和全通用会计软件（如用友软件等）两种。通用会计软件的特点是在软件中几乎不含会计核算具体规则，而是在软件中预留出相应的接口，由用户单位在使用前通过软件提供的初始化功能，输入适合本单位管理与核算工作需要的会计核算规则。因此，购入的通用会计软件不能直接使用，需要进行软件的初始化设置。

通用会计软件在理论上可以解决软件的适用性问题，具有一定的优越性和科学性，但在实际工作中，通用会计软件在以下几方面存在明显的不足：①软件越通用，计算机资源浪费越严重；②软件越通用，系统初始化的工作量越大；③软件越通用，一些用户的会计核算工作的细节就越容易被忽视，其结果未必能完全满足用户的需要。

在这种情况下，为合理确定会计软件的通用化程度，软件开发者开发了一些适用于本行业和本地区特点的通用会计软件，即通过财政部门的专业评审，在市场上公开销售的通用商品化会计软件。这些软件在特定范围内具有非常强的通用性。我国的商品化会计软件市场经过多年的运作已经比较规范和健全，商品化会计软件的评审规制也比较完善。商品化会计软件具有成本低、见效快、安全可靠、软件公司提供全面的售后维护服务等优点，目前大多数企业，特别是中小型企业在实现企业电算化核算时，都将购买商品化会计软件作为主要的途径。

第二节　会计软件的功能结构与数据处理流程

不同企业使用的会计软件定位不同、开发研究平台不同，使用功能也是纷繁复杂，但从其基本功能结构和数据处理流程来看，大致是相同的。

一、会计软件的功能结构

会计软件的基本结构是从系统的功能层次结构来反映的，功能结构是指系统按其功能分层分块的结构形式，即模块化的结构。一个系统可以划分为若干个子系统，每个子系统可划分为几个功能模块，每个功能模块都有相对独立的功能。会计软件通常由多个模块组成，每个模块具有不同的功能，各模块之间相互联系、数据共享。

（一）会计软件的基本构成

不同企业的会计软件构成不尽相同，但大部分会计软件是按会计核算功能划分为若干个相对独立的模块，由于系统的每一部分的功能简单明了且相对独立，各模块的会计信息相互传递和交流，从而形成完整的会计信息系统。会计软件中具备相对独立地完成会计数据输入、处理和输出功能的各部分，成为会计软件的模块。会计软件一般包括账务处理、工资核算、固定资产核算、成本核算、存货核算、销售核算、应收应付账款核算、会计报表、财务分析等模块。

1. 账务处理模块

账务处理模块是会计软件的核心部分。以记账凭证作为处理对象，完成全部记账、算账、对账、转账和结账工作，并生成日记账、总账和除了各模块生成的明细账之外的全部明细账。大部分账务处理模块还具备银行对账、出纳管理和往来账管理的功能，可以完成数量核算和多币种核算。账务处理模块的基本功能如下：

（1）初始建账，包括凭证类型及格式设置、会计科目编码设置、期初科目余额录入等。

（2）凭证输入、修改、审核、查询、打印及汇总功能。

（3）生成日记账、总账、明细账。

（4）期末转账及结账等。

（5）出纳管理包括收入管理、支出管理、出纳账处理等。

（6）银行对账功能包括对账单的输入、修改，与银行对账等。

2. 工资核算模块

工资核算模块是单位会计软件核算系统的重要组成内容之一，是以单位职工个人的工资原始数据为核算管理对象，用来计算职工工资、分配工资费用、发放工资、统计分析，同时可以实现工资数据信息查询与打印等的一个模块。工资核算模块的基本功能如下：

（1）初始设置。初始设置主要包括部门设置、人员类别设置、工资类别设置、工资项目设置、定义工资项目计算式、人员档案设置、工资原始数据输入和工资转账关系定义等。

（2）日常业务处理。日常业务处理主要包括工资变动数据输入、工资计算、工资汇总、工资分配及转账等。

（3）工资报表输出。工资报表输出主要包括工资表和各种工资分析表等的屏幕输出和打印输出。

（4）凭证处理。凭证处理是将工资费用数据以转账凭证的形式存储，并传递到账务处理模块，据以登记有关总账、明细账、日记账。

3. 固定资产核算模块

固定资产核算模块主要是进行企业固定资产日常业务核算和管理，生成固定资产卡片，按月反映固定资产的增、减变化及其他变动，输出固定资产明细账；能够按月自动计提折旧，生成折旧费用分配记账凭证，并转入账务处理模块进行账务处理。另外，还可输出一些与固定资产管理相关的报表和账簿，用于企业固定资产分析。

固定资产核算模块的基本功能如下：

（1）初始设置。初始设置包括部门设置、类别设置、使用状况定义、增减方式定义、折旧方法定义、卡片项目定义、卡片样式定义等。

（2）卡片管理。卡片管理包括录入原始卡片、卡片修改、卡片删除、资产增加及资产减少等功能。

（3）折旧管理。该模块可自动计提折旧，生成折旧清单和折旧费用分配表，根据分配表自动生成折旧费用分配记账凭证，并传送到账务处理模块。

（4）凭证处理。将固定资产模块处理的结果以转账凭证形式存储并传递到账务处理模块，据以登记有关总账和明细账。

（5）账表查询输出。通过账表查询，固定资产管理部门可随时查询分析表、统计表、折旧费用表，以提高固定资产管理效率。

4. 存货核算模块

存货核算模块的基本功能如下：

（1）反映采购业务的发生、货款支付及存货入库情况。在按计划成本核算方式下，自动计算和分配存货成本差异，生成采购明细账、成本差异明细账、在途材料明细账和暂估材料明细账。

（2）提供存货的收，发、存数量，提供各种存货的库存动态情况，及时反馈各种存货积压和短缺信息，生成存货明细账、存货库存信息表。

（3）根据各部门各种材料领用情况，自动进行材料费用的分配，生成材料费用分配表。

（4）自动编制转账凭证，并传递给账务处理模块和成本核算模块。

5. 成本核算模块

成本核算模块是专门针对企业成本核算而开发的一个模块，处理的数据量大、流程比较复杂，必须与企业的生产工艺特点相结合。生产规模较大的企业，可以按照车间进行核算，生产规模小的企业，可按班组进行核算。通过成本核算模块可以实现各种生产费用的归集与分配，及时准确地计算出产品的总成本和单位成本，并自动编制转账凭证。

成本核算模块的基本设计思想是将成本核算工作看作一系列成本报表的处理过程。根据成本核算的业务流程可以将成本核算工作划分为一系列的核算步骤，每个步骤的核算由一张或多张成本报表的处理来完成。该模块将成本报表处理功能同成本核算功能紧密结合在一起，通过成本核算方法定义及成本报表处理等功能完成成本核算工作；通过成本数据上报、接收及成本数据汇总功能实现上下级单位之间的成本数据传递，能够满足各级单位成本核算工作的需要。

成本核算功能主要完成成本核算的日常工作，主要包括成本核算处理、成本核算查询、成本核算打印、成本月末结账等功能。在完成成本核算定义后，每月的日常工作就是在成本核算功能中按照工作步骤处理定义好的成本核算报表，并进行有关的成本查询。

6. 销售核算模块

销售核算模块的流程也比较复杂，但处理的数据量较少。核算功能主要由两部分构成：一部分是产成品的核算，需建立按具体品种记录的产成品文件，根据成品入库单、出库单输入原始凭证，更新记录，月末汇总转入账务处理及会计报表模块。另一部分是产品销售的核算，建立按照销售产品品种、批次记录的产品销售文件，根据发货、结算等原始凭证输入，反映产品发出、货款收回等情况，结算销售成本、销售税金、销售费用和销售利润，相应数据转入账务处理模块。

7. 应收应付账款核算模块

应收账款核算模块是指专门处理企业因赊销商品或劳务而发生的与其他企业之间的往来业务核算的功能模块。应收账款核算模块的功能包括对企业经营过程中的各项应收账款进行日常核算；及时准确地反映应收账款增减变动情况，以便企业能及时掌握资金流动状况和货款收回情况；进行账龄分析；及时提供催款信息、坏账信息等。

与应收账款核算模块相对应，应付账款核算模块是指专门处理企业因赊购商品或劳务而与其他企业之间发生的往来款业务的核算模块。应付账款核算模块的功能包括应付账款业务的日常核算；及时反映企业的流动负债数额及偿还流动负债所需要的资金；跟踪应付账款到期日，以便企业及时完整地偿还各项应付款项，从而保证良好的供货关系，并尽可能地享受各种优惠折扣。

应收应付账款核算模块的基本功能如下：

（1）初始设置。初始设置包括往来单位编码和名称定义、收款及付款条件定义，期初数据录入。

（2）日常数据录入。日常数据录入包括输入赊销、赊购业务的有关单据，记录发生的往来款项。

（3）核销往来款项。

（4）进行账龄分析。

（5）生成与往来账款核算和管理有关的账表，并进行查询打印。

8. 会计报表模块

会计报表模块主要实现各种会计报表的格式定义、取数公式定义，完成报表的自动编制，并可进行报表查询、打印、分析和汇总。报表模块生成的会计报表包括对外报送的资产负债表、利润表、现金流量表和对内管理所需的各种内部报表。

9. 财务分析模块

财务分析模块是建立在会计核算的基础上，对财务数据进行综合分析的模块。一般包括财务结构分析、比较分析、趋势分析和财务预算完成情况分析等。

（二）会计软件各功能模块之间的关系

一个完整的会计软件是由若干个模块构成的，根据《会计核算软件基本功能规范》，这些模块主要包括账务处理、应收应付账款核算、工资核算、固定资产核算、存货核算、销售核算、成本核算、会计报表、财务分析等模块。各模块之间的关系如图 11-1 所示。

从图 11-1 中可以看出，账务处理模块是整个会计软件系统的核心模块，与其他各核算模块之间存在着密切的数据联系，主要是接收固定资产、存货、销售、工资、应收应付账款、成本核算等模块生成的凭证，向会计报表、财务分析模块提供财务数据，以生成会计报表、财务分析报表等。在会计软件核算系统中，一般的明细核算都是在各相关核算模块中进行的，然后将核算结果汇总传递至账务处理模块进行总分类核算。账务处理模块主要以会计凭证为数据处理对象，账务处理模块与其他核算模块之间的数据联系主要表现为记账凭证的传递关系。

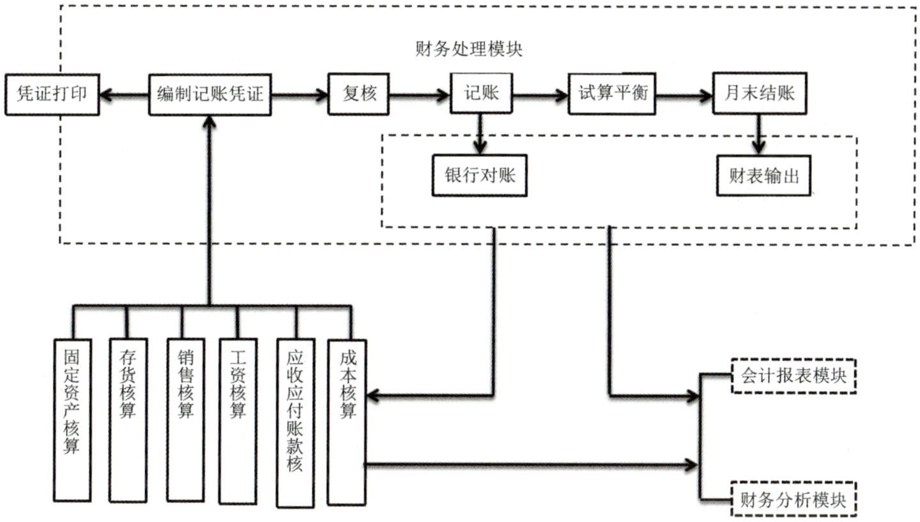

图 11-1　会计软件各模块关系示意图

二、会计软件的操作流程

会计软件是由许多模块组成的，虽然不同单位的会计软件模块划分不尽相同，各模块的具体功能也各异，但其基本操作流程和方法是类似的。为满足不同单位的需求，通用化的商品会计软件一般都有系统初始化、日常账务处理、期末处理、会计报表生成、报表分析、系统维护等功能。

（一）系统初始化

系统初始化主要是指会计软件系统在初次使用时，根据单位的实际情况进行参数设置的过程。账务处理模块的系统初始化设置就是将通用会计软件转化成为适合本企业会计核算特点和要求的专用会计软件。账务处理模块的系统初始化是整个账务处理的基础，也是会计软件后续使用的基础，设置是否成功，直接影响到以后会计核算的效果和结果。一般由系统管理员或会计核算主管负责。

系统初始化主要完成账套、会计科目代码、期初余额、凭证类别等必要的系统初始数据和运行参数的定义和输入，为使用账务处理模块做准备。

1. 软件安装与系统环境设置

在运用会计软件之前，需在计算机中安装会计软件以及会计软件运行所需的操作系统软件和数据库。在会计软件的安装过程中或安装结束后要进行系统环境设置，主要包括会计数据备份方式、网络用户及数据库用户设置等。

2. 账套初始化

账套初始化是在计算机环境下利用会计软件为企业建立一套属于本企业自己的账簿文件。这一步设置操作应该在第一次使用会计软件时完成。通用会计软件一般允许同时为多个具有独立核算能力的单位记账，每一个核算单位就是一个独立的会计核算主体，具有独立完整的会计账簿体系。实际上，账套是一系列的紧密相关的业务数据构成的数据库文件。不同账套数据之间彼此独立，没有任何关联。

3. 设置操作员及权限

按照财政部规定，会计软件必须具有输入操作人员岗位分工、防止非指定人员擅自使用和对指定操作人员实行使用权限控制的功能。因此，在会计软件核算系统中，需要给每个使用人员设置一定的权限， 明确每个使用人员的权限和职责，避免与业务无关的人员或防止无权限的人员对系统进行非法操作。这样使会计核算系统在有效的控制下能够正常运行，严格执行内部控制制度，保证系统的安全性和会计信息的保密性。

操作人员分工的主要依据是会计核算岗位责任制中有关职责和权限的规定。权限是指操作员所具有的操作权限，主要包括建账、录入凭证、审核、记账、输出等。一般系统默认会计主管拥有全部权限。

4. 设置会计科目

会计通过账户对经济业务进行分门别类的记录和反映，各单位由于经济业务的不同，所设置的会计科目也有所不同。会计软件能记什么账，一个账户与另一个账户之间的对应关系等都取决于设置的会计科目。系统初始化中的会计科目设置是否合理，决定了系统能否正常运行。因此，在通用会计软件中，一般不固定会计科目，而是按行业的不同预置一级会计科目，由用户根据本单位自身的需要灵活选择设置。

①会计科目设置原则。目前，通用会计软件一般都提供了符合国家会计制度规定的一级会计科目，而明细科目则由用户根据企业情况自行决定，确定原则包括：一是要考虑到与会计软件其他功能模块之间的衔接，因为在账务处理模块中，只有末级会计科目才允许有发生额，才能接受其他模块转入的数据。二是必须满足会计报表的编制要求，凡是报表中所用数据，需要从账务处理模块中取数的，必须设定相应的科目。三是设置会计科目要注意保持科目间的协调与完整，不能只有下级科目，没有上级科目，既要设置一级科目，又要考虑明细科目，以提供总括和详细的会计资料。四是设置会计科目要注意保持相对的稳定。五是会计科目名称应符合标准、通俗易懂。一级会计科目名称必须要符合国家会计制度的规定，明细科目名称要通俗易懂、易记、好用、易推广。

②会计科目设置内容。设置内容包括会计科目编码、会计科目名称、会计科目类型、会计科目属性。在手工核算方式下，会计科目通常采用汉字名称的形式来表示。但由于汉字名称常有重名现象，且无法反映科目间的逻辑关系，所以在电算化方式下，必须对会计科目进行统一编码。

5. 编码设置

单位的会计工作实行电算化后，通过代码来管理可以大大提高电算化工作效率。编码设置主要用于初始设置和修改会计软件中所需要的所有编码，如往来单位编码、部门编码、人员编码、商品编码、材料编码、固定资产编码、库房库位编码、工资类型编码等。在编码设置中，除了要设置编码的内容外，还要设置编码的层次、结构和编码的属性等。

6. 录入科目期初余额

为了保证会计电算化中的数据能与手工核算方式下的数据衔接，保持账簿数据的连续性和完整性，在应用会计软件核算系统之前，需要将经过整理的手工账目的期初余额录入到计算机系统中。比如企业第一次进入会计软件系统， 需将上期期末手工处理的会计科目余额、材料的结存额、固定资产的已计提折旧额、各项债权债务的余额等录入到新的会计软件核算系统中，在此基础上开始本期和以后各期的会计电算化工作。

7. 其他初始化工作

如果软件使用单位有外币核算，则应设置外币币种及记账汇率。如果同时使用账务处理模块中的银行对账功能，则应输入有关未达业务。

（二）日常账务处理

会计电算化的日常账务处理包括原始单据的处理，记账凭证的加工，账簿的登记、查询和打印，报表的编制等。

1. 凭证处理

账务处理模块的初始化设置完成之后，就可以进行日常账务处理。日常账务处理主要是围绕凭证展开的，即根据相关的会计业务资料，利用会计软件完成凭证的录入、审核、修改、查询、记账和结账等工作。

①录入记账凭证。在会计软件核算方式下，记账凭证一旦输入，此后的各种处理全部由计算机进行。为方便凭证录入，提高录入速度，所有凭证类别均采用统一的凭证格式，即通用记账凭证格式。需录入的内容有凭证类别（可选）、凭证日期、附单据张数、业务摘要、会计科目、金额等。

②修改凭证。凭证的修改有三种情况：一是录入前的修改。凭证填写错误，数据还未录入账务处理模块，录入人员发现错误，此时操作人员不得直接修改，应退回凭证填制者纠正后再录入。二是记账前的修改。凭证录入账务处理模块后发现错误，但此时还没有登入有关账簿，分两种情况进行纠正：一是在凭证录入过程中发现错误，可由操作人员直接修改；二是凭证已录入完毕，审核员在审核时发现错误，此时审核员不得更改，应由凭证录入者将错误凭证调出后进行纠正。三是已记账凭证的修改。如果错误凭证已经登记账簿，为保证凭证与账簿的一致性，不能直接修改凭证，更不能修改账簿数据，可采用红字冲销法或补充登记法进行更正。

③审核凭证。为保证登记到账簿中的每一笔经济业务的准确可靠，记账凭证必须由具有审核权限的人员进行审核。根据要求，审核凭证与录入凭证不允许是同一人。审核人员发现错误或有异议的凭证，不得直接进行修改，必须由凭证录入人员修改后再交由审核人员重新审核。

④记账凭证查询打印。输入一定的条件，查询相关记账凭证并将其打印输出。

⑤凭证汇总。凭证汇总是按一定的范围、条件对记账凭证进行汇总，并生成凭证汇总表。

2. 账簿处理

①记账。账簿处理主要包括各类账簿信息的查询与输出。会计软件核算方式下，记账由计算机自动完成，不需人工进行。

②账簿查询与打印。企业发生的经济业务在经过录入凭证、审核、出纳签字、记账等程序后，就形成了正式的会计账簿。账簿查询是指按照一定的条件查找满足条件的账簿，并在屏幕上显示出来。账簿打印用于打印正式的会计账簿，包括总账 、明细账、日记账等。打印输出的会计账簿的格式和内容应当符合国家有关会计制度的规定。在保证账簿清晰的条件下，计算机打印输出的账簿中表格线可适当减少。会计软件核算方式下，企业会计账簿以计算机打印的书面形式保存。

采用磁盘、光盘等介质存储会计数据时，总账、库存现金和银行存款日记账仍需要打印输出，另外，还要按税务、审计等有关部门的要求，及时打印输出有关账簿和报表。其中，总账可以根据单位自身的实际需要，随时打印，也可以一年打印一次。而明细账作为正式的会计账簿进行保存，一般是在一个月的月末或一？个季度的季末打印本月或本季的所有明细账，在年底打印输出全年的明细账。库存现金和银行存款日记账通常要每天登记，做到日清月结。如果业务较多，则需要每天打印输出并装订成册。

（三）期末处理

期末处理包括期末成本费用的计算、分配、结转、期末结账等，其中最重要的是期末结账。通过结账，将本期有关会计账户的发生额和余额计算出来，从而根据结账后的金额了解企业的财务及经营状况。期末账务处理包括银行对账、期末自动转账和结账等。

1. 银行对账

银行对账是企业出纳人员最基本的工作之一。由于企业发生的经济业务大都要通过银行结算，银行为每个单位记载这些经济业务，这样就会形成银行与企业间由于记账时间上的延误和记录上有意或无意的错误而造成的未达账项。银行对账的任务就是将银行存款收付记录和企业由账务处理模块生成的银行存款日记账相互核对，找出未达账项，编制银行存款余额调节表。有些系统单独设计一个出纳管理模块，把银行对账单放在其中。采用会计软件核算方式时，银行对账的基本步骤如下：

①录入银行对账单。要实现计算机自动对账，在每个月的月末对账之前，需要将银行方开出的银行对账单输入到单位的会计核算系统中，形成银行对账单文件中的本期数据。

②进行银行对账。银行对账采用自动对账与手工对账相结合的方式。自动对账是由账务处理模块根据对账依据自动在单位银行存款日记账和银行对账单中寻找完全相同的经济业务，予以核销。手工对账是对自动对账的补充，是对一些通过计算机程序很难完成的特殊的已达账项的核对。

③输出银行存款余额调节表。在对银行账进行核对后，计算机将自动整理、汇总未达账项和已达账项，生成“银行存款余额调节表”，以检查对账是否正确。

2. 期末自动转账

期末自动转账包括设置自动转账分类和转账生成两部分。对于每月有规律重复出现的业务，如费用分配、计提折旧、结算税金等，可以把这类凭证的摘要、借贷方科目、金额来源或计算方法预先定义存入计算机。每月月末，由计算机根据预先定义的金额来源或计算方法自动生成记账凭证，并登记相应账簿。

3. 结账

结账是指期末对账簿记录进行的小结，是每个月末、年末都必须进行的工作。结账包括月末结账以及年底时的年末结账。结账是计算和结转各账簿的本期发生额和期末余额，并结束本期的账务处理工作。在会计软件核算方式下，结账由计算机自动完成。

（四）会计报表生成

会计报表是会计核算的最终产品，是以账簿资料为主要依据，以货币为计量单位，总括反映会计主体在一定时期的财务状况、经营成果和现金流入流出的报告文件。会计报表模块的主要任务是设计报表的格式和编制公式，从账务处理模块或其他会计核算模块中取得有关的数据资料，自动生成并可按预定格式输出各种会计报表。会计报表模块的工作流程大致可以分为以下四个步骤：

1. 报表名称登记

由于计算机中的所有程序和数据都是以文件形式存放的，要调用这些文件必须通过文件名称才能确定和找到文件，所以应用会计软件核算，编制会计报表必须首先进行报表名称登记，以便后期可以方便地调用这些文件。

2. 报表格式及取数公式定义

进行报表格式设置的作用类似于在手工条件下设计并绘制一张待填的空白表格，只不过这项工作是在计算机上实现的，并且也不只是准备一张空表。报表取数公式定义实质上就是将报表编制的规律找到，并将规律固定化，形成模板。尽管报表中的数据经常变化，但其计算方法以及取数的来源是相对不变的。会计核算软件中将这种计算方法固定下来形成数据计算公式，在后期可以无限次通过调用这个模板生成会计报表。从该角度看，报表格式及取数公式定义虽然操作较为复杂，但由于是一.种一次定义长期使用的操作，因此，比手工核算方式省力得多。

3. 报表生成

会计报表生成功能是根据用户定义的报表格式和报表取数公式自动产生所需要的报表，并根据表间数据的勾稽关系检查会计报表中数据的正确性。对于设置好的报表在需要时只要运行报表生成功能即可产生需要的报表，无须每次重新定义该报表。

4. 报表输出

报表输出是指在屏幕上显示编制好的报表或是通过打印机打印输出。

（五）报表分析

报表分析是在核算的基础对财务数据进行综合分析，不同的会计软件的分析功能各不相同，一般功能有预算分析、图形分析等。

（六）系统维护

系统维护是系统数据出现问题后，由会计软件提供的自动解决功能，包括数据备份、数据恢复、数据自动修复和计算、重建索引文件等功能。有关系统维护的具体内容将在第三节中详细介绍。

三、账务处理模块的基本功能

（一）账务处理模块的作用

账务处理模块是会计软件的一个主要的核心功能模块，它以货币为主要计量单位，综合、全面、系统地反映企业的经济活动，由该模块提供的会计信息及财务报表能反映企业的财务状况、经营成果和现金流量。从功能上看，账务处理模块的主要任务就是“制单和记账”。账务处理模块的整个处理过程就是从凭证到记账、从记账到报表输出的过程。从历史来看，会计工作的具体内容因为时期、行业不同而有繁有简，但账务处理一直是必不可少的核心。会计的整个体系就是在账务处理的基础上逐渐充实和发展起来的，没有账务处理也就没有会计。不同类型、不同规模的企业对会计软件核算系统的需求各不相同，导致了账务处理模块的系统分析结果的不同。因此，账务处理模块的功能结构也有所不同。

但总的来说，其主要作用和核心内容基本一致。账务处理模块的作用包括：

（1）及时、准确地采集和输入各种会计凭证，保证进入计算机的会计数据及时、正确和全面。高效、正确地完成记账过程。

随时输出任何时期任何会计科目发生的所有业务，随时输出各会计期间的各种账表，为企业管理提供信息。

（4）建立账务处理模块与其他核算模块的数据接口，实现会计数据的及时传递和数据共享。

（二）账务处理模块的基本功能

一个典型的账务处理模块包括建账及系统初始化、凭证处理、账簿处理、期末结账、数量核算、出纳管理、外币核算、部门核算、项目管理、预算管理等基本功能。

（1）建账及系统初始化是由用户根据自己的需要建立账务应用环境，即根据会计核算软件要求和内部管理需要自定义会计科目体系、记账凭证格式和账簿体系的过程。

（2）凭证处理功能提供了填制各种凭证、凭证审核、汇总、记账、查询及打印的功能，同时可以增加常用摘要、常用凭证、红字冲销凭证等。

（3）账簿处理提供了库存现金日记账、银行存款日记账、总账、余额表、明细账、日报表等账簿的查询及打印等功能。

（4）期末结账能自动完成月末分摊、计提、转账、销售成本结转等业务，并进行试算平衡、结账等。结账功能由软件自动完成，会计核算软件按照会计制度规定，要按会计科目进行分级计算、汇总，结出借贷发生额和余额。

（5）数量核算适用于有实物数量的财产物资科目的业务处理，能够提供数量金额式明细账的查询及打印功能。

（6）出纳管理为出纳人员提供一个完整的工作环境，可完成库存现金、银行存款日记账的输出，支票登记表管理，银行对账等工作。

（7）外币核算具有外币比价管理，登记外币日记账、外币总账、外币明细账及外币汇兑损益计算等功能。

（8）部门核算提供部门名称对照表的定义，对部门收支进行分析，生成部门收入、费用明细账。

（9）项目管理以项目为中心，提供各项目的成本、费用、收入、往来等汇总与明细情况以及项目计划执行报告等。可进行项目档案管理，自动产生项目总账、明细账，项目统计表等账表。

（10）预算管理提供预算编制，预算与实际比较分析，以及科目、部门、项目的预算执行分析。

四、会计软件的数据处理流程与手工核算流程的区别

不同会计软件对会计数据的处理方式可能有所不同，但会计数据的基本加工流程通常是一样的。下面简单介绍会计软件的数据处理基本流程及其与手工核算流程的区别。

（一）会计软件的数据处理流程

在实际工作中，应用会计软件进行核算的流程因单位规模、类型和使用软件的不同而在具体细节上有所不同，但基本流程是一致的。会计软件核算基本流程如图 11-2 所示。

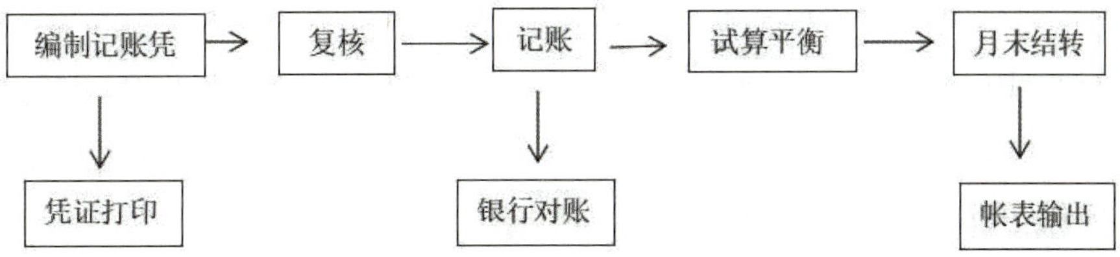

图 11-2　会计软件核算基本流程

1. 编制记账凭证

编制记账凭证可以采用以下几种方式：

（1）手工编制完成记账凭证后录入计算机。

（2）根据原始凭证直接在计算机上编制记账凭证。采用这种方式应当在记账前打印出记账凭证并由经办人签章。

（3）由账务处理模块以外的其他业务系统生成会计凭证数据。采用这种方式应当在记账前打印出会计凭证并由经办人签章。

2. 凭证审核

数据输入后，需要由有审核权限的会计人员审核已输入计算机的记账凭证。审核内容与手工核算方式下审核内容基本相同。

3. 记账

会计软件核算流程中记账的特点是：

（1）记账是一个功能按键，由系统自动完成相关账簿登记。

（2）同时登记总账、明细账和日记账。

（3）各种会计账簿的数据都来源于记账凭证数据，记账只是“数据搬家”，不产生新的会计核算数据。

4. 结账和编制会计报表

手工会计核算流程中，结账和编制会计报表是两个工作环节，工作量大而且复杂。会计软件核算流程中，通过一次性预先定义账户结转关系和账户报表数据对应关系，结账和编制会计报表是作为一个步骤由系统自动同时完成。

（二）会计软件数据处理流程与手工核算流程的区别

会计软件数据处理流程并没有根本改变手工会计核算的账务处理流程，而是将许多原来由手工操作的业务，通过系统初始设定，由计算机自动处理完成，提高了核算的及时性和准确性。会计软件数据处理流程与手工核算流程的区别主要体现在以下几个方面：

1. 会计软件数据处理流程与手工核算流程数据处理的起点不同

在手工核算方式下，会计业务的处理起点为原始凭证，而账务处理模块的原始数据来源于记账凭证。

2. 会计软件数据处理流程与手工核算流程数据处理方式不同

在手工核算方式下，会计数据是通过将记账凭证由不同会计人员分别登记到不同的账簿中来完成数据处理；采用会计软件进行数据处理时，记账只是一个数据处理的过程，不需要人工登记，数据的运算与归集由计算机自动完成。这样，不会发生计算、汇总和抄写等过程中产生的人工错误，结果必然是账证相符、账账相符，没有必要再进行相关的核对，大大减轻了会计人员的记账工作量。

3. 会计软件数据处理流程与手工核算流程数据存储方式不同

在手工核算方式下，会计数据存储在凭证、日记账、明细张、总账等纸张中；在会计软件核算系统中，数据存储在数据库文件中，需要时通过打印机输出。但根据财政部门要求，会计电算化方式下，企业仍需要定期把有关账表打印出来，日记账原则上要求天天打印，明细账、总账至少每年打印一次。

4. 会计软件数据处理流程与手工核算流程对账方式不同

在手工核算方式下，按照复式记账的原则，总账、日记账、明细账必须采用平行登记的方法，根据记账凭证、原始凭证登记明细账、日记账，同时用记账凭证或汇总记账凭证登记总账，会计人员定期将明细账、日记账与总账中的数据进行核对，以免发生记账上的错误。而在计算机环境下，使用会计软件记账，所有账簿由系统根据记账凭证自动登记和计算，不会发生抄写、计算等过程中产生的人工错误，必然是账证相符、账账相符、账表相符。没有必要再进行总账、日记账、明细账、报表的核对。

5. 会计软件数据处理流程与手工核算流程资料查询方式不同

由于各种需要，企业管理人员或会计人员经常需要查询一些数据。手工记账环境下，需要一本本翻阅账簿，不仅工作量大，而且准确性难以保证。在计算机环境下，会计数据保存在计算机中，根据会计软件的查询功能，只要设置了相应的查询条件，就可以很快查到所需要的数据。

第三节 会计软件应用管理

一、会计软件的取得

会计软件的取得一般有三种途径：购买商品化会计软件，定点开发软件（包括本单位自行开发、委托其他单位开发、联合开发），购买商品化软件和定点开发会计软件相结合。

（一）商品化会计软件

商品化会计软件是指专门在市场上对外销售的会计软件，一般是由专业会计软件公司制作的。

从通用性角度分类，商品化会计软件一般都是通用会计软件，如用友、金蝶、小蜜蜂、金算盘、浪潮等会计软件。

1. 商品化会计软件的特点

（1）通用性。通用性有两方面含义：一是纵向的通用，即软件能适应一个单位不同时期的会计工作变化的需要；二是横向的通用，即软件能满足不同单位会计业务的不同需要。

（2）保密性。保密性是指销售厂家的商品化会计软件对用户的保密性。商品化软件不给用户提供源程序代码，提供给用户的是已经编译过的而且已加密的会计软件。

（3）软件由厂家统一维护与更新。对于商品化的会计软件，由于厂家对其加密，这就使得用户几乎不可能对会计软件进行维护，会计软件的维护与版本更新一般由会计软件的生产厂家或其指定的维护单位负责。目前我国的商品化会计软件生产厂家一般都实行终身维护。

（4）与专用软件相比，易学性较弱。主要是因为商品化会计软件是针对不同单位会计人员的共同需求设计的，这就需要会计人员改变自己的习惯，适度商品化软件的要求。另外，商品化会计软件为了实现通用性，软件中一般都设有初始化设置和自定义功能，与专用会计软件相比，初始化工作量大，用户学会使用这些自定义功能并不容易。

2. 商品化会计软件的基本要求

（1）具有合法性。软件开发单位资质必须符合有关规定，专业技术人员的水平、数量应满足软件规模的要求；软件必须达到财政部制定的《会计核算软件基本功能规范》的要求；软件提供的数据输入项目，应能满足会计制度的规定；科目编码应满足会计制度的编码规定；软件的计算和结账功能应符合有关会计制度规定。

（2）功能齐全。软件必须包括账务处理功能模块和会计报表功能模块。软件还需具有以下功能：账表数据的规范打印和查询功能；必要的防范会计差错的功能，即会计软件的容错功能；对所有会计数据的修改，软件应提供留有痕迹的更正功能；防止非注册人员擅自使用，同时防止操作人员越权操作的功能；具备会计数据因意外丢失时的数据恢复功能；操作的提示功能；软件对自身存储介质上的数据文件应有必要的保护措施；具有与其他系统的数据接口功能。

（3）软件必须经过三个月以上的试运行，并且运行结果正确。

3. 购买商品化会计软件的优缺点

使用商品化会计软件是会计电算化的发展趋势之一。在国外，不仅会计业务比较简单的企事业单位广泛使用商品化会计软件，许多大中型企业也不自行开发所有会计软件，他们对于本单位比较通用的会计业务一般都使用商品化会计软件，对于本单位的特殊需要，在商品化会计软件不能满足需要的情况下，再自行开发，然后利用商品化会计软件提供的接口将它们连接起来。所以，使用商品化会计软件加上自行开发会计软件，既省时间又省费用，是会计电算化的有效途径。

商品化会计软件一般是通用会计软件，其特点是不含或含有较少的会计核算规则。商品化会计软件实质上是一个工具，操作者在首次使用时，通过软件的初始化，输入本企业的会计核算规则，把一个通用的会计软件转化成一个适合本单位的专用会计软件。商品化会计软件具有投资少、见效快的优点。

商品化会计软件的不足之处：首先，软件通用性越强，计算机资源浪费越严重。通用会计软件考虑的问题较多，选择范围较大，必然会占用较大的计算机系统资源，如内存、运行时间等。其次，软件通用性越强，初始化工作量越大，为了把通用会计软件专用化、操作者需要输入大量的会计核算规则。最后，软件通用性越强，个别用户的会计核算工作的细节越难被兼顾。

（二）定点开发的专用会计软件

鉴于商品化会计软件的不足，企业也可考虑采用定点开发方式取得专用会计软件，以满足本单位的需求。定点开发会计软件的方式主要有自行开发、委托开发，联合开发三种。

定点开发的会计软件具有专用性、易用性强的特点，同时也存在一定的局限，如对本单位的技术要求高、软件开发周期长且费用高、软件的应变能力弱、质量难以保证、软件的维护有一定的难度等。一般定点开发软件适用于经济、技术力量雄厚的大中型企事业单位。

（三）商品化会计软件的选择

一般来说，单位在购买行业通用商品化会计软件时，首先应看其是否通过了省级及以上财政部门的审核，考察商品化会计软件是否符合国家统一要求。其次，应评价软件的实用性、先进性以及软件适用的行业、客户群体、开发平台。再次，要考察软件厂家的售后服务情况。最后，应进行成本与效益的分析。

在选择商品化会计软件时还需注意以下问题：第一，尽可能购买原版会计软件。第二，注意软件是否提供对外接口，包括与自行开发软件的接口，与上级主管部门、 银行、财税部门等信息系统的接口，与单位内部各部门或下属单位信息系统的接口等。同时要查看接口是否符合要求。第三，注意厂家提供的文档资料的优劣。

二、会计软件的实施

（一）会计软件实施的条件

会计软件实施应具备以下条件：

（1）企业对会计电算化的客观需要。企业对会计电算化的需求程度将决定会计电算化的目标、任务，是开展会计电算化工作、实施会计软件的前提条件。

（2）企业内部协作。会计软件的实施牵涉企业中的各部门和有关人员，需要企业全面组织和协调，需要部门间的合作和相应的人员配备。

（3） 良好的会计基础工作。实施会计软件，需要按照规范化、标准化的方法对企业经济业务进行处理，提供规范的基础数据。良好的会计基础工作，是会计软件顺利实施的重要保证。

（4）资金保证。会计软件的实施，需要购置计算机硬件和相应的会计软件，还需要对相关人员进行业务培训。在实施过程中，为保证会计软件的良好实施和会计信息系统的安全运行，还要有后续的维护投资。

（5）专业人员的配备。应用会计软件核算，需要配备既懂会计专业知识，又懂计算机知识的复合型人才。

（二）会计软件实施前的准备

在满足上述条件的情况下，会计软件在正式实施前需做好以下准备工作：

1. 配有专用的或主要用于会计核算工作的软硬件系统

必要的硬件设施是实现会计电算化的物质前提。要想安装会计软件，首先要做的事情是准备至少一台专用的或主要用于会计核算的电脑，电脑上至少需要安装操作系统，一般是使用微软的 Windows 系统。软硬件系统的配置需要按照准备购买的会计软件的类型和版本进行匹配，通常会计软件的版本越高，对软硬件环境的要求也越高。

2. 会计业务处理规范化和会计基础数据的准备

会计业务处理的规范化包括确定会计核算输入数据来源及会计档案形式，记账方法与核算组织程序的确定，科目编码方案的确定，凭证及账簿格式的规范化，固定资产、存货、成本计算、费用分配等会计政策选择的规范化。

会计基础数据的整理包括确定会计岗位及岗位具体操作任务、整理账户期初余额及累计发生额以及其他辅助资料。

3. 配有与会计软件实施相适应的专职人员

会计软件的实施需配备以下人员：

（1）电脑维护人员。电脑维护人员主要负责电脑及会计软件系统的运行工作，保证软硬件的正常运行，维护电脑生成的会计数据的安全。这个人员一般没有必要单独设置，可由公司的网络管理人员或计算机管理员兼任。

（2）凭证填制人员。凭证填制人员也称为制单人，主要负责原始凭证整理，通过会计软件录入、打印记账凭证。

（3）记账人员。记账人员主要负责生成、打印会计账簿、财务报表，进行部分财务数据处理工作。

（4）审核人员。审核人员负责对录入电脑的记账凭证、生成的账簿及报表进行审核。

（5）会计档案保管员。会计档案保管员负责电保存电子会计资料，打印输出的纸质账表、各类凭证等会计档案，保证这些数据及资料的安全。

4. 建立健全的内部管理制度

内部管理制度包括会计岗位分工制度、电脑操作管理制度、机房管理制度、电子会计档案管理制度、财务数据与软件管理制度等。会计电算化中人员分工管理是十分重要的，每个人对财务软件的操作权限都要严格规定，以免财务数据被篡改、盗取或丢失。

（三）会计软件实施的流程

1. 明确目标，制订实施计划。在会计软件实施前，应该让与该项目有关的所有人员了解软件实施的意义，明确会计软件实施的目标，制定实施计划。实施计划大致包括如何避免软件实施过程中存在的各种潜在风险，或在风险发生时如何将影响降至最小。

2. 人员培训。对会计软件应用的有关人员进行培训，使其了解并掌握会计软件的功能和应用方法。

3. 实地调研，优化业务流程。具体考察企业的全部业务流程，分析当前业务流程存在的问题，结合会计软件的特点，进行调整和改变。

4. 软件测试与调整。对会计软件进行调试，分析存在的问题，调整和修改会计软件。

5. 实际运行。发现运行中存在的问题，及时反馈，对会计软件进行维护。

三、会计软件的系统管理与维护

（一）会计软件的系统管理

一个完整的会计软件由多个模块组成，各模块之间相互联系、数据共享，这就需要在会计软件中设计一个系统管理模块，可以对会计软件的其他模块进行统一管理和数据维护。系统管理模块是会计软件运行的基础，对整个系统的所有任务进行统一管理，为会计软件各模块提供一个公共平台，所有模块的独立运行都必须以此为基础。系统管理的主要使用对象是单位的系统管理员，系统管理提供的主要功能包括账套管理、年度账簿管理、用户管理及用户权限分配、系统安全管理等。系统管理主要功能如下：

（1）账套管理。账套是一组相互关联的数据。每一个独立核算的企业都有一套完整的账簿体系，将这套完整的账簿体系建立在计算机系统中就成为一个账套。每一个企业都可以为每一个独立核算的下级单位建立一个核算账套，且各账套数据之间相互独立，互不影响。账套管理主要完成建立账套的维护，账套中的系统维护，账套空间的管理，以及临时数据库空间的管理。账套管理能够实现的功能有：创建账套、修改账套，输出账套、删除账套，重建账套、扩充账套空间、引入账套、扩充临时数据牵空同等。进入账套管理系统的用户只能是数据库系统的管理员。

（2）年度账簿管理。账套中包含了一个企业从设置开始所有的数据， 可能包含许多年的账。而年度账，是指单独某一年度的账。年度账管理能够实现的功能有：建立年度账、输出年度账、引入年度账、结转年度账、清空年度账。

（3）用户及权限设置。用户是指操作会计软件的人员。设置用户权限的目的是保证会计数据的安全。用户权限设置是对某个用户所能进行的操作进行分工授权，分配用户可以对哪些会计实体进行业务处理，可以进行哪些业务处理，可以查询哪些数据等一系列权限。用户设置能够实现的功能包括：增减用户、修改用户、删除或注销用户。用户权限设置能够实现的功能有设置 / 取消账套主管、设置 / 更改用户明细权限。

（4）系统安全管理。系统运行安全、数据存储安全对每一个企业来讲都是非常重要的。除了用户权限设置外，系统管理还应设置其他有效的安全保障机制，如用户使用日志查询可以查询每个用户使用系统的情况，详细了解每个用户什么时间进入系统、执行了哪些功能、查询了哪些数据等。数据备份、数据恢复功能完成对数据的备份、恢复，是保证数据安全的一种措施。

（二）会计软件的维护

会计信息系统在设计中必然存在考虑不周的情况，系统在运行过程中也必然会出现各种问题，为保障会计系统的正常、稳定、高效运行，需要对会计系统进行不断维护。

1. 软件维护的分类

系统维护包括硬件维护和软件维护。软件维护主要包括正确性维护、适应性维护和完善性维护。正确性维护是指诊断和改正错误；适应性维护是指当企业的会计工作发生变化时，为了适应新的变化而进行的软件修改；完善性维护是指为了满足用户增加功能或改进已有功能的需求而进行的软件修改活动。

另外，软件维护还可以分为操作性维护和程序性维护。操作性维护主要是利用软件的各种自定义功能来修改软件的一些参数，以适应会计工作的变化；操作性维护主要是一些日常维护工作，实质上属于适应性维护：程序性维护，主要是指需要修改程序的各项维护工作，包括正确性维护、完善性维护和适应性维护。

2. 软件的日常维护

在会计软件中一般有许多这样的功能，如设置用户密码、数据备份、数据恢复、查看日志、检查软件所需的文件是否完整、删除硬盘上往年的历史数据等。

①记账、结账前的数据备份。在凭证记账、结账中，要产生大量的运算，如果由于系统、硬件等原因导致中途停止，就有可能造成既无法继续按照顺序完成，也无法返回到以前的状态重新开始。因此，一般在进行处理前先进行数据备份，然后进行操作。

②数据备份。会计电算化后的电子会计档案的各种相关数据可以打印出来，也可以存储在计算机硬盘、U 盘、光盘等介质上。数据备份就是将硬盘上的会计数据及相关文件复制到 U 盘或其他介质进行保存，当正在使用的数据文件被破坏时，可以使用最近备份的数据来进行恢复，使损失减少到最小。或者需要查询已被删除的历史数据时，可以使用相应的备份数据来进行恢复，然后查询。

目前的会计软件一般都提供了专门的数据备份功能，而且一般是按会计账套或数据库整体进行备份。如果有会计软件的电子报表是以独立文件的形式存放，并不包含在会计账套数据库中，还需对这些文件另外进行复制备份。

③数据恢复。数据恢复是指将备份在软盘或其他介质上的财务数据恢复到当前处理的软件中。数据恢复后，就完全与备份时的数据一致了。

④数据检测。数据检测用于检查运行会计软件所需的各种文件是否均存在。当发现软件不能正常运行时，就需要用数据检测功能检查各种文件是否存在。

⑤删除往年数据。有些用户的会计业务数据量大，如果机器硬盘上保留多年的数据，则占用硬盘空间太大，影响系统的运行效率，可使用数据删除功能清除以前年份的数据，以提高系统的运行效率。

⑥修改口令。使用修改口令功能可以修改自己的口令，防止泄密，该功能应强制定期使用。

⑦日志管理。为保证系统的安全运行，会计软件随时对每个操作人员的上下机时间、操作的具体功能等情况进行登记，以便使所有的操作都有记录，会计主管可随时查询、打印系统所记载的上机记录。

本章小结

【基本内容小结】会计软件是专门用于完成各种会计核算和会计管理工作的计算机应用软件。随着我国经济的发展，会计软件应用范围不断扩大。从发展过程来看，我国会计软件的发展大体经历了三个阶段。第一阶段是在1988年商品化软件出现以前，属于我国会计电算化发展早期。第二阶段为1988年至20世纪90年代中后期，是我国会计软件快速发展阶段。1998年以后，随着会计电算化的逐渐普及，会计电算化的发展由政府管理转向行业协会自律。

ERP是指建立在信息技术基础上，以系统化的管理思想为企业决策层提供决策运行手段的管理平台。会计软件是ERP软件的一部分，但不同企业的具体情况又有很大差别。

会计软件核算和会计手工核算，一个基于计算机技术，一个完全依赖于人手和人脑，两者之间存在很多差别，但也不乏相同之处。不同企业使用的会计软件定位不同、开发研究平台不同，使用功能也是纷繁复杂，但从其基本功能结构和数据处理流程来看，大致是相同的。会计软件是由许多模块组成的，虽然不同单位的会计软件模块划分不尽相同，各模块的具体功能也各异，但其基本操作流程和方法是类似的。为满足不同单位的需求，通用化的商品会计软件一般都有系统初始化、日常账务处理、期末处理、会计报表生成、报表分析、系统维护等功能。

不同会计软件对会计数据的处理方式可能有所不同，但会计数据的基本加工流程通常是一样的。

会计软件的取得一般有三种途径：购买商品化会计软件，定点开发软件（包括本单位自行开发、委托其他单位开发、联合开发），购买商品化软件和定点开发会计软件相结合。会计软件的实施在做好相关准备的前提下有条件地进行。

一个完整的会计软件由多个模块组成，各模块之间相互联系、数据共享，这就需要在会计软件中设计一个系统管理模块，可以对会计软件的其他模块进行统一管理和数据维护。

【本章的重点与难点】会计软件的含义、会计软件核算和会计手工核算的异同；会计软件的功能结构组成与数据处理流程具体内容；会计软件应用管理方法。

复习与思考

1. 会计软件的含义是什么？会计软件有哪几种类型？
2. ERP软件与会计软件有何区别与联系？商品化会计软件有何特点？
3. 会计软件核算与会计手工核算的区别有哪些？
4. 会计软件的功能结构有哪些？
5. 财务处理模块的基本功能有哪些？

课程实践

一、多项选择

1. 会计软件系统的组成部分包括（　　）。
A. 模块　　B. 数据库　　C. 会计软件档案
D. 计算工具　　E. 打印机

2. 下列各项中，属于会计软件核算与手工核算区别的有（　　）。
A. 核算原理　　B. 簿记规则　　C. 信息载体
D. 财务处理程序　　E. 核算目标

3. 会计软件核算与手工核算的共同点有（　　）。
A. 基本原理相同　　B. 目标相同
C. 所依据的会计理论与方法相同　　D. 应遵守的会计法规和准则相同
E. 都必须妥善保存会计档案

4. 在会计上应用会计软件核算的主要意义有（　　）。
A. 促进会计核算手段的变革　　B. 提高会计核算工作效率
C. 促进会计核算工作的规范化　　D. 提高会计核算工作质量
E. 促进会计职能转变

5. 会计软件按照通用性水平分类，可以分为（　　）。
A. 专业会计软件　　B. 通用会计软件
C. 会计核算软件　　D. 专业管理软件
E. 单一用户软件

6. 下列各项中，属于通用会计软件缺点的有（　　）。
A. 计算机资源浪费严重　　B. 适合使用单位的具体情况
C. 会计软件中的会计核算规则固定　　D. 不能完成满足用户需要
E. 系统初始化的工作量比较大

7. 下列系统中，属于会计软件功能结构的有（　　）。
A. 账务处理模块　　B. 固定资产核算模块
C. 工资核算模块　　D. 材料核算模块
E. 销售核算模块

8. 账务处理模块的基本功能有（　　）。
A. 初始建账　　B. 银行对账　　C. 凭证输入
D. 销售核算　　E. 期末结账

9. 会计软件的数据处理流程包括（　　）。

A. 编制原始凭证　　B. 编制记账凭证　　C. 记账凭证审核

D. 登记账簿　　E. 结账和编制会计报表

10. 会计软件的取得途径有（　　）。

A. 购买商品化会计软件　　B. 自行开发会计软件　　C. 委托开发会计软件

D. 联合开发会计软件　　E. 借用其他单位的会计软件

二、判断题

1. 会计软件可以完成填制原始凭证、输入记账凭证、登记账簿、编制报表工作。（　　）
2. 会计软件由模块、数据库和会计软件档案三部分组成。（　　）
3. 从1988年到20世纪90年代中后期，是我国会计软件迅速发展阶段。（　　）
4. ERP软件是会计软件的一个组成部分。（　　）
5. 应用会计软件核算，会计档案报告以磁介质为主，不需要定期打印。（　　）
6. 账务处理模块是整个会计软件系统的核心模块。（　　）
7. 在 会计软件核算方式下，期末结账由计算机自动完成。（　　）
8. 账务处理模块期末不能自动完成试算平衡。（　　）
9. 会计软件的核算流程因单位规模、类型和使用软件的不同而截然不同。（　　）
10. 会计软件的系统维护包括硬件维护和软件维护。（　　）

第十一章 会计软件应用基础 课程实践题参考答案

一、多项选择题

1. ABC　2. BCD　3. ABCDE　4. BCDE　5. AB　6. ADE　7. ABCDE　8. ABCE　9. BCDE　10. ABCD

二、判断题

1. ×　2. √　3. √　4. ×　5. ×　6. √　7. √　8. ×　9. ×　10. √